Johann Lafer

Lafers

ABC DER GENÜSSE

Illustrationen: Jiří Slíva

Vorwort

Dieses Werk ist keine Enzyklopädie, kein Lern- oder Lehrbuch von einem Expertenteam. Es sind die Erfahrungen und Ansichten eines passionierten Kulinarikers aus 30 Jahren praktischer Arbeit als Koch und Patron.

Der Journalist, der mich mal spöttisch einen »Guru des Genusses« nannte, hat gar nicht so unrecht: Ich bin ein kompromissloser Genussfanatiker, vor allem auch wenn es um Ressourcenschonung und Nachhaltigkeit geht.

Hier habe ich alles beschrieben, was mir lieb, teuer und wichtig ist – und nicht nur das. Es ist also eher eine Art Lesebuch für den interessierten Esser, Trinker und Genießer, der aus Erfahrung weiß, dass der Genuss desto größer ist, je mehr man über seinen Gegenstand weiß.

Dabei halte ich die Kulinarik, wenn sie überhaupt eine Wissenschaft ist, für eine äußerst fröhliche. So finden sich in diesem Buch auch keine Kalorienwerte, sondern öfter mal ein ironisches Augenzwinkern.

Wenn jemand auf die Idee kommt, dass der Autor Champagner liebt, weil dieses Getränk so oft vorkommt, hat er recht. Überhaupt sollen interessante Marken ohne Scheu vor dem Verdacht auf Schleichwerbung vorgestellt werden, weil die kulinarische Markenwelt in den alten Enzyklopädien ja meist ausgesperrt blieb. Und das obwohl sie Epochen kennzeichnet!

Und auch wer mich als Österreicher entlarvt, weil ich öfter mal in steirischen Kindheitserinnerungen schwelge, geht damit nicht fehl: ein Österreicher freilich, der seit 30 Jahren in Deutschland leidenschaftlich wirkt und werkelt. Und der inzwischen auf den Spuren des Genusses schon viele Ecken der Welt immer wieder mit großer Neugier bereist hat.

Ich wünsche Ihnen viel Freude beim Schmökern!

Ihr

Johann Lafer

Aal Das Faszinierendste an diesem schlangenartigen, fettreichen Knochenfisch ist sein bizarres Sexleben: Seine Jugend und Pubertät verbringt er in süßen europäischen Binnengewässern. Die geschlechtsreifen Fische schlängeln sich dann durch die Flüsse ins Meer, schwimmen durch den salzigen Atlantik bis in die Sargassosee – ein warmes Meeresgebiet östlich der Karibischen Inseln.

In den Flüssen treibt der Aal noch halbwegs gemütlich mit der Strömung, im Meer quält er sich während eines Jahres über 5000 Kilometer gegen den Golfstrom – tagsüber in bis zu 600 Metern Tiefe, nachts knapp unterhalb der Oberfläche. Am Ziel trifft er sich mit den amerikanischen Aalen, die vom Westen herbeigewandert sind. Ob sich die EU- und die US-Aale dort in wilder Ehe mischen, ist unklar: Die sexuelle Vereinigung findet in 2000 Metern Tiefe statt, und danach sterben die erschöpften Paare. Ihre unzähligen Larven treiben nun mit dem Golfstrom in die alte Heimat, paddeln wohl selbst ein bisschen mit und schwimmen schließlich wieder die Flüsse hoch. Diese strapaziösen Wanderungen fordern enorme Opfer. Greenpeace schätzt, dass die Zahl der gefangenen Aale in den letzten 20 Jahren um 99 Prozent geschrumpft ist. Mehrere Fischerei- und Naturschutzverbände haben den Aal schon 2009 zum »Fisch des Jahres« gewählt, um auf seine Gefährdung aufmerksam zu machen.

Echten Wildaal, ob frei geangelt oder aus Aalreusen, kriegt eh kaum noch ein Gast auf den Teller, die haben inzwischen leider (wie die meisten Wildfische) eher Seltenheitswert. Ihr Fleisch ist weißer, saftiger und fetter als das der gezüchteten Aale.

Ob gebraten, gekocht oder geräuchert, Aal kann man auf vielerlei Weise zubereiten, doch ich gestehe, dass ich ihn am liebsten auf eine sehr schlichte Art genieße: als Räucherfilet mit Kräuterrührei auf einer Scheibe geröstetem Vollkornbrot – so, wie er zum Beispiel im Hamburger Fischereihafen Restaurant serviert wird.

Auf dem traditionellen Fischmarkt der Hansestadt, den ich mir nie entgehen lasse, wenn ich einen frühen Sonntagmorgen dort verbringe, wirkt seit fast fünfzig Jahren ein hanseatisches Original namens »Aale-Dieter«, der mit seinen roten Hosenträgern und teils frivolen Sprüchen seinen Lieblings-

fisch erfolgreich und gewinnbringend an seine frühmorgendlichen Kunden bringt. Ein tolles Erlebnis! Noch ein wichtiger Hinweis: Wer in Hamburg oder dessen Umland eine »Aalsuppe« bestellt, der kriegt durchaus nicht immer eine Suppe mit diesem Fisch aufgetischt. »Aal«-Suppe heißt im gedehnten Hamburger Plattdeutsch »Allsuppe«, und da kann so ziemlich alles drin schwimmen, was übrig geblieben ist. So manche meiner Koch-Kollegen bereiten daraus wie hieraus mitunter eine köstliche kleine Spezialität – natürlich nur aus handverlesenen Edelprodukten.

Abalone

Die Meeresschnecke, die äußerlich etwas dem menschlichen Ohr ähnelt, heißt auch See- oder Meerohr. Sie gehört in die Gruppe jener exklusiven, sehr teuren Delikatessen, für die strenge Schutzvorschriften gelten und deren Befischung limitiert und lizensiert ist. Dennoch schrumpfen die Bestände. Abalones sind zu einer begehrten und skrupellos gejagten Beute für Wilderer und Schmuggler geworden. Hauptmarkt dafür ist der Ferne Osten, besonders China und Japan. Dort gilt die Abalone (sprich: Ebbalonie) als eine Meeresfrucht mit aphrodisischer Wirkung (→ Aphrodisiakum), was an der stattlichen Portion Eiweiß, die sie liefert, liegen mag. Wilde Abalonen werden in Japan zum Beispiel für mehrere Hundert Dollar das Kilo gehandelt. Dabei bringen die Schmuggler, etwa aus Südafrika, die zehnfache Menge nach Hongkong wie die legalen Exporteure; einheimische Fischer werden von den Illegalen angeblich mit Drogen für ihre Fänge bezahlt.

Farm-Abalonen aus riesigen Zuchtbetrieben in Australien, Neuseeland, Taiwan und – am größten – China sind weniger beliebt und preiswerter als die wilde Schmuggelware. Auch in Frankreich und Italien wird die Schnecke gezüchtet, denn sie fühlt sich überall wohl, wo das Meer ein bisschen wärmer ist.

Man genießt sie roh, ganz kurz oder sehr lange gegart. Vorher sollte sie »vorsichtig weich geklopft werden« (Teubner), mindestens aber »leicht massiert« (Larousse). Als ich die Abalone auf einer meiner ersten Hongkong-Reisen entdeckte, beobachtete ich fasziniert, wie sie beim »Abalone-King« über Stunden gekocht und dann für 1000 Dollar pro Portion verkauft wurde. Damals hatte ich keine Ahnung, wie diese Spezialität schmeckt, und war beim Probieren sehr enttäuscht. Geschmacklich kann ich die Begeisterung vieler dafür nicht nachvollziehen. 2010 begegnete sie mir in Japan öfter im rohen Zustand – mit einem Messer sehr fein gehackt wirkt sie fast wie Gelee und schmeckt, naja, sagen wir mal, etwas besser.

Amuse-Gueule

»Hier kommt schon mal ein kleiner Gruß aus der Küche«, heißt es bei uns gern, wenn der Service die Amuse-Gueules (aus dem Französischen: amuser = amüsieren; la gueule = das Maul, der Mund) auftischt, sie treten ja meist in der Mehrzahl auf. Ich verstehe es gut, dass die Feinschmecker die kostenlosen kleinen Kehlenkitzler so lieben: Sie sind das Experimentierfeld der ↝ Chefs, sozusagen ein Fähigkeitsausweis des ↝ Kochs oder jedenfalls ein Nachweis von Kreativität und Originalität – und immer mit sehr viel Arbeit verbunden. Da traut sich auch so mancher Traditionalist mal an was Molekulares, Suppenpröbchen erscheinen in Reagenzgläsern, Miniportiönchen von alltagstauglichen Deftigkeiten à la ↝ Labskaus auf kleinen Schmucklöffeln. Beliebt sind zum Beispiel Variationen vom ↝ Lachs, vom ↝ Thunfisch oder von der ↝ Foie gras.

Fünf bis sechs Amuse-Gueules sind heute schon keine Seltenheit mehr; mitunter werden noch mehr in zwei Gängen aufgetischt. Da ist man doch schon satt, bevor das ↝ Menü beginnt. So etwas habe ich selbst mal bei einem Besuch des Restaurants Noma in Kopenhagen erlebt, als nach zehn Amuse-Gueules und einem angenehmen Sättigungsgefühl erst das eigentliche Menü kam.

Mich amüsiert besonders, wenn ein Ober – offenbar mit Bundeswehrausbildung – die Amuses-Gueules wie bei einer Gefechtsbesprechung beschreibt: »Auf zwei Uhr haben wir ein geeistes Tomatensüppchen mit Wacholder-Gin-Luft, also was gewissermaßen Molekulares, dann auf vier Uhr ein Tomatensorbet und bei sechs Uhr den gelben Sungold Tomatenschaum …«

Werden die kleinen Appetithappen als »Amuse-Bouches« aufgetischt, so ist das nichts als sprachliche Effekthascherei. Selbst die Franzosen kennen da keine plausible Unterscheidung, und bouche heißt auch wieder nur Mund – freilich mit feinerer Vokabel. Am besten passen sie zu ⇢ Aperitifs wie ⇢ Champagner, ⇢ Sekt oder Weißwein.

Eine schlechte Angewohnheit sind die mächtigen, etwa käseschweren Amuse-Gueules, die ganz scharfen, die den Gaumen angiften, sowie die süßen, die das ⇢ Dessert vorwegnehmen. Das sage ich, obwohl ich doch von Haus aus ⇢ Patissier bin. Doch schwere Süßigkeiten gehören nicht an den Beginn einer Mahlzeit. Wunderbar finde ich es jedoch, wenn manche Kollegen um die Mittagszeit ein Amuse-Gueule-Menü anbieten. Bei so einem modernen Mittagstisch hat dann jeder die Möglichkeit, die ganze Vielfalt der Küche kennenzulernen.

Ananas

Ursprünglich aus Amerika stammend, gedeiht die Ananas heute in allen Ländern mit tropischem Klima. Kolumbus soll sie bereits 1493 auf Guadeloupe entdeckt haben, davor war sie offenbar bereits in Paraguay beliebt, wo die Indianer sie »nana meant« (köstliche Frucht) nannten – daher auch der Name Ananas.

Die Briten fanden, sie sehe aus wie ein überdimensionaler Pinienzapfen, und kamen dadurch auf »pineapple«. Irgendjemand muss sie schon früh als die »Königin aller Südfrüchte« bezeichnet haben. Inzwischen hat sich dieser Titel eingebürgert, was wahrscheinlich auf ihren hervorragenden, saftig-süßen Geschmack zurückzuführen ist. Den hatte schon das »Appetit-Lexikon« von 1894 in höchsten, freilich nicht ganz stimmigen Tönen beschrieben: »Sie vereint die Süße des ⤙ Honigs mit dem Geschmack der ⤙ Erdbeere, dem Duft des Weins, dem Aroma des ⤙ Pfirsichs und der Saftigkeit der ⤙ Melone.«

Dabei wird die schöne Ananas vorwiegend als ⤙ Konserve ex- beziehungsweise importiert. In einer Dose kam ja auch die Ananasscheibe für den legendären ⤙ Toast Hawaii angereist, den der erste Fernsehkoch Clemens Wilmenrod in den 50er-Jahren erfunden und bei uns beliebt gemacht hat. Heute müsste dieser Snack eigentlich Toast Thailand heißen, denn inzwischen hat sich das Exportzentrum für Ananas dorthin verlagert.

Bei einer vollreifen frischen Ananas lassen sich die einzelnen Blätter der Krone ganz leicht herauszupfen, außerdem duftet die Frucht wunderbar aromatisch. Riechen Sie beim Einkaufen ruhig daran.

Sogenannte Flugananas, die mit optimaler Reife gepflückt und auf dem schnellsten Luftweg zu uns auf den Markt kommen, gehören für mich zur ersten Wahl. Eine Scheibe davon, mit Honig karamellisiert – einfach lecker! Ich verwende Ananas auch oft und gern für viele süß-saure Kombinationen, etwa bei Thai- und Asiagerichten mit ⤙ Huhn, ⤙ Garnelen oder Rindfleisch (⤙ Rind).

MEIN TIPP: *Ist die Ananas mal nicht so reif, wie sie sein sollte: geschältes Fruchtfleisch mit braunem Zucker, etwas Zitronensaft und einem Hauch Zimt in einen Gefrierbeutel geben. Verschließen und eine halbe Stunde in 60 bis 70 Grad warmes Wasser geben. Anschließend die Ananas im Beutel auskühlen und über Nacht im Kühlschrank durchziehen lassen. So bekommt sie mehr Geschmack.*

Anchovis

Wenn der Kellner nach der Bestellung eines ⇀ Caesar Salad »Mit oder ohne?« fragt, dann geht es um die Fischchen, die im Originalrezept dazu gehören – die Anchovis auf den Salatblättern sind nämlich nicht jedermanns Sache.

Die niedlichen Fische, die aussehen wie die kleinwüchsigen Enkel eines mittelgroßen Herings, zu dessen Art sie in der Tat gehören, bergen ein düsteres Familiengeheimnis. Denn sie werden unterschiedlich definiert, mal als Sardelle, mal als Sprotte, mal ist die Sprotte die falsche Anchovis (Wikipedia), mal die Sardelle (Cédric Dumont). Lediglich Teubner hat eine salomonische Erklärung: »Der Name wird unterschiedlich verwendet, in romanischen Ländern generell für sardellenartige Fische, in Deutschland für kräutergesalzene Sprotten oder für Sardellen.« Alles klar?

Geköpft, ausgenommen, filetiert, gesalzen oder gekräutert, ist, nach dem Mittelmeer, ihre zweite Heimat die Dose. Zuvor reifen sie in Eichenfässern unter einer Salzlake. Die echten Anchovis brauchen zur Entfaltung ihres vollen Aromas ein bis zwei Jahre, die »falschen« aus Sprotten nur etwa drei Monate.

Der Geschmack gereifter Anchovis lässt sich kaum mit anderen Fischaromen vergleichen. Sie veredeln in der italienischen Küche etliche Pastagerichte (⇀ Pasta), Pizza, sind unentbehrlich für die Salsa verde und das beliebte Vitello tonnato. In Frankreich gehören die Fischchen in die Salade niçoise, und köstliche Pasten wie die Creme d'Anchois oder Anchoiade; gewässerte Exemplare (wegen des Salzes) werden auf gebuttertem Toast als Vorspeise oder ⇀ Tapas genossen. Und kein original Wiener ⇀ Schnitzel geht ohne die klassische Garnitur: Zitrone, Sardellenfilet und Kapern.

Antipasti

Die Italiener haben für ihre Antipasti noch nicht das internationale Petitessen-Einerlei übernommen, das nach meiner (vielleicht nicht mehrheitsfähigen) Überzeugung heute → Horsd'œuvre, → Tapas, → Amuse-Gueule und → Fingerfood austauschbar macht. Sie präsentieren in ihren Restaurants meist ein Antipasti-Büfett, und in der Regel muss sich der Gast dort nicht selbst bedienen; es wird serviert. Warme Vorgerichte sind selten. Die italienischen Vorspeisen haben durchaus rustikale Qualitäten. Vieles basiert auf → Schinken, auf Tintenfischen, → Garnelen, Mozzarella, → Tomaten, → Auberginen. Wie sich das aufs Köstlichste darstellt, zeigen beispielsweise Spezialitäten wie Parmaschinken mit → Melone, der absolute Restaurantklassiker; Bruschette, die geknofelten → Toasts mit gewürzten Tomatenwürfeln; Tintenfische, gefüllt oder als → Salat; Salate aus Peperoni, Zucchini, → Bohnen; Vitello tonnato, Kalbfleisch mit Thunfisch-sauce; Mozzarella mit allem Möglichen; Melanzane (→ Auberginen) in diversen Formen …

Der richtige italienische Padrone wird es in der Regel schaffen, seinem Gast einen ganzen Teller voller Antipasti misti zu empfehlen. Wenn dieser dann noch von allerlei ölgetränkten Broten und Grissini begleitet wird, kann es passieren, dass man danach eigentlich satt ist. Deshalb wird die Bestellung des Hauptgerichtes sinnvollerweise stets zusammen mit der Auswahl der Antipasti entgegengenommen. Die besten Antipasti meines Lebens habe ich auf Sardinien bei Rita Denza im Ristorante Gallura in Olbia gegessen. Keine Mini-Paprika oder Peperoni wie heute üblich, sondern sensationell gefüllte Gemüse und unter anderem eine ausgehöhlte Meeresschnecke, die mit ihrem köstlich zubereiteten Fleisch gefüllt war – einfach göttlich! Dort konnte man sich wirklich nur an Antipasti satt essen und auf das Hauptgericht verzichten.

Aperitif

Der klassische »Before-Dinner-Drink« gehört heute leider in das Kapitel »Ist auch nicht mehr das, was er mal war«. Der frühe Feinschmecker Grimod de la Reynière hatte um 1800 als »coup d'avant« einen »exzellenten Vermouth oder einen Exzellenten Absinthlikör« vorgeschlagen – das Wort Aperitif gab es noch lange nicht. Im französischen Heimatland des Aperitifs wurde bevorzugt Absinth (hochprozentiger Wermut-Branntwein) getrunken, bis dieser verboten wurde. Die Amerikaner wärmten sich für das Essen am liebsten mit einem trockenen ↠ Martini auf, auch mit ↠ Whisky Sour, ↠ Gin Tonic oder anderen ↠ Cocktails. Die Idee, sich vor dem Essen von einem alkoholischen Drink den Appetit anregen zu lassen und damit zugleich die Wartezeit bis zum Essen zu überbrücken, hatten wohl die Franzosen. Um das Mittelmeer herum wurde und wird teils immer noch gern ↠ Pastis, Dubonnet, Ouzo getrunken, ansonsten sind Sherry, Vermouth, Cynar oder ↠ Campari beliebt, etliche auch als Mixgetränke. Gregor von Rezzori, Schriftsteller und kenntnisreicher Groß-Trinker, schwärmt von »Dubonnet mit Gin«: »Nach elf Uhr morgens bis zum Mittagsmahl getrunken, ist dies ein Durstanreger, der den Wein zum Essen nicht etwa als dessen anmutigen Begleiter erscheinen lässt, sondern als unabdingbares Spülmittel, das die Nahrung von der gleicherweise klebrigen wie brennenden Zunge löst.« Heute sind die Aperitifs milder geworden. Die Amerikaner haben ihre Fun ↠ Martinis erfunden, die Mädels aus »Sex and the City« trinken ihren ↠ Cosmopolitan ja mitunter die ganze Mahlzeit lang. In Europa ist das Glas ↠ Champagner, ↠ Sekt oder ↠ Prosecco weit verbreitet. Biertrinker nehmen gern ein kleines, frisch gezapftes Pils, und Weintrinker starten bevorzugt mit einem trockenen Weißen. Man ahnt schon, ein Apero, wie er in der Schweiz heißt, kann so ziemlich alles sein, wenn er denn Vergnügen bereitet und die Stimmung hebt. Das weiß auch jeder Gastronom: Je entspannter und gelöster der Gast, desto offener ist er bei der Auswahl der Speisen seiner späteren Bestellung. Trotz der Vielfalt des Angebotes bevorzuge ich persönlich meist einen eisgekühlten ➤ Campari Soda zur Anregung meines Appetits. Ein Aperitif sollte nicht zu süß sein, damit sich die Geschmacksknospen des Gaumens öffnen und sich auf das Essen freuen können – das möchte ich mit allen Sinnen genießen.

Apfel

Der Ursprung des Apfels, der auf der Obst-Weltrangliste hinter Zitrusfrüchten, Bananen und Trauben Platz vier belegt, wird zwischen Schwarzem und Kaspischem Meer geortet; Alma Ata, die Hauptstadt Kasachstans, heißt übersetzt »Stadt des Apfels«. Schon im 18. und 19. Jahrhundert kannte man über 4000 kultivierte Sorten. Im 20. Jahrhundert gab es in Deutschland 1500 Sorten (3000 in der Schweiz), die Hauptanbaugebiete waren das Alte Land nördlich von Hamburg und die Bodenseeregion. Die meisten davon sind wieder verschwunden.

Meine Heimat, die Steiermark, ist übrigens auch ein Apfelland. Wenn ich mich daran erinnere, kann ich das traumhafte Blütenmeer förmlich riechen. Selbst gemachter Apfelmost aus steirischen Äpfeln war quasi unser Grundgetränk. Oft saß meine Mutter in ihrer Kittelschürze am Küchentisch, schälte mit einem Küchenmesser (Sparschäler gab es noch nicht) Äpfel, schnitt sie in Spalten und reichte diese liebevoll an uns Kinder weiter. Und freitags war bei uns Mehlspeisen-Tag, da freute ich mich auf mein Lieblingsessen: ein schöner, mit selbst gemachtem Apfelmus gefüllter ➤ Pfannkuchen. Herrlich!

In der Neuzeit, die das Wort »Sortenbereinigung« erfunden hat, lässt der Handel das Angebot auf fünf bis zehn Tafelsorten schrumpfen. Deshalb trifft man so häufig auf Boskoop, Golden Delicious, Cox Orange etc. Der Handel will transportfeste, lagerfähige Äpfel, die im Laden noch frisch bleiben. Der Verbraucher möchte perfekte, rotbackige, feste, saftige Früchte, wobei der Trend von säuerlich zu süß und zu ökologisch angebauten Äpfeln geht. ➤ Slow Food und andere ➤ Gourmet-Bewegungen propagieren Erhalt und Revitalisierung alter Sorten, auch wenn die nicht so makellos aussehen wie »Industrieäpfel«. Für alle Äpfel gilt, dass sie viele gesunde Inhaltsstoffe haben: »An apple a day keeps the doctor away!«, heißt das bekannte englische Motto.

Äpfel garantieren vielerlei Genüsse: Kuchen und ➤ Desserts wie Apfelstrudel oder Apfelmus; Getränke, beispielsweise Apfelsaft oder französischer Cidre (Apfelwein). Es gibt wunderbar aromatische Apfelbrände und, nicht zu vergessen, den berühmten französischen Calvados – fast eine Art »Apfelcognac«. In der ➤ Cocktail-Szene ist übrigens ein Fancy Apple-Martini bekannt – angeblich nur echt mit einer hauchdünnen Scheibe Granny Smith oben drauf.

Dass der Apfel als Reichsapfel berühmt und als Zankapfel berüchtigt ist, zeigt seine Eignung zur Symbolik. Auch in der Geschichte war er von Anfang an unabkömmlich: Als Eva ihren Adam mit einem Apfel verführte, wurde das mit der Vertreibung aus dem Paradies geahndet.

Curriculum Vitae

Aphrodisiakum

Kein Phänomen der essbaren Welt hat die Fantasie der Menschen von jeher so angeregt wie das Aphrodisiakum: ein nach der griechischen Liebesgöttin Aphrodite benanntes Mittel, die Libido, den Sexualtrieb und auch die Erektion bzw. deren Standhaftigkeit zu fördern. Und das alles nur, indem man etwas (meist) Genussvolles schluckt oder speist. Dass es sich bei den Aphrodisiaka um ein vorrangig männliches Thema handelt, hat einerseits physiologische Gründe, hängt andererseits wohl auch mit den Versagensängsten und dem Wahn zusammen, der Potenz und Männlichkeit gleichsetzt.

So waren es häufig Frauen, die ihren Männern einheizten: Als Madame de Maintenon, die Geliebte von Ludwig XIV., sich nicht mehr von ihm befriedigt fühlte, füllte sie ein Kotelett mit Zwiebelmus, ⇸ Champignons und ⇸ Petersilie, mit Gewürznelken, ⇸ Basilikum, Koriander und ⇸ Cognac und servierte alles in einer ⇸ Trüffel-Sauce – ob es geholfen hat, ist nicht überliefert. Ihr Before-Dinner-Cocktail (⇸ Cocktail) aus Pflaumenschnaps, ⇸ Zucker, Orangensaft mit einem Spritzer Ambra fehlte jedoch später auf keiner königlichen Tafel.

Wolf Uecker, ein prominenter Kochbuchautor und Gastrosoph der deutschen Neuzeit, hat in seiner »Küche der Liebe« 1987 nicht weniger als 129 Aphrodisiaka aufgeführt, von ⇸ Aal bis ⇸ Zwiebel, dazwischen ⇸ Auster, ⇸ Avocado, Bohnenkraut, ⇸ Kaviar und ⇸ Champagner, um nur einige davon zu nennen. Man sieht, es ist ein fast grenzenloses Thema.

Allen ist gemeinsam, dass man an sie glauben muss, die Wissenschaft ist offenbar nicht in der Lage, die Wirksamkeit klassischer Aphrodisiaka nachzuweisen. Die Ausnahme ist der seit 1998 von der US-Firma Pfizer verbreitete chemische Arzneistoff Viagra, der bei 69 Prozent aller männlichen Patienten garantiert eine Erektion hervorruft. Nur – Champagner schlucken macht viel mehr Spaß.

Aquakultur

Es gibt sie, seit das Wort Überfischung die Runde macht, und sie hat jährlich zweistellige Zuwachsraten. Mindestens 30, inzwischen wohl 50 Prozent der Fische, die wir essen, stammen bereits aus der massenhaften Aufzucht, der Aquakultur. Viele Fische wären sonst heute nur noch zu Liebhaberpreisen auf dem Markt. Der Preis des teuren ⤳ Lachs aus der alten Zeit der wild gefangenen Fische wurde von den Zuchtlachsen drastisch unterboten und hat sich seit den 1980er-Jahren bei denen um 80 Prozent verringert.

Über 150 Fischarten werden in Aquakultur produziert, in Teichen mit stehendem Wasser (⤳ Karpfen, Schleie, ⤳ Zander, ⤳ Hecht) oder in künstlich angelegten fließenden Kanälen (⤳ Forelle, Äsche, Saibling).

Die Zucht in Netzgehegen oder abgesperrten Buchten im Meer heißt Marikultur. Das Fachgebiet des Fischfarmens ist heute schon derart komplex, dass es sogar einen eigenen Masterstudiengang »Aquazucht« gibt.

Die Vorzüge sind klar: kalkulierbar billige Produktion, jederzeit lieferbar und geschmacklich vom wilden »Original« kaum zu unterscheiden – wie beim ⤳ Lachs. Nachteil: Der Einsatz von Chemikalien und Antibiotika für die zusammengepferchten, empfindlichen Tiere kann ganze Ökosysteme zerstören. Dasselbe gilt für das tonnenweise eingespeiste Futter – vier Kilo für die Aufpäppelung von einem Kilo Fisch sind keine Ausnahme – und das bei Millionen Tonnen!

China ist der größte Betreiber von Aquakulturen. Thailand und Vietnam sind führend in der Produktion von ⤳ Garnelen, Tilapia und Pangasius, den aktuellen Bestsellern: viel Eiweiß, wenig Fett und mild – was auch fad heißen kann. Auf weitere Innovationen der weltweiten Aquakultur müssen wir uns gefasst machen.

Es ist erschreckend, dass natürlich aufgewachsener Fisch fast ausgerottet ist. Selbst auf Kreuzfahrtschiffen, wo Frischfisch zum Greifen nahe ist, musste ich feststellen, dass er etwas Besonderes darstellt. Statt auf viel und billig sollten wir auf gute, schmack- hafte Qualität setzen, regionale Fischsorten bevorzugen und bereit sein, dafür auch mehr zu bezahlen.

Aroma Das sind Duft- und Geschmacksstoffe, an denen Nase und Gaumen die Speisen und Getränke erkennen. Ohne sie könnten wir blind keine ⇀ Orange von einer ⇀ Zitrone unterscheiden, nicht einmal einen Wein von einem Whisky. Unser Geschmackssinn ist relativ bescheiden; sicher erkennen wir nur Salzig, Süß, Sauer und Bitter in verschiedenen Bereichen der Zunge. Geschmack und Geruch bilden eine Einheit, so mancher Geschmack kommt erst durch den Geruch zustande. Das Aroma ist ein Produkt aus beidem. Machen Sie mal diesen Test: etwas ⇀ Zucker und Zimt mischen, die Nase zuhalten und kosten. Sie schmecken nur süß – erstaunlich, oder?

Das natürliche Aroma in frischem Obst und Gemüse genügt der Industrie nicht. Chemiker mixen künstliche Aromen zusammen, die die verlorene Frische und Originalität der konservierten Produkte ersetzen sollen. Das raubt vielen Menschen die Fähigkeit, Echtes von Unechtem zu unterscheiden. Die ziehen eine Tütensuppe einer frisch gekochten Hühnersuppe vor. Puh!

Der Chemie-Mix ist heute so selbstverständlich, dass man »natürliches Aroma« als »einen Aromastoff oder ein Gemisch von Aromastoffen bezeichnet, welches mittels physikalischer, enzymatischer oder mikrobiologischer Verfahren aus Ausgangsstoffen pflanzlicher oder tierischer Herkunft gewonnen wird und mit in der Natur vorkommenden Aromastoffen chemisch identisch ist«. Das Natürliche ist also die Chemie, und das sogenannte »künstliche Aroma« ist dann irgendwie Chemie hoch zwei – Erdbeeraroma, destilliert aus Sägespänen, das von Vanillin aus Holzpulpe. Hallo? Für Masochisten: Künstliche Aromen sind laut Gesetz »chemisch definierte Stoffe mit Aromaeigenschaften, die durch chemische Synthese gewonnen werden, aber nicht mit einem Stoff chemisch gleich sind, der in einem Ausgangsstoff pflanzlicher oder tierischer Herkunft vorkommt«. Dann wäre er ja eben »natürlich«! Schöne neue Zeit!

Artischocke

Die sonderbare Distel – zu deren botanischer Familie gehört sie – erfreut sich in der kulinarischen Literatur besonderer Aufmerksamkeit. Der deutsche Ess-Experte Ulrich Klever zitiert eine »sittenstrenge französische Dame anno 1666«, die gesagt habe: »Wenn eine von uns gewagt hätte, → Spargel oder Artischocken zu essen, hätte man mit dem Finger auf sie gezeigt. Aber die Mädchen von heute sind dreister als die Pagen bei Hofe.« Wolf Uecker, prominenter Kochbuchautor und Gastrosoph, klärt uns darüber auf, indem er ein populäres Chanson jener Zeit zitiert, und ich wiederhole das hier amüsiert: »Artischocken, Artischocken/erhitzen den Geist/und verführen zum Bocken.« Mit anderen Worten zählen sie (für jene, die dran glauben) zu den → Aphrodisiaka und gelten als amouröses Antriebsmittel. Ob sie deshalb 2003 zur »Arzneipflanze des Jahres« gewählt wurde, blieb unausgesprochen. Tatsache ist, dass Artischocken den Bitterstoff Cynarin enthalten, der positiv auf die Galle, die Leber und den Magen wirkt.

Außerdem stecken wertvolle sekundäre Pflanzenstoffe darin, denen eine antioxidative Wirkung nachgesagt wird, und – Artischocken sollen den Cholesterinspiegel positiv beeinflussen.

So isst man ganze gekochte Artischocken: Die Blätter einzeln abzupfen, das fleischige Ende in eine Sauce, vorzugsweise Vinaigrette, tunken, mit den Zähnen abstreifen und saugend auslutschen. Manche finden das vielleicht erotisch.

MEIN TIPP: *Der Stiel wird abgebrochen, nicht abgeschnitten – so werden die harten Fasern vom Artischockenboden entfernt. Möglichst nicht im Aluminiumtopf kochen, darin können die Artischocken ihre Farbe verlieren und einen Metallgeschmack annehmen. Zitrone oder Weißwein im gesalzenen Kochwasser helfen Verfärbungen verhindern. Wenn man die Blätter leicht abziehen kann, sind sie gar.*

Gebratene Artischocken

Zutaten für 4 Portionen:

2 Schalotten | 1 Knoblauchzehe | 4 Artischockenböden | 3 EL Olivenöl
1 Zweig Rosmarin | 3 Thymianzweige | Salz | Pfeffer aus der Mühle

- Schalotten und Knoblauch abziehen, sehr fein hacken. Artischockenböden in Tortenstücke schneiden und in heißem Olivenöl braun anbraten.
- Schalotten und Knoblauch, Rosmarin und Thymian dazugeben, salzen und pfeffern. Zum Beispiel auf mariniertem Rucolasalat verteilen.
- Dazu ein Glas Weißwein – gesünder und schöner kann man nicht essen.

Asbach

Jahrhundertelang hieß gebrannter Wein auf gut Deutsch Branntwein, dementsprechend Brandy im Englischen sowie international.

Doch dann kam Hugo Asbach nach seinen Lehr- und Studienjahren als Destillateur aus Frankreich zurück nach Rüdesheim am Rhein, gründete 1892 dort eine »Export-Compagnie für deutschen Cognac« und erfand 1907 den Begriff »Weinbrand« für seinen Asbach Uralt (uralt wegen der langen Reifezeit). Er wollte einen deutschen ⚯ Cognac kreieren und nannte ihn auch stets »Weinbrand-Cognac«, doch als nach dem Ersten Weltkrieg den Deutschen der Begriff Cognac untersagt wurde – wie ja auch der Name ⚯ Champagner –, war sein Weinbrand (38 Prozent Alkohol) bereits bekannt und ziemlich erfolgreich.

1924 erfindet Asbach die Weinbrand-Praline – eigentlich nur für weibliche Kunden –, doch die Männer naschen begeistert mit. Es kommt ein Privatbrand auf den Markt, der acht Jahre gereift ist, später die Asbach Selection (21 Jahre) und 1972 der Jahrgangsbrand. Der heute etwas tutige Werbe-Slogan »Im Asbach Uralt ist der Geist des Weines« von 1937 wirkte.

1935 übernahmen die beiden Söhne Hermann und Rudolf die Firma. Der neue Werbespruch nach dem Krieg: »Wenn einem so viel Gutes widerfährt – das ist schon einen Asbach Uralt wert.« In den 1980er-Jahren aber ging der Umsatz in die Knie, und die Asbachs verkauften 1991 nach England. Doch ⚯ Underberg kaufte die Marke zurück. 2001 wurden wieder 5,4 Millionen »normale« Flaschen verkauft, es gibt auch Portionsflaschen mit 0,02 und Taschenflaschen mit 0,1 Litern. Neuere Zahlen verrät die Firma nicht, der Weinbrand-Absatz geht allgemein zurück, doch bei Asbach immerhin »weniger als im Durchschnitt«.

Inzwischen macht sich die Marke, die das Rheinschiff »MS Asbach« (in Rüdesheim am Rhein zu besichtigen) betreibt und dort auch ihren alkoholisierten »Rüdesheimer Kaffee« aufflammen lässt, für Mixgetränke wie Asbach Lime stark. »Ein Kultgetränk ist Asbach Cola«, sagen sie und bieten ihn fertig gemixt in der Dose an.

Seit ich die Familie Underberg persönlich kenne, schätze ich dieses deutsche Traditionsprodukt noch viel mehr als vorher. Die Qualitätsphilosophie, die diesem zugrunde liegt, verdient höchste Anerkennung. Ich habe übrigens erfahren, dass der Asbach nicht im Rheingau, sondern im Schwarzwald seine nötige Reife erhält.

Aubergine

Auberginen sind ein Lieblingsgemüse italienischer Ristoranti – dort »Melanzane« genannt. Die Italiener kultivierten als Erste in Europa das Nachtschattengewächs aus Südostasien schon im 15. Jahrhundert. Die Ursprungsform war eiförmig, eigroß und weiß – die asiatische Sorte White Egg erinnert daran –, der verdankt die Aubergine auch ihren englischen Namen Eggplant (Eierfrucht). Die heutige dunkelviolette, tropfen- oder keulenförmige Sorte wurde erst im 19. Jahrhundert gezüchtet. Lange wurde die Aubergine als »mela insana«, als krank machender Apfel, bezeichnet, sollte Fieber und epileptische Krämpfe verursachen, Schwachsinn und andere Störungen. Damals wusste man noch nicht, dass vor allem junge und unreife Auberginen unangenehme Bitterstoffe und den Giftstoff Solanin (wie grüne ⇢ Kartoffeln) enthalten – darum sollten sie auch nicht roh gegessen werden. Bis heute sind die glänzenden Früchte vor allem in Süditalien, in Griechenland, der Türkei und in Spanien ein fester Bestandteil der Küche. Die Kalabresen kennen vielerlei Leckerbissen auf ihrer Basis, inklusive einer Auberginen-Mousse. Ein Auberginenpüree namens »Mutabbal« ist auch Bestandteil der arabischen Mezze. Dies ist der Sammelbegriff für diverse Vorspeisen des Nahen Ostens. Das bei uns berühmteste Gericht ist die griechische Moussaka, ein Gipfeltreffen der drei bekanntesten und verwandten Nachtschattengewächse in einem variantenreichen Auflauf – Aubergine, ⇢ Tomate und ⇢ Kartoffel.

Zum Thema Aubergine hatte ich zwei unvergessliche Genusserlebnisse: Das eine fand im Restaurant SIN in Köln statt, wo mir ein sensationelles Auberginenpüree serviert wurde, das andere im Emirates Palace Hotel Abu Dhabi – hier gab es hinreißende Falafel mit Auberginen-Mousse. Den tollen Geschmack habe ich jetzt fast noch auf der Zunge.

Auberginen-Salsa

Zutaten für 4 Portionen:

1 Aubergine | 50 ml Olivenöl | 70 g Ketchup

je 1 EL Honig und Tomatenmark | etwas Weißweinessig

Salz | Pfeffer | evtl. 1 kleine Chilischote

- Die Aubergine in kleine Würfel schneiden und im heißem Olivenöl kross braten. Anschließend in einem Sieb abtropfen lassen.
- Die Auberginenwürfel mit Ketchup, Honig und Tomatenmark mischen, mit etwas Weißweinessig, Salz und Pfeffer abschmecken.
- Wer es pikant liebt, gibt eine fein gewürfelte Chilischote dazu. Perfekt zu gegrilltem Fleisch und Geflügel oder als Aufstrich für geröstetes Brot.

Auster

Seit alters her regten diese schlüpfrigen → Muscheln eine Gemeinde von lüsternen Liebhabern zu ausschweifendem Konsum an. Der römische Kaiser Vitellius gilt mit dem Verzehr von 1200 Austern als Weltmeister, und der französische Monarch Ludwig XIV. steht mit 400 Stück in den Fress-Annalen – nur zum → Frühstück, am Tag seiner Hochzeit mit Maria Theresia. Jean Anthèlme Brillat-Savarin, bedeutender französischer Gastrosoph des 18. Jahrhunderts, erzählt von einem Austernliebhaber, der in seiner Gegenwart 32 Dutzend (384 Stück) Austern schlürfte – dann wandten sich die Herren wohlgemut dem »richtigen Essen« zu. Viele Austernesser hoffen auf eine Stärkung ihrer Potenz, eine aphrodisierende Wirkung (→ Aphrodisiakum) – schließlich ist ja Aphrodite, die griechische Göttin der Liebe, in der Mythologie einer Auster entstiegen. Auch Casanova hat angeblich seine Liebesnächte mit 80 Austern eingeleitet. »Wissenschaftlich betrachtet nicht nachzuweisen«, dämpft Wikipedia diesbezügliche Hoffnungen, immerhin: »das Schlürfen von Austern kann aber eine starke Placebowirkung hervorrufen«.

Heute werden zu fast 96 Prozent Zuchtaustern gehandelt, die in Europa, den USA, in China und Japan in gewaltigen Mengen herangezogen werden. Nach zwei bis fünf Jahren sind sie reif. Faustregel: Je kälter ihr heimatliches Gewässer, desto besser. Die wichtigsten Arten sind die Pazifische Felsenauster (93 Prozent der Weltproduktion), die Amerikanische (5,1 Prozent) und die selten gewordene Europäische Auster (0,2 Prozent). Die bekanntesten Sorten: Belons (aus der Bretagne oder aus Maine), Imperialen (Niederlande), Colchester (England), Galway (Irland), Fine de Claires (Frankreich) und schließlich die Sylter Royal – eine Pazifische Felsenauster, die im deutschen Wattenmeer gezüchtet wird.

Um die alte Regel, nach der man Austern nur in Monaten essen dürfe, deren Name ein »r« enthält, muss sich heute niemand mehr kümmern. Seit Austern gefarmt werden, gilt sie nicht mehr – und vorher eigentlich auch schon nicht. Man genießt Austern meist roh, sie werden aber auch gebacken, gegrillt, überbacken oder paniert angeboten. Dazu gehört ein trockener Weißwein – ⤙ Champagner tut's auch. Ich gestehe, dass es Dinge gibt, die ich lieber esse. Vermutlich hängt das mit einer eher unangenehmen Erinnerung zusammen: Als ich anlässlich einer ARD-Filmproduktion in Tasmanien eine Austernzucht besuchte, gab mir der Züchter auf dem Schiff eine große schwangere Auster. Um mein Gesicht nicht zu verlieren, musste ich sie ja essen, aber sie war so weich und eklig – ich könnte mich heute noch schütteln.

Avocado

◇◇◇◇◇◇◇◇◇◇◇◇◇◇◇◇◇◇◇◇◇◇◇◇◇◇◇◇◇◇◇◇◇◇◇◇◇◇ Sie wird auch Alligatorbirne oder, wegen ihres ⤙ Fett-Reichtums, Butterbirne genannt, ist botanisch gesehen eine Beere, und so weiß auch sie nicht so genau, ob wir sie lieber als Obst oder als Gemüse einzuordnen haben. Sie liebt wohl diese Doppelrolle; Gemüse ist sie wohl ganz bestimmt, doch gelegentlich tritt sie auch betont fruchtig auf.

Schon die Azteken aßen »die Butter des Waldes«, fütterten insbesondere ihre Hunde damit (die sie dann ihrerseits verspeisten). Die Konquistadoren exportierten sie ab 1527, und in der Neuzeit wurden immer mal ein paar Amerikaner angeführt, die den weltweiten Siegeszug der Avocado in die Wege geleitet haben sollen. Der nicht immer zuverlässige Waverly Root nominiert einen Henry Perrine, der 1833 die ersten Bäume in Florida gepflanzt habe; Ulrich Klever kennt einen Wilson Popenoe, der den Avocado-Boom von Pasadena in Kalifornien aus in Gang gesetzt habe – und dem er augenzwinkernd enorme Potenz bescheinigt (↠ Aphrodisiakum). Tatsächlich sind wohl unsere heutigen Sorten (insgesamt tippt man auf über 400) in der Neuzeit entwickelt worden.

Die in Deutschland meistverbreitete Art ist die birnenförmige »Fuerte« – mittelgrüne Schale, gelbliches bis hellgrünes Fleisch. Die kleinere »Hass«, von dem Kalifornier Rudolph Hass in den 1930er-Jahren in seinem Garten entwickelt und seither weltweit verbreitet, hat ein reicheres Aroma. Ihre dunklere, warzige Schale ist jedoch sehr hart, sodass man die optimale Reife nur schwer feststellen kann. Avocados werden meist unreif, also hart, verkauft – so sind sie völlig ungenießbar. Wenn das Fruchtfleisch bei sanftem Druck auf die Schale leicht nachgibt, sind sie reif für den Genuss. Bei manchen Früchten hört man beim Schütteln sogar den Kern im Inneren der Frucht »klappern«.

Avocados werden in der Regel roh gegessen. Zuvor schneidet man sie längs ringsherum bis zum Kern ein, dreht beide Hälften gegeneinander und löst sie voneinander – der dicke Kern wird entfernt.

Avocadohälften lassen sich fein mit gut gewürztem ↠ Krebs-Fleisch oder anderen Pikanterien füllen. Oder man beträufelt das Fruchtfleisch mit einer Vinaigrette und löffelt es einfach aus der Schale. Püriert und gut geschärft wird daraus die berühmte mexikanische Guacamole – unverzichtbar als Begleiterin von Tortillas oder als Dip für Tortilla-Chips und Crackers. Ich grille Avocados übrigens auch, indem ich die Schnittflächen der Hälften mit ↠ Olivenöl al limone einpinsele und etwa zwei Minuten auf den Grill lege (geht auch in einer Grillpfanne). Zum Servieren mit ↠ Thunfisch- oder ↠ Lachs-Tatar füllen – lecker!

MEIN TIPP: *In Verbindung mit Luft verfärbt sich das Fruchtfleisch der Avocado rasch unansehnlich. Das kann man verhindern, indem man es mit etwas ↠ Zitronen- oder Limettensaft beträufelt oder, bei Pürees und Cremes, einfach den Kern mit in die Schüssel legt.*

Backfisch

Der reifere Leser, der den Backfisch für die altbackene Form des weiblichen Teenagers hält, hat völlig recht: Nur dass die junge Unerwachsene ihren Namen von einem Fisch hat – einem jungen, unerwachsenen –, das ist weniger bekannt.

Für den Backfisch gibt es mehrere sprachliche Herleitungen. Der am Englischen orientierte Fisch heißt demnach so, weil er »back« (engl. zurück) ins Meer geworfen wird; zu einer individuellen Weiterverarbeitung ist er zu klein.

Der deutschstämmige Backfisch hat seinen Namen hingegen von der »Back« oder »Backbord«, der linken Seite des Schiffes, über die zumeist die Netze eingeholt wurden. Die wegen ihrer geringen Größe unverkäuflichen Fische flogen über Back zurück ins Wasser. Diejenigen, die nicht zurückgeworfen wurden, eignen sich nur zum Backen (früher auch zum Braten), jedoch nicht zum Kochen. Eingebacken oder paniert machen die zarten Fischlein, besonders in gut gewürzter China- oder Thai-Küche, eine hervorragende Figur.

MEIN TIPP: *Ich empfehle für Backfisch einen Tempurateig, den ich mit gehacktem Chili, Zitronenthymian und einer Spur Kubebenpfeffer würze. Dazu eine selbst gemachte Remouladensauce – wunderbar!*

BAILEYS

Wer sich dieses »Getränk« ausgedacht hat, muss wohl ein waschechter und überzeugter Ire gewesen sein. Irischer Whiskey ist was Schönes, die → Sahne von irischen Kühen ebenso, was kann also schöner sein als beides zusammen in einer Flasche? Aus dieser an sich schlichten Idee entstand 1974 ein origineller und überraschender Erfolgsdrink: Baileys, korrekt »Baileys Original Irish Cream« – nur echt ohne Apostroph.

Er strömt dick und sahnig-braun ins Glas, mit sanften 17 Prozent Alkohol, mit viel → Fett und viel → Zucker, halb → Likör, halb → Dessert. Ein Lieblingslikör besonders der Damen, Ex-Supermodel Helena Christensen ist das Gesicht der letzten Werbekampagne. Aus eigener Erfahrung kann ich sagen, dass »mann« dieses Getränk nicht unterschätzen sollte. Ich habe einmal mit den Damen meiner TV-Sendung in der Hamburger Schlachterbörse eine »Baileys-Schlacht« erlebt, nach der ich am Ende unterm Tisch lag und die Mädels noch topfit waren. Also – ich mag ihn, aber mein Lieblingsgetränk ist er nicht.

Einen Mr. Bailey, dessen Unterschrift das ⤙ Etikett ziert, hat es wohl nie gegeben. Die englische Journalistin Alicia Clegg behauptet sogar, das Getränk sei in London ersonnen worden, in einem Büro mit Blick auf Bailey's Hotel. Doch alles andere ist oder wurde tatsächlich sehr irisch: Die Produktion findet in Irland statt (in Belfast, bei Gilbeys of Ireland), die angeblich 40.000 Kühe, denen alljährlich über 275 Millionen Liter ⤙ Milch für Baileys entmolken werden, stehen in Irland, und der Whiskey stammt natürlich aus heimischer Produktion. Die Markteinführung fand 1974 statt (in Deutschland erst 1979), und inzwischen soll Baileys über 50 Prozent der irischen Spirituosenexporte ausmachen. Er wird pur getrunken, auf ⤙ Eis oder in einigen ⤙ Cocktails wie dem White Russian. Auch Eishersteller wie ⤙ Häagen Dazs oder ⤙ Ben & Jerry's produzieren Sorten mit Baileys-Geschmack.

Balik-Lachs

Wenn die Swiss International Airline (mitunter auch die Lufthansa) es mit ihren Passagieren in der First Class mal besonders gut meint, dann lässt sie ihnen ein Häppchen Balik-Lachs servieren. Das ist der allerzarteste und aromatischste Räucherlachs, den man sich vorstellen kann, sozusagen das ⤳ Kobe Beef unter den ⤳ Lachsen – und er ist bereits eine Legende.

In den 1970er-Jahren entdeckte der deutsche Schauspieler Hans Gerd Kübel, ein origineller ⤳ Gourmet, Lebenskünstler, Harley-Davidson-Fahrer und gewaltiger Rauschebart, den letzten Spross einer Familie aus Riga. Diese Familie hatte über mehrere Generationen den russischen Zaren mit Räucherlachs versorgt, keinem gewöhnlichen natürlich, sondern eben dem Balik-Lachs, der nach geheimen, nur mündlich überlieferten Rezepten bereitet wurde.

Hans Gerd Kübel luchste dem Enkel des letzten Räuchermeisters das Rezept ab und startete in einem alten Bauernhaus im schweizerischen Toggenburg, auf 900 Metern über dem Meeresspiegel, eine kleine Manufaktur. 15 Jahre lang war Balik-Lachs ein Geheimtipp, dann verkaufte Kübel sein Rezept an das Schweizer »Caviar House«, das auf vielen internationalen Flughäfen und in großen Kaufhäusern wie dem ⤳ KaDeWe präsent ist. Seither kann sich jeder von der Qualität dieses besonderen Produkts überzeugen.

In meiner Kindheit war Lachs auf ⤳ Toast mit Sahnemeerrettich etwas ganz Besonderes. Als ich zum ersten Mal den dick geschnittenen Balik-Lachs probierte, entdeckte ich, wie groß das Spektrum sein kann, wenn es um Lachs geht. Das war das Nonplusultra!

Balsamico

Die italienischen Balsamicos gelten als die »Könige unter den Essigen«, jedenfalls die echten darunter. Balsamico kann jeder seinen ⊶ Essig nennen, vorausgesetzt, er enthält auch eingedickten Most aus Trauben. Leider ist dieser meist mit gewöhnlichem Weinessig gemischt und eventuell mit Karamell (Zuckercouleur) braun gefärbt – das sind die preiswerteren Balsamicos. Schon die Tatsache, dass traditionelle Handwerkskunst durch Industrietricks ersetzt wird, finde ich sehr schade. Mir ist bewusst, dass guter Essig viel Geld kostet. Aber mir ist auch bewusst, dass dieser viele viele Jahre reifen muss – und darum kann er nicht billig sein. Das sollte sich jeder Genießer vor Augen halten!

Der echte stammt nur von spätgelesenen Trebbiano-Trauben und heißt entweder »Aceto Balsamico tradizionale di Modena« oder »Aceto Balsamico tradizionale di Reggio Emilia« – das sind die einzigen geschützten Marken. Das Geheimnis dieser Balsamicos sind die Holzfässer, in denen sie reifen, die ihnen Geschmack und Farbe geben. Sie sind unterschiedlich groß, aus unterschiedlichem Holz (Kirsche, Kastanie, Akazie, Esche, Maulbeere, Holunder), und je älter sie sind, desto besser. »Erst nach 30 Jahren ist ein Fass wirklich gut«, erklärt der Kellermeister eines berühmten Herstellers, »dann sind die Aromen des Balsamicos mit dem Holz verwoben.« Der Essig wandert von Fass zu Fass, am Ende bleiben von hundert Kilo Trauben nur zweieinhalb Liter Balsamico. Nach 12 und mehr Jahren ist er tiefschwarz, fast sirupartig, und wird nur tropfenweise verwendet: ein paar davon auf frische ⊶ Erdbeeren oder eine kleine Sauce daraus zum Rinderfilet – herrlich.

Diese Balsamicos werden ständig von einem Konsortium überprüft, bevor sie ihren Titel tragen dürfen. Der standesbewusste Feinschmecker zahlt für 0,1 Liter (!) klaglos 50 Euro (12 Jahre alt) und für einen 25-jährigen 100 und mehr Euro.

BANKETT

Ich habe mehrmals in der Frankfurter Festhalle den Ball des Sports für 2000 bis 3000 Leute ausgerichtet. Das kann, glaube ich, kaum jemand nachvollziehen, was es heißt, für so viele Menschen ein exzellentes Essen zu servieren. Das muss man selbst gemacht haben. Und wenn dann noch ein Logistiker einen Wagen mit 180 fertig angerichteten Desserts im Eingang der Festhalle umwirft, kann wohl jeder verstehen, wenn der ↢ Chef und ein Teil seiner ↢ Küchenbrigade nach der Festivität erst einmal eine Woche Urlaub haben muss.

Das traditionelle Bankett ist ein »gesetztes Essen« mit Tischkarten und verlangt in der Regel den konservativen Dresscode: dunkle Anzüge, bei Damen das kleine Schwarze; auch der Blumenschmuck ist teurer als normal.

Häufig beginnt der Abend mit einem ↢ Sekt- oder ↢ Champagner-Empfang. Und wenn der Aufwand besonders hoch ist und das Ambiente besonders festlich, dann darf der Veranstalter auch von einer Gala sprechen.

Bei großen Essen, wenn bei Staatsempfängen oder Firmenjubiläen Hunderte oder gar Tausende von Gästen verköstigt werden, nähert sich die Gastronomie einer anderen Disziplin: dem Militär. Nur mit der Planung eines Generalstabs, der Schlagkraft einer Armee, der Exaktheit großer Paraden und der Disziplin eines Manövers kann serviert werden, was die Küche mit höchstem technischen Aufwand produziert. 2000-mal Filet mignon, alle präzise medium rare, in nur wenigen Minuten auszuliefern – das ist die hohe Kunst der Bankettküche, die viele große Hotels als eigene Abteilung unterhalten. Spezialisten für Banketts sind daneben die Cateringfirmen.

Bar

Zu meinen schönsten Erlebnissen zählt ein Besuch der Long Bar im Raffles Hotel Singapur, wo ich den ➝ Singapore Sling an der Geburtsstätte genießen konnte. Dazu gab es Erdnüsse, die man schält, isst und deren Schalen auf den Boden wirft. Je später der Abend, desto besser kann man ohne Schuhe einen Spaziergang auf einem »Teppich« aus Erdnussschalen unternehmen.

Rang und Ruf einer ernst zu nehmenden Bar hängen ab von der Persönlichkeit des »Bartenders« und der Namhaftigkeit der Gäste. Dass die ➝ Cocktails erstklassig sind, ist Voraussetzung. Ernest Hemingway und F. Scott Fitzgerald machten in ihren Pariser Jahren die Bar des »Ritz« zu ihrem Hauptquartier und später zur internationalen Wallfahrtsstätte. Als Hemingway nach dem Zweiten Weltkrieg als uniformierter Kriegsberichterstatter mit ein paar Soldaten im Jeep Paris erreichte, »befreite« er zuerst die Ritz-Bar. »16 trockene ➝ Martini, bitte!«, war angeblich seine erste Bestellung.

Bars waren früher eine reine Männerdomäne. Die berühmte Oak-Bar im New Yorker Plaza Hotel war bis in die 1960er-Jahre für Frauen tabu. Seitdem, berichtet Charles Schumann, Gründer und Chef von Deutschlands berühmtester Tränke in München, drängen auch die Ladys an den Tresen. Die berühmtesten Bars sind längst zu touristischen Attraktionen geworden. »Harry's New York Bar«, kurioserweise mit 1911 eröffnetem »Mutterhaus« in Paris, hat sich zu einer kleinen Kette gemausert. Aus »Harry's Bar« in Venedig, wo einst der »Bellini« erfunden worden sein soll, ist inzwischen ein sündhaft teures Restaurant geworden, und auch bei »Schumann's« wird ja eine mittlerweile hoch gerühmte Hausmannskost zubereitet – Jahrhundertkoch Eckart Witzigmann hat für die Bar-Küche bereits drei Sterne gefordert.

Barbecue

Barbecue ist Kult, vor allem natürlich in Amerika und dort speziell im Süden, wo alles seinen Anfang nahm. Ursprünglich wurden dabei große Fleischstücke in einer Grube heiß geräuchert. Wenn heute ⇢ Fleisch in kleineren Portionen auf einem Gartengrill geröstet wird, dann handelt es sich streng genommen um »Grillen« – es hat sich dafür aber der Ausdruck Barbecue, auch Bar-B-Cue, Bar-B-Q oder BBQ, durchgesetzt.

Auf den Plantagen der Südstaaten entwickelte sich das Barbecue aus den Schlachtfesten und wurde schnell zu einem wichtigen Ereignis. Von der Amtseinführung des Gouverneurs von Oklahoma 1923 ist überliefert, dass ein Barbecue stattfand, bei dem 289 ⇢ Rinder, 70 ⇢ Schweine, 36 Schafe, 2540 ⇢ Kaninchen, 1427 ⇢ Hühner und 15 Rehe verzehrt wurden.

Eine Welle von Barbecue-Restaurants verebbte, als die ⇢ Fast-Food-Hamburger die Macht übernahmen. Lediglich im Süden, in Memphis oder Kansas City, in den Carolina-Städtchen Lexington oder Goldsboro wird auch kommerziell noch heftig heiß geräuchert.

In Deutschland hat die Barbecue-Gemeinde gegen ein leichtes Spießer-Image zu kämpfen. Sie wurde zu einem beliebten Realsatire-Thema. Man amüsiert sich über beleibte Herren, die zwischen Gartenzwergen und Bierkästen an ihren rauchenden Hightech-Grills hantieren. »Hier kocht Papi selbst!« oder »Norddeutsche Griller sind härter« steht auf dem oft überm Bauch etwas spannenden T-Shirt – doch das ist, wie gesagt, Satire.

Seit einigen Jahren geht der Trend meiner Erfahrung nach in eine recht positive Richtung. Grillstationen für Kohle, Gas oder Strom zu Preisen, die inzwischen leicht rund 3000 Euro erreichen, gehören zu den Bestsellern. Mittlerweile haben die meisten Leute verstanden, dass ein guter Grill einen Deckel haben muss, damit das Fleisch auf dem Rost bräunt und durch die »Raumtemperatur« gart.

Ich bin sehr stolz darauf, dass ich es in Zusammenarbeit mit dem SWR3 geschafft habe, Deutschlands größte Barbecue-/Grillparty auf die Beine zu stellen, bei der bis zu 100.000 Leute mitmachten. Stellen Sie sich das vor: Ich lege eine Poulardenbrust auf den Grill, und 100.000 Menschen machen das Gleiche – gigantisch!

Barsch

Ich kenne keinen Fisch, der in derart gewaltiger Vielfalt auftritt, im Süß- und im Salzwasser, in »180 Familien und 8000 Arten«, wie Teubner zählt, in dessen Fischbuch die »barschartigen Fische« über 40 Seiten füllen.

Was ich, ehrlich gestanden, auch bislang nicht wusste: Sogar die Makrelen gehören zu den Barschen, ebenso die Brassen, die Barben, die vielen Snapper (↠ Red Snapper) und die verschiedenen Sorten der ↠ Thunfische (neudeutsch auch »Tunfische«).

Der populärste unter den Barschen dürfte der ↠ Zander sein, der auf unzähligen Speisekarten zu finden ist. Den ebenfalls weit verbreiteten Wolfsbarsch gibt es gleich in zweierlei Versionen. Da ist zum einen der Amerikanische Streifenbarsch (auf Französisch bar américaine). Er stammt aus den Flüssen Amerikas und Kanadas und wird bis zu 50 Zentimeter lang. Der andere Wolfsbarsch kann es bis auf 80 Zentimeter Länge bringen. Er lebt küstennah in den weiten Gewässern zwischen Norwegen und dem Senegal. Handelsüblich sind in der Regel 40 Zentimeter lange, etwa 1,5 Kilo schwere Exemplare, die größtenteils aus → Aquakulturen im Mittelmeer stammen (Deutsche See). Der Wolfsbarsch ist einer der teuersten und feinsten Speisefische mit magerem, festem weißem Fleisch; viele kennen ihn unter seinem französischen Namen Loup de mer, beim Italiener heißt er Branzino. Unvergesslich ist für mich der Genuss eines Loup de mer

auf gegrillter → Mango mit → Zitronengras im Fisherman's Cove Restaurant in Kuala Lumpur. Ebenso der Loup de mer in der Salzkruste, den ich in der Plage Keller an der Côte d'Azur gegessen habe – mit roh marinierten → Artischocken. Wunderbar!

Wer auf einer amerikanischen Speisekarte »Grouper« liest, hat es mit diversen Zackenbarscharten zu tun, die in Mexiko und der Karibik bis zu zwei Meter lang werden können. Auch der Barramundi im Fernen Osten kann diese Länge erreichen; die Australier züchten ihn jedoch in handlicher Portionsgröße zwischen 400 und 600 Gramm – sie nennen ihn dort »König der Fische«.

Basilikum

Wo man dieses duftende grüne Kraut auf einem Balkon antrifft, kann man ziemlich sicher sein, dass man sich bei der sogenannten Toskana-Fraktion befindet. Denn Basilikum (auch Königs- oder Basilienkraut) gilt als ein typisch italienisches → Gewürz, ist die Basis der berühmten Saucenpaste Pesto alla genovese (ital. »pestare«: zerstampfen), verfeinert in der Region um Genua die Minestrone und ist Zutat vieler italienischer → Salate und → Nudel-Gerichte. So wie das Faible für alles Mediterrane den deutschen Geschmack in den letzten Jahrzehnten beeinflusst hat, hat auch das Basilikum in deutschen Küchen an Beliebtheit gewonnen. Es gibt etwa 80 Sorten, unter anderem in Griechenland und der Türkei, in Zypern, in Russland, in Mexiko und in Kuba. In Thailand werden etliche kultiviert, die für Currys unentbehrlich sind. Ich bevorzuge kleinblättriges Basilikum aus Kreta, das ich für eine der aromatischsten Sorten halte, und lege bei allen → Kräutern grundsätzlich großen Wert auf Bio-Qualität – schließlich lässt man sich die ja auch auf der Zunge zergehen. Ursprünglich kommt es wohl aus Afrika oder Indien, wo es schon mal als heiliges Kraut und als Heilmittel in der Ayurveda-Medizin galt.

Das schöne, leicht pfeffrig-anisartige → Aroma des Basilikums verbindet sich wunderbar mit → Knoblauch, Pinienkernen und → Olivenöl, mit → Tomaten und → Auberginen. Es wird nie mitgekocht, sondern immer erst am Ende frisch dazugegeben – gekocht verliert es sein Aroma. Mozzarella schreit geradezu nach Basilikum, und das bestimmt nicht nur wegen des schönen Farbkontrasts.

MEIN TIPP: *Sie nehmen einfach ein Zitronensorbet und mixen etwas frisches Basilikum darunter. Sie werden sehen (und schmecken), dass Basilikum in der Küche nicht nur für Pesto oder Tomaten und Mozzarella da ist.*

BEN & JERRY'S

Um diese amerikanische Premium-Eismarke ranken sich allerlei Legenden und Anekdoten. Ben Cohen und Jerry Greenfield, zwei leicht übergewichtige Schulfreunde, absolvierten einst einen Fünf-Dollar-Fernkurs zum Thema »icecream-making«, mieteten 1978 in Burlington (Vermont) eine alte Tankstelle und begannen dort mit viel Fantasie und kuriosen Ideen ⇀ Eis zu produzieren.

Die beiden Gründer – zwei Hippies, die auch mal ein halbes Jahr in einem alten Omnibus namens »Ben & Jerry's Cowmobile« werbend durch die Staaten tourten – lachen von den Comic-Pappbechern, und die schwarz-weißen Kühe Vermonts sind immer dabei. Die verschiedenfarbigen Eissorten enthalten Schokoladenstücke, große Browniekrümel, ganze Beeren oder Fruchtstücke, absolut keine Chemie und haben ungewöhnliche Namen wie »Cherry Garcia«, »Phish Food« und »Chunkey Monkey«. Neben den kalorienreichen Sorten gibt es auch ⇀ Frozen Yoghurts und fettfreie ⇀ Sorbets. Der Erfolg ist enorm.

In etlichen populären TV-Kultserien Amerikas wird ständig dieses Eis aus Vermont gegessen. Im Jahr 1988 setzte die Firma 47 Millionen Dollar um, 1998 waren es schon 180 Millionen. 7,5 Prozent des Umsatzes gehen in eine Ben & Jerry-Stiftung, die sich für kommunale und ökologische Projekte sowie für den Klimaschutz engagiert. 2000 verkauften Ben und Jerry die Firma für etwa 200 Millionen Euro an ⇀ Langnese (Unilever), die 7,5-Prozent-Klausel mussten die Käufer übernehmen. Seitdem kann man die Marke auch überall in Deutschland genießen. Derzeit werden übrigens alle Eissorten auf Fairtrade-Zutaten umgestellt.

BÉNÉDICTINE

Ganz zu Beginn meiner Laufbahn, 1977, hatte ich mit diesem → Likör einen meiner größten Erfolge: Im Hotel Schweizer Hof in Berlin fand zur Einführung eines Parfüms von Elizabeth Arden ein Festakt statt, und meine Kreation dafür war – eine Bénédictine-Eisparfait-Torte in Form eines Flakons. Sehr beeindruckend und sehr lecker.

Der beliebte Likör stammt aus einem Kloster des Ordens, der auch → Dom Pérignon hervorbrachte. Unter den frommen Brüdern waren in jenen Jahrhunderten ja mehr kreative Schluckspechte als irgendwo sonst. Der Benediktinermönch Bernardo Vincelli hatte 1510 in der Abtei Fécamp in der Normandie aus 27 Kräuter- und Gewürzauszügen (plus 40 Prozent Alkohol) ein Gebräu zusammengemixt, das gegen alle möglichen Leiden des Körpers und (wohl besonders) der Seele helfen sollte. Er nannte seine Kreation »Elixir Bénédictine« und verkaufte die berauschende Arznei prächtig. Rund 250 Jahre ging das gut, dann verschwand sie samt Rezept in der Wirren der Revolution; von 1789 bis 1865 dauerte die schreckliche »Bénédictine-lose« Zeit.

Dann entdeckt der Weinhändler Alexandre le Grand das verloren gegangene Rezept und macht sich an die Rekonstruktion des berühmten Gesundheitstrankes. Wie original seine Mixtur ist, weiß keiner, doch sie hat enormen Erfolg: »Bénédictine«, der Likör ist ja im Französischen weiblich, kommt in spezieller bauchiger Flasche daher, und le Grand erweist sich als Reklamegenie. Er lässt für seine Produktion eine »Palast-Fabrik« bauen, ein disneyhaft hingeschnörkeltes Hyper-Traumschloss, das heute mit 200.000 Besuchern jährlich Fécamps größte Attraktion darstellt. Neben einer Ausstellung moderner Kunst enthält es ein Museum, in dem man 600 Bénédictine-Fälschungen aus aller Welt kennenlernen kann.

LA GRANDE LIQUEUR

Besteck

Es ist ein Lieblingsthema der Benimm-Autoren, die stets ein großes Gewese darum machen. Dabei sind die Grundregeln höchst simpel: Wenn rechts neben dem Teller mehrere Messer und Löffel unterschiedlicher Größe liegen, links diverse Gabeln unterschiedlichen Formats, so fängt man außen an und kämpft sich bei jedem neuen Gang weiter nach innen vor. Löffel und Besteck quer am Kopf des Tellers sind für Suppe bzw. Dessert. Wir essen in Europa in der Regel beidhändig, mit der Gabel links und dem Messer rechts (bei Linkshändern umgekehrt). Das Messer schneidet, zerteilt, arrangiert, und nur mit der Gabel wird die Speise zum Mund geführt. Amerikaner haben eine andere Essmethode: Sie zerschneiden alles in kleine Happen, legen das Messer weg und gabeln dann alles rein.

Aus alter Zeit, als es noch keine rostfreien Bestecke gab, stammt die Regel, Speisen, die Säure, Stärke oder Eiweiß enthalten, nicht mit dem Messer zu schneiden, also zum Beispiel Kartof-feln, Knödel, Pasta, Eierspeisen. Sonst lief es an oder rostete sogar.

Dank einer Kleinanzeige kam ich zu dem Vergnügen, ein altes Silberbesteck von einer Pfarrersköchin mein Eigen zu nennen. Ich erhielt es, gegen ein schönes Abendessen, mit der Aussage von ihr: »Sie als Koch wissen dieses alte Besteck bestimmt zu schätzen.« Es ist wunderschön – es zu putzen, macht aber immer viel Arbeit. Darum ist es verständlich, dass viele

Menschen neueren Besteck-Generationen wie »Cromargan protect« von WMF den Vorzug geben. Es ist extrem unempfindlich gegen Gebrauchsspuren. 150-mal kratzbeständiger als herkömmlicher Edelstahl, ist es eine echte Innovation.

Außer Messer, Gabel und Löffel halten Gourmet-Restaurants diverse Spezialteile bereit: Messer speziell für Fleisch und für Fisch; Saucenlöffel; Besteck für Obst, seltener auch für ⊷ Krebs, ⊷ Hummer, ⊷ Schnecken oder ⊷ Kaviar (aus Perlmutt oder Horn).

Bioanbau

Ich freue mich, dass das, was in meiner Kindheit als selbstverständlich galt, heute trotz Massenproduktion wieder einen höheren Stellenwert einnimmt. Schon damals hat es die Natur geschafft, dass wir groß und stark geworden sind. Wir konnten uns zum Beispiel noch über köstliche ⊷ Erdbeeren freuen, weil diese uns witterungsbedingt nicht immer geschenkt wurden. Heute bin ich der festen Überzeugung: Bio ist die eine Voraussetzung, die wichtigere ist, dass man den Hersteller der Produkte kennt und ihm vertrauen kann.

Als biologischen oder ökologischen Anbau bezeichnet man eine Agrarwirtschaft, die auf chemische Pflanzenschutzmittel, Mineraldünger und grüne Gentechnik verzichtet; dafür gibt es inzwischen europäische Normen. Auch in der Viehzucht hat Bio gewirkt und sogar eine EU-Bioverordnung hervorgebracht: Die Tiere müssen artgerecht gehalten und gefüttert (Verbot von Wachstumshormonen etc.) werden. Noch etwas Positives: Bio-Produkte wie Gemüsebrühe müssen auf Geschmacksverstärker verzichten. Gegenüber konventionellen Anbau-, Aufzucht- und Produktionsmethoden erfordert das natürlich höhere Preise.

Die Bio-Marketingstrategen haben Verbände und Marken gegründet, um ihre Produkte bekannt zu machen und erfolgreich abzusetzen. Zu den namhaftesten gehören Bioland, Demeter und Ecovin (für Bioweine). Die Zuwachsraten sind beachtlich und die Profite nicht minder.

Bio ist so eine Art von Adelstitel geworden für angeblich gesündere und besser schmeckende Produkte. »Wissenschaftliche Studien, in denen Probanden Geschmackstests unterzogen wurden, konnten diese Annahme nicht bestätigen, denn prinzipielle Unterschiede wurden nicht ermittelt. In manchen Fällen erhielten ökologische, in anderen konventionelle Produkte bessere durchschnittliche Geschmacksbeurteilungen«, sagt Wikipedia.

Birne

Sie ist die kleine Schwester vom ➤ Apfel, jedenfalls was den Verbrauch angeht, der nur etwa ein Viertel des Apfelkonsums ausmacht. Die Zahl der Birnensorten wird zwischen 1500 und 2500 liegen, doch spielen wohl nur noch einige Dutzend eine wichtige Rolle im Anbau. 40 Prozent der Weltbirnenernte stammt inzwischen aus China. Birnen werden ja, anders als andere Rosengewächse, nicht am Baum reif, sondern brauchen eine Nachreifezeit. Doch wenn sie erst einmal reif sind, sind sie nur sehr kurz lagerfähig. Dass sie süßer schmecken als Äpfel (➤ Zucker haben beide gleich viel), liegt an ihrem geringeren Säuregehalt (einem der geringsten aller Früchte) – dafür steckt viel entwässerndes Kalium drin. Mir sind sie genauso lieb wie Äpfel, weil sie ausgesprochen vielseitig sind. Berühmt ist die kaloriensatte Birne Hélène mit Vanilleeis und Schokoladensauce. Zusammen mit kräftigem ➤ Käse wie Roquefort bilden sie einen köstlichen Kontrast, wurden berühmt in dem norddeutschen Klassiker Birnen, Bohnen und Speck und als Beilage zum Rehrücken Baden-Baden – gedünstete, mit Preiselbeeren gefüllte Birnenhälften. Ich liebe Birnen auch als Beilage zu Geflügel und Wild, zum Beispiel Rotweinbirnen. Ganz besonders schätzen ihre Fans den berühmten »Williams-Christ-Obstbrand«, einen der schönsten seiner Art. In meiner Heimat, der Steiermark, gibt es viele alte Streuobstwiesen mit sogenannten Sau- oder Hirschbirnen. Diese sind zwar nicht zum Verzehr geeignet, aber ein daraus gebrannter Schnaps erweckt beim Genuss den wunderbaren Eindruck, man säße mitten im Birnbaum.

Rotweinbirnen

Zutaten für 4 Portionen:

4 reife, saftige Birnen │ Saft von 1 Zitrone │ 80 g Zucker │ 200 ml roter Portwein
500 ml trockener, kräftiger Rotwein │ Mark einer Vanilleschote
2 Gewürznelken │ 1 Zimtstange │ 1 Stück Sternanis

- Birnen schälen, das Kerngehäuse ausstechen und die Birnen mit Zitronensaft beträufeln, damit sie nicht braun werden.
- Zucker in einem Topf karamellisieren. Mit Port- und Rotwein ablöschen. Vanillemark, Nelken, Zimt und Sternanis zugeben, einmal aufkochen.
- Die Birnen in den Sud legen, mit Backpapier bedecken. Bei mittlerer Hitze weich kochen und im Sud abkühlen lassen. Je länger die Birnen im Sud liegen, umso intensiver wird die Farbe. Nach dem Durchziehen den Saft durchseihen und in einem flachen Topf sirupartig einkochen.

Bismarckhering

Otto Fürst von Bismarck (1815 bis 1898) war nicht nur der »Eiserne Kanzler«, sondern auch als Esser eisenhart gegen sich. Sein Leibarzt hat etliche Zeugnisse seines Appetits hinterlassen: 16 Eier zum ⇀ Frühstück, acht bis zehn Gänge zu einem »leichten ⇀ Lunch«, inklusive zwei Dutzend ⇀ Austern, ⇀ Kaviar, Räucheraal, Königsberger Klopse, in Bouillon eingelegte ⇀ Heringe, Hausmacher-⇀ Wurst und Pommersches Gänsefett, und zwar von allem reichlich. Er war außerdem Namenspatron etlicher Speisen. Es gab einen Bismarck-Salat und ein »Bistecca alla Bismarck« (⇀ Steak mit zwei Spiegeleiern), die »Seezungenfilets à la Bismarck« waren gefüllt mit getrüffelter Fischfarce, ⇀ Artischocken, ⇀ Austern, Miesmuscheln, ⇀ Krabben und Pilzen – alles überschwemmt von einer Weißweinsauce und zusätzlich noch einer fetten Sauce Hollandaise.

Als ihm der Stralsunder Fischkonservenfabrikant Johann Wiechmann zum Geburtstag (und 1871 nochmals zur Reichsgründung) ein Fässchen sauer eingelegter Ostseeheringe zukommen ließ, aß er sie mit gutem Appetit. Anschließend gewährte er großzügig Wiechmanns Bitte, die Delikatesse Bismarckhering nennen zu dürfen. Schließlich hatte er sich für die Heringe eh schon als Marketingpromotor aus dem Fenster gelehnt: »Wenn der Hering so teuer wäre wie Kaviar«, so wird er gern zitiert, »die reichen Leute würden sich um ihn reißen!«

Ich bin kein großer Freund dieser sauren Delikatesse, und das hat auch seinen Grund: In meiner Kindheit kamen meine Freunde und ich auf dem Nachhauseweg von der Schule immer an einem Tante-Emma-Laden vorbei, wo es Heringsröllchen gab. Die fanden wir so lecker, dass wir sie nach der Parole »wer schafft mehr« sozusagen im Wettstreit weggefuttert haben. Seitdem kann – und mag – ich keine mehr essen.

BISTRO

Der Name stammt angeblich von russischen Soldaten, die in den Jahren nach 1815 als Besatzer in Frankreich die preiswerteren kleinen Gaststätten stürmten und ungeduldig »Bistro, bistro!« (russisch: schnell, schnell!) riefen. Als Kategorie soll der Begriff erst 1884 aufgetaucht sein. Klein, gemütlich, mit einem einfachen Speiseangebot von kleiner Karte, das sind die Merkmale der Ur-Bistros. Der deutsche Restaurantkritiker Wolfram Siebeck, ein großer Fan dieser Schänken, schwärmt von ihrem »originellen Ambiente« und »lärmender Gemütlichkeit. Man sitzt eng, oft Ellbogen an Ellbogen, auf rot gepolsterten Bänken die Wand entlang. Fast immer sind die Wände mit Spiegeln bedeckt. Die Speisekarte ist handgeschrieben. Ihre Salate, Vorspeisen und Hauptgerichte kann man immer wieder essen, ohne sie leid zu werden«.

In diesem Sinne sind die meisten neudeutschen Bistros gar keine. Sie entstanden, als die deutsche Feinfresswelle ihren ersten Knick erlitt und selbst allerfeinste Gourmettempel ein Bistro einrichteten – um etwas einfachere Gerichte schneller und etwas ermäßigt servieren zu können. Da ging es nicht mehr um die Ideale der alten Bistroküche, denn hier wird die Karte ständig erneuert.

Das moderne Bistro ist heute häufig das Hauptrestaurant, nur »downgraded«. Das Interieur ist nicht hausbacken, sondern modern, stylish, und das Essen ist meist besser als in den alten Bistros.

Auf der Stromburg haben wir gerade die Räume des Bistro d'Or neu gestaltet, das sich jetzt in einer angenehmen Farbwelt und klaren Linien präsentiert – beides in schönem Kontrast zu den historischen Räumen. Im frischen und jungen Ambiente servieren wir eine unkomplizierte feine Küche, mit regionalem Schwerpunkt und Spezialitäten der nächsten Umgebung.

Bloody Mary

Ein amerikanischer ⇢ Cocktail-Klassiker aus Paris: Fernand Petiot mixte 1921 aus ⇢ Wodka und Tomatensaft zu gleichen Teilen die erste Bloody Mary, und zwar in Harry's New York Bar zu Paris. Aber erst als er im Jahre 1934 nach der Prohibition in die USA kam und in der King Cole Bar des New Yorker St. Regis Hotel seine Kreation den amerikanischen Gästen vorsetzte, begann die Weltkarriere des roten Drinks.

Für die Amerikaner hatte Petiot den Alkoholanteil (erst ⇢ Gin, später nur noch Wodka) auf ein Drittel verringert, dafür den nun »etwas faden Drink« (Petiot) jedoch mit Salz, Pfeffer, ⇢ Zitrone, ⇢ Tabasco und Worcestersauce kräftig angeschärft. Die feine Bar des St. Regis Hotel wollte für den Erfolgsdrink statt der zweifelhaften Formulierung lieber einen harmloseren Namen. Er sollte eigentlich »Red Snapper« heißen, doch setzte sich diese Bezeichnung nicht durch.

Ursprünglich, so berichtet sein Erfinder, habe einer seiner »Jungs«, also seiner Stammgäste, den Namen vorgeschlagen. Und er ließ durchblicken, das sei kein anderer als Ernest Hemingway gewesen, der diesen Cocktail dann ja auch seiner vierten Frau Mary Welsh widmete.

Noch in den 1990er-Jahren konnte man in New Yorker Restaurants ältere Ladys sehen, die zum ⇢ Lunch drei bis vier Bloody Marys zu sich nahmen und immer vergnügter wurden. Die Bloody Mary ist nur scheinbar ein Cocktail ohne Alkohol; wirklich ohne Alkohol heißt sie »Virgin Lady«. Sie macht keinen Kopf und keinen verdächtigen Atem, sie schmeckt schön fruchtig, erfrischt und wurde so zu einem Bestseller der internationalen Barszene. Als das St. Regis Hotel 2009 den 75. Jahrestag des Cocktail-Klassikers feierte, rief New Yorks Bürgermeister Bloomberg den 5. Oktober zum »Bloody Mary Day« aus.

Blumenkohl

Zu den Lieblingsgerichten meiner Kindheit gehörte der Blumenkohl aus dem Garten – in Salzwasser gekocht. Er wurde mit in reichlich Butter geschmolzenen Bröseln (gewürzt mit Salz, Pfeffer und Muskat) übergossen und mit gehacktem Ei bestreut. Das war so richtig lecker! Das »Appetit-Lexikon« rangiert ihn »neben dem König ⇀ Spargel und der Königin ⇀ Artischocke« als »das edelste aller Gemüse« ein. Inzwischen hat ihn der verwandte ⇀ Brokkoli in der Beliebtheit überholt, jedenfalls bei Köchen und Gourmets.

Die größten Produzenten sind China und Indien, die ihre Millionen Tonnen ⇀ Kohl jedoch selber essen. Unsere Lieferanten sind Frankreich, Belgien, die Niederlande und Italien, wohin die Kreuzfahrer einst den ersten Blumenkohl einführten. Erst im Laufe des 16. Jahrhunderts begann der Anbau in Europa, Deutschland startete frühzeitig um 1580, Österreich, wo er Karfiol heißt, erst 1648 – nach dem Dreißigjährigen Krieg –, und England noch später.

Der Kopf des Blumenkohls ist so weiß, weil der Gemüsebauer die Blätter über ihm zusammenbindet und er so ohne Sonneneinstrahlung keinen Farbstoff bilden kann. Anders im Süden, wo auch grüne, violette oder gelbe Sorten wachsen. Blumenkohl hat übrigens von allen Kohlarten die zarteste Zellstruktur und ist deshalb sehr gut bekömmlich.

Blumenkohl lässt sich roh knabbern, ist ideal geeignet zum Dämpfen, Dünsten, Kochen und Gratinieren (Überbacken), zum Pfannenrühren im Wok und beliebt in vielen (Mixed) Pickles. Einen sehr charaktervollen Eigengeschmack hat er kaum – eher eine dezente, anpassungsfähige Milde. Vermutlich erfreut sich Blumenkohl deshalb in der feinen Küche großer Beliebtheit. Ein zartes Blumenkohlpüree mit einem kross gebratenen Zanderfilet und dazu ein Meerrettichschaum – köstlich!

Bohne

Als ich bei Witzigmann in München mein Vorstellungsgespräch hatte und er mich durch die Küche führte, sah ich, wie ein Koch feine Prinzessbohnen längs halbierte, und dachte mir: »Ob der wohl Langeweile hat?« Als ich ein paar Monate später Teil der Brigade war, traute ich mich nachzufragen. Man erklärte mir, das feine Aroma der Bohne komme im Mund durch die geöffneten Innenseiten viel besser zu Geltung. Keine Langeweile, viel Arbeit – aber was tut man nicht alles für den guten Geschmack.

In vergangenen Zeiten, als Fleisch auf dem Teller noch eine seltene Ausnahme darstellte, galt die Bohne geradezu als eine Art Fleischersatz. Wie andere Hülsenfrüchte liefern Bohnen viel pflanzliches Eiweiß und sekundäre (natürlich schützend wirkende) Pflanzenstoffe. Allerdings enthalten Bohnen auch den giftigen Eiweißstoff Phasin, der beim Garen (mindestens 10 bis 15 Minuten) zerstört wird, aber nicht beim Trocknen.

Bohnen treten in zwei Formen auf: als wirkliche Hülsenfrüchte, bei denen das Schotenfleisch das Wichtigste ist – die Kerne liegen klein und weich darin. Dies sind Sorten wie Keniabohnen, Prinzess- oder Wachsbohnen, bei denen man nur die Spitze anschneidet, diese samt Faden, der über die ganze Schote läuft (es gibt auch fadenfreie Züchtungen), abzieht und den Stielansatz abschneidet. Sie stellen sozusagen die First Class der Bohnencommunity dar, die dekorativen Stangenbohnen, wie man sie von ➝ Salaten sowie »Birnen, Bohnen und Speck« kennt. Die anderen sind der Rest, all die ausgepulten Bohnen in diversen Formen, Größen und Farben. Die dicken und schlanken Kerne, die Saubohnen, Wachtelbohnen, Cannellinibohnen und diverse regionale Spezialitäten. Im Tex-Mex-Topf »Chili con Carne« finden sich Kidneybohnen, in den »Baked Beans« der Amis die Perlbohnen, in der italienischen Minestrone die Borlottibohnen.

BOLLINGER

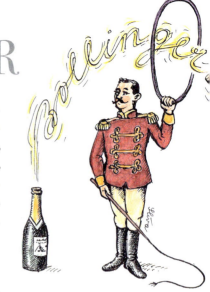

»Ich trinke ihn, wenn ich froh bin und wenn
ich traurig bin. Mitunter trinke ich ihn, wenn
ich allein bin; und wenn ich Gesellschaft habe,
dann sowieso. Wenn ich keinen Hunger habe,
mache ich mir mit ihm Appetit, und wenn
ich hungrig bin, lasse ich ihn mir schmecken.
Sonst aber rühre ich ihn nicht an, außer wenn
ich Durst habe.« Mit dieser Rundum-Hymne,
1961 einem englischen Reporter in die Feder
diktiert, hat sich Madame Lily Bollinger, eine
der legendären ↣ Champagner-Witwen, die
Unsterblichkeit gesichert. Das Unternehmen, 1829 im französischen
Ay von dem geborenen Deutschen Jacob »Jacques« Bollinger und Athanase de
Villermont gegründet, kam zu größeren Ehren, als Queen Victoria 1884 Bollinger zum »königlichen Hoflieferanten« ernannte.

In unseren Tagen haben die Prestige-Champagner des Hauses immer wieder
eine Rolle gespielt als Lieblingsbubbles des versnobten britischen Agenten 007.
Im 22. Film der Endlos-Saga treffen Bond und Bollinger gleich dreimal aufeinander. Das Champagnerhaus feiert den Event mit einem fast armlangen Samm-
lerstück, einer gigantisch vergrößerten Patrone aus Bonds Walter PPK, die als
Hülse einer Magnum dienen kann (4000 Euro), und rühmt sich freudig als »die
britischste aller französischen Marken«.

Madame Lily Bollinger, die 1941 die Leitung übernahm (bis 1971), verdop-
pelte die Produktion auf heute etwa 2,2 Millionen Flaschen und mehrte den
Ruhm. Sie legte den Grundstock für die speziellen Charakteristika der Bollinger-
Herstellung: Ausbau in Eichenfässern, Reifung der Reserveweine in Magnums,

zweite Gärung unter Naturkork. Bollingers berühmte R. D.-Abfüllungen, Jahrgangschampagner, kräftiger durch längere Lagerung auf der Hefe, reifen acht Jahre oder mehr. »Ein Besuch bei Bollinger ist wie eine Reise in die Vergangenheit, jedoch ganz ohne Spinnweben«, rühmt die englische Önologin und Fachautorin Serena Sutcliffe die handwerklichen Traditionen.

Bordeaux

Was dem ➤ Trüffel-Liebhaber das Périgord, ist Bordeaux für Rotweinnasen: das Paradies. Die besten Roten der Welt, und erst recht die teuersten, wachsen immer noch hier (und im Burgund; ➤ Burgunder). Sie heißen alle Château (Weingut) mit Vornamen. Der Weinbau besteht hier seit über 800 Jahren, doch berühmt wurden die Weine erst ab dem 18. Jahrhundert, als Stilikonen wie Madame Dubarry und die Pompadour sie bejubelten. Sie waren begehrt und wurden immer teurer, Kult und immer kultiger, und sie umweht bis heute ein Ruf, den mancher kritische Weinfreund dann auch respektlos als Hype bezeichnet.

Die rund 4000 Châteaux-Weine sind in fünf Güteklassen eingeteilt. Die berühmtesten zählen natürlich zu den »Premiers Crus«, einer Spitzengruppe mit je nach Zählweise unterschiedlich vielen Mitgliedern.

In der Bewertung schließe ich mich dem Magazin »Fine« und seinem Vorkoster Ralf Frenzel an, der seinerseits dem Amerikaner Robert Parker folgt. Ihnen zufolge ist die Nummer eins der 1961 Château Latour – »Der beste Wein, der uns je begegnet ist« –, der wirklich die Höchstwertung bekommt: 100 Punkte – für etwa 1700 Euro die Flasche, wenn erhältlich. Als Nummer zwei gilt der Château Mouton-Rothschild 1945, der erste ➤ Jahrgang mit einem berühmten Künstler-Etikett

(100 Punkte, ab ungefähr 5000 Euro, viele Fakes im Umlauf), dem noch gute 15 Jahre an Trinkreife zugetraut werden. Der Château Cheval Blanc 1947 (100 Punkte, ab 2500 Euro auf Auktionen) wird gleich danach genannt als »Ikone des Rotweins aus Bordeaux – eine übersinnliche Erfahrung«. Für »Punktetrinker«: Der 1982-er hat auch die Höchstwertung und ist schon für etwa 1300 Euro zu haben.

Zu den großen Namen zählen Margaux, Lafite-Rothschild, Haut Brion und natürlich Pétrus, der sich einen Platz als Statussymbol und Anlageobjekt erkämpft hat – laut Günter Schöneis »der teuerste Wein des ganzen Bordelais«. Die Jahresproduktion liegt bei nur 25.000 bis 30.000 Flaschen, in guten Jahren kosten sie aktuell 2000, in schlechten immer noch 300 Euro.

Ein bisschen Prestige spielt wohl immer mit. Wer in der beneidenswerten Lage ist, einen berühmten Wein so genießen zu können, dass ihn der exorbitante Preis nicht reut, der ist ja gut bedient. Wir anderen finden ja gottlob immer noch eine gute Flasche für ein Zehntel des Preises. Prost!

Bourbon

Als junger Koch habe ich bei einer Show in Graz ein Rezept präsentiert, nach dem ein ganzer gepökelter Schinken, mit Orangenscheiben und Gewürznelken bedeckt, im Ofen gegart und immer wieder mit einer Mischung aus braunem Zucker und Bourbon begossen wird. So bekam er eine knusprige Kruste, und ich konnte endlich die tollen Aromen des Whiskeys genießen – ohne betrunken zu werden.

Seine Entstehungsgeschichte basiert auf dem harten Leben der Siedler in Amerika, das geradezu nach hochprozentigem Alkohol schrie. Die Schotten und Iren trauerten ihrem gewohnten ⇢ Whisky/Whiskey nach und probierten hier etwas Ähnliches zu destillieren. Sie experimentierten mit Beeren, Obst, Getreide, sogar mit Kartoffeln und Baumrinde. Doch erst als genügend Roggen (Gerste wuchs so schlecht) angebaut wurde, kamen trinkbare Ergebnisse zustande. Der Rye (Roggenwhisky) machte zuerst in Pennsylvania, Maryland und Virginia den anderen Spirituosen hochprozentige Konkurrenz. Vor George Washingtons Branntweinsteuer flohen viele Whiskeybrenner nach Kentucky, Tennessee und in die Berge. Von dort schickten sie ihren Kunden berüchtigte Rachenputzer. Erst ein Mann namens James Pepper, dem die Gerste ausgegangen war, entdeckte den ⇢ Mais als Basis. Das passierte in einem Landstrich, der zu Ehren des französischen Bourbonen-Geschlechts Bourbon hieß – daher der Name.

Erst 1964 definierte der amerikanische Kongress die Bedingungen, unter denen ein US-Whiskey Bourbon heißen darf: Er braucht einen Mais-Anteil von minimal 51 Prozent und muss zwei Jahre in einem ausgekohlten Eichenfass verbracht haben. Bourbon wird bei uns nur knapp halb so viel getrunken wie Scotch, doch Scotch nimmt ab und Bourbon zu – seine Anhänger gelten als größere Kenner, moderner und trendbewusster.

Brasserie

Die berühmteste ist die Pariser »Brasserie Lipp« von Leonard Lipp am Boulevard St. Germain, gegründet 1880. Als Pariser Institution, als Kantine von St. Germain, wurde sie ein legendärer Treffpunkt von Künstlern und Intellektuellen, doch auch von Mächtigen und Politikern. Heute stehen Namenszug und Fassade sowie die Art-déco-Einrichtung von 1926 unter Denkmalschutz. Lizensierte »Lipps« gibt es inzwischen in Zürich und Genf, unautorisierte Fakes auch andernorts.

Andere bekannte Pariser Brasserien sind das »Flo« des Elsässers Foderer und das nach dessen Landsmann benannte »Bofinger«.

Das Urkonzept der Brasserie ist: Bier (möglichst selbst gebraut) und deftige, meist elsässische Kost. Die wiederum bedeutet ⤙ Sauerkraut (Choucroute), ⤙ Würste, Schweinefuß, Kartoffelsalat, ⤙ Steak & Frites, Bœuf Bourgignon, Fischsuppe, ⤙ Austern und die berühmten »Plateaux de Fruits de Mer« – Krustentiere auf mehrgeschossigen Tellerpyramiden voller Eis.

Die Brasserie war in Deutschland schon ziemlich aus der Mode geraten; aber seit ein paar Jahren hat sie wieder Konjunktur.

Auch wer sein Gourmetlokal »downgraden« will, baut sich oft eine Brasserie – sie ist was Ehrenwertes, doch deftig und einfach. Das Ritz-Carlton Hotel in Berlin betreibt seine Brasserie »Desbrosses« in authentischem, im Burgund abgebautem Interieur; der Breidenbacher Hof, als Capella Hotel wieder Düsseldorfs beste Adresse, bewirtschaftet in der Beletage eine schicke Brasserie namens »1806«. Und als das Louis C. Jacob, eine der Lieblingsadressen von Hamburger Gourmets, sich in der neuen Hafencity einquartierte, da in Form einer Brasserie, dem »Carls an der Elbphilharmonie«. Konzept wie überall: keine Gourmetgerichte, doch einfach, schmackhaft, relaxed und nicht (ganz) so teuer wie ein Feinschmeckerlokal. Bier ist schon lange kein Hauptthema mehr.

Bratkartoffeln

In einem neuen, sehr opulenten ⇥ Kartoffel-(Koch-)Buch habe ich sie gesucht, und in dem Kapitel »Aus der Pfanne« kam ich erst zu so exotischen Genüssen wie »Gestürzter Kartoffelkuchen Bombay mit Chilijoghurt« und »Gerolltes Filet auf ⇥ Zitronengras mit Kartoffel-Vanille-Dip«. Erst nach zwanzig Rezepten kamen dann doch noch die »Bratkartoffeln klassisch«, aber so klassisch denn doch nicht, sondern »mit konfiertem Radicchio«. Rangieren die Bratkartoffeln also inzwischen unter »ferner liefen«? Ich glaube nicht, dass dieses ebenso schmackhafte wie emotionale Gericht verschwindet.

Bratkartoffeln sind zu Recht eine Ikone der deutschen Deftigkeit, ein Beispiel schönster Hausmannskost, wie sie wohl jeder aus Großmutters Küche liebte. Es hat im Übrigen einen der witzigsten Begriffe der deutschen Sprache inspiriert: das Bratkartoffelverhältnis – eine Beziehungskiste, die angeblich einer Verbindung mehr Stabilität verleiht als die loderndste Liebe.

Voraussetzung ist allemal, dass die Bratkartoffeln so köstlich sind, wie sie leider nur in den seltensten Fällen gelingen. Für mich ist nicht der Loup de mer an Champagnerschaum die Messlatte höchster Kochkunst, sondern Gerichte, bei denen Produkt, Handwerkskunst und größte Sensibilität beim Abschmecken vereint sind. Bei Bratkartoffeln müssen diese Faktoren stimmen, wenn man am Ende das perfekte Ergebnis erzielen will.

MEIN TIPP: *Möglichst etwa gleich große Kartoffeln einer festkochenden Sorte (zum Beispiel La Ratte, Bamberger Hörnchen, Sieglinde oder Linda) verwenden, damit alle Scheiben die gleiche Garzeit haben. Eine Pfanne wählen, die so groß ist, dass die Kartoffelscheiben höchstens in zwei Schichten übereinanderliegen. Nur so kriegt man sie gleichmäßig gebräunt.*

Bratkartoffeln

Zutaten für 4 Portionen:

700 g festkochende Kartoffeln │ 3 Schalotten

½ Bund Petersilie │ 60 g geräucherter durchwachsener Speck

etwas Butterschmalz │ 50 g kalte Butter │ Salz │ frisch gemahlener Pfeffer

- Die Kartoffeln gründlich säubern und in einem Dämpftopf bei geschlossenem Deckel ca. 15 Minuten bissfest dämpfen.
- Die Kartoffeln ganz lange abkühlen lassen, dann pellen.
- Die Schalotten schälen und in feine Würfel schneiden.
- Die Petersilie abbrausen und trocken schütteln. Die Blätter abzupfen und fein hacken.
- Den Speck fein würfeln. Die Kartoffeln in Scheiben schneiden.
- Das Butterschmalz in einer Pfanne erhitzen, die Kartoffelscheiben nebeneinander hineinlegen und von beiden Seiten goldbraun anbraten.
- Die Speckwürfel dazugeben und unter gelegentlichem Schwenken der Pfanne anbräunen.
- Die Schalotten dazugeben und 2–3 Minuten mitbraten.
- Die Butter in die Pfanne geben und die Bratkartoffeln damit glasieren. Zuletzt salzen, pfeffern und die gehackte Petersilie unterschwenken.

BRIES

Von all den ⇾ Innereien, die mehrheitlich von deutschen Essern unterschätzt werden, gehören das Bries und die ⇾ Leber noch zu den am ehesten akzeptierten. Beim Bries handelt sich um die Thymusdrüse des Kalbs oder des ⇾ Lamms, die nur im jungen Tier vorkommt und sich später wieder zurückbildet. Deutsche Begriffe für die zarte Wachstumsdrüse sind Milcher oder Kalbsmilch, in Süddeutschland auch Bröschen.

Sehr wichtig ist, dass das Bries ganz frisch vom Schlachthof in den Kochtopf kommt, allerdings muss es vorher mindestens fünf Stunden lang gewässert und anschließend pariert werden: Das heißt, Häutchen und knorpelige Stellen werden entfernt. Bries verträgt sich in seiner delikaten Zartheit gut mit ⇾ Trüffeln, wird auch gern in Pasteten und ⇾ Ragouts verwendet.

Hochberühmt wurde das »Kalbsbries Rumohr« von »Jahrhundertkoch«

Eckart Witzigmann, dessen Entstehung der deutsche Gastronomiekritiker Wolfram Siebeck, ein sozusagen eingefleischter Innereien-Freund, am 10. Januar 1976 »um 10 Uhr 08« in der Küche des »Tantris« beobachtete. Das historische Datum hielt er genau fest und verfasste eine hymnische Kritik über das Gericht.

Während meiner Zeit bei Witzigmann habe auch ich zum ersten Mal Bries kennengelernt. Als ich mich später in Guldental selbstständig machte, servierte ich dort ein Kalbsbriesparfait im weißen Portweinmantel mit Walnussbrioche. Dieses Gericht gewann größte Beliebtheit und war über viele Jahre im Restaurant ein Klassiker.

Heute ist Kalbsbries, das immer noch eine spezielle Delikatesse darstellt, eher selten zu finden – was ich bedaure. Der feine Geschmack und die zarte Konsistenz lassen die Herzen jedes Feinschmeckers höher schlagen.

BROKKOLI

Es gibt wohl kaum jemanden, dem parallel dazu nicht der ⊸ Blumenkohl ein-
fällt. Dieser ist weiß, der andere grün, der eine hat viel ⊸ Vitamin A, B und C,
der andere vielleicht noch ein bisschen mehr. Beide sind eng verschwägert, der
Brokkoli gilt jedoch als das modernere Gemüse. Er liefert wertvolle sekundäre
(natürlich schützend wirkende) Pflanzenstoffe, die bei regelmäßigem Genuss das
Risiko der am häufigsten vorkommenden Krebsarten (Brust-, Dickdarm- und
Magenkrebs) reduzieren können.

Brokkoli war früher auch unter den Bezeichnungen Bröckel- oder Spargelkohl
bekannt, soll ursprünglich aus Kleinasien stammen und wie so vieles von Katharina von Medici nach Frankreich gebracht worden sein. Von dort kam er als
»Italienischer Spargel« nach England und mit italienischen Auswanderern als
»Calabreser Brokkoli« nach Amerika. Eine andere Theorie lässt ihn von Zypern
nach Europa einwandern.

Einigermaßen unerklärt verschwand er Anfang des 20. Jahrhunderts von den Speisekarten. Das »Appetit-Lexikon« rangierte ihn 1894 hinter dem Blumenkohl ein, »dem er an Zartheit und Feinheit des Geschmacks niemals gleichkommt«. In den 1980er-Jahren entdeckten ihn viele Köche wieder, die sein Aroma als intensiver und stärker schätzten als das des Blumenkohls. Brokkoli tauchte beispielsweise auf ⭢ Pizza und mit ⭢ Pasta auf, in cremigen Suppen, als samtiger Flan oder Beilage mit Mandelbutter. Er setzte dekorative Akzente in Gourmet-Menüs und mischte süßsauer in asiatischen Restaurants mit. Angebaut wird er hierzulande kaum, da er nicht winterfest ist. Wir beziehen ihn weiterhin aus Italien, doch »italienischer Spargel« wird er schon lange nicht mehr genannt.

Brombeere

Sie ist die kleinere und jüngere Verwandte der ⭢ Himbeere, ebenfalls aus der Familie der Rosengewächse. Sie wurde erstmals vor rund 150 Jahren in Amerika kultiviert, doch damals, so weiß Teubner zu berichten, »eher zur Grundstücksbegrenzung denn zur Obstproduktion genutzt«.

In Deutschland tut sich der Brombeeranbau ein bisschen schwer, und wahrnehmbar begann er erst, als die 1928 in den USA entdeckten stachel-losen Sorten zu uns nach Europa herüberkamen. Angeblich verloren sie zusammen mit den Stacheln viel von ihrem gewürzhaften Geschmack; seitdem kümmern sich die Botaniker bei neuen Sorten hauptsächlich darum. Die Früchte, die mit 10 bis 12 Wochen zu denen mit der längsten Reifezeit gehören, werden hier erst gepflückt, wenn der Sommer so gut wie vorbei ist; der Konsument scheint dann gefühlsmäßig mit dem Beerenobst durch zu sein. Meiner Ansicht nach ist die Brombeere bei uns etwas unterbewertet. Ich liebe sie trotz ihrer kräftigen Säure, denn ihr Geschmack, vor allem der alten oder stacheligen Sorten wie »Theodor Reimers«, ist so reich und raffiniert. Er hat etwas Erdiges und zugleich Gewürzhaftes, ohne das die große Küche viel ärmer wäre.

Ich hatte irgendwann mal den glücklichen Einfall, sie in einem ⮕ Dessert mit Whisky-Likör zusammenzubringen, außerdem aromatisiere ich mit ihr Wildgerichte und -saucen. Leider sind viele Brombeeren heute von einer Größe, die meistens auf Kosten des Geschmacks geht. Deshalb empfehle ich, die kleinen wilden Beeren direkt vom Strauch zu essen – so mache ich es jedenfalls gerne bei den morgendlichen Herbst-Spaziergängen mit meiner Labradorhündin Debbi.

Brot

Das liebste Mitbringsel, das sich Freunde im Ausland wünschen, ist deutsches Brot, und das bedeutet dunkles Brot, wie es zum Beispiel im traditionellen Baguette-und-Croissant-Land Frankreich äußerst rar ist.

Deutschland dagegen betrachtet sich unwidersprochen als Weltmeister in der Brotproduktion und seiner Vielfalt. Die Schätzungen der einschlägigen Verbände sprechen von mindestens 300 Sorten. Natürlich sind wir in Europa auch die hungrigsten Brotverzehrer. Rund 87 Kilo isst der statistische Deutsche im Jahr, und das sind, hat jemand ausgerechnet, 1500 Schnitten und 350 Brötchen. Es gibt alle Pumpernickel und Knäckebrote, Roggenvollkorn-, Land- und Schwarzbrote sowie deftige Spezialitäten unter allerlei Fantasienamen.

Außerdem sind inzwischen viele ausländische Sorten wie orientalische Fladenbrote, Grissini oder Ciabatta »eingemeindet«. Zu den beliebtesten Sorten gehören Roggen- und Weizenmischbrote (32 Prozent), Mehrkorn-, Vollkorn- (25)
und ‑ Toast-Brot (21). Der Zentralverband des Deutschen Bäckerhandwerks
arbeitet engagiert daran, dem deutschen Backwerk den Rang eines Weltkulturer-
bes zu verschaffen – die französische Cuisine hat ihn ja bereits und die kroatische
Ingwerbrot-Produktion auch.

Ich muss ehrlich gestehen, für einen ‑ Chef, wenn er nicht die Küche eines
größeren Kreuzfahrtschiffes dirigiert oder die eines großen Luxushotels, wo man
alle Backwaren selbst herstellt, ist Brot kein so beherrschendes Kreativ-Thema.
Bei uns werden in der ‑ Patisserie alle Törtchen, Plätzchen und Küchlein für
die ‑ Desserts gebacken, doch was in die Brotkörbe kommt, wird beim Bäcker
unseres Vertrauens nach unseren Rezepten gebacken.

Brunch

Diese meist an Sonn- und Feiertagen
übliche Art der Bewirtung ist eine an-
gelsächsische Erfindung, die Verbindung beziehungsweise das pausenlose
Ineinanderübergehen von ‑ Frühstück und Mittagessen zu Br(eakfast)
und (L)unch. Ursprünglich in Hotels
und Restaurants wohl für die passionierten Langschläfer entwickelt, hat
sich der Brunch zu einem Topseller
gemausert, den sich inzwischen kaum
ein populäres Restaurant entgehen
lässt. Traditionell beginnt er wie ein
reichhaltiges Frühstück mit Eierspeisen, allerlei Salaten und Aufschnitt-
platten vom ‑ Büfett, mit ‑ Kaffee,

→ Tee und Säften. In feinen Hotels in den USA und im Fernen Osten, wo der Brunch besonders kultiviert wird, werden dann ab Mittag auch Gerichte à la carte serviert.

Häufig sind die Räume zum Brunch besonders geschmückt, es gibt Live-musik, und die ganze Veranstaltung kann auch gern mal bis in den späten Nachmittag andauern. Besonders wenn es sich um das beliebte Champagne-Brunch handelt, bei dem die teuren Bubbles à gogo, also bis zum Abwinken, ausgeschenkt werden.

Büfett

Vor- und Zwischengerichte, Hauptgerichte, → Desserts, alles steht gleichzeitig bereit, der Gast nimmt sich, was er will. »All you can eat« lautet die Werbung in den USA, wo Büfetts schon lange höchst beliebt sind. Tatsächlich gehört die Vorstellung, so viel essen zu können, wie man will, für manchen Gast zu den attraktivsten Eigenschaften eines Büfetts. Es soll übrigens ursprünglich aus Frankreich stammen und in Napoleon, einem Verächter gesetzter Essen, seinen größten Förderer gehabt haben.

Häufig gilt die Selbstbedienung am Büfett als Lebensform, in Urlaubsclubs, All-inclusive-Hotels und auf Kreuzfahrtschiffen avancierte es zum unbestrittenen kulinarischen Mittelpunkt. Trotz aller Modernität und Kreativität gehören meiner Erfahrung nach → Lachs, Roastbeef und → Garnelen immer noch zu den Highlights. In deutschen Hotels ist das Büfett zum → Frühstück schon fast die Regel. Oft wird es von einer verdrossenen Feinschmeckerfraktion abgelehnt, denn auch wenn → Tee und → Kaffee serviert werden, man möchte rundum bedient sein. Wer jedoch gern seinen ⇀ Joghurt mit Obstsalat isst, wird mit den ebenso ästhetisch wie sparsam arrangierten drei Erdbeerschnipseln, der Rispe mit Johannisbeeren und der Kiwischeibe, wie der Ober sie bringt, auch nicht glücklich werden. Und wer würde schon am Morgen ein Glas ⇀ Sekt bestellen – doch wenn der so provokativ auf dem Büfett steht?

In drei Fällen ist das Büfett abzulehnen: wenn es zum Beispiel 38 Euro kostet und Sie morgens nur ein Croissant und eine Tasse Kaffee zu sich nehmen. Wenn es gegen Öffnungsende abgefressen und unappetitlich aussieht. Wenn man sich anstellen oder gar drängeln muss.

Ich persönlich bin kein Freund von Büfetts, weil sie dem Grundsatz »das Auge isst mit« nach den ersten Gästen, die sich bedient haben, nicht mehr gerecht werden. Abgesehen davon bekommt so mancher Koch graue Haare, wenn er die gewagten Zusammenstellungen auf den Tellern sieht.

Das letzte Büfett

Burgunder

Ich glaubte über lange Jahre, das Burgund sei vornehmlich ein Weißweinland, weil ich all die Chablis kannte, die vielen wunderbaren Weine wie Meursault oder Montrachet (wer das »t« in der Mitte mitspricht, hat sich schon als Banause geoutet!). Die Weißweine aus dem Burgund übertreffen in der Tat die aller anderen französischen Regionen: Diese Feinheit und Finesse aus der ⇀ Chardonnay-Traube hat sonst niemand erreicht, und es gibt auch nicht so viele Anbieter. Das Burgund ist zersplittert in Tausende winziger Betriebe, von denen viele ihren Wein nur in ein paar Hundert Flaschen produzieren. Die Klasseneinteilungen nach Lagen und Qualitäten sind total unübersichtlich.

Als Herz des Burgunds gilt die Côte d'Or südlich von Dijon. Die namhaften Roten, von denen es hier sechsmal mehr als Weiße gibt, stammen alle aus der Pinot-Noir-Traube. Der beste, rarste und teuerste Wein des Burgund ist der Romanée-Conti. Ludwig XIV. schluckte ihn angeblich löffelweise als Medizin. Die Preise sind gigantisch: Im März 2005 wurden in New York sechs Magnumflaschen (1,5 Liter) vom Jahrgang 1985 versteigert und erzielten pro Flasche 22.385 Euro.

Das Beaujolais gehört zwar geographisch zum Burgund, stellt aber eine eigene Weinbauregion dar. Die Rotweine hier werden ausschließlich aus der Gamay-Traube gekeltert.

Berühmt-berüchtigt wurde der »Beaujolais nouveau« oder auch »primeur«, der ganz junge Wein aus der Lese des laufenden Jahres. Er ist ein preiswertes Marketingprodukt pfiffiger Winzer und macht inzwischen über 50 Prozent der Beaujolais-Produktion aus. Es wird ab dem dritten Donnerstag im November mit viel Werbung überall vertrieben. Der rekordschnelle Wein (lange hält er nicht) macht viel Spaß. Gerne denke ich an meine Arbeit im Schweizer Hof in Berlin zurück, wo die Primeur-Party für viele Gäste ein Highlight war. Für uns Köche aber auch, vor allem was die Kopfschmerzen am nächsten Tag betraf.

Butter

Dieses goldgelbe Streichfett gilt als unverzichtbarer Teil der besseren Kochkunst, »ohne das sich eine erträgliche Küche überhaupt nicht denken lässt«, sagt das »Appetit-Lexikon«.

Ihr größter Feind ist der Schlankheitstrend mit seiner Abneigung gegen → Fett und Kalorien. Die Deutschen, nach den Franzosen die größten Butterverbraucher der Welt, die 1996 noch 7,3 Kilo Butter pro Kopf konsumierten, haben seitdem immer weniger davon verbraucht. Erst 2004 kam die galoppierende Butterverweigerung zum Stehen.

Butter enthält 83 Prozent Fett und daher reichlich Kalorien, doch sie wurde zu »einem Eckpfeiler der klassischen französischen Küche – Feinheit und Raffinesse verlangen Butter«, so urteilt die kanadische Anthropologin Margaret Visser. Ich habe mir 2010 bei einer Kochdemonstration auf der »MS Queen Mary 2« viel Spott und Häme von erfahrenen Hausfrauen zugezogen (»Der Lafer hat doch eine Meise!«), als ich für ein Kartoffelpüree aus 500 Gramm Kartoffeln 500 Gramm Butter empfohlen habe. Also gut, ich bereue das und widerrufe es: 400 Gramm genügen zur Not auch!

Es gibt Deutsche Markenbutter, Molkereibutter und Landbutter (auch mit dem Adelsprädikat »mit Rohmilch hergestellt«), inklusive Süß- und Sauerrahmbutter, gesäuerte und gesalzene Butter.

Die berühmteste Buttersauce ist wohl die Sauce Hollandaise oder Holländische Sauce, die noch heute auf vielen Speisekarten steht – besonders zur → Spargel-Zeit. Das Urrezept dafür soll laut Wikipedia französischen Ursprungs sein, wahrscheinlich im 18. Jahrhundert entstanden, und der Name »eine Anspielung auf die hohe Qualität holländischer Milchprodukte«. Tatsache ist, dass die echte, samtig-zarte Grundsauce aus aufgeschlagenem Eigelb und geklärter Butter nicht mit der »falschen« Holländischen Sauce zu vergleichen ist, die auf einer Mehlschwitze basiert. Und schon gar nicht mit Fertigsaucen aus dem Kühlregal!

Cabernet Sauvignon

Ausgerechnet der amerikanische Weinführer »Pride of the Wineries« hat ihn verhöhnt: »Er ist ein Wein für Leute, die gern auf der blanken Erde schlafen, Rugby spielen, auf Berge klettern, Rosenkohl roh essen und andere Dinge treiben, bei denen ein gewisses Unbehagen zum Vergnügen gehört.« Man könnte fast annehmen, der Vorkoster sei zu diesem Urteil nach einem zu jungen ⊸ Bordeaux gekommen, der kann dann schon mal undurchdringlich tintenschwarz und beißend herb sein.

Auch einem 100-prozentig sortenreinen Cabernet Sauvignon wird eine ungenießbare Ruppigkeit nachgesagt – je jünger, desto schlimmer. Nun wird im Bordeaux kaum noch ein unverschnittener Cabernet hergestellt. Die typischen Weine auf den großen Châteaux im Médoc und im Grave haben in der Regel höchstens einen Anteil von 80 Prozent Cabernet Sauvignon, hinzu kommen meist Merlot und/oder Cabernet Franc wie bei Latour und Mouton-Rothschild. Auch die Kalifornier, in den 1970er-Jahren noch ganz wild auf sortenreine Weine, sind weitgehend davon abgekommen; selbst ihr bester Cabernet Sauvignon, der → Opus One, enthält minimal drei Prozent andere Reben. Die geschmacklichen Charakteristika sind Johannisbeere, Gewürznelke und Zedernholz, nach der Reifung im Holzfass auch Röst- und Vanillearomen. Die Trauben haben sehr viele Kerne, daher viel Gerbsäure, und sie sind reich an Tanninen. Die französischen Weine sind meist erst nach rund zehn Jahren trinkreif, die kalifornischen sehr viel früher. In Deutschland wird lediglich in der Pfalz ein wenig Cabernet Sauvignon angepflanzt, insgesamt spielt er im deutschen Weinbau mit 0,3 Prozent aber keine Rolle.

CAESAR SALAD

Sie werden es mir kaum glauben, aber unseren besten Caesar Salad haben meine Familie und ich in Malaysia gegessen, genauer gesagt im Eastern Oriental Hotel Penang. Eine höchst charmante Bedienung brachte ein großes Tablett mit den Zutaten und bereitete vor unseren Augen einen überaus aromatischen Caesar Salad zu – mit dem Ergebnis, dass unsere Tochter am nächsten Tag nichts anderes mehr essen wollte.

»Dem Kaiser sein Salat« nennt mein Kollege Tim Mälzer seine Variation dieser weltberühmten Vorspeise, also mit dem sogenannten Kölschen Genitiv, aber dem gebildeten Hinweis darauf, dass sich das deutsche Wort Kaiser vom römischen Caesar (Imperator) herleitet.

Vom Eroberer Galliens nun stammt Caesar Salad freilich nicht ab, sondern angeblich von einem italienischen Gastronomen, der sich wegen der Prohibition von San Diego in ein Hotelrestaurant im mexikanischen Tijuana abgesetzt hatte. Das Rezept entstand, wie so manche andere Spezialität, als ein Kind des Mangels: Caesar Cardini musste für überraschende Besucher am 4. Juli 1924 etwas auf den Tisch bringen, fand in der Küche aber kaum noch etwas Essbares vor. Schließlich kombinierte er römischen Salat, Eier, Croûtons aus trockenem Brot, Oliven und mischte ein improvisiertes Dressing aus Knoblauch, Essig, Zitronensaft, Salz, Pfeffer, Öl und geriebenem Käse zusammen – Resteküche mit durchschlagendem Erfolg. Das Verlegenheitsrezept ist längst ein internationaler Klassiker.

Natürlich wird das Original heute gern variiert und mit allerlei Weiterem aufgepeppt und angereichert: zum Beispiel mit Shrimps, Lachsstreifen, Steak, Chicken legs (Jamie Oliver) oder gebackenen Sardinen (Mälzer). So mancher Caesar Salad (nur echt mit dem amerikanischen Salat-D) entwickelt sich dadurch zu einer sättigenden Mahlzeit.

Caipirinha

Dieser brasilianische Drink hat längst auch die europäische → Bar-Szene überschwemmt und eine ganze Reihe beliebter Varianten um sich geschart.

Im Original besteht Caipirinha aus aus dem brasilianischen Zuckerrohrschnaps Cachaça (mit der Cedille unter dem c), geachtelten Limetten (→ Zitrone), die mit Rohrzucker im Glas zerstampft werden, und Eis – in Übersee Eiswürfel, hierzulande meist Crushed Ice.

Der kühle, je nach Dosierung mehr oder weniger saure Geschmack lässt den Caipirinha nur leicht alkoholisch erscheinen, aber Vorsicht, der Cachaça hat 43 Prozent! Man fühlt sich angenehm erfrischt, und in der Regel wird nach diesem Genuss, vor allem am ewig sommerlichen Strand von Ipanema oder an einer Poolbar in der Karibik, gern ein zweiter bestellt.

Cachaça gibt es in allen erdenklichen Qualitäten, oft auch in der typischen Einliter-Bastflasche, die besseren taugen auch zum → Digestif. Man kann zum Mixen auch andere Spirituosen verwenden, zum Beispiel → Rum, dann heißt er Caipirissima, oder → Wodka (Caipiroska, Caipivodka), → Campari (Camparinha), sogar → Underberg oder Steinhäger. Die Limetten können ergänzt oder auch ersetzt werden durch Maracuja, Kiwi, → Ananas oder → Mango.

Die abartigen alkoholfreien Drinks mit Ginger Ale oder Red Bull heißen zwar auch noch ähnlich (Caipibull), haben aber mit dem Original nicht mehr das Geringste zu tun. Wenn ein Deutscher »Caipi« sagt, dann meint er einen richtigen Drink. Die alkoholfreie Variante heißt Virgin Caipi.

Camembert

Gebackener Camembert mit frittierter Petersilie und Preiselbeeren ist eines der Gerichte meiner Kindheit. Inzwischen habe ich diverse Steigerungen im Geschmack erfahren. Echter Rohmilch-Camembert de Normandie hat nichts mit dem zu tun, den ich von früher her kenne – den würde ich auch niemals backen, dafür ist er viel zu schade.

Camembert ist bestimmt der einzige Käse, dessen Erfinderin mit einem Denkmal geehrt wurde. Dieses befindet sich in Vimoutiers in der Normandie und wurde nach seiner Zerstörung durch die deutsche Invasion wiederaufgebaut. Es stellt eine junge Frau dar, die quasi segnend einen Camembert vor sich hält. Am Steinsockel steht auf einer Platte die Inschrift: »THIS STATUE IS OFFERED BY 400 MEN AND WOMEN MAKING CHEESE IN VAN WERT OHIO USA« (Diese Statue wurde von 400 Männern und Frauen gestiftet, die Käse in Van Wert, Ohio, herstellen). Gemeint ist die normannische Bäuerin Marie Harel, die im Jahre 1791 erstmals den Käse anbot, zu dem sie angeblich ein Geistlicher aus Brie inspirierte, dem sie auf seiner Flucht vor den Jakobinern Zuflucht gewährt hatte.

Camembert wurde der Käse erst später genannt, und zwar nach dem Dorf, in dem Maries Tochter ihn dann produzierte. Ihr Mann, Victor Paynel, soll dem durchreisenden Napoleon III. einen Camembert überreicht haben, von der Herrscher so begeistert war, dass die Geschichte vom »Kaiserkäse« bald die Runde machte.

Die Einführung der typischen Spanschachtel erleichterte den Transport und die Reifung des ursprünglich bläulichen Käses, der ab 1910 mit weißem flaumig-zarten Edelschimmel überzogen war. Heute wird überall auf der Welt Camembert fabriziert, aber nur der aus Rohmilch (au lait cru) in der Normandie hergestellte hat eine geschützte Herkunftsbezeichnung (AOC). Kein anderer darf sich »Camembert de Normandie« nennen.

CAMPARI

Chinarinde und Orangenschale sind ganz bestimmt drin, vermutlich auch Rhabarber, Granatapfel und Ginseng. Aus allen anderen Kräutern und Gewürzen – insgesamt angeblich rund 60 – macht Campari, wie in der Spirituosenbranche üblich, ein großes Geheimnis.

Den ersten Bitterlikör mit der auffallenden roten Farbe ließ ein Herr namens Gaspare Campari 1860 in seinem Café unter den Arkaden am Mailänder Dom servieren. Er hatte davor bereits etliche Vermouths und Absinths zusammengequirlt und nannte seine neueste Kreation »Bitter all'uso di Hollanda«, also holländischen Bitter. Seinen Gästen gefielen die ungewöhnliche Farbe und der gewöhnungsbedürftige Bitterton von Anfang an besonders gut. Nur nicht der Name. Bei ihnen hieß der neue ⤙Aperitif von Anfang an »Campari«, allenfalls noch »Campari Bitter«. Seine karmesinrote Farbe wurde aus (ungiftigen) Schildläusen gewonnen; heute bevorzugt man künstliche Farbstoffe – so viele Läuse, wie heute nötig wären, gibt es offenbar gar nicht. Gaspares Sohn Davide baute 1892 die erste Fabrik. Heute gibt es allein in Italien 20 Zweigwerke, zwei Dutzend weitere rund um die Welt.

Campari (25 Prozent Alkohol) wird meist als Longdrink genossen, das heißt, als Campari Soda oder Orange (meine Lieblingsgetränke), als Americano (mit rotem Vermouth) oder Negroni (Americano plus ⤙Gin). Für den Campari mit Soda erfand Davide eine kegelförmige Portionsflasche, die es auch heute noch gibt. Das Unternehmen Davide Campari-Milano vertreibt inzwischen rund um die Welt 40 bekannte Marken, hauptsächlich natürlich Campari, seit den 1950ern auch den Bitter-Aperitif Cynar, einen herbsüßen Artischocken-Likör mit 16,5 Prozent Alkohol.

Cappuccino

Er ist die geselligste aller → Kaffee-Zubereitungen und der Darling der Kaffeebars; denn zu Hause kommt er selten vor, weil man zu seiner fachgerechten Herstellung eine gute Espressomaschine braucht.

Seine oft mit echtem → Kakao-Pulver bestäubte Milchschaumhaube erinnert an die braune Kapuze (ital. cappuccio) der Kapuzinermönche, woher denn auch sein Name rührt. Auf den → Espresso werden heiße → Milch und Milchschaum gegossen. Bei korrekter Zubereitung hebt sich die feinporige »Crema« des Espresso und setzt sich oben auf der Milchkrone ab. Dadurch färbt sich der Cappuccino bräunlich. Wenn der Milchschaum die richtige Konsistenz hat, verziert ihn ein ehrgeiziger Barista (italienische Bezeichnung für Barkeeper) mithilfe einer Schablone mit einem Muster: Beliebt sind Blumen, Herzen, Drachen, Tiere und Abstraktes, auch Smileys und Mondgesichter. Das nennen sie dann Latte Art, und selbst der einsilbigste Gast hat plötzlich mit seiner Begleiterin so was wie ein Gesprächsthema. Für mich kommt es ganz auf Feinheiten wie das Mischungsverhältnis von Milch und Espresso an. Obwohl ich kein großer Kaffeetrinker bin, schaffe ich es auf dem Frankfurter Flughafen selten, bei Mayer's vorbeizugehen, ohne dort den für mich besten aller Cappuccini zu genießen.

Historisch gesehen ist der Cappuccino eigentlich eine fortentwickelte Variante des österreichischen Kapuziners, also eines Mokka mit Schlagobers, doch das sollte man in einem italienischen Ambiente besser nicht erwähnen.

In Italien genießt man ihn übrigens fast nur zum → Frühstück, der Rest des Tages gehört dem Espresso.

Champagner

»Champagner ist ein Schaumwein, der in dem Weinbaugebiet Champagne in Frankreich nach streng festgelegten Regeln angebaut und gekeltert wird.« Punkt. So weit Wikipedia und so weit richtig. Doch was sagt das? Das schönste Zitat dazu stammt von der berühmten Witwe ➤ Bollinger; das wahrste von Napoleon: »Nach dem Sieg verdienst du ihn, nach der Niederlage brauchst du ihn.«

Spätestens seit der Belle Époque wurden bei uns die berühmten Marken wie ➤ Krug, ➤ Moët & Chandon, ➤ Taittinger, ➤ Veuve Clicquot oder ➤ Dom Pérignon zu den Garanten eines gehobenen Lifestyles. Ob in der High Society oder in der Halbwelt, Champagner war der Stimmungsturbo in alles Lebens- und Liebeslagen. Mitte der 1960er-Jahre kamen erstmals wieder mehr als eine Million Flaschen nach Deutschland, 1982 waren es dann schon 3,6 und 1998 sogar 19,4 Millionen. Doch seitdem ging es wieder heftig runter (auf 11,5 in 2008). Die großen Schaumweinverbraucher (➤ Sekt) scheinen in Sachen Champagner die Lust verloren zu haben; heute süffeln die Deutschen gerade noch an 17. Stelle der internationalen Rangliste. Das ist zwar immer noch mehr als doppelt so viel wie die Amerikaner, doch sie sind weit abgeschlagen von Belgiern, Schweizern und sogar den Scheichs in den Emiraten, die ja eigentlich gar nicht trinken.

Die Engländer haben sich übrigens intensiver in die Champagner-Geschichte gemischt als jede andere Nation. Sie forderten seit Mitte des 19. Jahrhunderts immer häufiger trockene Champagner, natürlich um mehr davon trinken bzw. verkaufen zu können. Die Kellereien zögerten. Bis dahin hatte eine Flasche etwa 160 bis 200 Gramm Zucker, die Exporte nach Russland bis zu 300 Gramm! Langsam schwenkten sie auf den neuen Geschmack um, der immer trockener wurde. Heute darf der von den Briten inspirierte »Brut« nicht mehr als 15 Gramm Restzucker pro Liter haben.

Der freche kleine Bruder ist der Roséchampagner, der angeblich 1777 von der Witwe Clicquot eingeführt wurde, freilich in kleiner Menge. Auch heute noch ist nur jede 30. Flasche ein Rosé. Im 19. Jahrhundert war er noch weit süßer als der weiße Champagner. Das trifft heute noch auf fast alle US-Rosé-»Champagner« zu – das reinste Bonbonwasser. Inzwischen gilt er aber als Steigerung (auch preislich) des farblosen Champagners und wird immer öfter bei besonderen Events gereicht. Deshalb haben ihn viele Marken wieder ins Programm genommen. Die Farbe erhält der Rosé entweder durch Verschneiden mit rotem Wein (nicht geschätzt) oder durch Kontakt mit den Traubenschalen (komplizierter, doch das korrekte System). Ein Unterschied ist aber kaum zu schmecken.

Einen Hinweis will ich noch loswerden: Roséchampagner wird nicht feierlich genippt wie ein Eiswein, sondern so getrunken, wie es einem Champagner gebührt – in großen Schlucken. Für alle, die ihren Schampus nicht nur pur genießen wollen, habe ich ein tolles ⇀ Cocktail-Rezept:

Champagner-Cocktail

Zutaten für 4 Gläser:

4 cl Litschi-Likör | 80 ml Passionsfruchtsaft (oder Maracujasaft)
Eiswürfel | eisgekühlter Champagner

- Litschi-Likör und Passionsfruchtsaft mit einigen Eiswürfeln in einen Shaker geben und gut vermischen.
- Den Likör-Mix auf vier Champagnergläser verteilen.
- Mit eisgekühltem Champagner aufgießen.

CHAMPIGNONS

In der Qualitätsklasse »Extra« sehen Champignons besser aus als die meisten anderen ⇸ Pilze. Auch besser als die ihm geschmacklich überlegenen ⇸ Steinpilze, weil diese sich im Freien durch die Natur emporkämpfen müssen. Der Champignon hingegen lässt sich unter sterilen, klimatisierten Bedingungen aufpäppeln und ist inzwischen so sehr zum Zuchtpilz geworden, dass beispielsweise »Der große Larousse« im einschlägigen Artikel vom wild wachsenden Champignon schon gar nicht mehr spricht.

»Zuchtchampignons sind der größte kulinarische Bestseller der letzten fünfzehn Jahre«, resümierte schon 1975 der deutsche Gourmetautor Ulrich Klever. Tatsächlich verzehren die Deutschen mehr Champignons als alle anderen Nationen. Waren es 1967 noch 620 Gramm, sind es heute drei Kilo pro Kopf und Jahr! Die USA, China und Frankreich sind die größten Champignon-Lieferländer. Für die Beliebtheit dieser Pilze hatte Klever zwei Erklärungen: Man könne Champignons in »sehr, sehr vielen Gerichten« finden und (Achtung, Ironie!) »weil ihr Gebrauch die Fantasie der Köche nicht allzu sehr strapaziert«.

Erste Zuchtversuche fanden bereits zu Zeiten Heinrichs IV. statt, wegen der Vorliebe des Pilzes für Düsternis und Feuchtigkeit in den Katakomben von Paris (deshalb »Champignon de Paris«) und vorwiegend auf Beeten aus Pferdemist (»Champignon de Couche«). Heute werden sie in Containern auf einem weitgehend naturfreien Substrat angebaut; sie kommen weiß oder cremefarben bis dunkelbraun in den Handel. 65 Prozent von ihnen stecken in Dosen, sogar in Scheiben geschnitten. Das ist ein absolutes »No-Go« für mich – die Steigerung dafür wäre es, eine Pizza gleich mit Kartonstückchen zu belegen.

hardonnay

Hierüber schreibt kein richtiger Vinologe, wenn er nicht mindestens zehn Seiten zur Verfügung hat. Für unsereinen, der ja ein eher praktizierender als historisierender Weinfreund ist, gilt der Chardonnay als Erfolgsrebe Nummer eins, die mit dem Aufstieg der neuen Weinländer – Kalifornien, Südafrika, Australien – weltweit Karriere gemacht hat.

Traditionell spielte er stets eine dominierende Rolle beim ⇾ Champagner, der ja in der Regel eine Cuvée ist, ein Verschnitt mehrerer Rebsorten. Je mehr Chardonnay, desto besser.

Einige der höchstwertigen Grands Crus aus dem Burgund sind Chardonnays. Zu den berühmtesten Weinlagen gehören Corton-Charlemagne, Montrachet, Meursault, Chablis und Pouilly-Fuissé.

Anders als etwa ein ⇾ Riesling oder ⇾ Sauvignon Blanc, deren Nase und Geschmack auch nicht sehr erfahrene Weintrinker identifizieren können, hat der Chardonnay etwas Chamäleonhaftes. Die meisten seiner Fans, schreibt die englische Wein-Expertin Jancis Robinson, »haben Schwierigkeiten, genau zu beschreiben, wonach er schmeckt«; denn der Chardonnay biete ein »ungewöhnlich breites Spektrum an Geschmackskomponenten«.

Ich glaube nicht, dass es bessere Weißweine gibt als die Chardonnays aus dem Burgund. In Kalifornien habe ich dicke, fettige Chardonnays trinken müssen (deren große Zeit vorbei scheint), aber ich habe dort auch viele elegante schlanke Quasi-Burgunder genossen. Dass diese Traube weltweit so beliebt ist, liegt wahrscheinlich daran, weil sie »die anspruchsloseste aller Rebsorten ist«, wie die Australier propagieren. Das mag für die Winzer wichtig sein, für Weinfreunde bleibt der Chardonnay eine Quelle der besten Weißweine – und in allen neuen Regionen eine Quelle ständiger Überraschungen.

CHARTREUSE

Die Geschichte dieses kostspieligen französischen ⇒ Likörs startet wie so manche andere Trinker-Legende in den frühen Klöstern, in denen experimentierfreudige Mönche immer mal wieder aus irgendeinem Kräutermix auf Alkoholbasis irgendwelche Wunderarzneien entwickelten.

Oft taugte die segensreiche Tinktur zwar nicht unbedingt dazu, eine angeschlagene Gesundheit wiederherzustellen, doch sie schmeckte bestens und hob schon nach ein paar Gläschen die Stimmung.

Auf ebendiese Art wurde Anfang des 16. Jahrhunderts auch der ⇒ Bénédictine aus der Taufe gehoben. Der Chartreuse entstand bei den Kartäuser- (französisch: Chartreuse-)Mönchen in den Alpen nahe Grenoble. Denen stiftete, so geht der Mythos, 1605 ein adliger Kanonier ein hoch kompliziertes und weitgehend unle-serliches Rezept für ein »Elixir des langen Lebens«.

Es dauerte noch über hundert Jahre, bis der Apotheker des Ordens daraus ein erstes Elixier zusammengequirlt hatte, unter Verwendung von rekordverdächtigen 130 Kräutern und Gewürzen. Wieweit das der Originalrezeptur entsprach, bleibt wie so oft im historischen Nebel. Doch seither hüten traditionell lediglich eine Handvoll Geheimnisträger des Klosters die Zusammensetzung.

Der berühmte grüne Chartreuse, nach einem Rezept aus dem Jahre 1764 hergestellt, hat 55 Prozent Alkohol. Er wurde 2007 zur »Spirituose des Jahres« gekürt. Die gelbe Variante (seit 1838) enthält 40 Prozent. Der Chartreuse V. E. P. (Vieillissement Exceptionnellement Prolongé), länger gereift und in nummerierten Flaschen, bringt es sogar auf 71 Prozent.

Chef

Wer in einem Restaurant oder Hotel mit dem Inhaber oder dem Leiter des Unternehmens sprechen müsste und salopp nach dem Chef fragt, der sollte sich nicht wundern, wenn der ➤ Koch auftritt – nicht irgendeiner natürlich, sondern der Chefkoch. In der Gastronomie heißt nur einer Chef, und das ist der Küchenchef (Chef de Cuisine). »Chef« ist Berufsbezeichnung, Rang, Titel und Anrede zugleich.

Der Chef einer ➤ Küchenbrigade ist einer der letzten Autokraten in der heutigen Arbeitswelt, er entscheidet widerspruchslos wie sonst nur der Kapitän eines Schiffes oder Flugzeugs. Und »Jawohl, Chef!« heißt die einzig denkbare Antwort auf alles, was er anordnet. Ein paar seiner Bereichsleiter (Gardemanger usw.) heißen zwar auch Chef, doch die nennt niemand so.

Dass es in der Küche früher zuging wie beim Kommiss, bestätigen viele Köche-Memoiren: »diese jahrhundertealte militärische Hierarchie und Ethik« nennt es Anthony Bourdain (»Geständnisse eines Küchenchefs«). Es ging wohl auch ähnlich brutal zu wie beim Militär.

Da flogen Messer und glühende Tiegel, und Verletzungen und Verbrennungen waren an der Tagesordnung. Selbst der gutlaunige Vincent Klink (»Sitting Küchen-Bull«) berichtet noch aus dem Münchner »Humplmayer« der 1970er-Jahre: »Die Herdplatten glühten, Wutschreie ertönten und Schmerzenslaute, wenn der Küchenchef mal wieder einen Kellner an den Haaren über den Küchentresen zog, um ihm ins Genick zu hauen.« Überflüssig zu sagen, dass derlei heute nicht mehr vorkommt. Ganz bestimmt nicht.

Die Chefs sind gesitteter geworden, tragen nicht mehr alle die weiße Kochjacke, sondern kommen auch gern in Schwarz, Grau oder gar mehrfarbig daher.

Bei einem Gastkochen im Raffles Hotel in Singapur habe ich gelernt, dass man die Arbeitsteilung und Rangordnung in der Küche auch anders gestalten kann.

Danach habe ich die Organisation meiner Küche stark am Lean Management orientiert und kann durch optimierte Gestaltung und Abstimmung mit meinem Team viel effizienter arbeiten als vorher.

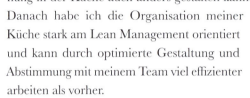

Chianti

Wenn das Lied »Ja, ja, der Chianti-wein ...« erklingt, mit dem unter anderen der Tenor Rudolf Schock in den 1950er-Jahren Furore machte, sind die Älteren begeistert, und die Jüngeren verdrehen die Augen. Er ist der Wein unserer ersten Italienerfahrungen, wurde damals noch in der typischen bauchigen Korbflasche aufgetischt, die später daheim so gern zum Kerzenleuchter mutierte.

Als Souvenir war der Chianti ziemlich beliebt. Als Wein konnte man ihn schnell vergessen. Dafür war er meist preiswert und ließ sich in den lauen Nächten im Süden prima schlucken – zu einer ⇀ Pasta auf weinumrankter Terrasse, vielleicht sogar zu den zärtlichen Klängen einer Gitarre. Bei der Nachprobe im kühlen Norden kam dann meist die Frage: »Das soll er gewesen sein, dieser wunderbare Wein in Siena?«

Inzwischen hat sich das vollkommen geändert. Die Chianti-Traube ist die Sangiovese mit fünf bis zehn Prozent Canaiolo nero. Die beste Qualität verheißt der Chianti classico oder auch classico riserva aus der Kern-Anbauregion zwischen Florenz und Siena. Er bietet offenbar sehr unterschiedliche Eindrücke, wie die bekannte englische Weinnase Hugh Johnson protokollierte: »Ich fühle mich manchmal ganz entfernt an Glühwein mit Orangen und Gewürzen, manchmal an Kastanien und sogar an Gummi erinnert.« Doch dann wieder witterte er »eine deutliche Ähnlichkeit mit ⇀ Bordeaux-Weinen«.

Heute werden sechs verschieden bezeichnete Chianti angeboten, von Colli Aretini bis Rufina. Doch längst ist der Chianti nicht mehr der einzige gute Wein der Toskana. Neue teure Sorten wie Tignanello (Antinori) oder Sassicaia (della Rocchetta) aus reinem ⇀ Cabernet Sauvignon haben die Weinkultur der Toskana nachhaltig verändert, sie gelten inzwischen als »Supertoskaner«. Und Johnson ist sich angesichts der Sassicaias sicher – »Der 1975er schlägt jeden Bordeaux dieses Jahrgangs.«

Coca-Cola

Die Story beginnt 1886, als der Südstaaten-Apotheker John S. Pemperton einen »Sirup« zusammenmixt, der »gegen Kopfweh und Müdigkeit« helfen soll. Sein Partner erfindet den Namen (aus coca leaves und cola nut) und entwirft den Schriftzug. Pempertons Nachfolger entledigt sich des Medizin-Images, steckt Millionen in die Werbung. Ab 1916 kommt die berühmte fraulich gekurvte Flasche in den Handel, ab 1929 erobert die neue Limonade Deutschland und dann die ganze Welt. Beeindruckend war für mich ein Besuch bei der Coca-Cola-Produktion in Atlanta, wo in der Empfangshalle ein Cola-Brunnen sprudelt, aus dem sich jeder nach Lust und Laune bedienen kann. Wer mal dort ist, sollte ihn sich ansehen, es lohnt sich.

Heute gibt es keine andere Marke mit einem auch nur annähernd so globalen Bekanntheitsgrad. Das Wort von der »Coca-Colonisierung« lässt sich denn auch keiner, der über die Erfolgslimonade schreibt, entgehen. Sie hat eine regelrechte »Coca-Cola-Art« hervorgebracht – Warhol und Wesselmann, Kienholz und Hollein, Vostell und Beuys haben daran mitgewirkt. Coca-Cola hat sich seine Unverwechselbarkeit und Alleinstellung viel Geld und Mühe kosten lassen. 1904 fing die Rechtsabteilung an, mit Detektiven Nachahmer auszuspionieren. 20 Jahre später hatte sie rund 7000 konkurrierende Marken »unter die Erde gebracht« und im Durchschnitt jede Woche eine Klage angestrengt. Lediglich der sogenannte Cola-Krieg gegen Pepsi war nicht zu gewinnen.

Heute gibt's neben der klassischen Coke zunehmend Light- und Zero-Varianten (Light-Produkte) für Kalorienzähler. Leichte PET-Flaschen haben die aus Glas verdrängt, für die echte Fans immer noch auf die Suche gehen – bis sie fündig werden und ihre eiskalte Coke zufrieden genießen.

Cocktails

Das englische Wort Cocktail bedeutet ursprünglich Hahnenschwanz. Warum heute alkoholische Mixgetränke so heißen, bleibt unklar. Erklärungen gibt es viele: Entweder sollen sie früher mal mit einer Schwanzfeder geschmückt oder nach Hahnenkämpfen getrunken worden sein. Vielleicht war es aber auch eine große Tonkanne in der Form eines Hahns, in die in einer US-Bar alle übrig gebliebenen Drinks gefüllt und dann als hochprozentige Mixtur aus dem Schwanz des Hahns gezapft wurden. Oder es war ein Franzose in New Orleans, der angeblich Drinks in Eierbechern (franz. coquetier) servieren ließ.

Ebenso unklar wie der Name ist die Aufteilung der Cocktails in Gruppen. Der populäre englische »Bar Guide« kennt 32 Kategorien, Münchens Bar-Guru Schumann kommt mit 20 aus, und nur acht nominieren beide – darunter Coladas, Fizzes, Flips, Juleps, ➤ Martinis und Sours. Eine zweite Cocktail-Ordnung richtet sich nach den verwendeten Alkoholika, beginnt mit ➤ Gin, ➤ Wodka, ➤ Rum, dann folgen Brandy, ➤ Campari, ➤ Champagner, Tequila und ➤ Whisky. Fast alle Cocktails bestehen aus einer sogenannten Basis, dem Hochprozentigen, zum Beispiel Gin; dazu kommt der Modifier (Verfeinerung), meist ein Saft – zum Beispiel von ➤ Zitronen; schließlich die Additives (Zusätze/Würze) in winzigen Mengen, etwas Sirup, Angostura (Bitter) oder ➤ Likör, zum Beispiel Cherry Brandy.

Wer bislang nur abends getrunken hat, so etwa ab ➤ Happy Hour, den wird es freuen, dass es auch eine ziemlich umfangreiche Gruppe von »24-Hour-Drinks« gibt. Sollte es dann einmal wirklich zu viel des Guten geworden sein, helfen bestimmt die »Hangover-Drinks« und »Corpse-Reviver Cocktails«, von denen etliche den Vornamen »Bloody« (➤ Bloody Mary) tragen. Harry Craddock, berühmter Bartender im Londoner Savoy, wurde einmal gefragt: »Was ist die beste Art, einen Cocktail zu trinken?« – »Ganz schnell«, sagte der große Mann, »solange er Sie noch anlacht!«

Cognac

Im 17. Jahrhundert haben die Winzer im Cognac-Gebiet ihre Weine destilliert, um sie besser verschiffen zu können. Denn anders als bei den geschätzten ⤳ Bordeaux-Weinen lohnten sich bei den eher mittelmäßigen Konsumweinen der Region die Transportkosten nicht. In gebranntem Zustand passte ja etwa neunmal so viel Wein in eine Flasche. Das verringerte drastisch das Transportgewicht, und der Inhalt war übrigens auch viel weniger empfindlich gegen das Geschüttel auf See. Dieses Destillat wurde dann am Zielort wieder zu Wein zurückverdünnt und erfreute die nicht ganz so anspruchsvollen Weintrinker in Nordeuropa, auf den Britischen Inseln und in Skandinavien.

Schließlich entdeckten ein paar neugierige Schnüffelnasen im Norden, dass der eingedickte Wein besser schmeckte als so mancher seinerzeit beliebte Rachenputzer. Und da beginnt der Höhenflug des Cognac. Seinen Namen hat er, wie der ⤳ Champagner, nach seinem Herkunftsgebiet, der Stadt Cognac, dem umliegenden Anbaugebiet Cognacais und der angrenzenden Charente. Den Deutschen, die ihren Weinbrand früher auch gern Kognak nannten, wurde das 1920 durch den Versailler Vertrag untersagt.

Die Qualität von Cognac, meist aus den Trauben Trebbiano (90 Prozent), Folle Blanche und Colombard, hängt von Destillation und Lagerung ab. Aus der Brennblase kommt zuletzt das sogenannte Eau de Vie, aus dessen diversen ⤳ Jahrgängen das Endprodukt »komponiert« wird. Dieses lagert dann mindestens vier Jahre in Holzfässern und darf sich V. S. O. P. (Very Superior Old Pale) nennen; ein X. O. (extra Old) ist 12 bis 15 Jahre alt, doch für Alter und Preis gibt es bei guten Cognacs kaum eine Grenze. Berühmte große Marken sind unter anderen ⤳ Hennessy, ⤳ Rémy Martin, ⤳ Hine und Otard.

COINTREAU

Diesen klaren ⇀ Likör aus süßen und bitteren Orangenschalen hatte 1875 erstmals ein Monsieur Edouard Cointreau in der Stadt Angers im französischen Anjou destilliert und zugleich die eckige Flasche entworfen. Jahrelang war der Pierrot sein Markenzeichen, später auch mal James Bond. Heute wird Cointreau nicht nur auf Eis konsumiert, sondern in vielen populären Cocktails wie ⇀ Cosmopolitan, Margarita, ⇀ Daiquiri, Side Car, White Lady – e tutti quanti.

In den letzten Jahren sind die Marktstrategen des Herstellers darangegangen, das Produkt mit ein bisschen Sex und Erotik noch besser zu vermarkten: »Voulez-vous Cointreau avec moi?«, hieß seit 1992 das Leitmotiv der Werbekampagnen von Cointreau. Später folgte eine Kampagne mit dem vielsagenden Slogan »Be Cointreauversial«. Nur außerhalb von Frankreich durchgeführt, zielte sie explizit auf »selbstbewusste Frauen, die sich verwirklichen und frei wählen, wie sie ihren Cointreau am liebsten genießen – als Cocktail oder on the rocks – ohne sich Gedanken darüber zu machen, was andere denken«.

2002 folgte der »Cointreaupolitan«, so eine Art ⇀ Cosmopolitan (⇀ Martini) von Paris. Da hatte sich der alte Familienbetrieb längst mit Rémy Martin (zu Rémy Cointreau) zusammengetan und modernisiert. Schließlich wurde 2007 Dita von Teese zur neuen Markenbotschafterin, die als höchst attraktives Playboy- und Unterwäschemodell, als Stripperin aus Nachtclubs in Las Vegas und dem Crazy Horse in Paris bekannt wurde. Was sagt uns das? Likör ist sexy!

Convenience-Food

Ich blättere gern in den Angeboten der Industrie und weiß daher, dass es kaum noch etwas gibt, das nicht auch in »bequemer« (engl. convenient) Version zur Verfügung steht.

Erste Fertig- oder Fastfertiggerichte kamen schon im 18. Jahrhundert auf: In England gab es 1747 Rezepte für eine Bouillon in Würfelform, bekannt als »portable soup« (tragbare Suppe). Aus einem als Krankenkost entwickelten Fleischtrank wurde 1854 »Liebigs Fleischextrakt«, weltweit erfolgreich und bei den Armeen des Ersten Weltkriegs ein Hauptnahrungsmittel. Zwei Jahre später erfand ein Berliner Koch die noch heute beliebte »Erbswurst«. Als in den USA der 1950er-Jahre das erste tiefgekühlte »TV-Dinner« auf den Markt gebracht wurde, verkaufte das Unternehmen gleich beim ersten Anlauf statt der geplanten 5000 Einheiten satte zehn Millionen, worüber die Tiefkühlpizza heute nur lachen kann. Von da an startete die ⚬ Mikrowelle ihren weltweiten Siegeszug.

Wir schälen in unserer Küche natürlich jede Kartoffel selbst, aber ich glaube, es schadet der Qualität mancher Wirtsbetriebe nicht, wenn sie geschälte Kartoffeln oder fertig geputztes Gemüse verwenden. Die Alarmglocken müssten jedoch in jedem Restaurant losschrillen, wenn geschnetzelte Früchte, fertige Salatdressings, Saucen oder ⚬ Fonds verwendet werden, die vom Hersteller mit Geschmacksverstärkern oder Konservierungsmitteln angereichert sein könnten.

Zweifellos ist Convenience-Food eine Erscheinung unserer modernen Zeit, aber ich finde, man muss doch noch verlangen können, dass in einem Restaurant mit gehobenem Preisniveau nur handwerklich hergestellte, frische Gerichte auf den Tisch kommen. So wie meine Mutter schon sagte: »Frisch gekocht schmeckt man einfach.« Vielleicht sollte man deswegen das Wort »hausgemacht« neu definieren, damit jeder, der kocht, auch versteht, was damit gemeint ist.

Coq au Vin

Der französische Coq au Vin ist nicht der Hahn im Korb, sondern der im Wein. Dieses Geflügel-Gericht gilt als ein Klassiker, seit Heinrich IV. Ende des 16. Jahrhunderts für »jeden Bauern sonntags ein ⇢ Huhn im Topf« forderte.

Heute gibt es Dutzende von regionalen Rezepten, allesamt populär und auf vergleichsweise preisgünstiger Hühnerbasis.

Zwar werden stets natürlich erstklassige korngefütterte Hähnchen empfohlen, doch dem Gerücht nach soll der Wahl des richtigen Weins stets mehr Sorgfalt und Aufmerksamkeit gewidmet werden. Im Burgund ist es oft ein roter, im Jura ein weißer Wein oder Rosé, im Elsass meist ein ⇢ Riesling. Der Wein, der zum Kochen dient, wird in aller Regel auch dazu getrunken. Heutzutage ist der Hahn fast immer ein Hühnchen oder ein schwereres Hähnchen; echte Hähne sind selbst auf besseren Märkten zur Seltenheit geworden.

Das Gericht zuzubereiten, ist nicht weiter anspruchsvoll, aber ziemlich langwierig: Das Geflügel muss frühzeitig mit Suppengemüse und ⇢ Kräutern in Wein mariniert werden, anschließend wird es langsam geschmort und am besten zweimal aufgewärmt. Alte Regel: Für einen Coq au Vin am Sonnabend fängt man besten am Donnerstag an. Als ich vor vielen Jahren für den damaligen Außenminister Klaus Kinkel bei der UNO-Vollversammlung in New York einen Abend mit deutschen Spezialitäten gestalten durfte, missbrauchte ich das französische Nationalgericht für einen »Hunsrückgockel in Spätburgunder«! Davon war der Präsident von Tasmanien so begeistert, dass er mich einlud, sein Land zu besuchen und einen Abend für ihn zu kochen – nicht nur die Franzosen wissen, was gut ist!

Cosmopolitan

Dieser blass pinkfarbene ⤙ Cocktail gilt derzeit, laut dem Urteil des Hamburger Multi-Bartenders Uwe Christiansen, als der erfolgreichste der Welt. Er hat damit den jahrelangen Margarita-Boom abgelöst.

Der Cosmo (so die Kurzform) stammt im Original aus den 1930er-Jahren, verschwand fast völlig von den Theken dieser Welt und tauchte erst in den 1980er-Jahren wieder auf – zusammen mit den Fun-Martinis und sogenannten Designerdrinks.

Der Ur-Cosmo wurde gemixt aus ⤙ Gin, ⤙ Cointreau, Zitronensaft und ⤙ Himbeere. Die moderne Version startete 1985 in Miami South Beach, wo die Bartenderin Cheryl Cook ein neues Produkt entdeckte: einen mit ⤙ Zitrone und Limone aromatisierten ⤙ Wodka namens »Absolute Citron«, den sie mit Triple sec (Likör), Limetten- und Cranberrysaft (ersatzweise Preiselbeersaft) mixte. Sie nannte ihn »Cosmopolitan« nach der Frauenzeitschrift, deren Stil sie liebte.

In New York setzte ein Barkeeper namens Toby Cecchini als Triple sec ⤙ Cointreau ein und durch. Daraus wurde das heute vorherrschende Standardrezept.

Schließlich brachte sein Kollege Dale DeGroffe den Drink mit in den berühmten Rainbow Room, wo Stars wie Madonna häufig mit dem rosa Drink gesehen wurden. Sein Vorzug ist, sagt der englische »⤙ Bar Guide«, seine »extrem gute Ausgewogenheit … einfach sensationell«. Noch sensationeller war es dann, dass die Designer von »Sex and the City« den Cosmo zum Standardgesöff des fröhlichen Mädel-Quartetts machten. Da nahm das Prosten weltweit kein Ende mehr!

Cupcake

Das Törtchen wurde ursprünglich mal in einer kleinen Tasse gebacken – daher der Name. Er kommt schon 1811 bei Jane Austen in »Sinn und Sinnlichkeit« vor und 1865 bei Lewis Carroll in »Alice im Wunderland«. Danach war es fast verschwunden, bis, 2000 in der 3. Staffel von »Sex and the City« (5. Episode), Miranda und Carrie auf einer Bank vor »The Magnolia Bakery« sitzen und schlabbernd und fingerleckend pinkrote Törtchen knabbern. Seitdem sollen alle New Yorker ganz wild auf die sogenannten Cupcakes sein.

In den deutschen Großstädten folgen Anglophile dem süßen Trend: »Royal Cupcakes« heißt Kölns erstes Cupcake Café, das in Frankfurt »Jenny's Cupcake« und in der Hauptstadt einfach »Cupcake Berlin« genannt wird.

Der Cupcake besteht aus in einer Papiermanschette gebackenem Kuchenteig, darin und darauf das sogenannte Frosting, Füllung und eine Art Hütchen oder Zipfelmütze aus Schaum, Cremes, Mousses. Getoppt sind sie mit Sprinkles wie Streuseln, Beeren, Figuren aus ➤ Schokolade oder ➤ Marzipan. Sie heißen Pink Vanille oder Coconut Kiss (ein Hauch Karibik), King of Pop oder Sissi, der Fantasie sind keine Grenzen gesetzt. Das Ganze ist kaum größer als eine kleine Birne oder früher die Petit Fours; man könnte einen Cupcake fast mit einem Bissen vertilgen, doch stilecht knabbert man daran herum.

Die tückischen und typischen Handicaps der US-Rezepte – sehr fett, sehr süß – haben die deutschen Anbieter gemildert. Man kann sich aus vielen und unterschiedlichen Cupcakes auch mehrstöckige Hochzeitstorten »basteln« lassen. Der Vorteil: Das Brautpaar kann sich beim Anschneiden nicht blamieren, und die »Torte« bietet unterschiedliche Geschmacksrichtungen.

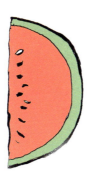

Daiquiri

Er ist einer der simplen Drinks aus ⤙ Rum, Limonensaft, Zucker oder süßem ⤙ Likör, die sich von den sonnigen Stränden der Karibik fast seuchenhaft nach USA und Europa verbreitet haben. Wie so oft gibt es auch hier mehrere Geschichten zur Entstehung. Eine Legende berichtet von Teddy Roosevelt und seinen Rough Riders im Spanisch-Amerikanischen Krieg 1898. Als sie am Daiquiri Beach auf Kuba landeten, boten ihnen Einheimische diesen Drink an, den sie kurz zuvor gegen Malaria entwickelt

hatten. Eine andere Geschichte sagt, es soll der amerikanische Bergbauingenieur Jennings Cox gewesen sein, der 1900 in der Venus Bar im kubanischen Santiago Kollegen bewirten wollte, aber keinen ⤙ Gin mehr hatte. Erst 1909 brachte ein Navy-Offizier den erfrischenden Drink mit nach Washington und begründete damit dessen Weltkarriere. Seinen Höhepunkt erlebte der Daiquiri im Zweiten Weltkrieg – alle Alkoholika waren rationiert, nur Rum war leicht zu kriegen. Seine prominentesten Propagandisten waren John F. Kennedy, der Daiquiri als ⇀ Aperitif trank, und Ernest Hemingway. Letzterer soll ihn in der legendären El Floridita Bar in Havanna und auch in Harry's Bar in Venedig zeitweilig ganztägig als Doppelten geschluckt haben, mit Maraschino anstelle von Zuckersirup. Sein angeblicher Tagesrekord: 46 Daiquiris – und noch mal 12 am Abend!

Inzwischen gibt es eine ganze Reihe Variationen des Daiquiri. Münchens Bar-Guru Charles Schumann kennt allein 17 – unter anderem frozen und gequirlt, mit dem Geschmack von Minze, Erdbeere, Pfirsich und Ananas.

Dekantieren

Der Vorgang, der mit diesem französischen Wort (»décanter«: klären) bezeichnet wird, ist im Prinzip simpel – man gießt eine Flasche Wein vorsichtig in eine Karaffe um. Der beste Grund, das zu tun, liegt auf dem Flaschengrund. Wenn sich dort Weinstein oder sonst ein Bodensatz, im Fachjargon »Depot«, gesammelt hat, kann man durch das Dekantieren (auch Karaffieren) einer Trübung des (meist: roten) Weins vorbeugen.

Doch nicht nur wer seinem Gast reinen Wein einschenken will, dekantiert. Die Zeremonie, bei der man den Flaschenhals traditionell im Gegenlicht einer Kerze beobachtet, wird auch gern ohne ersichtliches Depot vorgeführt. Der geöffnete Wein soll durch den Sauerstoff sein ⇀ Aroma besser entfalten – angeblich, vielleicht, ganz bestimmt? Aus dieser Frage haben die Weinfreunde gemacht, was sie stets am liebsten tun – einen Kult. »Viel Brimborium und überraschend viel bissiger Streit umgeben diesen doch eigentlich recht schlichten Vorgang«, spottet der namhafte britische Weinexperte Hugh Johnson. Er lässt keinen Zweifel daran, dass die Kultivierung des Dekantierens ein überwiegend britisches und deutsches Faible ist, inklusive kostbarer antiker Dekantiermaschinen, die eine Flasche über ein untersetztes Schneckengetriebe wie in Zeitlupe vornüber kippen. Die Franzosen selbst kümmern sich kaum um diesen Kult. »Wenn ein Franzose überhaupt Wein dekantiert, dann zumeist unmittelbar vor dem Servieren. In gewissem Sinne könnte man sagen, dass der Franzose sein Glas als Dekantiergefäß betrachtet«, so »Der große Johnson«.

Dessert

Das Wort kommt aus dem Französischen, abgeleitet von dem Wort »desservir« (abdecken), denn das Dessert kommt, wenn abgedeckt ist.

Ich bin skeptisch, wenn ⇀ Patissiers aus dem Dessert eine große Oper machen. So wie der Franzose Eugène Briffault laut Larousse schon vor 165 Jahren geschrieben hat: »Das Dessert krönt das Essen. Um ein gutes Dessert zu kreieren, muss man Zuckerbäcker, Raumausstatter, Maler, Architekt, Eishersteller, Bildhauer und Florist zugleich sein.« Wenn dafür das Licht ausgeknipst wird, damit die Wunderkerzen besser wirken, frage ich mich: Und was haben sie auf dem Teller?

Die Idee, ein Dessert auf Tellern anzurichten, kam mir 1978, als ich in den Schweizer Stuben in Wertheim eine Esterhazy-Torte zubereitete. Ich dachte mir, wenn man ein Muster aus Fondant und Marmelade auf eine ⇀ Torte zaubern kann, funktioniert das sicher auch auf Tellern. Und es klappte! Seither hat meine Idee ihren Siegeszug gehalten und die Dessert-Präsentation revolutioniert.

Das Repertoire an Desserts ist vermutlich größer als an Hauptspeisen: Puddinge und Soufflés, ⇀ Nougat und ⇀ Marzipan, Mousses und Aufläufe, Gratins und Sabayons, ⇀ Eis und Crêpes, Törtchen, Pralinen und dann all die Kombinationen daraus. Die Liste der Klassiker wie Crème brûlée, ⇀ Kaiserschmarrn oder Zabaione ist endlos. Auch die ⇀ Molekularküche hat das Dessert erreicht. Die ersten Patissiers haben sich der essbaren Lüfte (Airs) und Schäume (Espumas) angenommen. »Das große Buch der Desserts« von Teubner dokumentiert die neueste Mode, und man hat beobachtet, wie »bei deren Verzehr dann mancher Gast aus Ohren und Nase zu dampfen anfängt«.

Ein aktueller Trend ist es auch, dass Desserts in mehreren Gängen serviert werden. Zum Schluss fährt noch ein Wagen mit Pralinen und ⇀ Trüffeln aus feinster ⇀ Schokolade durch das Restaurant, die zum ⇀ Kaffee oder ⇀ Espresso angeboten werden.

Digestif

Als Junge lernte ich in der Steiermark, ein Schnaps sollte möglichst schnell, ohne abzusetzen, getrunken werden. Später wurde ich eines Besseren belehrt. Es ist schon sehr lange her, aber als ich in den Schweizer Stuben in Wertheim arbeitete, wurde ich mal an den Tisch des ➤ Chefs mit seinen Gästen gebeten, der mir für eine besonders gelungene Petit-Fours-Platte ein kleines Dankeschön servieren ließ – einen überdimensionalen Cognacschwenker mit dem ältesten ➤ Cognac, den er zu bieten hatte: Louis Treize (XIII). Wie gewohnt kippte ich den auf einmal hinunter, bemerkte jedoch erstaunte und ungläubige Blicke. Ich ging zurück in die Küche und war mir keiner Schuld bewusst – bis zum nicht vergessenen Anschiss vom Chef am nächsten Tag. Seitdem weiß ich, dass man einen Digestif auch genießen kann.

Die Schweizer, die ja häufiger mal ein passendes Wort gelassen aussprechen, nennen ihn liebevoll »Verdauerli« – dagegen klingt der deutsche »Verdauungsschnaps« oder »Verteiler« eher sachlich. Der gebildete Trinker sagt lieber auf französisch »Digestif«, das kommt aus dem Lateinischen (digero, digessi) und bedeutet auch verdauen.

Der Digestif ist das natürliche Gegenstück zum ➤ Aperitif und dient dem Zweck, das Essen abzurunden und abzuschließen. Er soll also die Verdauung fördern. Das ist besonders nach fettreichen Genüssen sinnvoll. Außerdem sorgt der Digestif für Wohlbehagen und Entspannung.

Als Digestif kann so ziemlich alles herhalten, auch harte Sachen wie ⇢ Rum, ⇢ Gin und ⇢ Whisky und besonders Malt. Außerdem eignen sich Dessertweine, Kräuterschnäpse und -liköre, Amaretto und Grappa.

Klassisch sind Cognac, Brandy, Armagnac. Auf den Digestif-Wagen der Gourmetrestaurants ist die Auswahl erlesener Obstbrände fast unendlich. Sehr beliebt sind unter anderem Schwarzwälder Kirsch, Waldhimbeergeist, Williams Christ, Calvados und der wunderbare Marillenbrand aus der österreichischen Wachau – allesamt natürlich ungekühlt.

Der Digestif oder »After-Dinner-Drink« ist seinem Ursprung nach ein Kind der deftigen Völlerei: »Ein Berliner Eisbein mit Erbspüree, ein norddeutsches Grünkohlessen, ein bayrischer Schweinsbraten, solche Gerichte waren ohne eiskalten ⇢ Wodka, Doppelkorn, Aquavit oder Bauernobstler schlichtweg nicht vorstellbar«, erinnert sich Günter Schöneis (Lexikon der Lebensart). Heute ist das oft nicht mehr der Fall. Niemand mehr lobt den kräftigen Verdauungsschnaps als gesund und heilsam. Wahrscheinlich haben die Tendenz zu leichterer Kost, die Gesundheitswelle und die Angst vor dem Verlust des Führerscheins zum schleichenden Verfall des Digestifs beigetragen.

Dill

Diese Pflanze ist mir unter anderem sympathisch, weil sie ganz anspruchslos daherkommt. Für Dill braucht man keinen Schrebergarten, nicht einmal einen Balkon. Ein Topf und ein Platz am Fenster reichen ihr zum Glücklichsein, und wenn er in der Küche steht, kann das grüne Kraut von hier direkt in Topf oder Pfanne wandern. Wer Dill, wie wir auf der Stromburg, in seinem Kräutergarten hat, weiß, dass er mit der Hartnäckigkeit eines Unkrauts wächst. In manchen Regionen heißt Dill auch Gurkenkraut, Gurkenkümmel oder Blähkraut. Sein sehr eigener Geschmack erinnert an Fenchel und Kümmel. Er ist botanisch verwandt mit ⇥ Petersilie und Fenchel, schmeckt aber würziger. Klein gehackt wird er als ⇥ Gewürz für ⇥ Salate (Gurke!) verwendet und für Saucen auf Öl- und ⇥ Joghurt-Basis. ⇥ Quark, Schmand oder ⇥ Butter mit viel Dill sind auch als Brotaufstrich geschätzt und, bei annähernd 90 Inhaltsstoffen, sehr gesund.

Nützlich ist Dill auch beim Einlegen von ⇥ Gurken, die Dillgurke ist eine berühmte polnische Spezialität. Unentbehrlich ist er bei der Herstellung des hochwertigen Graved ⇥ Lachs, der erst durch eine Marinade aus Dill, Salz, Zucker und Pfeffer seinen charakteristischen Geschmack erhält. Das Gleiche gilt für die dazugehörige süße ⇥ Senf-Dill-Sauce und den immer noch beliebten Klassiker Lachstatar mit Dillschaum.

Dim Sum

Wenn einer eine Reise tut, dann kann er was erleben. So war es auch in meinem Fall. Vor nahezu 30 Jahren reiste ich zum ersten Mal nach Hongkong. Weil ich dort natürlich vor allem in kulinarischer Hinsicht nichts verpassen wollte, kaufte ich mir einen Reiseführer und erfuhr aus diesem, ganz wichtig sei ein Besuch im Luk Yu Tea House, was so viel heißt wie »Komm und trink Tee mit mir«. Hier sollte es die besten Dim Sum der Stadt geben.

Kein Wort Englisch, Spucknapf auf dem Boden, Block und Bleistift zum Ankreuzen, was man möchte, das war zunächst mal gewöhnungsbedürftig. Doch was dann aus der Küche kam, war faszinierend: viele frische kleine, im Bambuskörbchen gedämpfte Köstlichkeiten, serviert mit diversen Saucen, machten mich glücklich und zufrieden.

Ebenfalls unvergesslich war ein späterer Besuch im Peninsula Hong Kong Hotel, wo mir der chinesische Koch zeigte, was man dortzulande alles – im Gegensatz zu unseren schwäbischen ⇀ Maultaschen – in den kleinen Teigsäckchen und -täschchen zu verstecken pflegt.

Ein welterfahrener chinesischer Freund von mir nennt sie gern die ⇀ Tapas Chinas. Wir essen sie auch heute noch gern und am liebsten in einem der riesigen Restaurants am Hafen von Hongkong, wo gegen Mittag Tausende von Chinesen in ihren Großfamilienverbänden gut hörbar ihren ⇀ Tee schlürfen und Dim Sum (sprich: dim sam) vertilgen. Die Kellner kurven unentwegt mit ihren befeuerten Wagen zwischen den großen Tischen herum und zeigen, was sie in den runden Bastkörbchen haben: heiße Teigtaschen mit Füllungen aus ⇀ Huhn oder ⇀ Garnelen, Hackfleisch, Rinderleber, vielerlei Fisch- und Gemüsesorten, Crabmeat und undefinierten ⇀ Innereien. Mehrfach schon habe ich mich zum unbändigen Gelächter der Umsitzenden bekleckert, weil plötzlich kochend heiße Hühnerbouillon aus der Teigtasche spritzte.

Dim Sum gibt es in schier unübersehbarer Vielfalt, aber stets in ähnlicher Form. Die Säckchen werden mal gedämpft, mal pochiert, mal frittiert, mal sind sie klebrig, mal kross. Der Name bedeutet »kleine Bissen, die das Herz berühren«. Bei den Chinesen in Kanton, wo sie (wohl erst im 19. Jahrhundert) erfunden wurden, galten sie ursprünglich als ⇀ Frühstücks-Bissen; heute werden sie, häufig stundenlang, bis in den frühen Abend gegessen, stets mit ⇀ Sojasauce, gern auch mit chilischarfen Dips. Viele im Ausland erfolgreiche China-Gastronomen machten sie weltbekannt, seitdem schätzt man sie auch zum ⇀ Dinner – sie lassen sich ebenso gut mit Wein wie mit Tee genießen.

Dinner

Als es auf Französisch noch Dîner hieß, war damit unter den Bourbonen das ⤳ Frühstück gleich nach der Messe gemeint, ursprünglich um sieben Uhr morgens, später um neun. Es bestand freilich nicht aus Croissant und ⤳ Kaffee, sondern aus Speck, ⤳ Eiern und Fisch. Die nächste große Mahlzeit hieß Souper und wurde nachmittags um fünf gereicht. Aus dem Mittelalter stammte der lange beherzigte Merksatz: »Wer um fünf aufsteht, um neun das Dîner einnimmt, um fünf das Souper und um neun schlafen geht, wird neunundneunzig Jahre alt.«

Noch in der Mitte des 18. Jahrhunderts wurde um zwei Uhr diniert, während der Revolution am späten Nachmittag, seit der Neuzeit am Abend gegen 20 Uhr. Dazwischen wurde das Mittagessen etabliert (englisch und international: ⤳ Lunch, franz. déjeuner), das Souper verschwand.

Im Deutschen bezeichnet »Dinner« ein besonders gutes, gesetztes Essen inklusive Porzellan und Besteck.

Die Steigerung ist das feierliche Galadinner mit vielen Gängen und diversen Weinen, meist mit einem Cocktail- oder Champagner-Empfang zuvor. Wenn das an großen Tafeln stattfindet, spricht man von einem ⤳ Bankett; Empfänge von Regierungen oder Königshäusern werden so organisiert, doch auch bei uns auf der Stromburg finden Dutzende solcher Veranstaltungen statt. Eine Dinnerparty ist eine Art ⤳ Bankett, bei dem zwischen den Gängen getanzt wird. Es ist heute besonders auf amerikanischen Kreuzfahrtschiffen beliebt.

Übrigens, für alle, die gern »Diner« schreiben, weil sie entweder die französische Schreibweise anpeilen oder es vielleicht nicht besser wissen: Diner (sprich: daina) ist ein amerikanischer Schnellrestaurant-Typ mit einem ganz speziellen Tankstellen- oder Omnibus-Design, also eine ⤳ Imbiss-Station, die so ziemlich das Gegenteil von Dinner darstellt. Das Dîner ist nur echt mit dem »Hütchen« auf dem i.

Dom Pérignon

Man könnte ihn den Daimler unter den ↪ Champagnern nennen, weil auch er vom Urvater der seiner ganzen Gattung stammt. Der Benediktinermönch Pierre Pérignon, genannt Dom Pérignon (1638 bis 1715), war Kellermeister der Abtei Hautvillers. Erfunden hat er den Champagner nicht, doch wesentliche Entwicklungen begonnen oder fortgeführt, die diesen qualitativ perfektionierten. So hat er die Flaschengärung signifikant verbessert und den Verschnitt diverser Weine (Assemblage) eingeführt, um eine wiedererkennbare, stets gleichbleibende Cuvée zu gewinnen. Er hat das Weißkeltern (Blanc de Noirs) entdeckt und die Konfektionierung des »Knallweins« entwickelt – in dickwandigen Flaschen mit einem ↪ Korkverschluss, der mit Kordeln gesichert wurde. Wir verdanken ihm sogar das 0,75-Liter-Format der Flaschen. Diese Quantität hatte er als übliche Trinkmenge eines Mönches zum Abendessen ermittelt.

1794 soll ↪ Moët & Chandon bereits die Abtei Dom Pérignons erworben haben, später auch die Namensrechte. 1936 wurde eine erste Prestige-Cuvée (aus besonders großen ↪ Jahrgängen) in der berühmten bauchigen Flasche verkauft, alle paar Jahre erscheint ein neuer Jahrgangschampagner, seit 1970 auch als (limitierter) Rosé.

Der für seine Eleganz und allerfeinste Perlung allseits gelobte Champagner kostet etwa fünfmal so viel wie ein »normaler« Schampus und ist der berühmteste unter den teuren Spitzen-Bubbles dieser Welt. Das kommt sicher nicht nur daher, dass er in »Sex and the City« die bevorzugte »Brause« war. Er wurde von jeher als Favorit der Reichen und der Berühmten promotet: Marlene Dietrich und Marilyn Monroe outeten sich als Fans, James Bond gilt als großer Freund und Kenner, bei Dior stand er ständig bereit, Charles und Diana hatten ihn zur Hochzeit und und und …

Döner

Der spätere preußische Feldmarschall Helmuth von Moltke schwärmte davon: »am Spieß gebraten und in Brotteig eingewickelt, ein sehr gutes, schmackhaftes Gericht«. Das war 1836. Döner Kebab (türkisch: drehendes Fleisch), das von einem senkrecht stehenden Drehspieß abgesäbelt und zusammen mit Zwiebelringen, Tomaten- und Gurkenscheiben, Salatsauce mit oder ohne Knoblauch in einem Fladenbrot serviert wird, ist in der Türkei ein altes, in Deutschland ein erst knapp 40 Jahre altes Fast-Food-Gericht. Ursprünglich bestand es aus Hammel- und → Lamm-Fleisch, heute dominieren → Rind und Kalb; Hackfleisch ist auch dabei, darf aber nicht mehr als 60 Prozent ausmachen. Der damals 16-jährige Mehmet Aygün gilt als einer der Väter des deutschen Döner: Anno 1971 eröffnete er in Berlin-Kreuzberg einen ersten Dönerimbiss. Anfang der 1980er drehten sich in Berlin rund 200 Spieße, Mitte der 1990er waren es schon 1300, und ein beliebter Slogan hieß: »Döner macht schöner!« Heute gibt es in Deutschland über 15.000 Döner-Stationen; Gammelfleischskandale bei den industriellen Herstellern der Fleischpyramiden haben die Karriere der gefüllten Fladenbrote nicht aufhalten können.

Ich habe nur einmal Döner probiert, seitdem nicht wieder. Ich weiß aber, wie man einen Döner verspeist, und das habe ich meiner Lektüre der Zeitung »Die Welt« zu verdanken, die das »Unterschichtenessen« folgendermaßen beobachtete: »Zum wahren Döner-Genuss gehört der weit aufgerissene Mund, die vorgebeugte Körperhaltung, damit die scharfe Soße nicht aufs Hemd tropft, und der anschließende Sprint mit vollem Mund zum Bus, wo man feststellt, dass man sich doch bekleckert hat.«

DRAPPIER

Als das deutsche Kreuzfahrtschiff »MS Europa« seinen zehnten Geburtstag auf einer Rundfahrt durch den Hamburger Hafen mit einer gewaltigen Party auf allen Decks feierte, da hielt sie für den Höhepunkt des Jubiläums unter einem haushohen Containerkran. Von diesem senkte sich langsam eine gigantische, ungewöhnlich bauchige Flasche und wurde mit großer Zartheit auf einer markierten Stelle des Sonnendecks abgesetzt. Unter dem Jubel der Gäste landete dort eine sogenannte Melchisedech, die größte → Champagnerflasche, die es gibt – mit einem Inhalt von 30 Litern!

Das Champagnerhaus Drappier ist das letzte, das noch solche Megaflaschen herstellt – auch das Format »Primat« mit 27 Litern. Die Konkurrenz lässt es meist mit den ja auch schon mächtigen Größen »Balthazar« (12 Liter) und »Nebukadnezar« (15 Liter) bewenden.

Drappier zählt mit etwa 1,5 Millionen (normalen!) Flaschen nicht zu den großen Produzenten und gehört je nach Perspektive zu den Kleinen unter den Großen oder zu den Großen unter den Kleinen. Vor 20 Jahren schätzte die Fachliteratur Drappiers Produktion noch auf 200.000 bis 300.000 Flaschen. Die 1808 begründete Champagnermarke ist eine der wenigen, die sich noch heute im Familienbesitz befinden. Michel Drappier, der heutige Chef, hat die »Pinotfizierung« der Weinberge durch seinen Großvater fortgesetzt. Heute macht die ⇀ Pinot-Noir-Traube 70 Prozent seiner Fläche aus, je 15 Prozent Pinot Meunier und ⇀ Chardonnay teilen sich den Rest. Daraus entsteht eine kernige, kräftige Assemblage, fruchtig und füllig – der Brut Carte d'Or (100 Prozent Pinot) gilt bei Kennern als herb und ungestüm. Monsieur Drappier leidet unter einer Schwefelallergie und geizt deshalb damit – es gibt sogar eine Null-Schwefel-Cuvée. Und seit er mal unfreiwillig unter eine Insektiziddusche geraten ist, baut er seinen Wein konsequent biologisch an.

DUVAL-LEROY

Ich kenne keinen ⇝ Champagner, der nicht für sich irgendeine Art von Alleinstellung beansprucht. Es sind eben alle Diven, kapriziös und voller Eitelkeit – und am Ende sind sie einander ziemlich ähnlich. Blindverkostungen von Champagner bringen selten sehr überzeugende Ergebnisse; das meiste ist Marketing, Geschichte, Legende. Diesen habe ich zuerst irgendwo in der Luft getrunken, und er wurde darauf prompt zum »Airline-Champagner of the Year« gewählt. Duval-Leroy ist wie ⇝ Drappier eines der letzten Familienunternehmen der Branche und setzt die berühmte Tradition großer Champagner-Ladys (⇝ Veuve-Clicquot, ⇝ Bollinger) fort. Die Firma wird von Carol Duval-Leroy geführt, und sie ist wahrscheinlich die letzte in dieser großen Ahnenreihe.

Das Unternehmen entstand erst 1859 aus dem Zusammenschluss der Familien Duval (Winzer) und Leroy (Weinhändler), ist also eine Erfolgsformel aus Kreativität und Marketing. Seitdem hat diese Marke, die ja nicht zu den populärsten gehört, erstaunlich viele Preise eingeheimst. Sie wurde für ökologische Produktionsbedingungen ausgezeichnet, und ihre Cuvées decken eigentlich alle Bedürfnisse von Champagner-Liebhabern ab: vom »einfachen« Brut über Rosé und Bio-Champagner (in den Spitzenhäusern immer noch eine Rarität) bis zur Spitzen-Jahrgangs-Cuvée aus sechs prestigeträchtigen Grand-Cru-Lagen. Diese trägt den Namen »Femme de Champagne«, und sie wird in einer sehr eleganten Flasche mit besonders fraulicher Silhouette geliefert.

Ei

Das alte »Appetit-Lexikon« lobt: »Das Ei ist zu allem fähig, es ist eine der Säulen der Küche, unentbehrlich wie das -»Salz.« Es gilt zu Recht als Universalgenie. Schon zum -»Frühstück gibt's gekochtes Ei, Spiegelei, Eier im Glas, Rührei und Omelett in allen erdenklichen Variationen – und schließlich Eggs Benedict. Die haben ihren Namen von einem Finanzmakler namens LeGrand Benedict, der 1894 im New Yorker Restaurant »Delmonico's« dringend mal was Neues frühstücken wollte. Der Chefkoch packte eine Scheibe gekochten -»Schinken (oder Frühstücksspeck) auf einen Muffin, legte darauf weich gekochte Eier (ohne Schale) und übergoss alles mit Sauce Hollandaise. Diese in den Staaten höchst populäre, doch auch in Europa ständig an Beliebtheit gewinnende Kalorienbombe könnte auch zur selben Zeit im »Waldorf Astoria« entstanden sein, dann hätte sie ihren Namen von dem Börsenmakler Lemuel Benedict. Ich bestelle Eggs Benedict nur selten und würze sie kräftig nach, wenn sie mir auf den Tisch kommen, muss aber gestehen – diese Eier sind mal was Besonderes.

Im Jahr 2010 verzehrte der deutsche Otto Normalverbraucher laut »Marktinfo Eier & Geflügel« 214 Eier. Das sind vier mehr als im Jahr zuvor, als diese beispielsweise in 211 Soufflés, 106 Omeletts, 281 Portionen Parfait oder 26 Flaschen → Eierlikör umgerechnet wurden. Die heutige Kennzeichnung der Eier unterscheidet folgende Gruppen: 0 steht für Bio, aus → Freilandhaltung mit ökologisch erzeugtem Futter, 1 für konventionelle Freilandhaltung, 2 für Bodenhaltung und 3 für Käfighaltung.

Da die Einzelzellen der herkömmlichen Legebatterie inzwischen verboten sind, stammen die 3er-Eier aus der sogenannten Kleingruppenhaltung, die nach Einschätzung der Tierschützer auch nicht besser ist als die Solo-Kabinen. Doch inzwischen kommt nur noch jedes zehnte Ei im Supermarkt aus der Hardcore-Legebatterie. Allerdings stammen davon auch viele aus dem Ausland, und wie die dort produziert werden, weiß hierzulande keiner so recht. Ein Grund mehr, auf die Herkunft, gekennzeichnet mit DE für Deutschland, zu achten – oder die Eier direkt beim Bauern zu kaufen.

Von der aufgeschlagenen Sauce über diverse Gebäcksorten bis hin zum Parfait gibt es unzählige Rezepte mit Eiern, darunter auch abenteuerliche und kuriose.

Der spanische Molekularpapst Ferran Adrià braucht für sein »Goldenes Ei« Isomalt, Glukose, Fondant, Karamell und Goldpulver. Am bizarrsten finde ich das Eiergericht seines englischen Schülers Heston Blumenthal. Er rezeptiert ein »Eis aus geräuchertem Speck und Ei« und verspricht vollmundig: »Wenn ich für mein Land ein Ei legen müsste – ich würde es tun.«

Der bekannteste Vertreter dieses sämigsahnigen ➤ Likörs hat sogar seine eigene Hymne. Nach der Melodie von »Ay, ay, ay, Maria, Maria aus Bahia« dichtete der damalige Firmenbesitzer 1961 »Ei, Ei, Ei, Verpoorten, daheim und allerorten«. Stars wie Georg Thomalla und Peter Kraus haben das gesungen. Heutige Sänger wie Udo Lindenberg oder Guildo Horn nennen den Likör ihr Lieblingsgetränk, vielleicht auch wegen seiner musikalischen Qualität. Wenn ich meinem Freund Horst Lichter eine Freude machen will, trinke ich gemeinsam mit ihm ein Gläschen Eierlikör – dann ist die Laune gleich noch besser.

Der erste Verpoorten, Eugen aus Antwerpen, mixte den Likör, der seinen Namen berühmt machen sollte, 1876 aus Eigelb, ➤ Zucker, ➤ Sahne und Alkohol. Er war eine Abwandlung des brasilianischen Avocado-Schnapses namens Abacate, mit dem die indianischen Ureinwohner im 17. Jahrhundert die Konquistadoren ergötzten – bis sie von denen ausgerottet waren.

Statt des gelb-grünen Fruchtfleischs der ➤ Avocado, die damals in Europa noch rar war, nahm Verpoorten den Eidotter. Heute wird das Unternehmen in fünfter Generation von Ururenkel William geleitet, der den wohlschmeckenden, doch kalorienreichen Likör mit 20 Prozent Alkohol aus Bonn in 30 Länder exportiert.

Trotz Fans wie Lindenberg gilt er seit den 1950er-Jahren als Lieblingsdrink von Damen der Generation 50 plus. Doch William Verpoorten sieht sich auf gutem Weg zu jüngeren Jahrgängen und zu fetzigen ➤ Cocktails.

Eintopf

Er ist kein Bestandteil der klassischen Küche, sondern der Hausmannskost. Wenn man in der gehobenen Küche von Suppe spricht, ist von einem kleinen Vor- oder Zwischengericht die Rede. Der Eintopf jedoch ist etwas zum Sattessen, kein Teil der Mahlzeit, sondern die Mahlzeit selbst. Ursprünglich war er ein Armeleute-essen: Da wurden häufig Reste zusammengekocht, hauptsächlich Hülsenfrüchte wie ↣ Linsen, ↣ Erbsen oder ↣ Bohnen, außerdem Gemüse wie Steckrüben, ↣ Kohl und ↣ Kartoffeln, auch Graupen oder ↣ Nudeln. Wer konnte, tat Speck, ↣ Wurst oder ↣ Fleisch hinzu, ↣ Zwiebeln, Sellerie oder Lauch zum Würzen und nahm etwas Brühe anstelle von Wasser. Im Gegensatz zu manchen Eintöpfen anderer Länder sind die meisten deutschen schön flüssig.

Ich esse Eintopf immer mal wieder mit großem Genuss. Allerdings nur wenn die ↣ Möhren nicht zu Mus zerkocht sind und das Fleisch nicht fest und zäh ist, die unterschiedlichen Garzeiten sollten schon eingehalten sein. Zu meinen Lieblingseintöpfen gehören die Fischsuppe Bouillabaisse und das würzige Irish Stew, am liebsten mit Hammel. Das »Durcheinander« in einem Topf scheint ja steinalt zu sein, umso mehr hat mich überrascht, dass der Begriff Eintopf noch relativ jung ist – er taucht im Duden erstmals 1934 auf.

Heute kann man Eintopf-Variationen in allen nationalen und regionalen Küchen finden, vom japanischen Shabu-Shabu bis zur amerikanischen Clam Chowder. Die besonders berühmten Eintöpfe werden inzwischen auch gern in renommierten Restaurants aufgetischt. Das mexikanische Chili con Carne serviert ja – weitgehend entschärft – schon die Deutsche Bahn, ebenso international verbreitet sind der russisch-polnische Borschtsch und die italienische Minestrone, die meist zum Vorgericht degradiert erscheint.

In meiner Kindheit gab es Trommeleismaschinen, aus denen das frische Eis mit einem Holzspatel in eine Waffeltüte gestrichen wurde. Schon damals war mir klar, dass die Bezeichnung »hausgemachte Eiscreme« ihren Namen verdiente.

Das erste, dem → Sorbet ähnliche Speiseseis soll es schon im antiken China gegeben haben. Im 16. Jahrhundert ließ die italienische Muse vieler kulinarischer Wonnen, Katharina von Medici, nach ihrem Einzug in Paris zu ihrer Hochzeit an jedem der 34 Festtage ein anderes Eis servieren. 1923 erwarb der Handelsvertreter Frank W. Epperson in Kalifornien das Patent für Eis am Stiel. Er nannte es Epsicle (aus Epperson und icicle, Eiszapfen), doch seine Kinder fanden »Popsicle« besser, und unter diesem Begriff startete das süße Wassereis seinen Welterfolg. Es wurde als »frozen drink on a stick« in anfangs sieben Geschmacksrichtungen vermarktet.

Erst anno 1935 kam das handliche Eis nach Deutschland. Ein Wandsbeker Kaufmann verkaufte für zehn Pfennig auf Anhieb 1,5 Millionen der »Eislollies«, wie die Hamburger sie nennen. Die moderne Variante vom Eis am Stiel heißt »Magnum« und wurde der größte Eis-Erfolg in den 1980er- und 1990er-Jahren. Wie auch Eisbecher, -tüten, -riegel, oder -sandwiches nennen es die Hersteller »Impulseis«. Das sind die Portionen, die man überall ambulant aus der Hand essen kann. → Vanille, → Schokolade und → Erdbeere sind unbeirrbar die Favoriten. Schon vor 50 Jahren hat in Deutschland die industrielle Fertigung von Eis in Großfabriken wie → Langnese oder Schöller-Mövenpick die der italienischen Manufakturen mengenmäßig überholt. Heute werden 85 Prozent industriell hergestellt, und alle Sorten sind wie üblich genau reguliert und definiert. »Fruchteis« enthält mindestens 20 Prozent Früchte, »Eiskrem«

10 Prozent Milchfett, Milcheis 70 Prozent ⇥ Milch, und so weiter.

Das Wachstum findet vor allem im sogenannten Premium-Eissegment statt, wo alle Hersteller mit raffinierten Namen wie Mandelmagie, Vanilla Caramel Brownie, Lemon Cheesecake oder Creme Nougat konkurrieren.

Die Europameister im Eisessen sind die Finnen und Schweden mit rund 15 Liter pro Kopf und die größten Eis-Muffel die Portugiesen (1,9 Liter). Die Deutschen liegen im oberen Drittel (7,7 Liter), haben aber in den letzten Jahren leicht nachgelassen, warum, weiß keiner. Weltmeister im Eisschlecken bleiben die Amerikaner, die rund dreimal so viel konsumieren wie die Deutschen. Dass Eis was mild Erotisierendes hat, weiß jeder, der mal gelegentlich in eine italienische Eisbar geht. Eine »Feinschmecker«-Autorin schreibt ganz richtig: »Wann sonst, wenn nicht beim Eisessen, lässt es sich unverschämt vergnüglich flirten, tuscheln und tratschen?«

Eiswein

Er gehört in die Riege der Spätlesen und der (Trocken-)Beerenauslesen, also der süßen Weine, die man nur in Schlückchen zum ⇥ Dessert nippt. Der Eiswein darf erst gelesen werden, wenn die Temperatur mindestens minus sieben Grad erreicht hat - dann ist in den Trauben das Wasser gefroren. Wenn nun der Winzer mit klammem Finger die gefrorenen Trauben pflückt und sie presst, bevor sie auftauen, bleibt der vereiste Bestandteil in der Kelter. Im ungefrorenen Rest konzentrieren sich Zucker, Säure und alle anderen Inhaltsstoffe. So entsteht ein Most von der Qualität guter Beeren- und Trockenbeerenauslesen mit mindestens 125 auf der oben ziemlich offenen Öchslegrad-Skala.

Eisweine werden meist aus weißen Trauben gekeltert, ein paar aus blauen Trauben färben sich leicht rosé. In jüngerer Zeit verbergen die Winzer ihre für Eiswein vorgesehenen Weinstöcke gern unter Folien, um sie bis zur Frostperiode gegen Nässe und Vogelfraß zu schützen. Wenn dann kein Frost eintritt, können die Trauben bei wärmeren Temperaturen leicht verderben.

Dieser Raritätenwein wird wegen der Klimabedingungen nur in Deutschland, Österreich und Kanada kultiviert und ist verständlicherweise nicht gerade preiswert. Bei Blindproben sind halbe Flaschen Eiswein für wenig Geld nicht immer von solchen für 65 oder gar 500 Euro zu unterscheiden. Umso wichtiger ist ein Etikett mit renommiertem Namen (immer im Fachhandel kaufen!).

Die Eisweinproduktion wird übrigens eher weniger als mehr. Bei Markus Molitor an der Mosel, einem passionierten Eiswein-Winzer, will man beobachtet haben, dass in den letzten Jahren die Produktion stetig abnahm. Liegt es an der »globalen Klimaerwärmung«?

EISWEIN

Emmentaler

An diesen ⇝ Käse habe ich ziemlich schlechte Erinnerungen. In meiner Lehrzeit in Graz war eine meiner ersten Aufgaben das Schneiden von Emmentaler in sechs bis acht Millimeter dicke Scheiben für den berühmten gebackenen Emmentaler mit Sauce Tatar – natürlich mit einer Aufschnittmaschine. Da manchmal das Stück Käse darin hängen blieb, versuchte ich es bei laufender Maschine mit meinen Fingern nachzuschieben – die Narbe an meiner linken Hand erinnert mich noch heute daran.

Kulinarisch gesehen ist der Emmentaler so etwas wie der französische ⇝ Champagner, ein Stück nationaler Stolz, einzigartig, landestypisch und der bekannteste Käse der Schweiz. Auch der weltweit am meisten nachgeahmte. Allein in Ohio (USA) werden alljährlich mehr »Swiss Cheese« genannte Emmentaler fabriziert als in der ganzen Schweiz. Dazu gehören auch Sorten wie »Baby Swiss« und »Lacy Swiss« mit weniger als den normalen 45 Prozent ⇝ Fett, für die vielen Amerikaner, die bereits an schwerem Übergewicht leiden.

Für die weltweite Verbreitung von Emmentaler war die Schweizer Wirtschaftskrise nach 1873 verantwortlich, als viele Käser auswanderten und im Allgäu und in Frankreich, aber auch in Russland, Finnland, Griechenland und der Türkei »Schweizer Käse« produzierten – und das war fast immer ein Quasi-Emmentaler.

Die äußeren Merkmale des Schweizer Emmentalers sind die enormen Abmessungen der Laibe. Sie vergrößerten sich von etwa 40 auf bis zu 120 Kilogramm, als die russischen Zaren im 19. Jahrhundert den Einfuhrzoll nicht mehr nach Gewicht, sondern nach Stückzahl erhoben. Und natürlich seine Löcher, die nach bis zu 18 Monaten Reifung als die schönsten der Käseszene gelten. Ich kannte sie schon lange aus dem genialen Tucholski-Feuilleton »Wo kommen die Löcher im Käse her?« und will das jetzt nicht umfassend erklären, doch die Antwort »Propionsäurebakterien« müsste eigentlich bei jedem Fernsehquiz ausreichen.

Eigentlich sind die Schweizer – anders als die Franzosen – ziemlich tolerant gegenüber Nachahmern in anderen Ländern. Aber im Standardwerk über »Schweizer Käse« habe ich trotzdem wenigstens einen kleinen Seitenhieb gefunden: die Qualität des echten Emmentalers werde ja durch die Tradition des Rohmilchkäses garantiert, »während etwa im Allgäu die große Masse der gummiartigen und geschmacklosen Pseudo-Emmentaler ausschließlich aus pasteurisierter ⇀ Milch hergestellt wird«.

Ente

Von Alexandre Dumas erzählt uns der alte Storyteller Waverly Root, er habe 42 Entenarten gezählt; Root selbst will 70 gesammelt haben, bevor er es aufgab, sie zu katalogisieren. Da kann er recht gehabt haben. Der Clan, zu dem ja auch ⇀ Gänse und Schwäne gehören, ist eine schier unüberblickbare Großfamilie. Man trifft sie auf allen Erdteilen (außer der Antarktis); wichtige Mitglieder heißen Stockente (eine der Urmütter), Hausente, Pekingente, Flugente, Laufente. Unendlich ist die Zahl der regionalen Spezies wie der Vierländer oder Pommern-Ente in Deutschland, die Nantaiser, Rouen- und Bresse-Ente in Frankreich – inzwischen von der Barbarie-Ente, einer aus wildem Erpel und Hausente gekreuzten Sorte, an Beliebtheit überholt.

Alle Enten müssen jung verzehrt werden, die sogenannte Frühmastente nach spätestens neun Wochen, die Jungente nach allenfalls acht Monaten. Je größer und älter sie werden, desto mehr verlieren sie an Delikatesse.

Auch die begehrte krosse Haut – das Hauptthema der berühmten ⤙ Peking-Ente – ist nur im jugendfrischen Alter garantiert.

Berühmte Rezepte sind zum Beispiel die klassische »Canard d'Orange«, die »Ente Apicius« von Alain Senderens und die »Ente mit Mango« von Raymond Oliver. Ein Sonderfall ist die sogenannte Blutente aus Rouen, auch »Caneton à la presse« genannt, die heute prominent nur noch im Pariser »Tour d'Argent« zelebriert wird. Die erstickte (damit sie kein Blut verliert, in Deutschland verboten), also nicht geschlachtete Ente wird samt ihrer Karkasse in der großen silbernen Entenpresse ausgepresst, daraus wird die einmalige Sauce präpariert. Seit 1890 erhält jede Ente eine Nummer – die 328. kriegte ein früherer Prince of Wales, die 253.652. Charlie Chaplin, 2003 wurde die millionste Ente serviert. Ein besonderes Kapitel ist die Entenstopfleber, die ⤙ Foie gras.

Einer der größten Förderer (und Verbraucher) von Enten ist der Erfinder der deutschen ⤙ Erlebnisgastronomie, Hans-Peter Wodarz: erst in seinem Münchner Restaurant »Ente im Lehel«, dann in der Wiesbadener »Ente vom Lehel« und schließlich in seinen diversen kulinarischen Zirkuszelten. Laut Wikipedia sollen es 1,5 Millionen Enten sein, die er in seinem Leben »verbraten« hat. Der Kalauer »Ente gut, alles gut!« stammt von ihm – oder könnte doch gut von ihm stammen.

Erbse

Sie geistert durch ältere Bücher als »Königin der Hülsenfrüchte«, je jünger und früher sie auf den Markt komme, desto königlicher, als »Maiblume der Tafel, das schönste Sinnbild des Lenzes«. Der Herzog von Braunschweig-Celle versprach demjenigen, der den ersten Korb grüner Erbsen auf den Markt brächte, einen Taler. In Frankreich schaltete Madame Pompadour den Polizeipräsidenten ein, um Ludwig XV. die ersten grünen Erbsen servieren lassen zu können.

Ganz so hoch schätzen wir die Erbse heute nicht mehr, vielleicht weil sie – getrocknet, gefroren oder als ‑ Konserve – rund ums Jahr erhältlich ist. Doch der wirkliche Genuss ist das mit frischen Erbsen, die man aus der Schote pult. Als Kind fand ich großes Vergnügen darin, mir diese direkt in den Mund zu stecken. Erbsen sind ja das erste Gemüse, in dem sich schon die volle Süße entfaltet.

Besonders beliebt sind die zarten Zuckererbsen (auch Kaiserschoten, Kefen), die samt ihrer knackig-süßen Schote gegessen werden. Bei allen anderen, den Pahl-, Mark- und Schalerbsen (80 Sorten gibt es insgesamt), braucht man etwa ein Kilo, um am Ende 300 Gramm Erbsen zur Verfügung zu haben. Aber obwohl ich ein absoluter Verfechter von Frische bin, bin ich heute der Meinung, dass tiefgefrorene Erbsen mehr Aroma haben als frische – sie schmecken einfach intensiver.

Zu den besten Erbsengerichten zähle ich frische Erbsensuppe, die früher sehr beliebte Risi-Bisi-Pfanne (Erbsen mit ‑ Reis), das Traditionsgericht Leipziger Allerlei und schließlich auch das Erbspüree aus gekochten gelben Trockenerbsen, das als Beilage zu vielerlei Fisch und ‑ Fleisch serviert werden kann – zünftigerweise mit Eisbein oder ähnlichen Deftigkeiten.

Erdbeere

Die Erdbeere ist aus botanischer Sicht gar keine Beere, sondern die »Sammelnussfrucht« einer Pflanze aus der Familie der Rosengewächse. Die Früchte sind mithin eigentlich die dunklen Körnchen auf der Oberfläche.

Sei's drum. Für mich ist sie jedenfalls ein köstliches Früchtchen und von besonderer persönlicher Bedeutung: 1983, zu Beginn meiner Karriere in Guldental, hatte ich natürlich das Ziel, bei meinen Gästen nachhaltig in Erinnerung zu bleiben. Zu diesem  Zweck kaufte ich bei Bauern in der Umgebung jede Menge bester Erdbeeren und kochte Marmelade daraus, die in kleine Gläser gefüllt wurde. Meine weiblichen Gäste führte ich dann nach dem Essen in den Keller und schenkte ihnen ein Glas davon, damit sie auch beim ⇝ Frühstück an mich denken sollen. Viele haben sich gern erinnert, und viele sind gern wiedergekommen.

Doch zurück zur Botanik. So wie wir die Erdbeere kennen, ist sie erst vor ungefähr 250 Jahren entstanden. Vorher gab es nur die kleine Walderdbeere, doch dann kamen aus Amerika die großfruchtigen Scharlach- und Virginia-Erdbeeren; aus Südamerika wanderte das Zuchtergebnis eines französischen Hobbybotanikers ein, die Chile-Erdbeere. Aus dieser und der nordamerikanischen Sorte kreuzten die begabten Holländer wiederum die sogenannte Ananas-Erdbeere, die um das Jahr 1750 auftauchte und zur Urmutter aller heutigen Gartenerdbeeren wurde – ihre Sorten werden auf 600 bis 1000 geschätzt.

Die in Deutschland meistgepflanzte ist die »Elsanta«; auch die Senga-Sorten, seit 1954 von dem Hamburger Züchter Reinhold von Sengbusch auf den Markt gebracht, gehören zu den qualitativ besten: »Senga Sengana« und die extrem frühen »Senga Precos« und »Senga Precosana«.

Außer einmal tragenden Pflanzen unterscheiden die Anbauer frühe bis mittelfrühe, mittelspäte bis späte und mehrmals tragende (remontierende) Sorten wie die Monatserdbeeren, die zwischen Juni und Oktober geerntet werden. Erdbeeren reifen nicht nach, und man isst sie so frisch wie möglich.

Erlebnisgastronomie

Schon öfter habe ich mir gedacht, dies könnte gut mal das Unwort des Jahres werden. Auf der Stromburg sind wir davon überzeugt, dass ein Abendessen bei uns ganz gewiss ein gastronomisches Erlebnis ist. Doch nur das Erlebnis von Essen und Trinken ist mit dem Begriff nicht gemeint.

Schon in der Mitte des 19. Jahrhunderts veranstaltete das berühmte Varieté »Moulin Rouge« in Paris sogenannte Dîners Spectacles – Abendessen, zu denen als Begleitprogramm eine Show dargeboten wurde.

In Deutschland haben wir seit mittlerweile über 30 Jahren einen wirklichen »Papst« der Erlebnisgastronomie, der mit Fug und Recht als ihr deutscher Pionier und erfolgreichster Aktivist gelten darf: Hans-Peter Wodarz.

Nach seiner Ausbildung startete Wodarz 1975 als hochbegabter Chef in München mit dem Restaurant »Die Ente im Lehel« seine Erfolgsgeschichte. Schon nach einem Jahr hatte er sich einen Michelin-Stern erkocht und als erster so blumig betitelte Gerichte wie seinen berühmten »Dialog der Früchte« auf der Karte. Bereits in seinem Restaurant in München und ab 1979 in Wiesbaden sangen fantasievoll kostümierte Künstler während des Abendessens für die Gäste, jonglierten, tanzten und zauberten.

Ich danke Hans-Peter Wodarz sehr; denn für mich waren und sind das unvergessliche Erlebnisse, die außerdem sehr dazu beigetragen haben, das Ansehen des → Kochs und seines Berufsstandes zu verbessern.

1990 startete er in Zusammenarbeit mit Bernhard Paul vom Circus Roncalli seine erste Fress-Zirkus-Produktion »panem et circenses« (lateinisch: Brot und Spiele) in einem historischen Spiegelzelt und zog damit durch die Großstädte. Mit der Nachfolgeshow »Pomp Duck and Circumstance« traute er sich sogar bis nach New York und Atlanta, wo er allerdings scheiterte. Ebenso erfolglos war »Belle et Fou – Das Spiel mit der Lust« in der Berliner Spielbank. Wodarz wendete sich ab 2007 wieder seinem geliebten und offenbar krisenresistenten Spiegelzelt zu. Der Erfolg gibt ihm Recht: Mit regionalen Spitzenköchen präsentiert er weiterhin jedes Jahr Dinner-Shows in verschiedenen Städten.

Der immer noch recht jugendliche Maestro (* März 1948) mit der runden Opabrille und dem unerbittlichen Sechstage-(Voll)Bart organisiert in der zirkusfreien Zeit zahlungswilligen Kunden originelle Events und berät Restaurants.

Espresso,
Espressomaschinen

Wer über Espresso redet, spricht über Espressomaschinen; dieser → Kaffee ist ohne ausgefeilte Technik gar nicht zu produzieren. Über den Beginn dieser Ära gibt es mehrere Versionen: In der einen soll es die Weltausstellung 1855 in Paris gewesen sein, wo es eine erste, angeblich funktionierende Espressomaschine zu bestaunen gab. Die zweite bezieht sich auf Luigi Bezzera, der 1901 in Mailand ein erstes Patent auf seine Erfindung erwarb, und die dritte auf 1938, als der Mailänder Barbesitzer Achille Gaggia das Patent für seine berühmte Maschine mit dem Hochdruck-Filtersystem anmeldete. Seitdem erfinden die Italiener eine Espressomaschine nach der andern und nicht nur die.

Die glitzernden Maschinen, deren frühe Ausführungen längst in Museen stehen und zu Liebhaberpreisen gehandelt werden, konkurrieren mit immer neuen technischen Finessen und fortschreitender Automatik. Ob die Cimbalis oder De'Longies, die Juras oder Faemas, die Saecos oder WMFs – sie alle werden in Sachen Technik und Design von Kaffeefreunden ebenso leidenschaftlich diskutiert wie unter Autonarren ein neues Modell von Ferrari oder Maserati. Denn der Espresso stellt einige Ansprüche an die Maschine: Das Wasser sollte 95 Grad Celsius Hitze haben. Der Druck, mit dem es durch das Espressopulver gepresst wird, sollte möglichst bei 9 Bar liegen. So entsteht die nussbraune, samtige, von feinen Bläschen durchsetzte Crema,

die den »kleinen Schwarzen« bedeckt. Eine eigene Kaste, der Barista – italienische Bezeichnung für Barkeeper, hier für den »Kaffeekünstler« –, hält den Kaffeekult hoch und wetteifert sogar auf nationalen Wettbewerben und Weltmeisterschaften; ein Italiener war freilich noch nie Champion.

Espresso ist die Basis für ⚊ Cappuccino, ⚊ Latte macchiato und Konsorten, die Modegetränke diverser Coffeebars wie ⚊ Starbucks. So hat er eine enorme Wachstumsrate in Deutschland: Seit 2000 hat sich der Verbrauch verfünffacht.

Essig

Es gibt Paare wie Zimt und Zucker, Pfeffer und Salz und eben – Essig und Öl. Ganze Designergenerationen haben dafür kongeniale Zwillingsbehältnisse entworfen, die dann vorzugsweise neben der Insalata mista geparkt wurden. Spätestens seit den 1980er-Jahren hat sich das Bild gewandelt. Jeder Patron, der auf sich hält, serviert Essig und Öl in ihren Originalflaschen. Aus dem kulinarischen Mauerblümchen, das »hell und klar« zu sein hatte, hauptsächlich dem ⚊ Salat als Zutat diente, als Konservierungs- und sogar als Putzmittel verwendet wurde, entstand ein Star der gehobenen Küche. Inzwischen gibt es jede Menge Spezialbücher über Essig, es werden für Köche Essig-Seminare und -Degustationen angeboten. Georg Wiedemann, Deutschlands bekanntester Meister der sauren Kunst, macht sich auf seinem Pfälzer »Weinessiggut Doktorenhof« sogar für Essigpralinen, Essig als ⚊ Aperitif und ⚊ Digestif stark.

Ich selbst habe im Obstanbaugebiet der Steiermark jemanden gefunden, der für mich eine Kollektion von Essigen herstellt, die auch wirklich nach dem schmecken, woraus sie gemacht werden. Zum Beispiel nach sonnengereiften ► Tomaten, fein-aromatischen ► Himbeeren oder saftigen Weinbergpfirsichen. Denn genauso wichtig wie ein gutes Öl ist ein guter Essig, und der hat ganz gewiss nichts mehr mit dem Essig zu tun, mit dem man früher Fensterscheiben polierte.

Auch immer mehr Winzer produzieren Essig; er ist ja nichts anderes als ein nochmals gegorener Wein. Früher, als gekühlte Transporte noch nicht möglich waren, verkauften die Winzer des Bordeaux ihre auf der Reise »umgekippten«, also essigstichig gewordenen Weine zu Schleuderpreisen an die Essighändler. Das gibt es nicht mehr. All die zum neuen sauren Kult gehörenden Winzer-Essige auf Weiß- und Rotweinbasis, auch Sherry- und Fruchtessige, haben ihren Preis. Wenn auch nicht so abgehobene wie der italienische ► Balsamico.

Himbeeressig selbst gemacht

Zutaten für ca. 1/2 Liter:

500 ml milder Weißweinessig | 150 g Himbeeren
2 Lorbeerblätter | einige schwarze Pfefferkörner

- Den Essig in eine heiß ausgespülte Glasflasche geben.
- Himbeeren, Lorbeerblätter und Pfefferkörner zugeben, verschließen.
- An einem dunklen, kühlen Ort eine Woche ziehen lassen.
- Zum Beispiel zu gebratenem Fisch genießen, für feine Blattsalate und selbst gemachte Antipasti verwenden.

tikett

Das französische Wort (étiquette) bedeutete ursprünglich mal einen Zettel mit Angaben über Inhalt und Preis, den man auf einer Ware »feststeckte«. Früher wurden auf solchen Zetteln bei Hof auch die Rangfolgen der Titelträger notiert, daraus entwickelte sich die Etikette, der Benimm-Kodex der besseren Kreise. Während die Etikette heute ziemlich ausgestorben ist, findet sich das Etikett überall, selbst bei den ⤳ No-Name-Produkten. Ich kenne jedenfalls keine Marmelade, kein Senfglas, keine Öl- oder Essigflasche ohne Etikett; selbst Bananen oder Orangen werden ja mit Markennamen bepflastert.

In letzter Zeit ist leider immer häufiger von Etikettenschwindel die Rede, von Umetikettierungen und so weiter – für mich skandalöse Praktiken! Auf einem Etikett sollen korrekte Informationen zum Produkt stehen und keine Lügen, geschweige denn Täuschungen. Trotzdem passiert es, obwohl Fernsehsendungen, Presseberichte und Verbraucherorganisationen das immer wieder anprangern. Das ist doch unglaublich!

Beim Weinetikett gibt es Vorschriften durch das deutsche Weingesetz und das EU-Recht. Bestimmte Angaben wie Herkunft, Abfüller, Anbaugebiet, Alkoholgehalt, Flascheninhalt sind Pflicht, auch ob es sich um »Landwein« oder »Qualitätswein« handelt. Andere Kennzeichnungen wie Rebsorte, ⤳ Jahrgang, »trocken« oder »lieblich« sind freiwillig, aber allgemein üblich. Kompliziert wird es, wenn zum Beispiel beim französischen, italienischen oder auch spanischen Wein andere Angaben auf dem auf dem Etikett erforderlich sind.

Ich kenne etliche Weinfreunde, die Etiketten sammeln, einige tauschen sie sogar untereinander. Da rangiert, glaube ich, der Sammlereifer doch etwas vor der Liebe zum Wein. Ich vertraue übrigens bei jedem neuen Wein, den ich noch nie getrunken habe, zunächst mal auf das Urteil des ⤳ Sommeliers (oder des Weinhändlers), nicht so sehr dem Etikett.

Euro-asiatische Küche

Zwischen der euro-asiatischen Küche und dem so genannten East-West-Food, der Pacific Rim Cuisine oder der Fusion-Küche bestehen begrifflich keine Grenzen. Heute sagen manche auch Multikulti-Küche dazu, was ich aber mehr als Küchen-Mixtur zwischen französisch und türkisch oder spanisch und bayrisch verstehe.

Die euro-asiatische Küche startete nach meiner Erinnerung im Westen nicht in Europa, sondern in Kalifornien. Dort, in der kosmopolitischen Küchenszene von Chinesen, Japanern, Vietnamesen und Thailändern, muss es wohl schon lange Köche gegeben haben, die einen ⇢ Hamburger auf Chinesisch oder eine Spring Roll auf Amerikanisch zubereiteten.

Das erste kulinarisch wirklich ernstzunehmende Restaurant im kalifornisch-asiatischen Stil, das mich nachhaltig beeindruckt hat, war Wolfgang Pucks »Chinois on Main«, das er 1983 in Santa Monica eröffnete. Im üppig orientalischen Design ließ er beispielsweise gegrilltes Szechuan-Rind in scharfer Koriandersauce servieren oder Maine Scallops mit Pad-Thai-Nudeln und ⇢ Zitronengras. Auf der Zunge drängelten sich förmlich die Geschmacksexplosionen. Damals habe ich wohl zum ersten Mal Wasabi außerhalb Japans gesehen.

Sozusagen mein asiatisches Schlüsselerlebnis hatte ich dann 1986 im Oriental Hotel Bangkok, wo mich das Essen derart faszinierte, dass ich danach aufsprang und sagte: »Wie schmackhaft und aromatisch ist diese Küche! Was bilden wir uns in Deutschland eigentlich ein?«

Voller Begeisterung begann ich dann daheim im Restaurant die Elemente dieser Küche in unsere zu integrieren und stellte mit Freude fest, dass auch meine Gäste für Neues bereit waren. Schärfe, Süße und Säure, vereint in einem Gericht, machen so manches Essen eben noch reizvoller.

Fasan

Er sei »würdig, Engeln vorgesetzt zu werden, wenn diese noch wie zu Lots Zeiten auf Erden reisten«, wird der bedeutende französische Gastrosoph Brillat-Savarin zitiert; der deutsche Meisterkoch und Hotelier Alfred Walterspiel preist diesen »herrlichen Vogel« als »König des Wildgeflügels«.

Wild lebt er heute nur noch selten. Die meisten Fasane stammen aus Zuchtbetrieben. Schon im »Appeti-Lexikon« von 1894 steht, dass der Fasan, »weil zumeist künstlich gezüchtet«, sich bei der Jagd »als ausgemachter Dummkopf benimmt, der den lahmsten Sonntagsjäger zum Schusse kommen lässt«. Das gilt wohl noch heute bei den geselligen Treibjagden, die in diversen Ostblockländern, doch auch in England und Dänemark veranstaltet werden – mit Tagesstrecken von 500 bis 800 Vögeln. Eigentlich sind die Zeiten vorbei, da man beim Fasangenuss auf Schrotkugeln biss, doch fällt mir dazu immer die Anekdote von der Berliner Marktfrau ein: »Der Fasan ist mir viel zu zerschossen«, beschwert sich eine Kundin bei ihr. »Dann nehm Se diesen hier, jnä Frau«, erwidert die Marktfrau, »der hat sick die Pulsadern uffjeschnitten.«

Was den Fasan für mich so einzigartig macht, ist die Verbindung von magerem, sehr zartem Fleisch und mildem Wildgeschmack. Den erhält er übrigens dadurch, dass man ihn abhängen lässt, heutzutage meist zwischen drei und sieben Tagen. Zu meinen Lieblingsgerichten gehört Fasan mit Champagnerkraut und Trauben, das ist immer noch (m)ein Klassiker. Ich finde übrigens, dass der bunte männliche Vogel mehr Geschmack hat als der graubraune weibliche, doch Walterspiel berichtete auch von »ausgezeichneten weiblichen Tieren«. Er führt unterschiedliche Qualitäten eher auf Ernährung und Alter zurück, was vermutlich auch stimmt.

Fast Food

Dies ist der Oberbegriff für schnell verzehrbare kleinere Gerichte (Duden). Doch wer heute Fast Food sagt, meint meist ⤙ McDonald's, vielleicht weil es die größte und bekannteste Fast-Food-Kette ist. Dabei ist die ganze Welt voller Fast Food: ⤙ Döner, ⤙ Pizza, ⤙ Würste, ⤙ Hähnchen, Hot Dogs, Heringsbrötchen, Chips und Crackers. Der Anbieter muss ja nicht immer ein Multi sein wie Burger King und Pizza Hut. Fastfood entsteht auch in der kleinsten Hütte, am bescheidensten ⤙ Imbiss. Natürlich gehören auch die »Lobster Rolls« an den volkstümlichen

Hummer-Ständen in Maine dazu, sogar preislich. Neu ist der industrielle Zweig, der erst seit Einführung der Tiefkühltechnik erfolgreich ist.

Das Modernste an Fast Food ist das Wort, das erst in den 1950er-Jahren entstanden ist. Die Sache an sich ist sehr viel älter: »Ob in China, Rom oder anderswo, am Schnellimbiss und in Garküchen kauften nicht nur die Armen«, schreibt Gert von Paczensky. Und die Foodcenter (früher Hawker) auf den Nachtmärkten des Fernen Ostens verkaufen ja auch Snacks. Im deutschen Mittelalter standen in den Städten fahrbare Pastetenöfen auf den Straßen, das englische → Fish and Chips gab es schon in der Mitte des 19. Jahrhunderts.

Sogar was wir in unserer Küche an → Amuse-Gueules, Canapés, → Fingerfood herstellen und zum → Aperitif vor der Mahlzeit servieren, ist ja für den Gast letztlich Fast Food. Nur dass die Herstellung leider nicht so schnell geht wie bei richtigem Fast Food, sondern viel Mühe und Zeit kostet.

Feldsalat

Er heißt auch Rapunzelsalat, Ackersalat, Nisslsalat, Rebkresse, Schafmaul, Mauseöhrchen, Rabinschen, Ritcherl oder Rapünzchen, in Österreich heißt er Vogerlsalat und in der Schweiz, wegen seines leicht nussigen Geschmacks, Nüsslisalat. Das ist eine ganze Menge Vokabular für einen kleinen grünen Salat, der früher mal ein Unkraut, dann ein Wildgemüse war, das an Weg- und Feldrändern gesammelt wurde. Heute wird Feldsalat sowohl im Freien als auch zunehmend in Treibhäusern angebaut, dabei dominieren die großblättrigen Sorten mit eher hellgrüner Färbung.

Feldsalat hat für die Küche einen ärgerlichen Nachteil: Er zieht Sandkörner quasi magnetisch an und versteckt sie, sodass auch bei gründlichstem Waschen und viel Wasser immer mal wieder eines im Salat bleibt. Und dann tritt ein besonders interessantes Phänomen auf: Sobald man auf Sand beißt, scheint der Feldsalat sein ganzes köstliches Aroma zu verlieren.

Ich liebe ihn trotzdem, vor allem wenn er dieses intensive dunkle Flaschengrün ausstrahlt, das heute rar geworden ist. Endlich habe ich auch einen Bauern gefunden, der wunderbaren kleinblättrigen Feldsalat anbaut; denn je kleiner die Blättchen, desto intensiver ist der Geschmack.

Wichtig ist in jedem Fall, den Feldsalat grundsätzlich erst unmittelbar vor dem Servieren mit einem Dressing anzumachen, denn die Blättchen machen schnell schlapp und fallen in sich zusammen. Hier bin ich übrigens ein ausgesprochener Purist. Im Prinzip reichen etwas weißer ➤ Balsamico, ➤ Salz, ➤ Pfeffer, gutes Walnuss- oder Kürbiskernöl für eine köstliche kleine Vorspeise. Ich persönlich esse ihn aber am liebsten als:

Feldsalat mit Kartoffeldressing

Zutaten für 4 Portionen:

150 g Feldsalat | 1 Kartoffel (gekocht und geschält) | 2 EL Essig | 3 EL Pflanzenöl
100 ml heiße Hühnerbrühe | Salz | frisch gemahlener Pfeffer | eine Prise Zucker
2–3 Scheiben Frühstücksspeck (Bacon)

- Feldsalat putzen, mehrmals gründlich waschen und trocken schleudern.
- Kartoffel zerdrücken, mit Essig, Öl und Brühe verrühren. Mit Salz, Pfeffer und Zucker abschmecken. Frühstücksspeck fein würfeln und in einer Pfanne ohne Fett knusprig braten.
- Feldsalat mit dem Dressing marinieren, knusprigen Speck daraufstreuen.

FERNET-BRANCA

Er ist einer unter den angeblich rund 300 italienischen »amari«, den gekräuterten Bitterlikören, die als ‑> Digestif Verdauung und Wohlbefinden nach dem Essen fördern sollen. Aber er ist der einzige, der – zumindest auf den Werbebildern – von einem Adler herbeigeschleppt wird, und er könnte auch gut der bekannteste sein, denn sein Hersteller (Fratelli Branca Distillerie in Mailand) preist ihn als den mit 30 Millionen Litern weltweit meistverbreiteten an.

Das Rezept existiert seit 1845 und wird als Heilmittel dem Mediziner Fernet zugeschrieben, nach anderen Quellen der Italienerin Maria Scala, verheiratete Branca. So wäre immerhin der Name geklärt.

Die Zusammensetzung wird jedoch wie üblich von der Familie geheim gehalten, immerhin weiß man, dass rund 40 Kräuter dazugehören, darunter ‑> Pfefferminze, Enzian, ‑> Safran, Myrrhe, Kamille und Holunderblüten.

Andere Kräuterliköre aus der Familie der »amari« sind ‑> Campari, Ramazzotti, Averna, Amaretto e tutti quanti; in Frankreich ‑> Bénédictine, ‑> Chartreuse; in Deutschland ‑> Underberg und ‑> Jägermeister.

Fernet-Branca hat 39 Prozent Alkohol (in Italien sogar 43), lässt sich pur als Digestif genießen, doch auch auf Eis. Italiener geben gern einen Schuss in ihren ‑> Espresso, das ergibt dann den beliebten »caffè corretto«.

Neumodische Mix-Ideen umfassen Fernet-Branca plus Cola, plus Bier und sogar plus Energy-Drinks – na dann Prost!

Fett

Das alte »Appetit-Lexikon« von 1894 durfte seinerzeit noch schwärmen: »Fett ist in der guten Küche so gut wie unentbehrlich. Ohne Fett würden Wesen wie die hundertäugige Bouillon, alles feinere Backwerk, zahlreiche Zwischenspeisen, Saucen und Füllsel nur Gedankendinge, Schatten, Schemen.« Wie wahr!

Ich habe mich ja schon gelegentlich mit meinem Kartoffelpüree-Rezept (→ Butter) im wahrsten Sinne des Wortes ins Fettnäpfchen gesetzt. Es scheint da eben gewisse Unterschiede zwischen gesundheitlichen und feinschmeckerischen Aspekten zu geben. Fett ist ja ein wichtiger Geschmacksträger. Bei manchen Dingen geht es ohne Fett einfach nicht. Jeder löffelt doch viel lieber eine mit → Sahne gekochte Suppe als eine mit H-Milch, bei der man sich Löffel für Löffel sagt: »Hoffentlich ist es bald vorbei.«

Dass ungesättigte Fettsäuren, wie sie in Pflanzenöl vorkommen, gesünder sind als die gesättigten in der Butter, gilt als erwiesen. Doch viele andere Meinungen, Fett verursache zum Beispiel Herz-Kreislauf-Erkrankungen, Diabetes, Bluthochdruck und Krebs, sind umstritten.

Der Wissenschaftler und Experte Udo Pollmer hat in seinem »Lexikon der populären Ernährungsirrtümer« dem »Fettgespenst« ein größeres Kapitel gewidmet: »50 Jahre Fett-Hysterie liegen hinter uns.« Er zitiert so viele kontroverse Studien, bis nichts mehr so richtig sicher scheint. Wer Angst vor Fett hat, kann Produkte mit Attributen wie »fettreduziert«, »fettarm« oder »light« wählen.

Was ich jedoch oft an Frühstücksbüfetts beobachtet habe: Wenn jemand sein Brötchen mit Halbfettmargarine bestreicht und dann so gut wie keinen Geschmack spürt, verdoppelt er unbewusst den fettarmen Belag. Hätte er vielleicht gleich etwas Anständiges nehmen sollen?

Fingerfood

Dieser Begriff stammt nicht aus der klassischen Küche, sondern aus dem modernen Catering. Wer ihn bei Google eingibt, erhält als ersten Eintrag eine Liste »5490 Fingerfood-Rezepte«. Na ja, wenn man auch Lachsröllchen und Frikadellen dazurechnet …

Also, Fingerfood ist die Lösung eines älteren Problems, hauptsächlich mit einem neuen Wort, doch auch mit ein paar neuen Inhalten. Es geht einfach darum, Leuten, die mit einem Glas in der Hand herumstehen, etwas zum Essen zu servieren, das sie unfallfrei mit der einen freien Hand konsumieren können, also ohne Besteck. Früher wurden zu den einschlägigen Anlässen meistens Canapés gereicht – Brotscheibchen mit Tatar, Streichkäse, → Foie gras, oder auch mit ein bisschen mehr Fantasie zubereitete.

Fingerfood hat dieses schmale Programm immerhin ausgeweitet: Da gibt es winzige Mokkatassen mit Suppe, die man trinkt, oder es wird aus trendigen Gläschen der angesagte Möhren-Ingwer-Cappuccino genippt. Häppchen von Rucola-Frittata oder Filetröllchen mit Salsa verde wandern ganz zwanglos direkt von der Hand in den Mund. Auf legeren Fingerfood-Partys glänzen spezielle Löffel mit witzigen Salaten; dampfende Mini-Pizzen oder -Quiches erfreuen die Gäste; Spießchen mit Fleisch (Saté) oder Krustentieren, Mini-Frühlingsröllchen und -Hähnchenfrikadellen stehen bereit und werden in pikante Saucen getunkt, bevor man sie isst. Sie merken schon, Fingerfood ist beliebt und ziemlich trendy – auch wenn es sehr viel Arbeit macht.

Es würde mich nicht wundern, wenn es demnächst Kollegen gäbe, die darauf spezialisiert sind, solche für die verwandten ⇀ Tapas gibt es ja bereits.

Fish and Chips

Ein Muss, wenn man in England ist! Dieses urbritische ⇀ Fast Food gibt es bereits seit 1849. Damals hießen die Fischstücke auch noch »Fischfinger« und stammten außer vom ⇀ Kabeljau oder Dorsch auch mal von Schellfisch, Seelachs, Rochen oder ⇀ Scholle. Zusammen mit Kartoffelchips in allen Variationen, zwischen ⇀ Bratkartoffeln und Fritten verbanden sie sich zu dem gern als »Fish 'n' Chips« hingenuschelten Klassiker.

Ein britischer Historiker hat mal ausgerechnet, dass schon vor dem Zweiten Weltkrieg 60 Prozent des englischen Fangs an weißen Fischen in die

Frittierkessel des Gewerbes gewandert sind – und 15 Prozent aller ➤ Kartoffeln. Die Branche tat nach dem Motto »Fish and Chips haben den Krieg gewonnen!« denn auch frohgemut ihre vaterländischen Verdienste kund. Im Gegensatz zum schlecht ernährten deutschen Arbeiter habe die englische »working class« keine Not gelitten. Mit dem Protein der Weißfische und den Vitaminen der Kartoffeln sei sie stets gesund gespeist worden.

Nur auf das Aroma der Druckerschwärze müssen die Esser der traditionell in Zeitungspapier eingeschlagenen Fish and Chips schon seit den 1960er-Jahren verzichten; die Bevormundungsbehörden in Brüssel haben es verboten und stattdessen Wachspapier vorgeschrieben.

Fleisch

»Die großen Schlachtfleischlieferanten Europas sind das ⇝ Rind, das ⇝ Schwein, das Schaf, die Ziege, das ⇝ Kaninchen«, so das »Appetit-Lexikon« von 1894, »namentlich die drei erstgenannten lassen sich mit anerkennenswerter Unverdrossenheit alljährlich zu Hunderttausenden im Wohlfahrtsdienst der Menschheit ums Leben bringen«. Das Kalb haben sie vergessen, das ⇝ Huhn kriegt als Geflügel ein eigenes Kapitel. Und über die »Hunderttausende« können wir doch heute nur lachen. Die Deutschen gehören zu den größten Fleischverbrauchern der EU, 1961 aßen sie im Durchschnitt 23 Kilo Fleisch im Jahr, heute sind es 90!!! Um ein Kilo Fleisch (im heute üblichen Rekordtempo) heranwachsen zu lassen, benötigt man zwischen 7 und 16 Kilo Getreide – das sollte man sich wirklich öfter mal vor Augen halten.

Fleisch ist seit ein paar Jahren ein bevorzugtes Reizthema, und das nicht nur wegen Gammelfleisch, »unmenschlichen« und »untierischen« Verhältnissen in den modernen Zuchtbetrieben und Schlachthöfen. Von den Folgen der exzessiven Tierhaltung mal ganz abgesehen. Unzählige Magazine sowie Bücher wie »Die Fleischmafia« oder »Fast-Food-Gesellschaft« haben über den »subventionierten Wahnsinn« berichtet. Trotzdem sind in letzter Zeit wieder etliche Pro-Fleisch-Bücher wie »Gutes Fleisch« und »Fleisch satt« erschienen.

In meiner Heimat grasen zum Beispiel auf 1600 Metern Höhe 3500 glückliche Ochsen auf saftigen Weiden – das ist für mich eine artgerechte Tierhaltung, so wie ich sie mir vorstelle. Bei Angeboten von 500 Gramm Hackfleisch für 1,98 Euro stelle ich mir doch die Frage: »Hat das Tier, das dafür geschlachtet wurde, jemals überhaupt ›gelebt‹«? Deshalb meine Bitte an Sie als Leserin oder Leser: Wenn Fleisch, dann gutes zu einem angemessenen Preis. Fleisch muss etwas Besonderes und eine Delikatesse bleiben!

Fleur de Sel

Die Königin der Salze ist ein unraffiniertes Meersalz, dessen Kristalle teils noch heute von Hand mit einer Holzschaufel abgeschöpft werden, und zwar dort, wo es an windstillen heißen Tagen als hauchdünne Schicht an der Wasseroberfläche schwebt. Bevorzugte Ernteplätze sind die Bretagne (Guérande), die Camargue, Strände an der Algarve und auf Mallorca. Fleur de Sel enthält außer den etwa 97 Prozent Natriumchlorid Spuren von Mineralien wie Kalzium, Magnesium und Mangan. So soll es keinen bitteren Nachgeschmack haben wie angeblich das profane Tafelsalz – und erzielt leicht den 200-fachen Preis.

Ludger Fischer zählt den Lehrsatz »Fleur de Sel ist ein gesünderes und besser schmeckendes Salz« zu den hartnäckigen »Küchenirrtümern«; es schmecke eher schlechter, und gesünder sei es sowieso nicht. Schon deshalb nicht, weil ⊸ Salz sowieso nicht ungesund sei, die Anti-Salz-Kampagnen wegen des Verdachts auf Begünstigung von Bluthochdruck seien wissenschaftlich haltlos. Darin ist sich Fischer mit dem amerikanischen Gastro-Autor Jeffrey Steingarten (»Der Mann, der alles isst«) einig: »Nur knapp acht Prozent der Bevölkerung können Salz tatsächlich nicht vertragen.« Steingarten weiter: »In der Welt des gepflegten Speisens gibt es heute nichts Schickeres als Salz.«

FOIE GRAS

Von all den eloquenten Gourmet-Publizisten, den Uecker-Klever-Siebecks, die gern und geläufig luxuriöse Dinge wie ⊸ Kaviar und ⊸ Trüffel rühmen, erfährt man über Foie gras (französisch für fette ⊸ Leber, auch Stopfleber) kaum ein Wort; selbst Jennifer Harvey Lang (»Tastings«), die sonst so fast alles probiert hat, schweigt dazu.

Anders die Franzosen: »Gänse-Ehre« überschreibt der Prachtband »Französische Spezialitäten« die Doppelseite zum Thema und nennt die grausame und langwierige (28 Tage lang, viermal täglich) Zwangsmast der Tiere »forcierte Völlerei«, als hauten sich die → Gänse lustvoll und freiwillig Hals und Wanst voll. Das nenne ich den Euphemismus des Jahres, so wurde Gewalt noch nie beschönigt.

»Der große Larousse« widmet der Foie gras drei Seiten, sagt in der zweiten Zeile einmal »zwangsgemästet« und singt dann eine Hymne: »genießt den Status eines der edelsten kulinarischen Genüsse. Die französische Nationalversammlung kürte die empfindliche Delikatesse erst unlängst zum nationalen und kulinarischen Kulturerbe«. Damit wurde die Foie gras, inzwischen zu über 96 Prozent von der → Ente, dem Tierschutzgesetz entzogen, das in den meisten zivilisierten Ländern das gewaltsame »Nudeln« verbietet.

Nur in Ungarn, Bulgarien, Israel und Kanada darf noch so gemästet werden; doch 80 Prozent der Weltproduktion an Fettlebern stammen aus dem Périgord und dem Elsass. Ich habe meine erste Foie gras gegessen, als ich noch nicht wusste, wie sie entsteht, und es war ein kulinarisches Elementarerlebnis von einzigartiger Köstlichkeit. Seither geht es mir vor jeder Stopfleber-Versuchung wie vielen Gourmets: Ich muss mich entweder für den Feinschmecker in mir entscheiden oder für den Tierfreund; beides geht nicht.

Foie Gras

Fond

Eigentlich ist ein Fond der Bratensatz in der Pfanne, den man für die Aromatisierung verwendet. Wem auch immer einfiel, dass man diesen Bodensatz auch bewusst herstellen kann, der gehört für mich zu den vielen namenlosen Genies unserer Branche, die für die Entwicklung der Kochkunst ähnlich viel geleistet haben wie die berühmten Stars, die jeder kennt.

Eine gute Brühe ist die Basis der Küche; deshalb sagen die Franzosen auch Fond dazu. Bei uns daheim stand auf dem Kohleherd ganz am Rand, wo die Hitze schwach ist, stets ein großer Topf, in dem Gemüse und Knochen sanft vor sich hin köchelten. Was beim Kochen übrig blieb, kam da hinein, vor allem die Parüren, die abfallen, wenn man einen Braten vorbereitet – ➤ Fett, Häutchen und Sehnen. Diese Brühe war das beste ➤ Gewürz für viele Speisen.

In jeder Profiküche, die ich kenne, köchelt ständig ein Fond. Teubners »Handbuch Saucen« kennt diverse: Fisch, Gemüse, ➤ Hummer, ➤ Krebs, Geflügel, ➤ Lamm, Wild, Kalb und ➤ Rind (hell und dunkel). Die Herstellung eines Fonds ist nicht schwer oder müsam, sie kostet halt Zeit und Aufmerksamkeit.

Der Deckel gehört nicht auf den Topf, und der graue Schaum, der sich an der Oberfläche absetzt, muss immer wieder abgeschöpft werden, damit der Fond nicht trübe wird. Ich empfehle, den Sud etwa zwei Stunden köcheln zu lassen, ausgenommen Fischfond – der darf nur etwa 20 Minuten simmern; sonst kann er durch die Gräten einen »leimigen« Geschmack bekommen. Am Ende werden alle Bestandteile rausgefiltert, das Fett auf der Oberfläche abgeschöpft oder vom abgekühlten Sud abgehoben. Was übrig bleibt, ist ein wirklich geschmackvoller Fond. Man kann ihn auch ein zweites Mal aufkochen, um das ➤ Aroma zu intensivieren. Eine schnelle Alternative sind fertige Fonds ohne Glutamat und ohne Geschmacksverstärker aus dem Glas, wie ich sie auch selbst anbiete.

MEIN TIPP: *Fondreste können Sie zum Beispiel in Eiswürfelbehältern einfrieren. So sind die Fondwürfel jederzeit zum Würzen zur Hand.*

Forelle

»Ein Fischer mit der Rute«, wie er in Franz Schuberts berühmtem Lied »Die Forelle« vorkommt, ist nur noch selten an ihrem Fang beteiligt. Die erdrückende Mehrheit dieses begehrten Speisefisches gedeiht heute »natürlich« in ➤ Aquakulturen.

Allenfalls der ➤ Lachs wird ebenso erfolgreich und massenhaft gezüchtet wie die Forelle. Beide gehören ja zur

selben Familie. Einige der Arten, wie die Bach- und die Seeforelle, leben nur im Süßwasser von Flüssen und Seen. Andere, wie die Lachs- und die Meerforelle, leben im Meer und schwimmen wie die Lachse nur zum Laichen die Flüsse hoch. Sie haben ähnlich rosafarbenes Fleisch, werden in der Natur mitunter über einen Meter lang und 50 Kilo schwer. Bachforellen werden nur halb so groß.

Die Aquakultur produziert all diese Arten als sogenannte Portionsfische mit einem Schlachtgewicht zwischen 150 und 300 Gramm. Häufig werden diese tiefgefroren vermarktet oder zu Räucherfisch verarbeitet.

Während die Forellen mehrheitlich aus Europa stammen, kam die Regenbogenforelle mit ihrem roten Streifen auf den Seiten im 19. Jahrhundert aus Kalifornien nach England und wurde dort gezüchtet, ab 1882 auch in Deutschland. Heute gelten sie als die am besten farmbare Rasse unter den Forellen. Eine winzige Minderheit existiert als Angelfisch in Flüssen, Bächen und vielen Baggerseen, und die sollen wesentlich schmackhafter sein als die gefarmten.

Frankreichs berühmtester Gourmet Curnonsky verglich den Geschmack der Zuchtforelle mit dem von »feuchtem Verbandsmaterial«, und Waverly Root urteilt: »Der Geschmack dieser Fließbandforellen verhält sich zum Aroma echter, frisch gefangener Forellen wie der von Sägemehl zu dem frischer Bambusschösslinge.«

Ich halte diese Art von Verdammung wirklich für elitär und übertrieben. Der Qualitätsunterschied zwischen einer Zuchtforelle und einem geangelten Exemplar ist für mich ungefähr so groß wie der zwischen einem Aldi-Steak im Sonderangebot und einem Filet vom Schlachter. Und selbst das wird nicht jeder nachempfinden.

Ich habe gut reden, denn unsere Forellen kommen von einem der letzten Forellenfischer in unserer Umgebung, und wir haben sie sage und schreibe innerhalb von sechs Stunden nach ihrem Fang im Kochtopf.

Freilandhaltung

Das Gegenteil davon ist Käfighaltung, und wie die zusammengepferchten, zu schneller Mast verurteilten Tiere da aussehen, kennen wir von unzähligen Berichten im Fernsehen. Tierquälerei scheint mir dafür noch ein beschönigendes Wort. Für die Schweinemast ist die Käfighaltung seit einiger Zeit untersagt. Und die sogenannten Legebatterien für Hühner, in denen jede Henne weniger als ein DIN-4-Blatt Grundfläche hatte, sind verboten.

Nachfolger der Käfighaltung wurde die »Kleingruppe«: Der Platz pro ⤙ Huhn wurde um die Fläche von fünf EC-Karten (!!!) vergrößert. Dass die Tierschützer damit unzufrieden sind, kann ich gut verstehen.

Das Bild vom fröhlich in freier Natur herumpickenden »glücklichen« Huhn, das natürlich auch besser schmeckende Eier legt, gilt als Glücksverheißung für Feinschmecker. Es ist fast so etwas wie der wilde Lachs, den der Fischer unversehens aus dem Wasser zieht.

Allerdings ist auch diese paradiesische Vorstellung nicht ohne Schattenseiten. Im Internet habe ich die überraschende These gefunden »Freilandhaltung von Hühnern ist Tierquälerei«, und die stammt nicht von einer radikalen Hühner-Liebhaber-Fraktion. Sie ist das Ergebnis einer wissenschaftlichen Studie, nach der die Freilandhühner kränker sind, früher sterben, mehr als im Käfig unter Federpicken und Kannibalismus leiden. Die Hühnerforscher haben auch herausgefunden, warum es den Hühnern in Freiheit gar nicht so gut geht, wie wir das erwartet hätten. »Die einschlägigen Hühnerrassen wurden über Jahrzehnte auf Käfighaltung und schnelle Mast hin gezüchtet, sind dadurch wenig robust und freilandtauglich und daher für eine ökologische Haltung nur bedingt geeignet.« Das ist ja wohl das, was man den Fluch der bösen Tat nennt.

Frozen Yoghurt

In unseren kulinarischen Lexika taucht dieses Stichwort noch nicht auf, und aus dem Internet ist zu erfahren: »In den USA bekommt man es in vielen Ice Cream Shops und im Supermarkt, hierzulande müssen Sie es (noch) selbst herstellen.«

Jetzt scheinen die schrecklichen, die Frozen-Yoghurt-losen Zeiten auch bei uns vorbei zu sein. Allein in Hamburg haben im Laufe der letzten zwei bis drei Jahre ein halbes Dutzend spezieller Frozen-Yoghurt-Shops wie Yoguru und Frozenyoghurtworld (Kurzform »froyowelt«) eröffnet.

Die Kaffeehauskette Balzac will in ihren über 30 Filialen demnächst ebenfalls das fettarme (1,9 Prozent) Eis anbieten, und ⇀ Starbucks-Gründer Howard Schultz hat bereits kräftig in die amerikanische Frozen-Yogurt-Kette »Pinkberry« investiert.

Frozen Yoghurt kann zum Beispiel mit Zitrone, Vanille, Erdbeere oder Mango aromatisiert sein und kommt dann wie ein Softeis aus der Maschine, freilich ein bisschen körperhafter, aber mit viel Luft durchmischt. Außerdem gibt es so eine Art Basic-Yoghurt, das der Kunde mit vielerlei Früchten, Keksen, Peppermint und Kräutern selbst individualisieren kann (System froyowelt). Doch mit Toppings wie zerkleinerten Gummibärchen, Brownies oder Schokoriegeln sind sie schnell nicht mehr so gesund wie nur mit frischen Früchten.

Die FAZ urteilte kürzlich in einer groß aufgemachten Geschichte, in der sie die jüngste Welle gewissermaßen offiziell als »richtig lecker und megacool« entdeckte: »Es ist die neueste Form des allgemeinen Trends, der gesunde Nahrung und ⇀ Fast Food verbindet.«

Frühlingsrollen

Der alte (amerikanische) China-Küchen-Experte Ken Hom erinnert sich, dass »dieser nahrhafte → Imbiss das Herannahen des Frühlings« symbolisiert: »Und so wird er zum Gedenken an die wiedererwachende Natur traditionell zum chinesischen Neujahrsfest gegessen, das das Ende des Winters ankündigt.« So mag es gewesen sein.

Heute werden aber Frühlingsrollen in allen China-Restaurants rund ums Jahr und um den Globus verzehrt. Wo immer heute → Fingerfood serviert wird, sind auch die gefüllten Teigröllchen dabei.

Die Teigblätter dafür, genau wie für die chinesischen Teigtaschen »Wantan«, werden meist aus Mehl, Wasser und → Salz (manchmal auch mit → Ei oder Eiweiß) hergestellt. Dabei müssen sie von einer Seite in einer heißen Pfanne ohne Fett zu hauchdünnen Fladen »trocknen«. Die Kochbücher sind sich einig: »Die Herstellung ist eine schwierige und klebrige Arbeit, selbst die Chinesen kaufen sie meist fertig.« Man bekommt die Teigblätter meist tiefgefroren in Asialäden, ersatzweise kann man auch Reispapier verwenden.

Auch auf der Stromburg benutzen wir fertige Teigblätter, in die wir dann diverse Füllungen einrollen, denn das ist das Schöne – eine Frühlingsrolle kann so ziemlich alles enthalten, kann vegetarisch, süß-fruchtig oder auch höchst würzig sein. Hom rezeptiert eine Mischung aus → Kohl, Hackfleisch, → Garnelen, → Sojasauce, Reiswein. Wir variieren Frühlingsrollen mit Rinderfilet, mit Kokos-Glasnudeln, mit → Lachs und → Spinat. Und wenn wir die Rollen kross frittiert haben, dann servieren wir sie am liebsten zusammen mit einem oder mehreren Dips wie Sojasauce in diversen Farbtönen, angeschärftem → Essig, aber auch richtig scharfen Chilisaucen.

Frühstück

An dieser Mahlzeit scheiden sich die Geister. In Europa unterscheidet man zwischen »Continental« und »English Breakfast«. In Deutschland besteht das Frühstück meist aus ⇀ Kaffee oder ⇀ Tee, ⇀ Brot, Brötchen und Marmelade; mitunter gibt es ⇀ Käse, ⇀ Wurst, ⇀ Joghurt, Müsli, Saft sowie ein weiches oder hartes ⇀ Ei dazu. Spartanischer frühstücken nur Franzosen und Italiener: Milchkaffee plus Croissant, Caffè Latte oder ⇀ Cappuccino plus etwas süßes Gebäck.

Die Briten dagegen schwelgen bei ihrem »Full English Breakfast« mit knusprigem Frühstücksspeck, Bratwürstchen, Eiern mit gegrillten Tomaten und Champignons. Dazu gibt es warme weiße Bohnen in Tomatensauce mit Hash Browns (röstiähnlich), gelegentlich auch Black Pudding, eine gebratene Blutwurst in Scheiben; oder Kippers, Räucherfische aus Makrelen und ⇀ Heringen. Das alles wird kräftig gewürzt, nicht nur mit der »eingeborenen« Brown Sauce, sondern auch mit ⇀ Senf und ⇀ Ketchup. Das Getränk ist Tee. »English Breakfast Tea« heißt er nur außerhalb des Landes.

Im Zuge der Globalisierung kann man auch in Deutschland alle Ei-Zubereitungen dieser Welt zum Frühstück bestellen. Die Amerikaner fügen dem noch alle möglichen Variationen von süßen ⇀ Pfannkuchen wie Pancakes mit viel Ahornsirup hinzu, außerdem lieben sie Muffins und süße Marmeladen. Die Eier ordern sie entweder »sunny side up« (normal), »over easy« (einmal kurz umgedreht) oder »over medium« (längere Zeit auch auf der Dotterseite gebraten).

Fugu

Feinschmecker, die in Japan ein Fugu-Restaurant betreten, wissen, dass der Genuss dieses Kugelfisches tödlich sein kann, wenn das Tier nicht richtig präpariert worden ist: die Leber, die Geschlechtsorgane, Gallenblase und andere Innereien enthalten Tetrodotoxin (TTX), ein tödliches Gift, und müssen vom Fischfleisch getrennt werden. Eigentlich sind nur die weiblichen Fugus giftig, doch manche Kugelfische sind zweigeschlechtlich. »Und dann wird es in der Küche gefährlich«, sagt Japans ältester und berühmtester Fugu-Koch Kiichi Kitahama in Kishiwada bei Osaka.

Zu einem kleinen Fugu-Mahl gehören insbesondere sein rohes Sashimi (zart und würzig, verursacht angeblich zartes Kribbeln auf der Zunge), ein bisschen Frittiertes und eine Suppe (kaum unter 150 Euro).

Zwischen 1887 und 1978 starben in Japan 6925 Gäste nach dem Genuss des begehrten Fisches, jedes Jahr also durchschnittlich 77. Seitdem dürfen nur noch eigens diplomierte und lizensierte Köche Fugu zubereiten. Die wenigen Todesfälle der letzten Jahre ereigneten sich fast ausschließlich im Verantwortungsbereich von Hobbyköchen.

Ganz ehrlich: Obwohl ich schon öfter in Japan war, hatte ich mit einer Frau, zwei Kindern und jeder Menge Verbindlichkeiten bei der Bank nicht den Mut, diesen Fisch zu genießen.

An der Universität von Nagasaki wurde inzwischen auch ein ungiftiger Fugu gezüchtet, doch wurde er von den Behörden nicht zugelassen. Die Fugu-Köche freuen sich natürlich darüber. Denn ein Menü mit dem in Deutschland verbotenen giftigen Fisch gilt in Japan als ein Statussymbol.

Viele halten ihn auch für ein ⇀ Aphrodisiakum, für das Kitahama ihn jedoch nicht hält. Vielleicht ist es ja auch nur der Nervenkitzel, der so manchen Esser in Erregung versetzt …

Gans

Wenn es ein deutsches Nationalgericht geben sollte, hätte meiner Ansicht nach die Gans die besten Chancen auf diesen Titel. Zu Weihnachten ist das eh keine Frage, da dominiert sie sowieso, und sie gilt eigentlich schon vom Martinstag (11. November) an als winterlicher Festessen-Favorit. Eine der vielen Legenden sagt, als der heilige Martinus (316/317 bis 397) gegen seinen Willen zum Bischof von Tours gewählt wurde, soll er sich im Gänsestall versteckt haben. Doch das Schnattern der Gänse verriet ihn, und zur Strafe wurden sie gebraten. Die klugen Tiere warnten bereits 387 v. Chr. die Römer mit ihrem Geschnatter auf dem Kapitol vor einer gallischen Erstürmung der Stadt und sind als »kapitolinische Gänse« (achtsame Warner) in die Geschichte eingegangen.

Alle Hausgänse stammen von der wilden Graugans ab, können aber nicht fliegen. Sie tragen oft den Namen ihrer Heimat: die Pommersche, die Emdener, die Celler, die Dithmarscher Gans, in Frankreich die Toulouser oder die Bourbonnais-Gans. Die größten Vögel werden bis zu zehn Kilo schwer. Die Rassen, die man für die Stopfleber-Produktion (⤳ Foie gras) »nudelt«, werden nicht ganz so groß.

Die schnell gemästeten Gänse kommen heute meistens aus Polen oder Ungarn und sehr häufig aus der Tiefkühltruhe. Die besten unter ihnen wachsen frei lebend in kleinen Herden beim Bauern auf und gelten bis neun Monate noch als junge Gänse. Über ein Jahr alte Exemplare können hart und zäh sein. Gänse werden meist gefüllt und gebraten. Für die Füllung, gern mit ⊷ Maronen und ⊷ Äpfeln, gibt es unzählige Rezepte. Ich nehme auch noch ⊷ Orangen-Filets, Rosinen, geröstete Mandelkerne und Beifuß für bessere Bekömmlichkeit. Traditionelle Beilagen sind Klöße und ⊷ Rotkohl. Für viele Gänseesser ist die Frage nicht so sehr Brust oder Keule, sondern ob die Haut denn die ersehnte Krossheit erreicht, wofür viele Kniffe und Tricks gehandelt werden.

MEIN TIPP: *Die Gans 5–6 Stunden bei 100–120 Grad braten. 4 EL Glukosesirup, 1 EL Pektin und 1 TL flüssigen Süßstoff leicht erwärmen und glatt rühren. Die Gans damit bepinseln und bei 180–200 Grad Heißluft knusprig braten. Diesen Vorgang mehrmals wiederholen, bis die Gans die gewünschte Bräune erreicht hat.*

Garnele

Von dieser Spezies gibt es eine verwirrende Vielfalt. Der Handel und auch die Verbraucher unterscheiden hauptsächlich nach der Größe. Am bekanntesten sind die kleinen Nordseegarnelen oder -krabben. Die größeren werden zum Beispiel als Riesengarnelen, Shrimps, Prawns, Crevetten oder ➤ Krabben bezeichnet, sogar als »Hummerkrabben« – was ein sinnfreier Fantasiename ist, weil biologisch unmöglich. Und Scampi (auch Kaisergranat) sind keine Garnelen: Sie haben lange schlanke Scheren und sehen wie Mini- ➤ Hummer aus, zu dessen Familie sie auch gehören.

Mehr als die Hälfte der Garnelen stammt aus ➤ Aquakulturen, vornehmlich aus Asien (fast 90 Prozent) und Lateinamerika. In Malaysia hatte ich das Vergnügen, mit einem Helikopter zu fliegen, und an der Westküste, auf dem Weg nach Penang, sah ich plötzlich Tausende von Fußballfeldern aneinandergereiht unter mir auftauchen – dachte ich. Dabei waren es Aqua-Farmen von Garnelen. Der absolute Wahnsinn!

Die Supermärkte sind voll von Sonderangeboten. Die eigentliche Delikatesse aus dem Meer ist längst nichts Besonderes mehr, und die Leute futtern Garnelen ohne Ende – egal woher sie kommen. Qualität und Genuss bleiben auf der Strecke. Deshalb sollte man bei gefarmten Garnelen auf jeden Fall nach einem Biosiegel Ausschau halten. Viele unzertifizierte Großfarmen sind wegen Umweltverschmutzung und wegen Zerstörung von

Mangrovenwäldern in Verruf. Und viele dieser Produkte, in Brackwasser, verschmutztem oder chemisch verseuchtem Wasser aufgezogen, sind geschmacklich enttäuschend. Die besten Garnelen kommen immer noch aus kaltem Wasser, wo sie langsam wachsen und ein besonders feines Aroma entwickeln können. Doch keine Regel ohne Ausnahme: Die sogenannte Schiffskielgarnele aus dem Indopazifik und Fernost hat sich als »Black Tiger Prawn« zu einer der beliebtesten in der westlichen und amerikanischen Küche entwickelt.

Süß-scharfe Riesengarnelen

Zutaten für 4 Portionen:

12 Riesengarnelen (roh, ohne Kopf und Schale) | 2 Schalotten
1 Knoblauchzehe | 1 rote Chilischote | 20 ml Pflanzenöl | Salz | 2 EL Akazienhonig | 100 ml Fischfond | abgeriebene Schale und Saft einer Bio-Limette
1 TL Sojasauce | Chili aus der Mühle | 2 EL fein geschnittener Koriander

- Die Garnelen waschen, trocken tupfen. Schalotten und Knoblauchzehe schälen und fein würfeln. Chili entkernen und ebenfalls fein würfeln.
- Das Pflanzenöl in der Pfanne hoch erhitzen und die Garnelen darin 3–4 Minuten anbraten, mit Salz würzen und herausnehmen.
- Danach die Hitze reduzieren, Schalotten, Knoblauch und Chili in der Pfanne anbraten und den Honig zugeben.
- Mit Fischfond ablöschen, mit Limettenschale und -saft, Sojasauce und Chili aus der Mühle abschmecken. Beiseitestellen und die Garnelen untermischen. Zum Schluss mit Koriander verfeinern.

Genfood

Um den Ertrag von Getreidesaaten zu erhöhen und gleichzeitig ihre Unempfindlichkeit zu verbessern, züchtete der frühere Landmann diverse Sorten jahrelang kreuz und quer. Der moderne Nahrungsingenieur manipuliert die Gene und erreicht so sein Ziel. Der Eingriff in die Gene einer Pflanze gilt als hochkompliziert und komplex, das Vokabular ist sehr speziell. Wo von somatischer Hybridisierung und viralen Promotoren, von molekularen Markern und von Heterosiseffekt die Rede ist, befindet man sich mitten im Thema. Ich rate zur Lektüre der Wikipedia-Seite »grüne Gentechnik«, die einen guten Eindruck von der Unverständlichkeit des Themas vermittelt.

Wünschenswerte Eigenschaften der Pflanzen wie ihre Resistenz gegen die klassischen Feinde und Schädlinge werden angestrebt. Papayas manipulierte man so, dass sie virusresistent wurden, ⇀ Mais und Baumwolle sich ohne Pflanzenschutzmittel behaupten können. ⇀ Kartoffeln der Sorte Fortuna wurden gegen schädliche Pilze immun, die Allergene verschwinden bei transgenen Sojabohnen und bei Futtergräsern.

Längst werden aber auch die Nutztiere genmanipuliert. Dadurch wird das ⇀ Fleisch von ⇀ Rindern magerer und die Tiere gegen BSE gefeit; ⇀ Lachse (Markenname AquaAdvantage) werden in der halben Zeit gemästet und so deutlich billiger.

Kritik kommt von zwei Seiten: Die Erbgutklempner rügen die komplizierten und langwierigen Zulassungsmodalitäten – besonders in Europa. Greenpeace und die Grünen lehnen jegliches Genfood wegen unkalkulierbarer Risiken ab. 2005 sind in Australien Mäuse an Lungenentzündung erkrankt, nachdem sie mit transgenen Erbsen gefüttert worden waren. Das kann doch keiner gut finden!

Ich persönlich bin darum ein absoluter Gegner von Genfood. Es sollte für jeden von uns spannend sein, mit dem Schicksal der Natur und dem zu leben, was sie uns schenkt. Alle Generationen sind damit groß geworden.

Gewürze

Früher war reich und mächtig, wer den Gewürzhandel beherrschte. Das waren erst die Araber, dann mal Ostrom und Alexandria, mal Venedig und Genua, im 16. Jahrhundert waren es die Portugiesen, dann die Holländer, später die Engländer. Die Gewinnspannen waren gewaltig, manches Gewürz wurde in Gold aufgewogen. Im Mittelalter war der Gewürzverbrauch gigantisch. ⤳ Pfeffer und ⤳ Salz dienten auch der Konservierung, Gewürze aus dem Orient als Statussymbole. Man würzte sogar Wein, je schärfer, desto besser. Im 17. Jahrhundert verloren die Gewürze an Bedeutung, die europäische Küche mäßigte sich im Verbrauch.

Aber der Fachverband der Gewürzindustrie sagt, dass es seit einiger Zeit wieder aufwärtsgeht: 1975 importierte Deutschland 30 Tonnen Gewürze, heute dreimal so viel, an der Spitze Pfeffer, gefolgt von ⤳ Ingwer und Nelken. Die Liste der populären Gewürze, die der Verband herausgibt, umfasst schon 36 Positionen von Anis bis ⤳ Zwiebel, doch daneben gibt es Hunderte, all die Mischungen nicht mitgerechnet. In Indien, das 20 der wichtigsten Gewürze anbaut, haben sich die Preise in jüngster Zeit sprunghaft erhöht: verdreifacht für Kardamom, für ⤳ Knoblauch und Chili, verdoppelt bei Koriander und Ingwer. Noch sind die Preissprünge hier nicht angekommen, doch Liebhaber exotischer Düfte und Geschmäcker werden wohl demnächst mehr bezahlen müssen.

Wir auf der Stromburg sind kein euro-asiatisches Restaurant (⤳ euro-asiatische Küche), doch auch bei uns werden von Chili bis ⤳ Zitronengras, von Ingwer bis Wasabi jede Menge fernöstlicher Gewürze verbraucht, und so geht es den meisten Restaurants.

MEIN TIPP: *Die Aromastoffe von Gewürzen sind an ätherische Öle gebunden, die sich beim Mahlen oder Zerkleinern verflüchtigen. Daher empfehle ich nur kleine Mengen getrocknete Gewürze zu kaufen und diese in einer Gewürzmühle mit Keramikmahlwerk zu mahlen. Das ist härter als Stahl und kriegt selbst ganz Hartes klein und fein.*

Gin

»Eine ↦ Bar ohne Gin ist wie die italienische Küche ohne Pasta. Mit keiner anderen Spirituose wurden so viele klassische ↦ Cocktails und Drinks kreiert«, sagt Charles Schumann, Deutschlands Drinkpapst. ↦ Martini, der »König der Cocktails«, ist ohne Gin nicht denkbar, auch wenn der heute oft durch ↦ Wodka ersetzt wird (Wodkatini). Gin Tonic, der berühmte Durstlöscher unter den Longdrinks, wurde von Generationen englischer Kolonialbeamter in großen Mengen als angebliche Prophylaxe gegen Malaria geschluckt – freilich auch zu Hause und weltweit.

Den Gin kreierten keine Möche, sondern der Arzt François de la Boë, der um 1600 einen Klaren aus Gerste mit Wacholder aromatisierte – als Medizin für Westindienreisende. Englische Soldaten brachten ihn auf ihre Insel, freilich nicht als Medizin. Er wurde billigst nachgeahmt, viele Millionen Liter dieses Fusels wurden vor allem an die Armen ausgeschenkt; Gin hatte einen denkbar schlechten Ruf und galt als »Feind der Arbeiterklasse«. Ab 1769 produzierte Gordon's in Nordlondon einen dreifach gebrannten Gin; ab 1791 war die Gin-Herstellung gesetzlich geregelt, und der ehemalige Fusel wurde salonfähig. Heute muss Gin mindestens 37,5 Prozent Alkohol enthalten. Fast alle großen Gin-Marken sitzen in London.

Gourmand/*Gourmet*

»Prasser, Schlemmer, Vielfraß« betitelt der Duden einen Gourmand. Cédric Dumont konstatiert, er sei ein »Feinschmecker, der weiß und genießt, was er isst«. Dazwischen pendelt der Begriff. Der Gourmet – ursprünglich in Frankreich der Weinkenner – ist heute der Liebhaber und Kenner kultivierten Trinkens und Essens. Die deutsche Übersetzung ist Feinschmecker. Mit dem Adelstitel Gourmet werten viele

Anbieter in der Gastronomieszene ihre Produkte auf. Es gibt Gourmet-Shops und Gourmet-Guides, Gourmet-Restaurants, -Lounges, -Stübchen und und und. Der berühmte französische Gastrosoph Jean Anthèlme Brillat-Savarin (1755 bis 1826) benutzt in seiner »Physiologie des Geschmacks« alle Begriffe für Feinschmeckerei parallel: Die »gesellschaftliche Gourmandise« rühmt er als »Quelle unserer reinsten Genüsse«, ihre Schüler sind bei ihm die »Gourmands«. Man hat bei seinen Anekdoten freilich stets das Gefühl, dass er mit Feinschmeckerei nicht nur einen hochwertigen und kenntnisreichen Konsum meint, sondern auch einen quantitativ gewichtigen. Auf den zeitgenössischen Holzschnitten seines Buches sind die Feinschmecker denn auch alle hübsch gerundet. Der Typ des modernen Gourmets sieht daneben wie ein »Gourmand light« aus.

Ich glaube, außerhalb des engsten Zirkels von »Feinschmecker«-Lesern werden die Begriffe ziemlich unterschiedslos benutzt. Wir haben oft Gäste, vor allem aus der 50-plus-Generation, die sich ohne Scheu als Gourmand bezeichnen, womit sie bestimmt nicht meinen, dass sie viel essen. Sie essen gern, sie kennen sich aus, sie sind eigentlich Gourmets – und es gibt immer mehr davon.

Grand Marnier

Fraglos ein Grandseigneur unter den französischen ‒ Likören, veredelt er geschmacklich jede ‒ Eis-Creme, jeden Obstsalat und andere ‒ Desserts. Alle werden mit einem Schuss Grand Marnier in eine raffinierte Luxusklasse upgegradet. Er versüßt nicht nur Klassiker wie Crêpe Suzette und Crème brûlée, sondern auch ein Grand-Marnier-Eis-Soufflé – für mich immer wieder ein Hochgenuss und eines meiner Lieblingsdesserts: wie herrlich der hauchzarte Schmelz des Parfaits, dick mit ‒ Kakao bestreut und, ganz wichtig, mit einem kleinen »See« aus Grand Marnier in der Mitte. Erfunden wurde die Mischung aus erstklassigen ‒ Cognacs und (anfangs) haitianischen Bitterorangen 1880 von einem weitgehend unbekannten Louis-Alexandre Marnier Lapostolle. Dieser hatte in die Lapostolle-Familie eingeheiratet, die sich seit 1827 und zwei Generationen mit Cognac beschäftigte. Ursprünglich hieß er »Curaçao Marnier«, doch César Ritz, der größte Hotelier der Zeit, nahm ihn mit großem Erfolg in die berühmte American Bar seines Londoner Savoy Hotels auf, nannte ihn Grand Marnier, und dabei blieb es.

Nachdem die für die schöne Begleiterin des damaligen Prince of Wales erfundene »Crêpe Suzette« effektvoll mit Grand Marnier flambiert und aromatisiert wurde, war der goldige Tropfen endgültig ein Klassiker. Noch heute rühmt sich die Firma, ein Familienunternehmen zu sein.

»Grand Marnier Cordon rouge«, in der unverwechselbar breithüftigen Flasche mit rotem Band und Siegel, steht in jeder ‒ Bar, die etwas auf sich hält. In ‒ Cocktails kommt er eher selten vor; den meisten Bartendern ist er dafür zu teuer. Das trifft erst recht auf die diversen Jubiläumsabfüllungen wie »Centenaire« und »Cent Cinquantenaire« zu, die es leicht auf über 100 Euro pro Flasche bringen.

Gurke

Es begann alles sehr früh und fern im nordindischen Himalaya, wo die Gurke angeblich schon vor 4000 Jahren kultiviert wurde. Als Fruchtgemüse hat sie erst in Indien, dann in den warmen Zonen der Alten Welt und inzwischen weltweit Karriere gemacht.

Am beliebtesten tritt sie geschält und in dünne Scheiben geschnitten in ➤ Salaten auf, solistisch auch als purer Gurkensalat. Gut gewürzt und mit einem leichten Dressing ist sie erfrischend, ebenso als leichte, kalte Gurkensuppe im Sommer. Sie enthält über 90 Prozent Wasser, so gut wie keine Kalorien, dafür aber wertvolle ➤ Vitamine und Mineralstoffe. Vermutlich gehört sie deshalb zu den Lieblingszutaten in allen möglichen Diäten. Gurkenscheiben oder -streifen finden sich auch im Gurkensandwich, einem festen Bestandteil der englischen Teekultur. Auf deutschen Wochenmärkten ist in erster Linie die schlanke Salatgurke zu finden, ganzjährig und auch im Mini-Format zwischen 100 und 150 Gramm, mitunter noch unterschieden in Freiland oder Gewächshaus. Mitte August bis September kommen noch die dicken Schmorgurken sowie die kleinen und großen Einlegegurken dazu, die ebenfalls zur Gattung der Salatgurke gehören.

Auch in Berlin kennt man sie ja als Schmorgurke; die gefüllte Gurke hat es bis in das Vorspeisen-Programm besserer Restaurants geschafft. Als ich 1977 in Berlin war, lernte ich die berühmte Spreewaldgurke kennen, die ich nach der Arbeit in der Kneipe von Heinz Holl genoss. Wunderbar! Mittlerweile habe ich in Hessen die Familie Göller entdeckt, Hobbygärtner, die mit einer eigenen Gewürzmischung für mich eingelegte Gurken machen – damit wird jedes normale Wurstbrot zu einer Delikatesse!

»Teubner« kennt neben weißen Gurken (selten) auch noch Bittergurken aus dem Fernen Osten, Schlangengurken und Schwammgurken; sie werden dort meist gekocht, gedünstet, in Currys und Gemüsegerichten verwendet.

Gurken-Wasabi-Salat

Zutaten für 4 Portionen:

1 Salatgurke │ 150 g saure Sahne │ Saft von ½ Limette
1 EL Ahornsirup │ Wasabipaste (nach Geschmack)
Salz │ frisch gemahlener Pfeffer │ etwas Kresse

- Die Salatgurke schälen und längs halbieren, die Kerne herauskratzen. Die Gurke klein würfeln.
- In einer Schüssel saure Sahne, Limettensaft und Ahornsirup verrühren. Die Sauce mit Wasabi, Salz und Pfeffer abschmecken.
- Die Gurken unterrühren und den Salat gut durchziehen lassen.
- Den Gurkensalat vor dem Servieren nochmals abschmecken und mit Kresse garnieren.

Häagen Dazs

Zu diesem Stichwort fällt mir einer meiner ersten Auftritte bei Stern-TV ein, auf den ich besonders stolz bin und bei dem mich mein Geschmackssinn Gott sei Dank nicht im Stich gelassen hat: Ich musste einen Blindtest mit ➤ Eis machen und stellte ganz eindeutig fest, wie außergewöhnlich gut diese Eiscreme schmeckt.

Reuben Mattus, der Erfinder dieser Marke, genauer gesagt seine Frau Rose, der die Erfindung dieses auffälligen Namens zugeschrieben wird, fand, er klinge dänisch. Mattus hatte im armen New Yorker Stadtteil Bronx bereits Eiscreme verkauft, doch die großen Anbieter unterboten seine Preise und ruinierten ihm das Geschäft. Deshalb entwickelte er ein Eis von neuer und besserer Qualität: nur natürliche Zutaten, frische ➤ Milch, Rohrzucker und Eigelb, 12 Prozent ➤ Butter statt der üblichen 10 Prozent ➤ Fett, viel weniger Luft – eben ein Eis, wie es aus Dänemark kommen könnte, das sich die Amerikaner als ein Land voller Kühe vorstellten.

Reuben verkaufte sein Eis in viel kleineren Bechern als die Konkurrenz, und es kostete mehr als doppelt so viel wie die gängigen Supermarkt-Sorten. 1961 kam Häagen Dazs auf den Markt, zunächst in den Gourmet-Shops in Manhattan und nur in drei Sorten: ⇀ Vanille, ⇀ Schokolade und ⇀ Kaffee. 1976 wurde der erste eigene Häagen-Dazs-Shop eröffnet; fast gleichzeitig starteten in Vermont die schärfsten Konkurrenten ⇀ Ben & Jerry's. Heute gibt es 28 Sorten, und die Marke ist in 70 Ländern präsent, aber inzwischen nicht mehr im Besitz der Mattus-Familie. Seit 2002 gehört sie zum riesigen Lebensmittelkonzern General Mills. Nur in den USA wird das Eis von Nestlé vertrieben.

Hamburger

Mit ⇀ Coca-Cola und ⇀ Ketchup bildet der Hamburger die unheilige Dreifaltigkeit des American Way of Life, jedenfalls was die gastronomische Seite angeht. Wer bei uns Hamburger (sprich: Hämmbörger) sagt, meint in der Regel ⇀ McDonald's. Doch das weiche Brötchen mit der gebratenen Rinderhack-»Scheibe« drin ist sehr viel älter und hat Namensforschern schon immer Rätsel aufgegeben. Bei der Grundfrage, ob der Name nun von ham (englisch »Schinken«) oder der Stadt Hamburg kommt, neigen die meisten inzwischen zu der geographischen Herleitung. Richtig ist aber wohl, dass bereits auf den Schiffen der Hamburg-Amerika-Linie das »Rundstück warm« serviert wurde, ein mit heißem Braten gefülltes Weizenbrötchen. Später gab es als Füllung auch mal eine Frikadelle, wie die Norddeutschen das nennen, was im Süden als Fleischpflanzerl und in Berlin als Bulette bekannt ist.

Laut Wikipedia sollen deutsche Auswanderer diese Spezialität in der neuen Heimat wiederbelebt haben, schon 1842 tauchte sie als »Hamburger Steak« in einem amerikanischen Kochbuch auf. Auf der Weltausstellung 1904 wurden Hackfleischbrötchen als »Hamburg« verkauft. Seit Mitte des vorigen Jahrhunderts heißen sie allgemein »Hamburger« oder nur »Burger«.

Eine andere Theorie verlegt die Geburt des Klopses in das amerikanische Städtchen Hamburg, nahe Buffalo im Staate New York. Dort seien 1892 einem gewissen Frank Menches und seinem Bruder auf einem Jahrmarkt die Würstchen (nach anderer Lesart hot pork) ausgegangen. So hätten sie stattdessen Rinderhack genommen und das Ergebnis Hamburger genannt. Diese Geschichte wird vom Staat New York sanktioniert mit dem Slogan »New York's Gift to the World Cuisine, the Hamburger«. Da man Burger mit diversen Zutaten herstellen kann, gibt es eine breite Vielfalt vom Aussieburger (in Australien) bis zum Veggieburger mit Gemüse, dazwischen Cheeseburger, Chickenburger, Fishburger und Porkburger – die Feinschmecker-Varianten sind noch gar nicht dabei.

Happy Hour

Was uns wie ein neuzeitlicher Marketingeinfall vorkommt, hat es angeblich schon anno 1904 in Manhattan gegeben: In J. P. Clarke's, der anachronistischen Ur-Bar von 1884 in der 3rd Avenue/55th Street, war seinerzeit jeder fünfte (!) Drink der gleichen Art »free of charge«, also gratis. Dem Vernehmen nach sollen es viele bis zum fünften ⇢ Bourbon oder ⇢ Martini gebracht haben, bevor die Prohibition ausbrach.

Ursprünglich war die Happy Hour die Stunde nach der Arbeit, die meist (»nine to five«) um fünf begann. Dann pflegten in London die Clubs zu öffnen und ihren Mitgliedern Alkohol auszuschenken, wenn die – wegen des Berufsverkehrs oder der Familie – nicht gleich nach Hause wollten.

Heutzutage bieten sehr viele ⇢ Bars »Happy Hours« an, die auch schon mal 120 Minuten dauern können. Dann gibt es jeden dritten Drink frei oder jeden zweiten, oder es gelten einfach halbierte Preise.

Hase

In der Literatur tritt er fast immer zusammen mit seinem nahen Verwandten auf, dem ⇝ Kaninchen. Allerdings ist der Hase größer, wilder und in der Küche sehr viel seltener. Zuchtversuche damit sind lange nicht so erfolgreich wie bei Kaninchen.

Wenn wir auf der Stromburg einen Hasen auftischen, dann immer nur einen erjagten, den es nur zwischen Oktober und Januar gibt; denn sonst ist Schonzeit. Ich ziehe den Wildhasen dem Kaninchen vor, weil er im Vergleich ein kräftig aromatisches ⇝ Fleisch hat. Der klassische Hasenpfeffer gehört übrigens zu meinen Lieblingsgerichten.

Zwar haben wohl bereits die Römer Hasen gemästet, doch die aßen ihn aus eher »medizinischen« Gründen. Sie glaubten – so erzählt der prominente deutsche Kochbuchautor Wolf Uecker (1921 bis 1999) – dass man davon »schön und brünstig werde«. Vielleicht wirkte da das Image des legendär sexhungrigen männlichen Hasen, des Rammlers.

Fast alle Hasengerichte haben eine Schwäche für Calvados oder Wein – wie der bereits genannte Hasenpfeffer. Ein ⇝ Ragout (franz. civet), dessen Rezept bei uns in Deutschland Alfred Walterspiel, in Frankreich Paul Haeberlin zugeschrieben wird, verlangt »einen Liter kräftigen gerbstofffreichen Rotwein bester Qualität und einen Schuss ⇝ Cognac«, sagt »Der große Larousse«. Der gespickte Hasenrücken ist eine Delikatesse – wenn nicht allzu viele Schrotkugeln darinstecken. Uecker empfiehlt dafür zwei Flaschen guten ⇝ Burgunder – eine zum Kochen und eine zweite zum Trinken beim Essen.

 Ist von Haute Cuisine, der »hohen Küche«, die Rede, ist meist die »Kochkunst« nicht weit. Ich habe dazu ein gespaltenes Verhältnis, weil ich es vorziehe, das Kochen als kreatives Handwerk zu betrachten, mit kunsthandwerklichen Zügen. Aber Kunst? Ich sehe zwischen selbst dem gelungensten Menü von Ferran Adrià und der »Guernica« von Picasso immer noch einen großen Unterschied.

Die Haute Cuisine kommt aus Frankreich, wo sich der Adel schon früh aufwändige Küchen leistete. Nach der Revolution eröffneten viele der → Chefs eigene Restaurants. Köche wie Carême und Escoffier begründeten im 19. Jahrhundert die Dominanz der französischen Küche – und deren Ideale wurden zu ihren besten Exportartikeln. Erstklassige Produkte, anspruchsvolle → Rezepte, immer wieder innovativ fortentwickelt, eine ästhetische Präsentation und Menüs von überraschend improvisierten Kombinationen – das sind für mich die Zutaten der Haute Cuisine, nicht der französischen, sondern der aller ehrgeizigen Köche. So geht es bei uns heute immer öfter nicht um die klassisch französischen Edelprodukte wie → Hummer, → Steinbutt oder → Foie gras, mit denen jeder ein Luxusmenü gestalten kann, sondern um frische Produkte aus der jeweiligen Region.

Hecht

Ein »toller Hecht« ist so etwas wie ein Draufgänger, ein Teufelskerl, einer, dem man alles zutraut, und das kann durchaus positiv sein. Der Fisch dieses Namens ist zunächst einmal ein Killer, ein Räuber, ein Allesfresser, der auch unter den Namen Flusswolf oder Süßwasserhai geführt wird.

Unser immer wieder amüsanter Storyteller Waverley Root nennt ihn »einen

Fisch, der aussieht, als wäre er von einem Artillerietechniker entworfen worden«. Er hat damit nicht unrecht, denn der Hecht ist Körper gewordene Hochgeschwindigkeit, ein Süßwasserfisch mit extremer Beschleunigung und äußerster Wendigkeit. So rast er auf alles zu, was für ihn essbar ist, und das ist »alles Schwächere, gleichviel ob Ratte, Vogel, Frosch oder Fisch« – so das »Appetit-Lexikon«. Root fügt hinzu: »Enten, Blesshühner, Füchse und sogar kleinere Hunde sollen sich gefunden haben.«

Bei dieser extremen Völlerei werden Hechtweibchen bis zu 150 Zentimeter lang und 20 Kilo schwer. Die Allesfresserei des Hechts soll seinem Fleisch ein besonderes Aroma verleihen. Aber das scheint mir denn doch ein Mythos zu sein. Hechtfleisch schmeckt auch nicht unverkennbar anders als das anderer Süßwasserfische. Es ist halt nur extrem grätig.

Für mich ist der Hecht schon deshalb ein Ausnahmefisch, weil er der einzige ist, der eigentlich immer wieder für ein und dasselbe Gericht (jaja, es gibt auch ein paar andere selte-

nere Rezepte) steht: Hechtklößchen – »Quenelle de brochet« –, ein Klassiker der gehobenen Küche. Es gibt Hechtklößchen Nantua, Lyonnais, Hechtschaumklößchen. Manchmal machen wir diesen zarten Leckerbissen auch auf der Stromburg. Es bleibt aber dabei: Der gefährliche Hecht ist kulinarisch nur ein Klößchen.

Heidelbeere

Wir haben sie als Kinder früher im Wald gesammelt, dann wurden sie mit Obstler angesetzt und ein paar Monate stehen gelassen. Im Winter gab es das dann als Medizin gegen viele Krankheiten.

Die blaue Heidelbeere gehört zu den Lieblingen der Beerensammler, eine einzelne Pflanze soll bis zu 22 Pfund Beeren hervorbringen können. In den Mangeljahren nach dem Krieg war das Sammeln ein Volkssport gegen den Hunger; wer konnte, weichte die Beeren in ⤳ Milch ein oder kochte sie auf. Bei rohen Heidelbeeren besteht angeblich die Gefahr, dass sie vom Fuchsbandwurm infiziert sind, was für den Menschen indes kaum gefährlich ist.

Die Heidelbeere heißt auch Blau-, Bick-, Wald oder Schwarzbeere, dann gibt es noch die dort höchst beliebten amerikanischen Varianten, die huckleberrys und die blueberrys. Die sind größer, saftiger und haben eine etwas härtere Schale; als Zuchtbeeren sind sie noch größer, haben aber deutlich weniger Geschmack. Im Prinzip kann man wilde und gezüchtete Heidelbeeren recht gut auseinanderhalten, vor allem wenn sie einem aufs Hemd tropfen: die wilden hinterlassen ziemlich hartnäckige Flecke, die kultivierten, aus Amerika stammenden haben farblosen Saft und farbloses Fruchtfleisch.

Mit all ihren wertvollen Mineralstoffen und Spurenelementen sowie bioaktiven Substanzen (schützende Pflanzenstoffe) wirken sie »entzündungshemmend, stärken das Immunsystem, senken die Blutfettwerte und helfen bei leichteren Durchfallerkrankungen« (Teubner). Sogar in Hongkong habe ich Ärzte kennengelernt, die sich damit beschäftigen, wie wichtig die natürlichen Antioxidantien der Heidelbeeren zur Bekämpfung freier Radikale sind.

Ich schätze sie – natürlich! –, denn aus den blauen Beeren lassen sich köstliche Kompotte, Pfannküchlein, Törtchen und ⤳ Sorbets herstellen. Womöglich sind die ja auch noch gesundheitsfördernd …

Heidelbeer-Mohn-Blini

Zutaten für 4 Portionen:

125 ml Milch | 25 g frische Hefe

3 Eier | 75 g Zucker | 225 g Mehl

10 g gerösteter Mohn | 150 g Heidelbeeren

20 g Butter | Puderzucker zum Bestäuben

- Die Milch leicht erwärmen und die Hefe darin auflösen.
- Die Eier trennen. Das Eiweiß langsam dickschaumig aufschlagen, dabei 25 g Zucker nach und nach einrieseln lassen.
- Das Mehl mit den Eigelben, dem restlichen Zucker, Mohn und Hefe-Milch zu einem glatten Teig verrühren.
- Das Eiweiß vorsichtig unter den Teig heben, 100 g Heidelbeeren zugeben und den Teig an einem warmen Ort 25–30 Minuten gehen lassen.
- Die Butter in der Pfanne langsam auslassen und pro Stück 2 EL Teig in die Pfanne geben. Mit einigen Heidelbeeren bestreuen. Die Blini nach 3–4 Minuten wenden und die restlichen Heidelbeeren dazugeben. In 3–4 Minuten fertig backen.
- Kurz vor dem Servieren mit Puderzucker bestäuben.

Heilbutt

Er ist der Riese unter den Plattfischen, jener Dynastie erstklassiger Speisefische, zu der 675 Arten in 134 Gattungen und 14 Familien gehören, darunter auch ⤙ Steinbutt, ⤙ Seezunge und ⤙ Scholle.

Der Weiße Heilbutt kann in freier Wildbahn drei bis vier Meter lang und 300 bis 400 Kilo schwer werden. Ich halte das allerdings für Anglerlatein, von dem offenbar auch Lexika nicht ganz frei sind. Die größten Exemplare, die in den letzten Jahren gefischt wurden, waren nicht länger als zweieinhalb Meter und gerade über 200 Kilo schwer. Immerhin! Hobbyfischer lauern dem »König des Nordmeeres« am besten in Nordnorwegen oder Alaska auf. Ein »Hundert-Pfund-Brocken« gilt bei ihnen bereits als ein kapitaler Fang. Und das ist auch das größte Format, in dem die Fische im Handel erscheinen.

Früher einmal war der Heilbutt ein ziemlich preiswerter Fisch, doch die Fänge sind stark zurückgegangen. Er ist inzwischen eine gefährdete Spezies und deshalb zu einer besonderen Delikatesse geworden. Heute wird er von den Norwegern auch gezüchtet und ist nun rund ums Jahr erhältlich.

Der kleinere Bruder des Weißen, der Schwarze Heilbutt mit seinem fettreicheren Fleisch, wird noch ausreichend angelandet und gern geräuchert angeboten. Übrigens ist der Heilbutt eigentlich kein Butt, sondern gehört zu den Schollen. Darum wird er mitunter auch Riesenscholle oder Pferdezunge genannt.

Wichtig finde ich, dass Ihr Fischhändler weiß, ob sein Heilbutt ein Weißer oder ein Schwarzer ist, denn Letzterer ist nicht nur fetter, sondern auch weniger zart – und muss deshalb deutlich preiswerter sein.

In der Küche sind sie nach meiner Meinung nur halb so riesig wie für die Angler. Mit dem echten Butt, dem zarten ⤙ Steinbutt, können sie

geschmacklich nicht mithalten. Doch das eiweißreiche und fettarme (beim Weißen!) Fleisch ist international beliebt. Heilbutt kann filetiert, gedämpft oder gedünstet, mit nicht zu pikanter Würze und/oder in Weinsauce durchaus als delikater Hauptgang herhalten. Ich genieße ihn übrigens am liebsten unter einer leckeren Kartoffelkruste auf Champagnerkraut.

HENKELL TROCKEN

Er ist nicht nur der bekannteste ⇀ Sekt Deutschlands, er war zugleich der erste Sekt, dem erfolgreich die Karriere zum Markenartikel gelang. Vor Henkell Trocken gab es Sektnamen, jedoch keine -marken. Als der Mainzer Weinhändler Adam Henkell 1856, dem Jahr, in dem auch ⇀ Rotkäppchen startete, seine »Champagnerfabrik« gründete, verkaufte er moussierende Weine unter allen möglichen Namen, nur nicht seinem eigenen. Damit begann erst Enkel Otto, der seine Ausbildung in den USA absolviert hatte und seinen Namen zu einer berühmten Marke machen wollte. »Kenner bevorzugen herb dosierte Sekte«, entschied er in der großen Zeit der Halbtrockenen und taufte den hauseigenen Schaumwein provokativ »Henkell Trocken«.

Das war 1894. In diesem Jahr begann der Siegeszug der Marke und gleichzeitig die moderne Zeitrechnung für deutschen Sekt. Das Geheimnis großer Verkaufserfolge hatte Otto Henkell in der Neuen Welt gelernt – ein wiedererkennbares Produkt und viel Reklame. Schon 1904 investierte er geradezu skandalöse 100.000 Reichsmark für Werbung: nicht nur Anzeigen, sondern anspruchsvolle Henkell-Illustrationen von den ersten Künstlern der Zeit, von Olaf Gulbransson und Th. Th. Heine, in der »Jugend« und im »Simplizissimus«, 1906 verkaufte er sechs Millionen Flaschen, und ab 1910 war er Marktführer.

1935 gelang den Henkell-Managern ein besonderer Geniestreich, sie füllten Sekt in kleine Flaschen mit zwei Gläsern Inhalt ab und nannten sie Piccolo (nach den Pagen im Grandhotel). Diese wurden ein Megaseller: »Na, wie wär's mit 'nem Piccolöhchen, Süßer?« war noch in den 1960er- und 70er-Jahren der meistgehörte Satz auf der Hamburger Reeperbahn. Zum 50. Jubiläum anno 1985 feierte Henkell das 444.444.444. Fläschchen. Heute trinkt in Deutschland jeder Erwachsene im Jahr durchschnittlich drei Piccolos – zuzüglich zu den 3,8 Litern aus Normalflaschen.

Hennessy

Der Gründer des heute wohl größten ⇥ Cognac-Hauses war ein Ire, den es aus seinem armen Heimatland ins blühende Frankreich Ludwigs XV. gezogen hatte. Er handelte mit allem, was sich verkaufen ließ, fand aber schließlich – im Städtchen Cognac ja nicht ganz abwegig – zu der regionalen Spirituose. Richard Hennessy handelte nun mit Cognac. Sein Sohn fing dann an, selbst welchen zu brennen, und bereits 1794 exportierte er die ersten Flaschen nach Übersee.

Die Familie, heute in neunter Generation am Ruder, hatte früh den richtigen Riecher, kaufte die besten Weinlagen zusammen und dazu große Eichenwälder für die Fässer. Schon 1792 vertrieb die Familie fast drei Millionen Flaschen, davon die meisten ins Ausland; 1832 waren es acht Millionen; 1860 beherrschten die Hennessys das gesamte Cognacgeschäft – 80 Prozent aller Flaschen aus der Region trugen ihren Namen. Ganz nebenbei erfand die Familie die heute üblichen Qualitätsbezeichnungen, die Sterne und die Abkürzungen zwischen V. O. (Very Old) und X. O. (Extra Old), typischerweise auf Englisch.

Hennessy verfügt über die größten Reserven von altem Eau de vie (Cognac) und ist stolz auf seine handwerkliche Tradition; die Küfer des Hauses bearbeiten das Limousinholz (französische Eiche) aus den eigenen Wäldern noch immer nur mit Hobel, Hammer, Feuer und Wasser.

Den Prestige-Cognac namens Paradis gibt es seit 1979 in nur einigen tausend Flaschen im Jahr, fast weiblich, sagen die Kenner, voll samtiger Harmonie und weicher Fülle – und trotzdem nicht zu den Renommierpreisen konkurrierender Tropfen.

Allerdings bietet Hennessy auch den teuersten Cognac der Welt an, den »Beauté du Siècle« – laut Zippricks Cognac-Buch für 179.400 Euro, in einem kostbaren Schatzkästlein aus Blattgold und Spiegelglas.

Seit 1971 gehört der größte Cognac-Produzent zum größten Champagnerhaus: ⇥ Moët & Chandon.

Herd

Die Küche in privaten Haushalten hat sich vielerorts zu einem Statusausweis gewandelt, zu dem früher nur Luxusautos gehörten. Mit dem Unterschied, dass die meisten Autos ganz normal benutzt wurden und werden, was man von diesen teuren Küchen kaum behaupten kann. Schon gar nicht von den meist nagelneuen Herden, die als dekorativer Blickfang der Küche erst den richtigen Pfiff geben. Besonders die kanadischen Klassiker von Heartland oder die gewaltigen Kochmaschinen von La Cornue oder Molteni, mit blitzenden Messingbeschlägen und den Dimensionen eines Billardtischs, die sich ja auch erfolgreiche ⤙ Köche gern leisten.

Jahrelang war das Prinzip: das Dekor von gestern mit dem technischen Innenleben von heute. Selbst der »aufgemauerte« Hamburger Herd, ganz 19. Jahrhundert, wurde mit Gas, mit Elektrizität, sogar schon mit Induktionstechnik ausgerüstet, die bereits seit Mitte der 1980er-Jahre marktreif war. Sie fand nur langsam Verbreitung und ging anfangs sehr viel mehr ins Geld als die einfachen Kochfelder aus Glaskeramik. 2004 wurden in Deutschland 30.000 Induktionsherde verkauft. Da lag Frankreich schon bei 170.000 (Wikipedia). Heute ist das der technische Standard, und Profiküchen und Kochschulen sind fast nicht mehr denkbar ohne sie. Die Induktion lässt die Herdplatte nahezu kalt und baut ein Magnetfeld auf, das die Hitze ausschließlich im Topf erzeugt. Der muss dazu allerdings eisenhaltig sein, und aus diesem Grund ist mancher Induktions-Anfänger erst einmal gezwungen, sein Kochgeschirr zu erneuern und etwas umzulernen: Die Energie ist sofort da, wenn der passende Topf auf der Kochstelle steht, und sofort weg, wenn man ihn herunternimmt. Ich benutze die Induktion seit fast 20 Jahren, und sie ist für mich so selbstverständlich wie früher das Gas. Auch die Schüler unserer Kochschule, die bislang nie damit zu tun hatten, gewöhnen sich schnell daran und sind sehr zufrieden damit.

Hering

Jahrhunderte war der Hering neben dem → Kabeljau die ertragreichste Goldmine des Meeres, insbesondere des Nordatlantiks, der Nord- und Ostsee. Er war für die Hanse ein wichtiges Handelsgut, weil man ihn durch Pökeln, also als Salzhering, haltbar machen konnte. Noch bis ins 20. Jahrhundert galt er als Armeleuteessen. Leider verringern sich, wie einst beim Kabeljau, die Fangergebnisse von Jahr zu Jahr. Beim Fischhändler, den der Volksmund in Deutschland und besonders in Berlin noch vor ein paar Jahrzehnten »Heringsbändiger« nannte, wird er alle Jahre teurer. Doch immer noch macht der silbrig glitzernde Fisch ein Drittel der Weltproduktion aus. Er gilt als gesund, seine Omega-3-Fettsäuren sollen besonders gut für Herz und Hirn sein.

Schon im 18. Jahrhundert hatte der gründliche deutsche Naturforscher Georg Wilhelm Steller einen sibirischen Volksstamm auf der Halbinsel Kamtschatka beobachtet, der sich nur von Hering und ein paar Wurzeln ernährte, und herausgefunden: »Sie sind, sicher wegen ihrer Nahrung, das geilste Volk der Erde.« Der weit gereiste Berliner Schriftsteller Walther Kiaulehn hat 150 Jahre später die ebenfalls als gewaltige Heringsesser bekannten Eskimos beschrieben: »Sie leben vom Fischfang und halten sich in den Iglus durch Vögeln warm.«

Als einen klassischen Potenzaufheller wie → Austern oder → Kaviar zum → Champagner (→ Aphrodisiakum) kann man sich den Hering freilich nicht vorstellen. Der Fisch hat etwas unübersehbar Proletarisches.

Besonders beliebt wurde er als Mittel gegen den alkoholischen Hangover. Kein »Katerfrühstück« nach langer Partynacht, auf dessen → Büfett nicht der Rollmops oder Heringssalat zu finden war und ist. Am bekanntesten sind wohl der → Matjes- und der → Bismarckhering, die frisch gebratenen grünen Heringe und die süß-sauer eingelegten Bratheringe.

Himbeere

Es gibt etliche Sorten, die einmal im Sommer und die mehrfach tragenden Himbeeren, auch im Herbst noch mal tragende. Sie wachsen wild oder im Garten, die meisten jedoch auf großen Obsthöfen – auch zum Selberpflücken. Fast neun Zehntel der Weltproduktion stammen aus Europa, Russland ist Haupterzeuger, Polen und Ungarn sind unsere Hauptlieferanten. Spezielle Sorten reifen nicht rot, sondern gelb wie die Everet, und in den USA existiert die Sorte Bristol, deren Röte sich, sobald sie vollreif ist, in glänzendes Schwarz verwandelt. Sie sieht dann fast wie ihre kleinere Verwandte aus, die ⊸ Brombeere.

Aus Himbeeren und Brombeeren lassen sich alle möglichen Kreuzungen herstellen. Die Züchter waren nicht faul, vor allem die amerikanischen: Die Loganbeere, rot, groß, sauer, überwiegend zur Saftgewinnung genutzt, stammt aus einer Verbindung von Himbeere und Brombeere. Die Kreuzung aus Loganbeere und Brombeere ergibt die große Boysenbeere, dunkelrot oder fast schwarz, intensiv und süß. Die Logan- mit der Himbeere erzeugt die Laxtonbeere – und so weiter; ein Ende ist nicht abzusehen.

Fruchtsäure und -zucker sind bei der Himbeere perfekt ausbalanciert, sie besitzt einen hinreißenden Eigengeschmack und wurde dadurch zum Liebling der ⊸ Patissiers. Sie spielt eine Hauptrolle in vielen ⊸ Desserts, in ⊸ Eis, ⊸ Sorbets und Roter Grütze, auf ⊸ Torten und in Obstsalaten, ergibt einen wunderbaren Himbeer-Obstler und dominiert (laut Dieter Uhr) die Gruppe der feinen Beerenobst-Branntweine. Eine ungewöhnliche Kombination der jüngsten Zeit ist es, eine Himbeere mit altem ⊸ Balsamico zu füllen und sie statt einer Praline zu genießen: diese Aromen, dieses Zusammenspiel von Süße und Säure – ein sensationelles Geschmackserlebnis. Allerdings lässt sich die Himbeere nur ungern aufbewahren, ihr wunderbar saftig-süßes Aroma hält nicht lange vor, deshalb sollte sie gleich gegessen oder weiterverarbeitet werden.

HINE

»Cognac-Schmuggler wird → Cognac-Kenner« lautet eine der Überschriften der populären Thomas-Hine-Story. Tatsache ist: Der junge Thomas kommt 1791 aus dem englischen Dorset nach Jarnac in der Charente, eigentlich um Französisch zu lernen. Er wird dann während der Französischen Revolution erst einmal interniert, zusammen mit einem englischen Kapitän, der angeblich bis dahin Cognacfässer über den Kanal geschmuggelt hatte. Ob das die entscheidende Inspiration war, ist ungewiss. Doch nach der Entlassung heiratet er die attraktive Françoise Elisabeth Delamain und damit in ein alteingesessenes Weinbrennerhaus ein. Er profiliert sich als begabte Cognac-Nase, ab 1817 heißt die Firma nach dem ehrgeizigen englischen Schwiegersohn Hine & Co., und seither gehört sie zur absoluten Spitzenklasse der französischen Cognac-Produktion.

Der Höhepunkt aller Höhepunkte war 1991 erreicht, 200 Jahre nach der Ankunft Thomas Hines in Frankreich. Das Haus Hine brachte zu diesem runden Jubiläum einen der größten Prestige-Cognacs der Welt hervor: »Talent de Thomas Hine«, beruhend auf der Ernte von 1914, die, weil der erste Weltkrieg ausgebrochen war, fast ausschließlich von Frauen bewerkstelligt worden war. Dieser Cognac kam zu einem exorbitanten Preis (heute ab 4650 Euro!) auf den Markt. Er ruht in einer kostbaren Karaffe in einem Kästchen aus Macassar-Ebenholz, das sich später auch als Humidor für → Zigarren nutzen lässt.

Die »normale« Produktion von Hine bringt sechs verschiedene Qualitäten hervor, die zwischen teuer und sehr teuer, zwischen »H by Hine« und »Mariage« rangieren, wobei Letztere auf der Zunge ganz sanft wie vergoldeter Samt hinunterrollen.

Hirn

In meiner Lehrzeit in Graz gab es viele Stammgäste, für die gebratenes Hirn mit Sauce Tatar so verlockend war, dass sie schon vier Monate vor der Schlachtung anfragten, wann sie endlich kommen dürften.

Ich glaube, die Zeiten haben sich geändert. Hirn ist die Liebhaberei einer speziellen Feinschmecker-Gemeinde, die den zarten, leicht süßlichen Geschmack und die feine Konsistenz liebt. Roh soll es nussartig schmecken mit einem metallischen Nachgeschmack; ich habe allerdings noch nie jemanden getroffen, der es roh verzehrt hätte.

➤ Rinder- und Schafshirn, das schon vorher nicht sehr populär war, stuft man seit dem Jahr 2000 als sogenanntes spezifiziertes Risikomaterial (SRM) ein, das als potenzieller Überträger von BSE (Rinderwahnsinn), in Verruf ist. Deshalb wird in der Küche nur noch Hirn von Kalb und ➤ Lamm verwendet, in aller Regel für kleine Vorspeisen, Hirnsoufflé, gebackenes Hirn, aber auch für

Hirn Müllerin Art oder in ➤ Burgunder.

Es eignet sich auch für die meisten ➤ Bries-Rezepte. Hirn ist fett- und vitaminhaltig, und es steckt sehr viel Cholesterin drin. Es ist kaum lagerfähig und kann auch nicht eingefroren werden, also muss man es sofort frisch verarbeiten. Kein Wunder, dass es auf den Speisekarten selten erscheint.

Hirsch

Er ist das Wappentier einer ganzen Gruppe von Wildarten, die in der Literatur denn auch meist als die »Hirschartigen« in einen Topf geworfen werden. Dazu gehören als die bekanntesten, der Größe nach, Elch, Rotwild, Damwild, Ren und Reh.

Als Landkind habe ich Mitleid mit den Tieren der Natur gehabt, die ich immer als lieb empfand. Später siegte der Profikoch in mir, weil sie besonders lecker schmecken.

Die meisten werden inzwischen gezüchtet, doch nach meiner Erfahrung ist der Geschmack eines Wildtiers, das sich von einer reichen Pflanzenvielfalt, all den Würzelchen und wilden Kräutern ernährt, mit dem industriellen Futter nicht hinzukriegen. Am populärsten in der Küche ist das Reh, von dem allein in Deutschland jährlich über eine Million Tiere geschossen werden – mit steigender Tendenz. Sein Fleisch gehört für mich und viele Feinschmecker zum Köstlichsten und Erlesensten, das auf den Tisch kommt.

Der berühmte Hautgout, ein Fäulnisgeruch und -geschmack, der früher vom Wild erwartet wurde, ist aus der Mode gekommen. Heute wird jüngeres Wild gegessen, und diese Tiere brauchen gar nicht so lange abzuhängen. Wir Köche müssen keinen Rehrücken mehr in Buttermilch einlegen und können darauf verzichten, ihn mit Speck zu spicken, was mir noch

nie gefallen hat. Denn wenn Fleisch ein gutes Aroma hat, wird es dadurch verdorben. Das gilt auch für Hirschfleisch, das sich von Rehfleisch qualitativ kaum unterscheidet. Nur dass der röhrende Hirsch bis in die 1960er-Jahre ja auch mal in der bildenden Kunst eine volkstümliche Rolle gespielt hat, auch auf Gläsern, Bechern und als Porzellanfigur. Inzwischen gilt er als Symbol für Kitsch und Spießigkeit. Elchfleisch habe ich in meiner Küche noch nie gehabt, auch kein Fleisch vom Ren, das in Eurasien und Nordamerika lebt und hierzulande als »Rudolf the Reindeer« aus dem amerikanischen Weihnachtslied bekannter ist als das Tier selbst.

Honig

Für einen einzigen Liter dieses Stoffes werden von den Honigbienen in rund 10.000 Flugstunden etwa 10 Millionen Blüten angeflogen. Was sie dort an Nektar einsaugen, reichern sie mit ihrem Speichel an, dessen Enzyme den Nektar in Honig umwandeln. Im Bienenstock geben sie ihre Fracht an die Stockbienen ab; schließlich wird die Beute eingelagert, bis der Imker sie dann später klaut und aus den Waben schleudert.

Lange Zeit hindurch war Honig das übliche Süßungsmittel. Erst seit man gelernt hat, ⇀ Zucker aus Zuckerrüben oder aus Zuckerrohr herzustellen, ist der Honig von dieser Funktion erlöst.

Es gibt die verschiedensten Sorten aus so ziemlich allen Ländern, unter anderem Honig aus Rosen-, Linden-, Sonnenblumen-, Lavendel-, Raps- und Orangenblüten, Klee-, Wald-, Tannen- und Rosmarinhonig und diverse andere Spezialitäten. Seine Farbtöne reichen von weiß-gelb (zarter Geschmack) über goldgelb (aromatisch-würzig) und orangerot bis tiefbraun (intensiver Geschmack) und seine Konsistenzen von fast ganz flüssig bis fast ganz fest.

Ich benutze besonders gern Akazienhonig mit ⇀ Vanille, um jeden Morgen meinen ⇀ Tee zu süßen. In der Küche darf er in Rezepten wie Honig- und Lebkuchen nicht fehlen, bei der Ente und asiatischen Gerichten spielt er ebenso eine wichtige Rolle, aber hauptsächlich zum ⇀ Frühstück.

Die Deutschen verzehren alljährlich pro Kopf etwa 1,4 Kilo Honig. Eine Art Zweit- oder Ersatzhonig ist Ahornsirup, den die Indianer in Nordamerika entdeckt haben sollen. Heute wird Ahornbäumen ihr Saft durch Plastikschläuche abgezapft und aus etwa 50 Litern ein Kilo Sirup eingekocht. Als Hauptlieferant gilt Kanada (80 bis 90 Prozent). In den USA, wo er für Pancakes, Waffeln und viele ⇀ Desserts verwendet wird, ist Vermont für seinen Ahornsirup berühmt.

Horsd'œuvre

Das œuvre ist das Werk, nicht nur das philosophische oder literarische, sondern auch das kulinarische; befinden wir uns doch in der französischen Kultur. Was außerhalb (hors) oder vor dem Werk stattfindet, heißt Horsd'œuvre, Vorspeise. Sie hat mit dem ⊸ Amuse-Gueule die gastfreundliche Funktion gemeinsam, tröstet den Hungrigen über die Wartezeit bis zum Hauptgang hinweg oder weckt den Appetit beim eigentlich Appetitlosen. Im Unterschied zum Gratis-Gruß aus der Küche ist das Horsd'œuvre Teil des Essens, wird entweder als einzelner Gang von der Karte bestellt oder gehört zum ⊸ Menü. Die Sonderform des »horsd'œuvre chaud« wird seit den 1940er-Jahren in dem Zürcher Traditionshotel »Eden au Lac« serviert. Der damalige Hausgast Aga Khan III. bestand stets auf einer Folge heißer Vorspeisen auf kleinen Tellern, aus denen ein nachhaltiger gastronomischer Erfolg wurde: »So wurde ein Degustationsmenü geschaffen, Jahre bevor solche hierzulande überhaupt in Mode gekommen waren«, rühmt sich das Hotel.

Häufig werden, besonders bei Events, Horsd'œuvres auch serviert, bevor man zu Tisch geht. Das dürfen dann auch mehrere sein; bei manchen Veranstaltungen sind sie bereits die gesamte Verköstigung.

Ich selbst zweifle seit einiger Zeit am Sinn der vielen Begriffe, die doch nur um Nuancen auseinanderliegen. Man könnte ja auch ⊸ Tapas sagen oder ⊸ Fingerfood, fast alles existiert in allen Disziplinen. Höchstens die italienischen ⊸ Antipasti haben da noch etwas eigenen Charakter bewahrt.

Dass bei Vorspeisen heute wirklich alles möglich ist, habe ich im Restaurant Noma in Kopenhagen erlebt. Als ich eine lebende Garnele, mit einer Mischung aus Crème fraîche und brauner Butter in ein Einmachglas eingesperrt, auf Eis bekam, stellte ich fest: Meine Vorstellung von einer Vorspeise sieht anders aus.

Huhn
&
Hähnchen

Hammel ist immer schwierig, Fisch mag nicht jeder, doch Huhn oder Hähnchen wird überall akzeptiert. Kein christlicher Fleischesser lehnt es ab, und es ist zugleich koscher für den Juden und halal für den Moslem. Doch wenn es nicht gerade aus der Bresse oder aus der Steiermark kommt (Sulmtaler Huhn), schmeckt es leider sogar häufig so künstlich wie direkt aus der Chemiefabrik entlaufen. Ich bin mit vielen Hühnern groß geworden, deren Natürlichkeit mich einen klaren Anspruch auf der Zunge gelehrt hat. Heute halte ich zwar auch privat Hühner, aber keiner aus unserer Familie bringt es übers Herz, eines davon zum Verzehr freizugeben.

Hähnchen oder Broiler sind männlich oder weiblich und wiegen meist zwischen 800 und 1200 Gramm. Schwere Hähnchen (ab 1,2 Kilo; auch Poularde oder Fleischhähnchen genannt) haben mehr kerniges, schmackhaftes Fleisch. Zur Hühnerfamilie gehört auch das heute eher selten gewordene Stubenküken (300 bis 650 Gramm), das früher mehrere Wochen unter den warmen Ofenbänken der guten Stube aufgezogen wurde, bis man das Geschlecht eindeutig erkennen konnte. Die Mädels ergriffen dann den Beruf der Legehenne, und die Jungs wurden in jungen Jahren geschlachtet und verzehrt. Ja, und Suppenhühner sind sozusagen ausgediente Legehennen, deren Fleisch zum Braten zu zäh geworden ist. Wenn sie jedoch lange genug (je nach Größe bis zu 3 Stunden) gekocht werden, ergeben sie eine kräftige Brühe oder einen ⇀ Fond.

Ein Hähnchen kann gebraten, gebacken, gedünstet, gedämpft, gekocht werden, fast jede Nation hat ein berühmtes Hühnergericht, vom österreichischen Backhendl und französischen ⇾ Coq au Vin bis zum »sambal hati-hati« aus Indonesien. Die Deutschen liegen als Geflügel-Esser mit 18,6 Kilogramm 20 Prozent unter dem EU-Durchschnitt; kurioserweise essen sie andererseits aber fast doppelt so viel Putenfleisch wie die anderen Europäer – und 212 Eier im Jahr.

Hühner können übrigens auch zu Verwirrungen führen: Wer in New York ein Coney Island Chicken bestellt, kriegt einen Hotdog. Wer sich im Rheinland einen »Halve Hahn« wünscht, erhält ein mit ⇾ Käse belegtes Brötchen, manchmal auch mit ⇾ Senf und saurer ⇾ Gurke.

Hummer

Bei diesem Stichwort muss ich immer wieder an den Plastikhummer denken, der bei uns in der Schule an der Wand hing. An diesem erklärte uns der Lehrer mit seinem Zeigestab, welche seiner Teile man essen kann. Als ich dann 1979 im Hamburger Restaurant Le Canard zum ersten Mal einen lebendigen Hummer vor mir hatte und ihn töten und zubereiten sollte, da musste ich lernen, dass es zwischen Theorie und Praxis erhebliche Unterschiede gibt.

Ein Klassiker war immer der Helgoländer Hummer. Den gibt es leider kaum noch. Krustentiere mit diesem Speisekartennamen kommen heute in der Regel aus Norwegen, Irland oder Schottland. Auf Helgoland versucht man sich inzwischen in der Hummerzucht: sehr teuer, sehr mühsam und bislang wenig erfolgreich; das Tier wächst einfach zu langsam.

In der Gunst der meisten Feinschmecker steht der bretonische Hummer am höchsten, vielleicht auch, weil er der teuerste ist – und auch immer seltener wird. Der europäische »Homarus gammarus« ist um ein Drittel kleiner als der »Homarus americanus« aus Maine und Kanada, von dem etwa 20-mal so viele gefangen werden. Welcher der bessere ist?

Der kanadische Hummer soll etwas süßer und weicher, der europäische etwas nussiger und fester sein. Teubner weiß von Blindproben, bei denen kein Tester das Produkt der einen oder anderen Welthälfte als besser bezeichnen mochte. Vielleicht wird es auch schon bald keinen Unterschied mehr geben.

Beim deutschen »Frischeparadies«, einem der bedeutendsten Fischgroßhändler, will man sich allmählich vom lebenden europäischen Hummer abwenden. Die Lösung heißt »high pressure lobster«, kommt aus Kanada und ist preislich um ein Drittel günstiger: tiergerecht schnell getötet und roh tiefgefroren, sauber, leicht aus der Schale zu lösen und dabei fangfrisch.

Imbiss Das Wort steht sowohl für den kleinen Happen zwischendurch als auch für den Ort, wo man ihn genießt. Der heißt dann, mal volkstümlich und mal familiär, »Lütt'n Grill – Imbiss Delüx«, »Konnopke's Imbiß« (am Prenzlauer Berg), »Imbiss bei Schorsch« oder »Ute's Imbiss« – gern mit dem falschen Apostroph. Wer glaubt, es gäbe da immer nur Bratwurst, Schaschlik oder Kartoffelpuffer, Chicken Nuggets oder halbe ⊷ Hähnchen, der irrt. Imbiss-Kost ist zwar ⊷ Fast Food, doch nicht immer Billig-Food. In Kurorten – nicht nur auf Sylt – werden noble Krustentiere gereicht, begleitet von ⊷ Champagner. Auch bei feineren Straßenfeten gehört der Luxus-Imbiss dazu.

Selbst der klassische Imbiss, bei dem das Essen im Stehen verzehrt wurde (mit Tischen wäre es für die Gewerbeaufsicht ein Restaurant und müsste sanitäre Anlagen bieten), scheint nicht mehr typisch zu sein. Der Imbiss, in dem Dittsche im Nachtprogramm auftritt, bietet schon lange ein paar Stehtische und Stühle. Die »Curry Queen«, zweimal in Hamburg, hat sogar Aufnahme in den ja sonst eher auf Gourmet-Adressen fixierten Restaurantführer »Gault Millau« gefunden. Da gibt es Currywurst vom Bison und im ⊷ »Wagyu Kobe Style« für ganz verwöhnte Gaumen. So eine Edel-Currywurst ist auch beim Ball des Sports in

Wiesbaden der absolute Hit, natürlich aus feinem Kalbfleisch und, wie die Currysoße, selbst gemacht. Obwohl auf dem Ball traditionell ein luxuriöses ⤍ Menü serviert wird, finden sich viele Gäste davor und danach in der Genießerlounge ein, um diesen kleinen Imbiss mit großem Vergnügen zu vernaschen.

INGWER

Meine Lieblingsstory über Ingwer, die ich dem alten Anekdotenerzähler Waverly Root (»Das Mundbuch«) verdanke, spricht nicht dafür, diese bizarr geformte Wurzel kulinarisch zu adeln. Gewitzte Pferdehändler, heißt es, führen Ingwer ihren Rössern als Zäpfchen ein. Das soll selbst den müdesten Gaul dazu bringen, den Schweif aufzustellen, was bei Kennern als Zeichen von Feuer und Jugend geschätzt werde – und den Preis entsprechend heben dürfte. Der Trick der Rosstäuscher verdeutlicht immerhin, dass Ingwer etwas enorm Anregendes hat, irgendwo zwischen feurig und beißend scharf. Er gehörte zu den exotischen ⤍ Gewürz-Pflanzen, die ihres exorbitanten Preises wegen zu den Status-

symbolen der Reichen zählten, und in die Liga paradiesischer Genüsse wie Zimt, ⤍ Pfeffer, ⤍ Vanille, ⤍ Safran und Muskat. Mit einigen teilte er den hohen Preis, mit anderen den Ruf, die Sitten zu verderben.

Im besonders scharf würzenden Mittelalter wurde Ingwer so leidenschaftlich verzehrt, dass Mediziner und Moralisten ihn als eine der Hauptursachen für die grassierende Fleischeslust anschwärzten. »Wein, Pfeffer, Zimt und Ingwer verderben der Jungfrauen Blut!«, propagierten die Tugendwächter. Sie nahmen wohl besonders an der Kombination von Wein und Gewürzen Anstoß. Ähnlich wie im Altertum wurden diese aufgekocht und dann abgegossen. Der gepfefferte Ingwerwein muss eine besonders höllische Mischung gewesen sein.

Ingwer- Zwetschgen

Zutaten für 4 Portionen:

8 reife Zwetschgen | ½ rote Chilischote | 1 kleines Stück Ingwer | 1 EL Pflanzenöl
60 g Akazienhonig | 50 ml Pflaumenwein | 20 ml Zitronensaft | feines Salz

- Die Zwetschgen waschen, halbieren, entkernen und in kleine Ecken schneiden. Die Chilischote entkernen und fein würfeln.
- Den Ingwer dünn schälen und ebenfalls fein würfeln.
- Das Öl in einer Pfanne erhitzen, die Zwetschgen darin kurz anbraten, Ingwer- und Chiliwürfel zugeben. Den Akazienhonig hineingeben, kurz einschwenken und mit Pflaumenwein ablöschen.
- Mit wenig Salz und Zitronensaft abschmecken. Zu kurz gebratenem Fleisch oder mit einem kräftigen Salat wie Radicchio servieren.

Der Ursprung der Ingwerpflanze liegt irgendwo zwischen China und Malaysia. Anbaugebiete sind die tropischen und subtropischen Länder, besondere Liebhaber die Engländer. Sie erfanden Teegebäck mit Ingwer, Ingwer-Marmelade, Ingwerbier, -wein, -likör und schließlich das Ginger Ale, die erfrischende Limonade. Infolge der zunehmenden Verbreitung der asiatischen Küche sowie der allgemeinen Sushi- und Sashimisierung ist Ingwer inzwischen fast unentbehrlich geworden. Denn da gehört er, hauchdünn geschnitten und süß-sauer mariniert, als Beilage immer dazu.

Einen großen Anteil an der wachsenden Beliebtheit des Ingwers muss man zweifelsohne der Förderung durch meinen Kollegen Alfons Schuhbeck zuschreiben, der ja behauptet, sein tägliches Arbeitspensum nur mit ausreichend Ingwer-Wasser zu bewältigen. Da stellt sich doch für mich die Frage: Wann wird in Bayern endlich Ingwer angebaut?

Innereien

In Amerika spielen sie keine Rolle, bilden fast so etwas wie ein Nahrungstabu; der Handel mit etlichen Innereien ist zwischen Bundesstaaten untersagt. In Frankreich werden sie am höchsten geschätzt, laut Larousse bei Feinschmeckern in der Reihenfolge Nieren, Kalbsleber, ⤳ Bries und sogar ⤳ Lamm-Hoden und -Hirn.

Prähistorisch wurden manche Innereien rituell verzehrt, weil man sich die von ihnen repräsentierten Eigenschaften einverleiben wollte, also sicherlich die von ⤳ Hirn und Hoden. Die Römer sollen dann auch kulinarisch Geschmack an ihnen gefunden haben, doch seit Beginn der Neuzeit waren Innereien typische Armenkost. Weil sie sich anders als das Muskelfleisch nicht lange hielten und schnell verzehrt werden mussten, wurden sie an Bedürftige verschenkt, die denn auch als »Kaldaunenschlucker« verhöhnt wurden.

Im 17. Jahrhundert erzielten Innereien auf den Pariser Märkten hohe Preise, in den Kochbüchern nahmen sie einen wichtigen Platz ein. Inzwischen scheint dieser Trend weitgehend abgeflaut zu sein.

Seit meiner Lehre in Graz hat sich viel verändert. Damals musste alles, ob ⤳ Leber, Zunge, Niere, ⤳ Hirn, ⤳ Bries oder ⤳ Kutteln, verarbeitet werden. Das war vollkommen selbstverständlich – ganz im Gegensatz zu heute. In England und auch in Deutschland (mit Ausnahme von Bayern und Baden-Württemberg) sind Innereien weitgehend unbedeutend geworden.

Jägermeister

Unter den Kräuterlikören gilt er als der erfolgreichste. Trotz des sehr deutschen Namens in sehr deutscher Schrift ist er ein Exportschlager. 1934 kam er auf den Markt, im niedersächsischen Wolfenbüttel, destilliert aus 56 ⇀ Kräutern, alkoholisiert auf 35 Prozent. Die Herstellerfamilie Mast pflegte eine geschäftsfördernde Nähe zu den Nazis, so wurde ihr Produkt auch gern »Göring-Schnaps« genannt; der Reichsmarschall trug ja auch den Titel »Reichsjägermeister«.

Zum Welterfolg wurde der würzige ⇀ Likör unter Günter Mast, dem Neffen des Gründers. Das vitale und kreative Reklame-Genie leitete das Unternehmen von 1952 bis 1997 und erfand die Trikotwerbung in den Fußballstadien. Eintracht Braunschweig startete 1973 als »Jägermeister«-Elf. Im Motorsport knatterten Graham Hill, Hans-Joachim Stuck und Jochen Mass unter Jägermeister-Flagge durch die Formel 2. Seit ein paar Jahren sponsert das Unternehmen die »Jägermeister Rock-Liga«, einen jährlichen Wettbewerb von Rock- und Pop-Gruppen. So wurde aus einem Altherrengetränk plötzlich auch ein cooler Drink für die jungen Leute. Als Mixgetränk mit Coke oder Orangensaft, in bunten ⇀ Cocktails oder natürlich immer wieder eisgekühlt und pur – 60 Millionen Flaschen werden so jährlich konsumiert, davon fast 70 Prozent im Ausland.

Jahrgang

Das Wetter ist jedes Jahr anders; so schwankt auch die Qualität der Trauben. Deshalb gibt es in verschiedenen Jahrgängen verschieden gute Weine – Region für Region. Nur ⇀ Champagner wird für die Normalabfüllung aus vielen Cuvées komponiert, sodass der Geschmack recht konstant ist. Der »Jahrgangschampagner« aus besonders guten Ernten ist die Ausnahme. Viele Fans großer Namen genießen am liebsten die berühmtesten Weine einer Region. Doch eine Binsenweisheit unter Kennern lautet: »Es gibt keine großen Weine, sondern nur große Flaschen.« Ein großer Name garantiert also keinen großen Wein, denn jeder Jahrgang ist anders. Der einflussreiche amerikanische Weinkritiker, -autor und »Oberpunktrichter« Robert Parker (Höchstwertung 100 Punkte) hat selbst Weine führender Châteaux als »deutliche Versager, miserable Weine« definiert. Der 1964 Mouton Rothschild erhielt beispielsweise nur 55 Punkte, wurde als unterdurchschnittlich bis schlecht bewertet. Die deutschen Weinführer sind da sehr viel gnädiger. Der exzentrische, doch viel gedruckte Weintester Stuart Pigott hat den Satz »Auf den richtigen Jahrgang kommt es an!« sogar unter seine »zehn größten, dümmsten und schlimmsten Wein-Irrtümer« eingereiht. Das ist aber sicher ein wenig übertrieben.

Jakobsmuschel

Ein Tatar von der superfrischen Jakobsmuschel, mit ⇀ Olivenöl, ⇀ Zitronen-Saft, ⇀ Salz, ⇀ Pfeffer und gemahlenem Koriander, das ist für meine Begriffe die beste Voraussetzung für einen Hochgenuss. Diese ⇀ Muschel sieht auf den ersten Blick wie das Markenzeichen von Shell aus. Den Kunstverständigen aber erinnert ihr Anblick an Botticelli, der seine Aphrodite auf einer solchen Muschel dem Meer entsteigen ließ. Dass die

Jakobsmuschel auch als »Pilgermuschel« auftritt, hängt mit dem Jakobsweg zusammen. Die Schale der großen Kammmuschel dient seit alters her als Symbol der Pilger und als Wegweiser nach Compostela – angeblich haben die Gläubigen einst mit ihrer Schale das Brunnenwasser geschöpft.

Von fortgeschrittenen ⤚ Gourmets wird diese Muschel gern Coquille Saint-Jacques genannt, wohl weil sie traditionell aus der Bretagne kommt. Ihr zartes weißes Fleisch mit dem orangeroten Corail (Rogen) ist äußerst delikat. Beste Qualitäten kommen aus Frankreich und den kalten Gewässern Norwegens.

Die große Familie der Kammmuscheln kennt weltweit rund 300 Arten, nur zwei Dutzend von ihnen sind wirtschaftlich und kulinarisch von Bedeutung.

Die bei allen ambitionierten Köchen begehrteste ist die bis zu 15 Zentimeter große Jakobsmuschel, weil sie sich in vielen Variationen verarbeiten und genießen lässt: roh als Carpaccio oder Sashimi, gegrillt, gebraten oder geräuchert. Das frische Muschelfleisch, groß und dick wie ein Filet mignon, ist zart und saftig mit dezenter Süße. Wenn es alt oder minderwertig ist, kann es aber schon mal an Radiergummi erinnern. Das tiefgefrorene Fleisch aus ⤚ Aquakulturen schmeckt ein wenig süßlicher, hat etwas weniger Biss und kostet nur die Hälfte.

Gebratene Jakobsmuschel mit Paprika-Butterschaum

Zutaten für 4 Portionen:

8 Jakobsmuscheln, ausgebrochen | Salz | 20 g Butter

Zesten und Saft von ½ Bio-Limette

Für den Paprika-Butterschaum: 1 Paprikaschote | 50 ml Olivenöl | 1 Knoblauchzehe

1 Zweig Thymian | Salz | Chili aus der Mühle | 2 Schalotten | 200 ml Fischfond

50 g eiskalte Butterwürfel

- Die Paprikaschote vierteln und entkernen. Das Öl auf ein Backblech pinseln, Knoblauch und Thymian darauflegen. Mit Salz und Chili würzen, Paprika mit der Hautseite nach oben darauflegen. Im Ofen bei 160 Grad Celsius Ober-/Unterhitze ca. 20 Minuten garen. Herausnehmen und mit einem zweiten Blech für 5 Minuten beschweren. Dann die Haut vorsichtig abziehen. Paprika würfeln. Das restliche Öl auffangen.
- Die Schalotten schälen, fein würfeln und im aufgefangenen Olivenöl glasig anschwitzen. Paprika kurz mit anschwitzen und mit Fond ablöschen. Danach mithilfe eines Stabmixers fein pürieren. Nach und nach die eiskalten Butterwürfel zugeben, mit Salz und Chili abschmecken.
- Die Muscheln waschen, trocken tupfen und salzen. Die Butter in der Pfanne bei mittlerer Hitze schmelzen und die Jakobsmuscheln von jeder Seite 2–3 Minuten glasig braten. Zuletzt mit Limettenzesten und -saft verfeinern und mit dem aufgemixten Paprika-Butterschaum servieren.

Joghurt

Es gibt wohl keinen US-Supermarkt, der nicht mindestens zehn laufende Regalmeter voller Joghurts anbietet. Joghurt ist einer der großen Gewinner des Diätwahns – nicht immer aus gutem Grund.

In Amerika sind alle Joghurts fettarm und oft mit Farbstoff und viel süßem Fruchtgeschmack »imprägniert«, die meisten mit ⇥ Erdbeere.

Die Deutschen streben dieser Welle mit 12 Kilo Konsum pro Kopf und Jahr hinterher. 80 Prozent aller Joghurts enthalten Fruchtaromen, und die »Obstler« sind penibel in Gruppen sortiert, heißen dann Fruchtjoghurt oder Joghurt mit Früchten (minimal 6 Prozent Frucht), Joghurt mit Fruchtzubereitung (3,5 Prozent) oder Joghurt mit Fruchtgeschmack (noch weniger). Wenn dieser auch noch mit einem entrahmten Joghurt (0,5 Prozent ⇥ Fett) oder einem fettarmen (1,5 Prozent) kombiniert wird, ist eine gewisse Geschmacksfreiheit garantiert.

Der wahre Joghurt-Genuss beginnt für mich bei den natürlichen 3,5 Prozent Fettgehalt der normalen ⇥ Milch und ist beim ⇥ Sahnejoghurt mit mindestens 10 Prozent Fett noch lange nicht zu Ende. Die Vielfalt an Zubereitungen des beliebten Milchproduktes ist geradezu unendlich.

Verschärfte Qualitäten wie Probiotischer Joghurt – abgeleitet vom griechischen »pro bio«: für das Leben – mit der angeblich gesundheitsfördernden Kultur Lactobacillus acidophilus versprechen viel, doch an seriös gesicherten wissenschaftlichen Erkenntnissen fehlt es. Was den Wettstreit mit speziellen Bakterienstämmen und dem Drehwurm ihrer Milchsäuren betrifft, kommt mir das immer mehr wie ein Glaubenskrieg vor. Dass die rechtsdrehende die gute sein soll und die linksdrehende die böse, erscheint mir denn doch etwas zweifelhaft – zumal die meisten Joghurts oft beide gemeinsam enthalten.

Johannisbeere

Selbst wer kein Beerenliebhaber ist, kennt die Johannisbeere. Sie ist Hauptbestandteil des Cassis (schwarzer Johannisbeerlikör), der dem früheren Modedrink Kir (mit Weißwein) oder Kir Royal (mit → Sekt oder → Champagner) Geschmack und Farbe verleiht. Nicht-Trinker lieben sie zusammen mit anderen Beeren in der roten Grütze ebenso wie als Konfitüre oder in der Cumberlandsauce zum Rehbraten.

Die Johannisbeere, im Österreichischen auch Ribisel genannt, tritt in mehreren Farbvariationen auf. Die populärste ist die Rote. Alle Sorten liefern neben Fruchtsäuren wertvolle Mineralstoffe, viel Pektin und vor allem → Vitamin C, und davon die Schwarzen Johannisbeeren am meisten. Die erbsengroßen Beeren hängen sozusagen rudelweise an Rispen. Brutale Sammler von wilden Johannisbeeren streifen sie mit grobzinkigen Kämmen ab, was jedoch die Pflanzen schädigt. Also: immer samt Rispe pflücken!

Der aromatische Geschmack Roter Johannisbeeren hat eine aparte, aber doch kräftige Säure, deshalb werden sie gern gezuckert verzehrt, sind für alle möglichen → Desserts, auch zusammen mit → Sahne oder Cremes, bestens qualifiziert. Die seltenen Weißen Johannisbeeren sind eigentlich eher gelblich, fast transparent und mild süß-säuerlich. Man kultiviert sie erst in letzter Zeit verstärkt, bekannte Sorten sind die »Weiße Imperial« und die »Weiße Versailler«. Schwarze Johannisbeeren polarisieren mit ihrem Geschmack – mild-süß? herb? sauer? – und erst recht durch ihren Geruch. Das »Appetit-Lexikon« stellt fest, dass »deren eigentümlicher Wanzengeruch einzelnen Personen widerlich ist, während sie andern vortrefflich mundet und in Branntwein dem gemeinen Mann für ein ausgezeichnetes Gichtmittel gilt«.

MEIN TIPP: *Wenn Sie einer Rotweinsauce zu einem tollen Glanz oder einer kräftigeren Farbe verhelfen wollen, empfehle ich Schwarzen Johannisbeersaft – der ist genau das Richtige dafür.*

Kabeljau

Er gilt als das drastischste Beispiel für die Überfischung der Weltmeere und den Raubbau an der Natur. Noch vor zwei Generationen gab es diesen Fisch billig und in Hülle und Fülle. Die größten Reviere waren die vor Island und vor Neufundland, Cape Cod (Kap Kabeljau) heißt eine berühmte Region bei Boston. Ende des 19. Jahrhunderts, als es dampfgetriebene Trawler gab und das Grundschleppnetz eingeführt wurde, beschleunigte sich das Abfischen der Bestände. »Der Fisch, der die Welt veränderte«, hat Mark Kurlansky sein Buch »Kabeljau« untertitelt und darin unter anderem beschrieben, wie Kriege um die Fanggründe ausgelöst und Nationen aufeinander gehetzt wurden.

In seiner großen Zeit, nach 1921, als die Filetiermaschine erfunden war, wurde der Kabeljau zum größten Lieferanten für Fischstäbchen und ⤙ Fish and Chips. Wenige Jahrzehnte später wurden vor Island die Fangquoten auf 25 Prozent reduziert, vor Neufundland (Kanada) hatten moderne Fabrikschiffe einen solchen Kahlschlag angerichtet, dass dort seit 1994 ein totales Fangverbot besteht. 40.000 Fischer verloren ihren Job, doch der Kabeljau kam nicht zurück.

In der Nordsee müsste längst ebenfalls gehandelt werden. Die um drei Viertel reduzierten Bestände sind gefährdet, doch ein Fangverbot ist politisch nicht durchsetzbar. So verkauft uns der Fischhändler weiterhin und immer teurer Kabeljau, auch wenn dieser nur noch selten die Gardemaße von 1,5 bis 2 Meter erreicht. Bevor er geschlechtsreif wird, heißt er übrigens Dorsch. Auch der kleinere Ostseekabeljau heißt so. Seine Leber liefert den vitaminreichen Lebertran, sein Fleisch ist fettarm (0,4 Prozent) und enthält rund 18 Prozent Eiweiß.

Eine ganz besondere Spezialität ist der Skrei (Wanderer), ein norwegisch-arktischer Winterkabeljau mit feinem, weißem, sehr delikatem Fleisch, der nur von Januar bis März beziehungsweise April gefangen wird. Alle Jahre wieder wandern (daher der Name) die geschlechtsreifen Fische im Alter von fünf bis sieben Jahren von der kalten Barentssee zum Laichen in die Gewässer rund um die Lofoten – wo sie schon sehnsüchtig von den Fischern erwartet werden.

KaDeWe

Diese gewaltige Konsum-Kathedrale in Berlin feierte vor ein paar Jahren ihren 100. Geburtstag und gilt heute wieder als bekanntestes und größtes deutsches Kaufhaus in Kontinentaleuropa. Das »Kaufhaus des Westens« (KaDeWe) bietet alles und von vielem das Beste. Vor allem die Feinschmecker-Etage im 6. Stockwerk, die weltweit zweitgrößte (nach der von Mitsukoshi in Tokio), ist sehenswert.

Ich habe 1982 selbst für das KaDeWe gearbeitet und bei dieser Gelegenheit erst einmal erfahren, was es auf der Welt alles gibt. Von vielem, was da an Spezialitäten anreiste, hatte ich zuvor noch nie auch nur gehört. Inzwischen habe ich den Eindruck gewonnen, dass es gerade in Berlin, einschließlich des Ostens, viele Freunde besonderer und ausgefallener Delikatessen gibt.

An Superlativen fehlt es im KaDeWe nicht: 34.000 Artikel auf 7000 Quadratmetern Verkaufsfläche, allein 1300 internationale Käsesorten und 1200 Wurst- und Schinkenspezialitä-

ten. Täglich werden 1000 Brötchen verkauft, jährlich 60.000 Flaschen Champagner; 3400 Weine aus allen wichtigen Weingütern weltweit stehen zur Auswahl. Eine besondere Spezialität sind die rund 30 Gourmet-Stände, auch von internationalen kulinarischen Marken: Gaston Lenôtre und Paul Bocuse, Arrigo Cipriani und das Caviar House, Fauchon in Paris und Peck in Mailand betreiben hier Dependancen. Es gibt sogar ein »Schokoatelier«, wo nicht nur alles für den Chocoholic angeboten, sondern auch die Herstellung von ↝ Schokolade vorgeführt wird.

Laut Wikipedia wurden vom Betreiber (damals der Karstadt-Konzern, heute die Karstadt Premium Group) bei der letzten Rundum-Renovierung zum 100-jährigen Jubiläum im Jahre 2007 46 Millionen Euro investiert. Spätestens seitdem ist die Feinschmeckeretage des KaDeWe der schönste Abenteuerspielplatz aller ↝ Gourmets. Und das bei freiem Eintritt.

KAFFEE

Der Durchschnittsdeutsche schlürft pro Tag 3,1 Tassen, 148 Liter im Jahr (40 Liter mehr als Bier), nur die Skandinavier, Niederländer, Schweizer und Österreicher schaffen mehr. Die beste Definition von Kaffee finde ich im »Appetit-Lexikon« von 1894. Kaffee wird dort als »der Wein der Denker« bezeichnet – genial, wie ich finde. Er sei eine Ausnahme »unter den narkotischen Genussmitteln wie ⇀ Tee, Alkohol, Koka, Tabak, Opium usw.«, die der »Herabsetzung der Lebhaftigkeit« dienten. Ich füge hinzu: Kaffee stimuliert, putscht auf und ist das bevorzugte Aufwach-Getränk zum deutschen ⇀ Frühstück. Medizinisch fördert es den Herzschlag, regt die Verdauung an und macht auch den fröhlichsten Zecher etwas nüchterner – scheinbar.

Die Geschichte des Kaffees beginnt im 14. Jahrhundert im Mittleren Osten und wabert dann durchs Osmanische Reich. 1645 kam Kaffee erstmals nach Europa (Venedig), 1672 nach Paris. Das erste Wiener Kaffeehaus eröffnete 1685. In Deutschland ging es 1663 in Bremen los und 1677 in Hamburg. Der Anbau, zuerst nur in Afrika und Arabien, wucherte durch alle Äquatorialstaaten, der Genuss durch alle zivilisierten Gesellschaften. Heute ist Kaffee das meistkonsumierte Genussmittel des Westens. Entsprechend rasant entwickelten sich die Kaffee-Vollautomaten. Das hat auch dazu beigetragen, die Kaffeekultur in den Haushalten zu etablieren. Es gibt kaum noch Unterschiede zu den großen gewerblichen Maschinen.

In Deutschland explodiert die Zahl der Kaffeebars und damit die junge Kaffeeszene, die »Bohnenkaffee« oder »Filterkaffee« fast nur vom Hörensagen kennt. Gewinner ist der ⇀ Espresso, Basis für ⇀ Cappuccino und ⇀ Latte macchiato. Die Hersteller von Kaffeepads und -kapseln frohlocken.

Die Wiener Kaffeekultur bedürfte eines eigenen Buchs. »Glücklich die Stadt, die sich eines trinkbaren Kaffees rühmen darf, und dreimal glücklich du, Wien, dessen Kaffee nicht bloß trinkbar, sondern bisweilen sogar vorzüglich ist«, rühmt das »Appetit-Lexikon«. Zu den größten Vorzügen von Kaffee gehören seine Variationsmöglichkeiten. Man kann ihn heiß trinken, kalt (macht angeblich schön) und als Eiskaffee. Im »Rüdesheimer Kaffee« sorgt ⤙ Asbach für etwas alkoholisches Aroma, beim »Irish Coffee« der ⤙ Whisky plus ⤙ Sahne und ⤙ Zucker – und wenn man den flambiert, ersetzt er leicht eine (kalorienreiche) Nachspeise.

Kaiserschmarrn

Der Kaiserschmarrn ist wohl Österreichs Nationaldessert. Natürlich gibt es dazu eine Entstehungsgeschichte, und diese hat mit Sisi zu tun. Angeblich wurde die süße Mehlspeise – ein ⤙ Pfannkuchen mit Rosinen, in Stücke zerrissen, mit ⤙ Zucker karamellisiert und mit Puderzucker bestäubt – 1854 beim Hochzeitssouper von Kaiser Franz Joseph und der bayerischen Prinzessin Elisabeth serviert. Doch Sisi, noch ein extrem um Taille und Figur besorgter 16-jähriger Teenager, war das ⤙ Dessert zu mächtig. »Dann lasst mich mal sehen, was die Küche für einen Schmarren gekocht hat«, wird der Kaiser zitiert. Dann aß er seinen Schmarrn, darauf den der Kaiserin und leckte sich zum Schluss genüsslich die Lippen. Seither heißt er »Kaiser-«, der Schmarrn.

Eine andere Version spielt bei einem Kaser (Käsehersteller) im Gebirge. Der Kaiser isst bei ihm und seiner Frau auf einem Jagdausflug den Schmarrn und schiebt »vor lauter Freude das majestätisches ›i‹ in den Namen des bisherigen Kaserschmarrn« (Pini).

Heute gibt es diese Spezialität auch in leichterer Ausführung, verfeinert mit Obst und → Eis. Ich aromatisiere ihn gern mit etwas braunem Stroh-Rum.

Kaiserschmarrn

Zutaten für 4 Portionen:

6 Eier | 200 ml Milch | 120 g Mehl | Salz | 1 EL saure Sahne
100 g Zucker | 1 TL Butterschmalz | 2 EL Rosinen (in 2 EL Rum eingeweicht)
1 TL Butter | 1 EL Puderzucker

- 4 Eier trennen. Milch, Mehl und eine Prise Salz verrühren. Saure Sahne zugeben und unterrühren. Eiweiß und eine Prise Salz steif schlagen, dabei 50 g Zucker nach und nach einrieseln lassen.
- Eigelb, ganze Eier und Eischnee mit einem Schneebesen vorsichtig unter den Teig heben. Butterschmalz in einer backofenfesten, beschichteten Pfanne erhitzen und den Teig hineingießen. Mit Rosinen bestreuen.
- Bei mittlerer Temperatur kurz anbacken.
- Zugedeckt im vorgeheizten Backofen bei 160 Grad Celsius Heißluft auf der zweiten Schiene von unten 12–15 Minuten backen.
- Kaiserschmarrn grob in Stücke teilen (zerreißen), Butter und restlichen Zucker darüber verteilen und den Schmarrn karamellisieren.
- Zum Servieren mit Puderzucker bestreuen. Dazu passt Vanillesauce.

Kakao

Das ist ein Stoff, aus dem Legenden sind. Schon die Azteken verehrten ihn als »Speise der Götter«, und Montezuma soll jeden Tag 50 Tassen davon geschlürft haben. Das konnte sich nur ein Herrscher leisten. Das braune Zeug war sündhaft teuer, für 100 Kakaobohnen bekam man bereits einen guten Sklaven.

In Europa blieb die kalte und gepfefferte Brühe zunächst ziemlich unbeachtet. Erst als sie erhitzt, versetzt mit Moschus oder Anis, verstärkt mit Wein oder Madeira, serviert wurde, erwärmte sich die Aristokratie für das exotische Getränk. Die französischen Ludwigs, Maria Theresia und ihr Gefolge, die Medici und die Österreicher hingen an der Kakao-Tasse, so auch Voltaire und der Alte Fritz. Noch bis ins 19. Jahrhundert galt Kakao als Medizin, kräftigend, leicht verdaulich und aphrodisisch (→ Aphrodisiakum).

Kakaobohnen werden rund um den Äquator angebaut; die Elfenbeinküste liefert über 30 Prozent, Brasilien 14, Indonesien und Malaysia je 9 Prozent. Die Sorte Forastero hat einen Anteil von 90 Prozent der Weltproduktion, die Criollo nur zwei bis drei Prozent, den Rest bildet die Kreuzung der beiden namens Trinitario.

Kakao nennt man in der Schweiz gern »süßes Aspirin«, weil er gesundheitsfördernd sein soll: Das relative Sterberisiko infolge von Herz-Kreislauf-Erkrankungen sei bei Personen mit hohem Kakaokonsum um 50 Prozent niedriger.

136 Einzelstudien weisen gesundheitsfördernde Effekte durch Kakao nach. Tatsache ist, dass die Kakaobohnen den anregenden koffeinähnlichen Wirkstoff Theobromin enthalten – nicht zu vergessen die wertvollen Antioxidantien wie Epicatechin. Allerdings fehlen genau die beim Kakao aus dem Supermarkt. Der natürliche schützende Pflanzenstoff schmeckt nämlich bitter und wird bei der Verarbeitung fast völlig entfernt. Aber die findige → Schokoladen-Industrie arbeitet an diesem Problem.

Kaninchen

In meiner Kindheit in der Steiermark gehörten Kaninchen zu meinen beliebtesten Haustieren. So liebevoll gehaltene Tiere waren für mich als Sonntagsbraten nicht genießbar.

Die etwa 80 Rassen, die heute in Deutschland verbreitet sind, stammen aus Züchtungen der letzten 130 Jahre. Pro Jahr werden hier rund 41.000 Tonnen Kaninchenfleisch konsumiert, das sind rund 24 Millionen Tiere. Die Franzosen verzehren sogar dreimal so viel. Mindestens die Hälfte der in Deutschland verkauften Kaninchen kommt aus industrieller Intensivmast, die angeblich besonders rücksichtslos ist: Laut Thomas Ruhl (»Gutes Fleisch«) sterben 20 bis 30 Prozent der Tiere vorzeitig. Die Feinschmecker-Küche hat natürlich ihre eigenen kleineren Lieferanten, die für tiergerechte Haltung bekannt sind.

Noch im 19. Jahrhundert war Kaninchen ein typisches Armeleuteessen, und die übliche Zubereitung war die als ➤ Ragout oder Frikassee. Mit viel Sauce bekam man eine große Familie satt.

Heute wird Kaninchen auch in großen Menüs eingesetzt. Seine Verächter vergleichen sein Fleisch mit dem vom ➤ Huhn, seine Liebhaber finden es zart und mager. Tatsache ist, dass ihm kräftige Würze guttut, Rotwein- oder Senfsauce mit Thymian oder Lorbeer.

Das Durchschnittskaninchen ist mit höchstens zwei Kilo kleiner als ein mittlerer ➤ Hase (rund fünf Kilo) und hat kürzere Ohren. Dafür liefert es nicht nur Fleisch, sein Fell steht heute wieder hoch im Kurs für trendige Westen, Jäckchen und andere Modeartikel.

Karpfen

Die Hoch-Zeit des Karpfens ist Weihnachten, wobei er in manchen Ländern, zum Beispiel in Tschechien, so populär ist wie bei uns die Weihnachtsgans. Vielleicht sollte er deshalb eher »Gans des Meeres« heißen statt, wie weit verbreitet doch nie begründet, »Schwein des Meeres«.

Auch ich wollte in meinem zweiten Lehrjahr die Tradition brechen und die Familie am Heiligabend mit gebackenen Karpfen beglücken. Voller Begeisterung angelte ich zwei Karpfen aus einem in der Nähe gelegenen Teich, transportierte sie mit meinem Moped in einem Eimer Wasser heim und lagerte sie sozusagen in der Badewanne zwischen. Ich überwand mich auch, sie zu töten, und bereitete die Karpfen gebacken zu. Das Ergebnis: Das Fleisch schmeckte muffig, und dann die vielen Gräten … – am Ende des Abends gab es dann doch wieder Kartoffelsalat mit Wiener Würstchen.

An der feinschmeckerischen Qualität des Karpfens scheiden sich die Geister, doch als traditioneller »Karpfen blau« (in Schleswig-Holstein zu Silvester) oder »Aischgründer Karpfen« (in Franken) hat er an Beliebtheit kaum verloren; generell ist der Konsum aber leicht zurückgegangen.

Die Chinesen züchteten schon vor 2000 Jahren Karpfen. Sie haben auch jetzt ein paar interessante Neuheiten: Marmor- und Graskarpfen, die bei den ⇀ Gourmets gut ankommen und auch in europäische ⇀ Aquakulturen geliefert werden. Die meisten Karpfen werden heute auf ein bis zwei Kilo und 30 bis 40 Zentimeter Länge gemästet und dann verkauft.

Eine sehr spezielle Variante des Karpfens ist der Nishikigoi, kurz Koi genannt, ein hauptsächlich aus Japan (doch auch aus Singapur, Israel und Südafrika) stammender Zierfisch mit seinen vielen verblüffenden Farbkombinationen. Er wird für die Besitzer hochkarätiger Show-Teiche gezüchtet und kann da auch leicht einige Tausend Euro kosten. Kein Wunder, dass niemand weiß, wie er schmeckt.

Kartoffel

Daheim in der Steiermark gehörte das Anbauen und Ausbuddeln von Kartoffeln für uns Kinder zur regelmäßigen Beschäftigung. Deshalb sind sie für mich kein Grundnahrungsmittel, sondern eine Delikatesse.

Kartoffeln gehören zu den Nachtschattengewächsen, sind also verwandt mit ➤ Tomate, ➤ Paprika und Tabak. Die Knolle hat viele Hochs und Tiefs erlebt. Als sie Anfang des 17. Jahrhunderts nach Deutschland kam, schätzte man sie zuerst nur als Zierpflanze. Bekanntlich, so das »Lebensmittellexikon«, hat sie erst Friedrich der Große als Nahrungsmittel entdeckt, der rund um Berlin Kartoffelfelder anlegen ließ, um seine Soldaten damit zu verköstigen: »Es ist Uns in höchster Person in Unsern und andern Provintzien die Anpflanzung der sogenannten Tartoffeln … ernstlich anbefohlen.« Das war der Durchbruch.

Eine nette Anekdote aus der Anfangszeit der Kartoffel wird dem französischen Agronomen und Kartoffelvorkämpfer Antoine Parmentier zugeschrieben. Dieser habe seine Kartoffelfelder tagsüber von Soldaten bewachen lassen, nachts jedoch den Bauern der Umgebung die Möglichkeit gegeben, die exotischen Erdäpfel zu stehlen, zu kosten und dann selbst anzubauen. Ihre Vorzüge konnten selbst die dümmsten Bauern, die ja sprichwörtlich »die dicksten Kartoffeln haben«, verstehen: Sie bringen einen größeren Ertrag als das Getreide, und sie müssen weder gedroschen noch gemahlen werden. So kam die Kartoffel in Mode. Parmentier veranstaltete am Hof des Königs ein Festbankett, auf dem es 30 Gänge aus Kartoffeln gab. Unser Dichtervater Goethe verordnete »morgens rund, mittags gestampft, abends in Scheiben; dabei soll es bleiben, es ist gesund!«. Er hatte recht. Übrigens machen Kartoffeln, entgegen traditionellen Vorurteilen, auch nicht dick. Das erledigen andere Zutaten.

Ich genieße Kartoffeln am liebsten gedämpft: mit viel ➤ Butter, frisch gehackter ➤ Petersilie und ➤ Salz gemischt sind sie ein Traum.

Wie gut eine Kartoffel schmeckt, hängt nicht nur von der Sorte ab, sondern auch von dem Boden, in dem sie gewachsen ist. Da hilft nur eins: probieren und immer wieder probieren. In der Küche unterscheidet man Kartoffeln auch nach ihren Kocheigenschaften: zum Beispiel festkochende für Salate, Rösti und → Bratkartoffeln oder mehligkochende für Klöße, Suppen und Püree.

Eine schicksalsträchtige Begegnung mit Kartoffeln hatte ich in frühen Jahren in einem berühmten Restaurant in Paris, wo ich das Geheimnis des wahren Kartoffelpürees kennenlernte: Man nehme genauso viel → Butter wie Kartoffeln. Noch heute ernte ich mit diesem Rezept immer mal wieder heftige Kritik. Das Folgende ist daher auch eine gemäßigte Variante für jeden Tag:

Kartoffelpüree

Zutaten für 4 Portionen:

600 g mehligkochende Kartoffeln | 100 g grobes Meersalz für das Backblech
100 ml Milch | Salz | frisch geriebene Muskatnuss | 200 g Butter in Würfeln

* Die Kartoffeln gründlich waschen und auf einem Blech mit Meersalz im Backofen bei 180 Grad 60 Minuten garen.
* Die Milch aufkochen und kräftig mit Salz und Muskat würzen.
* Die weich gegarten Kartoffeln halbieren und durch eine Kartoffelpresse drücken. Die Schalen aus der Presse entfernen; danach den Brei nochmals durchdrücken.
* Heiße Milch und Butterwürfel unter die Kartoffelmasse mischen, bis ein geschmeidiges Püree entstanden ist.

Käse

»Wie wollen Sie ein Volk regieren, das 246 verschiedene Käsesorten hat?«, wird Charles de Gaulle 1962 zitiert. Ich fand es wunderbar, dass die französischen Affineure (Käseveredler) daraufhin protestiert haben – es seien doch viel mehr …

Selbst die Zahl der Käsebücher ist sensationell, sogar in Deutschland. Wenn es danach ginge, müssten die Deutschen große Käse-Kenner sein.

Zumindest gehören sie, zusammen mit Griechen, Franzosen, Schweizern und Italienern zu den Spitzen-Käse-Konsumenten.

Heute geht der Trend immer mehr in Richtung der in Deutschland eher raren Rohmilchkäsesorten, etwa zu so berühmten Spezialitäten wie dem Schweizer ➤ Emmentaler und zu süffigem Weichkäse wie dem ➤ Camembert oder Brie, die irgendwann anfangen zu laufen. Ich kenne übrigens eine ganze Menge Leute, die stets davon sprechen, dass Käse stinkt, wenn sie seinen Geruch meinen. Den Begriff »Stinkekäse«, gern auf den Harzer Roller gemünzt, gibt es ja auch nur in der deutschen Sprache.

Ich liebe Käse – als Genießer. Für mich als Koch sind Gerichte wie Fondue, Raclette oder Käsekuchen mit Speck keine echte Herausforderung.

Angeblich gibt es rund um die Welt rund 3000 Käsesorten. Kein Mensch kann sie auch nur annähernd kennen. Schon die Vielfalt auf einem Käsebüfett oder dem glitzernden Käsewagen in einem erstklassigen Restaurant überfordert selbst mich immer wieder.

Gottlob hilft ja in so einem Fall ein kenntnisreicher Ober – bei uns auf der Stromburg jedenfalls kann ich das garantieren.

Was die deutsch-französischen Unterschiede beim Behandeln der Rinde betrifft, so beherzige ich den Merksatz von Pierre Androuet, dem »Gralshüter des Käses« (Klever): »Wer bei Käse die Rinde mitisst, kommt mir vor wie ein Mann, der beim Wein die Flasche aufessen will.«

Kaviar

Ein Kapitel über dieses Thema kann man wahrscheinlich schon bald mit dem Märchensatz »Es war einmal« beginnen. Der Import von Kaviar, dem »echten« aus dem Kaspischen Meer, ist seit den 1990er-Jahren auf ein Zehntel zusammengebrochen. Für Kaviar aus Russland, Kasachstan und Aserbaidschan gibt es seit 2006 ein generelles Importverbot; die USA haben eines für Beluga, den teuersten Kaviar, erlassen, um das Aussterben des Belugastörs zu verhindern. Wenn heute Kaviar angeboten wird, dann ist es in der Regel Zuchtkaviar von irgendwoher auf der Welt.

Im 19. Jahrhundert galt er jenseits der Weichsel noch als Volksnahrungsmittel. Die kulturelle Aufmerksamkeit, die der Kaviar heute genießt, steht in gar keinem Verhältnis zu seiner wirtschaftlichen Bedeutung, doch er ist nun mal ein Symbol für Luxus und Verschwendung. Ein Kilo Beluga aus dem Iran kann heute leicht 8000 Euro kosten, die gleiche Menge Beluga aus ökologischer Zucht gibt es schon für 2840 Euro. Selbst Osietra (etwas kleinere Eier) gibt es nicht mehr unter 1700 Euro. Daneben geistern aber auch immer mal wieder wilde Meldungen

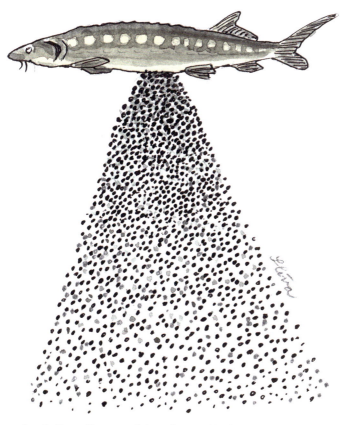

durch die ⇀ Gourmet-Magazine und berichten von goldenem Schah-Kaviar für 48.000 Euro das Kilo, dafür allerdings auch in goldener Dose.

Der sogenannte deutsche Kaviar ist zwar deutsch, aber kein Kaviar. Es sind die Eier vom Seehasen, die so lange lebensmitteltechnisch behandelt werden, bis sie halbwegs so aussehen wie richtiger Kaviar – nur den Geschmack hat man bislang nicht hingekriegt.

Ketchup

Der Ketchup von Heinz machte Andy Warhol berühmt – und umgekehrt: Seine überlebensgroßen Serigrafien der Ketchup-Flaschen waren ein typischer Fall von Synergie. Sie förderten gewaltig den Ruhm des Künstlers und den des Produkts.

Vorformen von Ketchup mit ähnlichen Namen gab es in Asien, doch ↠ Tomaten spielten in keiner dieser Zubereitungen eine wichtige Rolle. Das begann erst 1790 in Neuengland, und 1792 erschien dort erstmals in einem Kochbuch das Rezept für eine »tomato catsup« – eine Würzsauce aus reifen Tomaten.

Doch dass catsup, kitchup oder auch schon ketchup eine Tomatensauce ist und damit der große Durchbruch kam, ist Henry John Heinz (1844 bis 1916) zu verdanken, dem Spross einer deutschen Familie aus der Pfalz. Er startete (werbewirksam am Valentinstag) die industrielle Fertigung 1876, zum 100. Geburtstag der USA, und landete damit einen Welthit. 1861

1900 war er Marktführer, wurde auf der Weltausstellung in Paris prämiert und stellte 1905 bereits fünf Millionen Flaschen her. Das angeblich geheime Basisrezept: Tomaten natürlich (seit 1950 eigene Sorte), ↠ Zucker oder Süßstoff (20 Prozent), ↠ Essig, ↠ Salz und ein paar ↠ Gewürze. In Deutschland machen Gewürz- und Curry-Ketchups 20 Prozent des Markts aus.

Die klassische Heinz-Flasche muss geschüttelt und der Ketchup dann mit Schlägen auf den Flaschenboden hervorgelockt werden; fließt er schneller als mit 0,045 Kilometern pro Stunde aus der Flasche, ist er zu dünn. Die neue Plastikflasche nennt der Hersteller »Kopfsteher-Squeeze-Flasche«; sie funktioniert wie eine Tube.

Heute ist Ketchup das meistbenutzte »Schmiermittel« für ↠ Fast Food aller Art. In der feinen Küche ist er verpönt, aber bei zwei Gerichten darf Ketchup, wohldosiert, nicht fehlen: Zum Verfeinern einer Wildsauce und von Beef Tatar ist er wunderbar.

Knoblauch

Der abstoßende Geruch des Knoblauchs, der aus allen Poren strömt, erscheint bei einem Verwandten des Maiglöckchens und der Lilie eigentlich paradox. Die »stinkende Rose« (so die alten Griechen) gehört nämlich zur Familie der Liliengewächse; die vergleichsweise harmlose → Zwiebel ist eine Schwester. Als vielseitiges Heilmittel wird Knoblauch immer wieder gepriesen; er soll gegen Arteriosklerose, verschiedene Krebsarten, Typhus und Blähungen helfen.

Die mediterrane Küche ist ohne ihn undenkbar, doch viele Esser verschmähen ihn, und die meisten Amerikaner verabscheuen ihn sogar. Umso kurioser, dass sich als »Hauptstadt des Knoblauchs« (»The Garlic Capitol of the World«) ausgerechnet ein Städtchen namens Gilroy in Kalifornien rühmt. Fast alles wird dort mit Knoblauch zubereitet, die Marmelade zum Frühstück, das Eis zum → Dessert … Der → Hamburger wurde zum lokalen »Garlicburger«, und einmal im Jahr, beim örtlichen Garlic-Festival, duftet die ganze Stadt.

Unter dem Handelsnamen Aged Black Garlic kommt seit 2009 eine asiatische Variante des gemeinen Knofels zu uns, der viele Kollegen entzückt und zu allerlei ungewöhnlichen Kreationen angeregt hat. Der schwarze Knoblauch ist fermentiert, also gealtert, dadurch bekommt er eine weiche, fast klebrige Konsistenz und schmeckt in Richtung süßlich-säuerlich. »Der Feinschmecker« fühlt sich erinnert »an Lakritz, Backpflaumen, → Balsamico und Pumpernickel – ja, und ein bisschen an Knoblauch«.

Doch der wichtigste Vorzug des schwarzen Bruders aus Asien betrifft die Nase: Der für viele unerträgliche, infernalische Duft des »weißen Knoblauchs« hat sich enorm gemäßigt. Mein Fall ist er nicht.

Kobe Beef

Es sind die schwarzen japanischen ➤ Rinder aus der Umgebung von Kobe, die uns ein so konkurrenzlos zartes, wohlschmeckendes und teures Filet bescheren wie sonst kein anderes auf der Welt. Angeblich soll das an der zärtlichen Sonderbehandlung liegen, die sie genießen: besonders hochwertiges Kraftfutter, jeden Tag einen Liter Bier oder mehr. Massagen, nachdem man sie mit Sake oder Öl besprenkelt hat, und je nach Vorliebe Beschallung mit Mozart oder Popmusik. So weit der schöne Mythos vom Kobe Beef, den offenbar ein kulinarischer Autor vom anderen abschreibt.

Einer, der gespannt dort hinfuhr, um all das selbst zu erleben, kam ganz enttäuscht zurück: kein Bier, keine Massage, keinerlei Musik – stattdessen der Hinweis, dass viele Kobe-Rinder eine Woche vor der Schlachtung aus Amerika importiert würden (Cotta's kulinarischer Almanach Nr. 9, 2003)! Tatsächlich gibt es ja auch dort Rinder der Kobe-Rasse ➤ Wagyu. Diese soll Anfang der 1990er-Jahre erst nach Australien geschmuggelt worden und von dort in die USA gelangt sein, wo sie inzwischen in großem Umfang gezüchtet wird.

Als ich dieses hochberühmte Fleisch kürzlich in Kioto serviert bekam, entsprach es, ehrlich gesagt, nicht gerade meinen Erwartungen: hauchdünne Scheiben, in Zuckerkaramell gebraten, dazu gegartes Gemüse mit reduzierter ➤ Sojasauce, in einem roh verquirlten Ei serviert. Mein heiß geliebtes steirisches Almochsenfilet bekomme ich für 10 Prozent des Preises! Als ich mir jedoch später ein Kobe-Steak (100 Gramm für 80 Euro) bestellte und das absolut natur genoss, musste ich zugeben, dass es auch in Japan ein ➤ Fleisch gibt, das einen absoluten Luxus darstellt. Es ist schon eine Klasse für sich, mit feinster ➤ Fett-Marmorierung, und »könnte gelöffelt statt geschnitten werden«.

Koch

Das älteste überlieferte Kochbuch soll von einem Römer namens Apicius aus der Zeit um Christi Geburt stammen. Der Verfasser war angeblich ein gewaltiger Schlemmer – ganz im Stil der legendären römischen Dekadenz. Er favorisierte Flamingozungen und empfahl, ⇒ Schweine mit Feigen zu mästen, um eine besonders schmackhafte Schweineleber zu kriegen.

Die neuere Kochgeschichte wird von französischen Namen dominiert und beginnt im Mittelalter mit Taillevent (bürgerlich: Guillaume Tirel), der als Chefkoch von Karl V. berühmt und 90 Jahre alt wurde. Ihm folgte der tragische Held der Geschichte, François Vatel, der sich 1671 als 40-Jähriger in sein Schwert stürzte, als eine Ladung frischer Fische für ein Fest Ludwigs XIV. nicht rechtzeitig eintraf. Dass er der Nachwelt die Crème Chantilly (eine Dessertcreme) hinterließ, ist darüber ziemlich in Vergessenheit geraten. Marie-Antoine Carême (1784 bis 1833), der es vom 15. Kind eines trunksüchtigen Arbeiters zum internationalen Koch-Star brachte, galt in Frankreich als das größte Küchen-Genie und als Schöpfer der klassischen französischen Küche.

Er begann als ⇀ Patissier und arbeitete zehn Jahre für den französischen Außenminister Talleyrand. Dann kochte er etliche Jahre für den englischen König, den österreichischen Kaiser und den russischen Zaren und schrieb eine ganze kulinarische Bibliothek zusammen. Zu seiner Zeit wurde in Paris auch der erste Restaurantkoch berühmt: Antoine Beauvilliers, gerühmt von Brillat-Savarin, ließ erstmals einem breiten Publikum servieren, was vor der Revolution nur an den Tafeln der Royals aufgetischt wurde.

Der letzte große ⇀ Chef vor dem Anbruch der Moderne war Auguste Escoffier, der zusammen mit dem Hotelier César Ritz eine neue Ära der Gastronomie begründete. Mit ihm begann eine Art früher ⇀ Nouvelle Cuisine: Schluss mit dem gewaltigen Dekorationsschwulst der Küche, ein Ende der schweren Saucen, auch der ⇀ Service wurde revolutioniert. Seitdem wurden alle Gänge nacheinander aufgetragen.

Wenn von großen Köchen der Geschichte die Rede ist, fallen in der Literatur auch ein paar Namen von Italienern (Martino da Como, Bartolomeo Scappi, Francesco Leonardi), von Engländern (Robert May, Hannah Glasse, Isabella Beeton), Amerikanern (Amelia Simmons, Fannie Farmer), und natürlich haben wir in Deutschland ja mindestens Alfred Walterspiel, der sich als erfolgreicher Koch nach dem Ersten Weltkrieg das Hotel »Vier Jahreszeiten« in München kaufte und dessen Geschicke bis zu seinem Tod (1961) in Händen hatte. Damit war er nicht nur der Chef (zu Deutsch: Küchenchef) des Hotels, sondern auch dessen Inhaber, also der Chef-Patron.

Das ist ein Traum von vielen Köchen: nicht nur eine Küche zu regieren, sondern das ganze Restaurant oder sogar Hotel in eigener Regie zu führen. Die Steigerung davon ist der Koch-Multi, ein geschäftstüchtiger Chef-Patron, der seinen Namen zu einer Marke (oder mehreren Marken) ausbaut und so zu einem Imperium erweitert. In der heutigen Gesellschaft genießt übrigens eine andere Gruppe von Köchen eine bei Weitem größere Popularität als die besten Sterne-Köche der ⇀ Gourmet-Szene: die Fernsehköche.

Kohl

»Steht als Windmacher und Kolikenerzeuger in beinahe noch schlimmerem Ruf als selbst die Hülsenfrüchte« sagt uns das »Appetit-Lexikon«. Hiergegen wird in Norddeutschland, etwa beim Traditionsgericht »Kohl und Pinkel« (Grünkohl mit fetter Grützwurst) heftig Aquavit genossen. Ob das wirklich gegen Koliken hilft oder nur über die Peinlichkeiten der Blähungen hinweg, hat mir so recht nie jemand erklären können.

In Dithmarschen, der sogenannten Kohlkammer Deutschlands, werden jährlich 80 Millionen Kohlköpfe geerntet, also etwa einer für jeden Einwohner Deutschlands; in den mageren Jahren nach dem Ersten Weltkrieg fuhren von hier 50.000 Eisenbahnwaggons in alle Teile des hungernden Landes. Das preiswerte Gemüse war stets bei den kleinen Leute zu Hause, als Beilage und Hauptbestandteil von Eintöpfen, auch gern aufgewärmt.

Kohl hat wenig Kalorien, aber viele → Vitamine, vom Vitamin C gar so viele wie Zitrusfrüchte – leider wird dies größtenteils zerkocht. Ich kenne ihn aus meiner Jugend als Wintergemüse, das geschmacklich noch gewinnen konnte, wenn schon eiskalter Raureif auf ihm gelegen hatte. Der Grund dafür war und ist, dass die im Kohl enthaltene Stärke durch Frost in Zucker umgewandelt wird – das macht ihn milder.

Kohl ist nur der Oberbegriff für eine Familie von rund 380 Gattungen, von denen viele nicht jedem als Kohl bekannt sind. Die meisten haben sich inzwischen auch in der → Haute Cuisine einen Platz erobert wie → Blumenkohl und → Brokkoli, japanische Rüben und Teltower Rübchen, → Kohlrabi und Rosenkohl, Pak-Choi und Spitzkohl, meine Favoriten → Rotkohl und → Wirsing – und, nicht zu vergessen, das → Sauerkraut.

Kohlrabi

Ich bin ein Liebhaber dieser knolligen Variante unter den zahlreichen Kohlsorten und habe sie gelegentlich schon als eine Kreuzung aus Rettich und Apfel bezeichnet. Den Eindruck hatte ich jedenfalls immer wieder, wenn ich mal in die blaurote oder hellgrüne rohe Knolle gebissen habe. Sie ist in der Regel fest und saftig; geschält muss sie dabei schon sein.

Allerdings vertrete ich in dieser Hinsicht wohl nicht die allgemein herrschende Meinung. Das alte »Appetit-Lexikon« zum Beispiel meint, dass er »in keiner Gestalt besondere Begeisterung zu erwecken vermag, da sein Geschmack stets ein fader bleibt und oft genug ins Holzige übergeht«.

Die Phase seiner größten Beliebtheit in Deutschland hatte der Kohlrabi offenbar im 19. Jahrhundert. Er gilt seit jeher als ein typisch deutsches Gemüse und ist auch unter den Bezeichnungen Oberrübe, Kohlrübe oder Rübkohl bekannt. Man verwen-

det ihn für Salate, Suppen, Eintöpfe, Aufläufe und als Beilage.

In Mitteleuropa wird Kohlrabi heute aus Freilandkulturen sowie dem Anbau unter Glas oder Folie nahezu das ganze Jahr über angeboten.

Da wir Köche heute nur junge Knollen verwenden, müssen diese auch nicht mehr wie früher in Salzwasser blanchiert, sondern können langsam in ⤳ Butter gedünstet werden. Ich mixe Kohlrabi auch gern mit ⤳ Muscheln und ⤳ Garnelen oder mit Kalbsbries (⤳ Bries), und er ist jedes Mal wieder ein Genuss. Der erste Bissen bestätigt mir jedes Mal aufs Neue – Kohlrabi ist wirklich das Kalbfleisch unter den Gemüsesorten.

MEIN TIPP: *Ein paar Cranberrys zu gedünstetem Kohlrabi geben, mit Salz, Pfeffer und etwas Orangenthymian abschmecken, und fertig ist eine leckere Beilage zu Wildgerichten.*

Kombucha

Nicht viele Getränke sind wie dieses sowohl im Reformhaus als auch in gut sortierten ⇢ Bars zu haben. Kombucha (sprich: kombutscha) enthält zwar nur fünf Prozent Alkohol, doch dafür viele medizinische Verheißungen. Der Legende nach kommt das Gebräu aus dem Fernen Osten, wahlweise aus dem 4. Jahrhundert vor oder nach Christi Geburt, wo ein Arzt namens Kombu damit die Magenschmerzen des japanischen Kaisers geheilt haben soll. Dagegen steht die Theorie, dass es aus Osteuropa stammt und nur 100 Jahre alt ist. Im Westen kam Kombucha erst vor ein paar Jahrzehnten in Mode. Die Reformhaus-Fraktion empfiehlt, es selbst zu brauen, weil die Wirkung dann größer sei als bei den industriell hergestellten Qualitäten. Kombucha soll den Stoffwechsel anregen, blutreinigend wirken, die Faltenbildung verringern, die Wechseljahre erleichtern und die sexuelle Potenz steigern. Damit geht es ihm wie den meisten ⇢ Aphrodisiaka, man kann ihre Wirkung nicht nachweisen, doch wenn man nur fest dran glaubt, helfen sie manchmal doch. Kombucha hat aber noch einen weiteren Vorzug: Mit einem ordentlichen Schuss ⇢ Rum oder ⇢ Gin kann man daraus gut trinkbare Longdrinks herstellen.

Konditor

Dieses Wort habe ich so richtig erst kennengelernt, als ich nach Deutschland gekommen bin. Bis dahin war mir mein Beruf als ⇢ »Patissier« vertraut, wie er ja auch international in der Küchenszene heißt, außer in den USA, wo er als pastry chef hohes Ansehen genießt. Der Konditor ist etwas ganz Deutsches und sonst nur noch in Skandinavien bekannt.

Später erst hörte ich dann mal das Lied »In einer kleinen Konditorei, da saßen wir zwei …« und glaubte zu erkennen: Das ist mehr als nur eine Confiserie oder ein Kaffeehaus, das ist beides zusammen und noch ein bisschen mehr – Gemütlichkeit, Nostalgie, Romantik, deutsche Wehmut. Und an diesem paradiesischen Ort wirkt natürlich der Konditor, backt unermüdlich Schwarzwälder Kirschtorte und Käseschnittchen, Apfelkuchen und Bienenstich, Pflaumen-, Baum- und Zuckerkuchen. Im Gegensatz zu den Kollegen, die ⇀ Brot und Brötchen backen, heißt er im Altdeutschen ja auch Zuckerbäcker.

Der gelernte Konditor kennt sich auch mit Pralinen und ⇀ Eis aus, mit ⇀ Marzipan und mit all den Cremes und Sabayons, mit Tiramisu und Crêpe Suzette. Da steht er dem Patissier kaum nach. Allerdings stirbt die klassische Konditorei wegen Fitnesswahn und Generationswechsel mehr und mehr aus – neuerdings werden dort auch kleine Mahlzeiten erwartet. Die jungen Leute wiederum sitzen in ihren ⇀ Espresso-Bars und coolen Kuchenstationen wie zum Beispiel »Sweet Dreams« in Hamburg. Niemand, der da arbeitet, nennt sich noch Konditor. Tut mir leid, aber die Zukunft gehört dem Patissier.

Konserve

Wenn ich an Konserven denke, dann an die gute alte Konservendose, in der alle möglichen Lebensmittel haltbar aufbewahrt werden können.

Mich hat es einigermaßen überrascht, dass die Konservendose ein Kind des Krieges ist: Napoleon setzte 1795, soeben zum Oberbefehlshaber der französischen Armee befördert, einen Preis von damals gewaltigen 12.000 Goldfranc für denjenigen aus, der ein Verfahren zur Haltbarmachung von Lebensmitteln entwickeln würde. Ein Pariser ➤ Konditor, der allerdings Glasflaschen benutzte, gewann den Preis für die »Kunst«, alle Nahrungsmittel »in voller Frische, Schmackhaftigkeit und eigenthümlicher Würze mehrere Jahre zu erhalten«.

Die Konservendose wurde erst im Jahre 1810 in England patentiert. Die erste Fabrik dafür öffnete drei Jahre später und stellte die Versorgung der britischen Truppen sicher. Über 40 Jahre wurde die Dose im Feld mit einem Beil, mit Hammer und Meißel oder dem Bajonett aufgestemmt. Erst 1855 wurde ein erster Dosenöffner erfunden. Seitdem ist die nützliche Dose nicht mehr wegzudenken. Noch heute werden ja die meisten ➤ Thunfische und ➤ Heringe in Blech verpackt verkauft.

Ich hatte mich angesichts des allgemeinen Frische-Trends und des wachsenden Umweltbewusstseins auf ein Verschwinden der meisten Konserven eingestellt. Doch in Lebensmittelläden und Supermärkten stehen sie immer noch und füllen viele Regalmeter: ➤ Bohnen und ➤ Möhren aller Arten, Gulasch und ➤ Maultaschen, ➤ Ragout fin, Corned Beef und alle Früchte (besonders die südlichen). ➤ Fonds, ➤ Spargel und ➤ Würstchen sind in Gläser abgewandert.

In Hamburg hat mir ein Händler als neuen Trend erklärt: »Die großen Gemüsedosen sind weniger geworden, dafür gibt es mehr kleine mit Eintöpfen und Suppen.« Der Grund liege doch auf der Hand: Sie nehmen im gleichen Maße zu wie die Zahl der Single-Haushalte.

Korken

Obwohl schon die alten Griechen Amphoren mit Korkstopfen verschlossen haben sollen, wird die Geburt des Flaschenkorkens allgemein dem alten ↦ Dom Pérignon zugeschrieben, der um 1680 erstmals seine Schaumwein-Bouteillen verkorkte.

Die Verbreitung der Flasche und der aufblühende Handel gegen Ende des 18. Jahrhunderts gingen mit dem Siegeszug des Korkens Hand in Hand. Seit jeher kommen 80 Prozent der Naturkorken von der Iberischen Halbinsel. Vor allem in Portugal ist die Korkeiche (quercus suber) zu Hause, deren äußere Rinde das begehrte Material liefert. Nach 30 Jahren kann so ein Baum das erste Mal geschält werden, danach alle zehn Jahre.

Ein anständiger Korkpfropf, dem ja häufig Informationen über den Wein aufgedruckt werden, kann leicht einen Euro kosten.

Naturkork besteht zu erstaunlichen 90 Prozent aus Luft, ist leicht, elastisch und geschmacksneutral. Er lässt sich (24 Millimeter dick) klaglos in den Flaschenhals (18 Millimeter) drücken, schließt fest ab und erlaubt doch einen minimalen Sauerstoffeinlass, der dem Wein und seiner Reifung wohl bekommt.

Doch der Korken ist mengenmäßig auf dem Rückzug. Von 1,5 Milliarden Weinflaschen, die 1999 in Deutsch-

land geöffnet wurden, hatten noch zwei Drittel einen Naturkorken. Zehn Jahre später war es nur noch ein Drittel. Die Mehrheit der Flaschen war bereits mit Schraub- und Kunststoffverschlüssen getoppt.

In Ländern wie der Schweiz, den USA, Chile, Südafrika, Australien und Neuseeland ist die Verschiebung in Richtung Schraubverschluss noch größer.

Dieser hat zwei Vorzüge: Er ist billiger, und er lässt keinen Korkfehler (Korkschmecker) zu, der bislang von manchen Weinlagen bis zu zehn Prozent der Flaschen mit Korkenverschluss untrinkbar machte. Sein Nachteil: Er lässt die Weine geringwertig erscheinen. So werden denn auch hochwertige, vor allem Rotweine noch lange mit Naturkorken verschlossen bleiben.

Krabben

Was beim Fischhändler Krabbe heißt, manchmal auch Nordseekrabbe, Granat oder auch Büsumer Krabbe, ist biologisch korrekt eine ⇀ Garnele. Eine richtige Krabbe ist zum Beispiel der Taschenkrebs oder die Große Seespinne, die Hahnenkammkrabbe oder die King Crab. »Sie sehen, die Verwirrung ist groß«, stöhnt Ulrich Klever, produktiver Kochbuchautor und ein großer Krustentier-Fan, über die ewige Sprachverwirrung.

In der Regel haben Krabben acht Beine und zwei Scheren, sie bewegen sich flink seitwärts, was der Volksmund eher dem ⇀ Krebs zuschreibt. Der am meisten verbreitete ist der Taschenkrebs, in Amerika als dungeness crab populär und das beliebteste Krustentier an der Westküste. Sein bestes Fleisch steckt in den Scheren. An der Ostküste sind dagegen die sogenannten softshell crabs oder Butterkrebse beliebt. Dabei handelt es sich um die amerikanische Blaukrabbe (blue crab), die unmittelbar nach ihrem Panzerwechsel gefangen wird. Ihr neuer Panzer ist dann noch so zart und weich, dass man ihn, vorzugsweise im Mai und Juni, bei dem frisch gebratenen Tier mitessen kann, tiefgefroren auch den Rest des Jahres. Die bis zu drei Kilo schwere king crab oder Kamtschatkakrabbe ist die größte Krabbe der Welt.

Unvergesslich ist für mich ein Stand im Hafen von San Francisco, an dem man eine frisch gekochte Königskrabbe mit entsprechendem Werkzeug selbst knacken konnte. Dazu gab es Mayonnaise und ein Glas Wein. Das Leben kann manchmal wirklich schön sein! In Deutschland ist die Riesenkrabbe hauptsächlich durch konserviertes King Crab Meat, Kamtschatka-Crabmeat oder Chatka Crab bekannt geworden – nicht zu verwechseln mit dem eindeutig billigeren »Crabmeat« tropischer Schwimmkrabben aus Asien (Teubner).

Kräuter

»Als Küchenkräuter werden Pflanzen bezeichnet, deren Blätter und Blüten frisch oder getrocknet als ➤ Gewürze Verwendung finden« sagt Wikipedia. Und da haben wir schon das Dilemma: Kräuter können Gewürze sein, doch sind Gewürze denn auch Kräuter? Sicher nur selten, aber auch da gibt es Ausnahmen. Kräuter sind eben ein kleines Universum. Heute nennen sich ja etliche ➤ Chefs gern Kräuterköche, es klingt so besonders grün, und grün ist ja gesund.

Wir auf der Stromburg haben schon immer unsere Kräuter aus dem eigenen Garten geholt und das nie an die große Glocke gehängt. Der Grund dafür war ein Schlüsselerlebnis, das ich 1983 hatte, als ich nach Guldental kam. Verwöhnt durch das üppige Sortiment des Münchner Viktualienmarkts, wollte ich unbedingt frische Minze auf dem Bad Kreuznacher Wochenmarkt kaufen, und die Marktfrau antwortete mir: »Pfefferminztee gibt es im Lebensmittelmarkt.« Danach begannen wir in bescheidenem Rahmen, unsere eigenen Küchenkräuter anzubauen.

Heute – und darauf bin ich ziemlich stolz – können alle Hobbyköche und Genießer in ganz Deutschland über 120 nach meiner Philosophie gezogene biologische Würz- und Heilkräuter (La Bio) kaufen.

Kräuter sind aus unserer modernen ➤ Haute Cuisine und auch der regionalen Küche gar nicht wegzudenken. Ob als Schaumkrönchen auf relativ einfachen Gerichten, als Kräuterkruste, -sauce oder -füllung – Kräuter wie ➤ Basilikum, Beifuß, Estragon, Koriander, ➤ Petersilie, Rosmarin, ➤ Salbei, Thymian oder ➤ Zitronengras machen heute mehr als früher den speziellen Charakter bestimmter Gerichte aus.

MEIN TIPP: *Zerreiben Sie einzelne Kräuterblättchen zwischen den Fingern, riechen Sie, probieren Sie und entdecken Sie neue Aromen. Unbekannte Kräuter vorsichtig dosieren, nachwürzen kann man immer.*

Krebs

Wenn leidenschaftliche ➤ Gourmets vom Krebs sprechen, ist der Fluss- oder Edelkrebs gemeint. Er sieht wie ein kleiner europäischer ➤ Hummer aus, mit dem er auch das gleiche unbarmherzige Ende gemein hat. Ich musste dabei als junger Koch immer einen starken inneren Widerstand überwinden. Richtig professionell ergreift man den Krebs, hebt seine mittlere Schwanzflosse an, dreht sie um, zieht den Darm heraus und wirft das Tier sofort ins sprudelnd kochende Wasser. Das muss eine einzige Handbewegung sein; wer sich da nicht sicher ist, kocht den Darm lieber mit.

Wie der Helgoländer ➤ Hummer ist auch der deutsche Flusskrebs verschwunden. Was waren das noch für Zeiten, als wir Kinder mit zwei Holzstöcken und Hasenstalldraht aus dem Bach 30 Meter neben unserem Haus große Krebse fangen durften. Die hat meine Mutter dann mit Wurzelgemüse, Kümmel und Salz in Wasser gekocht. Heile Welt!

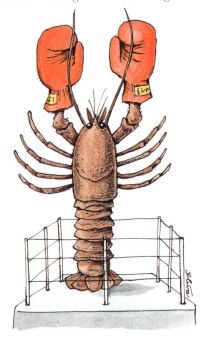

Heute kommen die Tiere aus türkischen, polnischen und anderen osteuropäischen Importen. Das wiederum sind übrigens die Nachkommen amerikanischer Flusskrebse, die nach der Krebspest von 1876 in europäischen Gewässern ausgesetzt wurden.

Die beste Zeit für ein Krebsessen ist nach der Häutung der Tiere im Mai und Juni. Vor dem Genuss des zarten, wunderbaren Krebsfleisches muss die »krebsrote« Schale abgepult, das Fleisch aus dem Schwanz und den Scheren gebrochen werden. Nach meiner Erfahrung hilft da auch ein Krebsbesteck nicht viel, es bleibt Handarbeit, und am Ende hat jeder zerstochene Fingerkuppen wie eine ungeschickte Näherin. Die Skandinavier sind Meister darin und große Krebsvertilger, angeblich vor allem, weil sie nach jedem Krebs einen Aquavit schlucken.

Kresse

Unter diesem Namen gedeihen diverse Arten von Pflänzchen – manche auch auf Fensterbänken. Zu den prominentesten Kressen gehören die Brunnenkresse (auch Wasserkresse), wild wachsend und prickelnd scharf als ⊸ Salat und Würze beliebt; die Gartenkresse, ein schnell wachsender Keimling, würzig-frisch und ganzjährig erhältlich. Ein Küchen-Darling ist auch die Kapuzinerkresse, die im Sommergarten mit ihren schönen und essbaren, orangerot leuchtenden Blüten besticht. Eine Winterkresse mit herb-säuerlichem Geschmack wird als Würze für Suppen, Saucen und, zusammen mit anderen Kräutern, als Brotaufstrich empfohlen.

Kresse wird in der Regel roh gegessen, aber auch zu schmackhaften Suppen verarbeitet. Sie lässt sich geduldig in allerlei verblüffende Geschmacksrichtungen züchten. Holländische Gemüsezauberer haben bereits so aparte Abarten wie »Mustard Cress«, »Daikon Cress« oder »Borage Cress« auf den gastronomisch fortgeschrittenen Markt gebracht, die schmecken dann nach Senf, nach Brokkoli oder nach Meerrettich – wahrscheinlich könnten sie auch eine Erdbeer- oder Mango-Kresse basteln.

Solche Kunst-Kressen wachsen in einer Woche auf einem Wattebäuschchen-Beet, dann sind sie fertig. Doch je exotischer eine Kresse, desto seltener endet sie im Salat. Die meisten der raren Keimlinge krönen ihre Karriere als ästhetischer Akzent auf einem kunstvoll arrangierten Gourmet-Teller und werden oft nicht mal mitgegessen.

KRUG

Ich muss gestehen, dass auch ich bei meinem ersten Glas noch »Krüg« sagte, so würde man diesen Namen ja aussprechen, wenn er französisch wäre. Dass alle Kenner und auch die Familie selbst »Krug« sagen, merkte ich erst später. Der Erste der Dynastie, der dieses wohl einzige einsilbig benannte Champagnerhaus 1843 gründete, war ein Deutscher aus Mainz. Die seit Jahren herrschenden Krugs habe ich als einige der besten Marketing- und Werbestrategen der ganzen Branche kennengelernt: eloquent, sympathisch und überzeugend. »Ihre erste Begegnung mit Krug werden Sie nie vergessen«, heißt einer der berühmtesten Sätze von Remi Krug, dem dynamischen Präsidenten. – Die Firma wurde 1999 an die LVMH-Gruppe (⇢ Moët & Chandon, ⇢ Veuve Clicquot und andere) verkauft, und seitdem ist es, scheint mir, um Krug ein wenig stiller geworden. Serena Sutcliffe, meine britische Ratgeberin und Expertin in Sachen ⇢ Champagner, bekannte sich selbst als »eingeschworene Krugistin« und lobte die Marke als »ein Monument höchster Vervollkommnung, eine Bastion im Kampf gegen das Mittelmaß«.

Krug-Champagner gibt es nur in der Premiumklasse – etwa 500.000 Flaschen jährlich. Niemand sollte sich wundern, wenn die Flasche rund fünfmal so viel kostet wie ein redlicher ⇢ Moët & Chandon und auch etwas mehr als der von seinen Fans liebevoll »DiiPii« genannte ⇢ Dom Pérignon. Dafür bekommen Sie aber eine Assemblage aus annähernd 50 der klassischen Champagnerweine und aus bis zu zehn ⇢ Jahrgängen. Sie reifen lange in Eichenfässern und ergeben die berühmte Grande Cuvée, mit 80 Prozent der Produktion das Flaggschiff der Marke. Um einiges teurer sind die Jahrgangschampagner und der »Clos de Menil« – ein Blanc de Blancs aus einem kleinen Weinberg, den die Krugs 1971 kauften. Er ist ein Mythos, das absolute Nonplusultra. Ich habe ihn einmal getrunken und war auf das Höchste beeindruckt.

Küchenbrigade

Wer die Bücher von ➤ Köchen liest, nicht ihre Kochbücher, sondern die Erinnerungen, die sie ja in immer jüngeren Jahren verfassen, der bekommt leicht den Eindruck, eine Restaurantküche sei so etwas wie ein Irrenhaus mit ziemlich sadistischen Patienten – so Anthony Bourdain in seinem Buch mit dem treffenden Untertitel »Was Sie über Restaurants nie wissen wollten«. Natürlich lassen sich Exzesse besser beschreiben und amüsieren den Leser eher als die meist gar nicht so spektakuläre Realität.

Auch ich kenne diese Geschichten von ➤ Chefs der älteren Generation, denen schon mal eine heiße Pfanne aus der Hand flog. Aber in den Küchen, in denen ich gearbeitet habe, und auch in meiner eigenen Küche

wird niemals gelärmt oder getobt. »Absolute Ruhe, keine Gespräche«, hat »Der Feinschmecker« einmal über unsere Küche bei hoher Anspannung berichtet, hinterher wird dann wieder gewitzelt und gelacht. Wir sind ja keine Kadettenanstalt.

Doch Demokratie gibt es in der Küche nicht. Der Chef in der Küchenbrigade ist der unbestrittene Boss. Hierarchie und Titel stammen aus dem Französischen: Chef de partie, Chef de garde, Sous-chef, Saucier, Poissonnier, Entremetier, ⇒ Patissier. Ich glaube nicht, dass es einen anderen Berufsstand gibt, der so hart und so lange arbeitet wie die Köche. Wann immer mal jemand, etwa aus der Kritiker-Zunft, bei uns mitgearbeitet hat, um den Betrieb in einer professionellen Küche kennenzulernen, nach einer Woche gaben regelmäßig alle erschöpft auf. Der wichtigste Mann neben dem Chef ist der Sous-chef, dessen Stellvertreter und in manchen Fällen fast noch wichtiger als der Boss. Der berühmteste Ausspruch dazu stammt von Paul Bocuse,»Koch des Jahrhunderts« (Gault-Millau). Gefragt, wer denn koche, wenn er wie so häufig auf Reisen sei, sagte er, »derselbe, der auch kocht, wenn ich hier bin – mein Sous-chef!«

Kürbis

In meiner Jugend war der Kürbis für mich mit einer der wichtigsten steirischen Delikatessen verbunden, dem Kürbiskernöl. Da saßen wir und holten die großen grünen Kürbiskerne aus dem orangefarbenen Fleisch heraus – drei Kilo Kerne für einen Liter Öl. Sein Fruchtfleisch mit viel Wasser und wenig Geschmack habe ich eher in schlechter Erinnerung. Meine Mutter versuchte ihn zwar zuzubereiten, würzte ihn mit Paprikapulver und verfeinerte ihn mit saurer Sahne, aber leider führte es nur dazu, dass Kürbis

Kürbissuppe

Zutaten für 4 Portionen:

350 g Hokkaido-Kürbis | 2 Schalotten | ½ rote Chilischote | 1 Stück Ingwer, walnussgroß | 2 EL Rapsöl | ½ TL Currypulver | 400 ml Gemüsefond 300 ml Kokosmilch, ungesüßt | Salz | Chili aus der Mühle | 1 EL Akazienhonig

- Den Kürbis waschen, vierteln, entkernen und in kleine Würfel schneiden. Die Schalotten schälen und ebenfalls würfeln.
- Die Chilischote entkernen und fein würfeln. Den Ingwer dünn schälen und ebenfalls fein würfeln.
- Die Schalotten bei mittlerer Hitze im Rapsöl anschwitzen.
- Die Kürbiswürfel zugeben, kurz mit anschwitzen und mit Currypulver bestäuben. Gemüsefond und 200 ml Kokosmilch zugeben, aufkochen.
- Chili und Ingwer zur Suppe geben, zugedeckt 15–20 Minuten köcheln lassen. Mit einem Schneid- oder Mixstab fein pürieren, durch ein Sieb in einen zweiten Topf gießen.
- Die Suppe mit Salz, Chili und Honig abschmecken.
- Die restliche Kokosmilch erhitzen, schaumig aufmixen und die Suppe vor dem Servieren damit verfeinern.

nicht zu meinen Lieblingsgerichten gehörte. Inzwischen habe ich den wesentlich besseren Eigengeschmack neuerer Sorten entdeckt, aber dass Kürbis mit aromaintensiven ➤ Gewürzen wie ➤ Ingwer, ➤ Zitronengras oder Curry so einen Siegeszug angetreten hat, hätte ich mir damals nie vorstellen können.

Am prominentesten tritt er zu Halloween in Amerika auf. Am Tag vor Allerheiligen (1. November) werden gewaltige »pumpkins« zu Fratzen geschnitzt und von innen beleuchtet, um böse Geister abzuschrecken. Neuerdings ist das auch in anderen Ländern schon fast Kult.

Der Kürbis wird schon in den Schriften Hippokrates' erwähnt, wirkt harntreibend, stärkt das Immunsystem und hat kaum Kalorien. Neben vielen Nähr-, Mineral- und Ballaststoffen enthält er Beta-Karotin, die Vorstufe von ⇀ Vitamin A und ein sekundärer Pflanzenstoff, der vor Krebs schützen und das Altern verlangsamen soll.

Auch wenn es nicht so aussieht: Der Kürbis und die Kürbisgewächse gehören zur Familie der ⇀ Gurken, genau wie die ⇀ Melone und die Zucchini. Im Kulinarischen tritt er eher bescheiden auf. In der feinen Küche hatte er lange nichts zu suchen, heute kennt man ihn nicht nur als süß-saures Gemüse, sondern auch roh als ⇀ Salat, püriert als cremige Suppe, in Gebäcken oder Pürees, als Konfitüre, Kompott und und und.

Kutteln

Ich kann mir nicht helfen, aber ich finde schon den Namen arg proletarisch, und damit stehe ich wohl nicht allein. Das »Appetit-Lexikon« von 1894 spricht lieber von Kaldaunen, »Teubners Food-Lexikon« führt sie unter »Magen«, und in Wolf Ueckers »Culinarium« finden sie sich unter dem Stichwort »Tripes«, dem französischen Begriff für Kutteln.

Gemeint sind die zarten und deshalb essbaren Teile hauptsächlich des Rindermagens. Das entsprechende Verdauungsorgan trägt auch die Bezeichnungen Blättermagen, Labmagen oder Pansen. In Frankreich und Italien werden auch Kutteln vom Kalb oder ⇀ Lamm verwendet.

In unseren deutschen Landen waren Kutteln noch nie besonders geschätzt. Alfred Walterspiel, der große deutsche Koch des 20. Jahrhunderts, schrieb: »In vielen, besonders in den deutschsprachigen Ländern, hat man gegen die Tripes, vielleicht weil man sie Kutteln oder Kaldaunen nennt, ein Vorurteil. Dieses Vorurteil ist völlig unberechtigt.«

Vom Fleischer werden die Kutteln fertig gesäubert und klein geschnitten angeboten. Im Prinzip schmecken Kutteln ziemlich undefinierbar, Waverly Root nennt das, wohl mit Recht: »wenig geschmackliche Individualität«. Aus diesem Grund treten die besonders leicht verdaulichen ⇀ Innereien denn auch gern in würzintensiver Gesellschaft auf – beispielsweise mit ⇀ Knoblauch, Kümmel oder Calvados, in den italienischen »Trippa alla fiorentina« mit pikanter Tomatensauce und ⇀ Parmesan oder den spanischen »Callos a la Madrilena« mit würziger Chorizo, Chili und Knoblauch.

Die in den schwäbischen und badischen Teilen Baden-Württembergs populären »sauren Kutteln« baden traditionell in einer sämigen Sauce mit ⇀ Zwiebeln und ⇀ Essig.

Labskaus

Einst war das Labskaus ein Notfall- und Resteessen an Bord eines Schiffes, wenn der Törn länger dauerte und der Smutje schon alles serviert hatte. Dann kramte der Schiffskoch alles zusammen, was noch übrig geblieben war. Meist waren es noch etwas Pökelfleisch und Rote Bete (damals nicht so beliebt), ein paar → Kartoffeln und noch dies und jenes, was man gar nicht so genau wissen wollte; deshalb wurde es durch den Wolf gedreht und mit einem Spiegelei drauf serviert, damit man nicht sehen und riechen konnte, was drunter war.

Labskaus hat offenbar mehrere Wurzeln. Das Gericht und sein Name stammen wohl zunächst aus dem Englischen, etwa von »lob's course«, was mit »Speise für derbe Kerle« übersetzt wird; außerdem gibt es noch die lettische Variante mit »Labs kausis« (gute Schüssel). An Land wurde es lange nicht gesichtet, doch im Hamburger »Old Commercial Room« am Michel, einer englischen Gründung, soll es bereits 1795 aufgetischt worden sein, auf jeden Fall ab 1970 mit wachsendem Erfolg. Dort habe ich es auch zum ersten Mal probiert – eine Urkunde erinnert mich noch heute daran. Als Koch war ich damals besonders gespannt auf dieses Gericht, aber meine Begeisterung hielt sich in Grenzen. Heute sind es 500 Portionen pro Woche, die dort (auch im Weckglas) verkauft werden, und mehrere Schlachtereien in Hamburg machen es für knapp fünf Euro nach.

So manches Feinschmecker-Restaurant serviert Labskaus als kulinarische Delikatesse, natürlich auf moderne Art, nicht aus Resten, sondern frisch und aus feinsten Zutaten. Wenn es dann so zubereitet wird wie bei Heinz Wehmann im Landhaus Scherrer, kann ich mich auch damit anfreunden.

Im deutschen Norden sollen vor etwa 150 Jahren Dienstboten in den besseren Vierteln um Verträge gebeten haben, die ihnen zusicherten, dass sie nicht mehr als zweimal wöchentlich Lachs essen mussten.

Der Lachs, in erster Linie der atlantische und der pazifische, ist ein Wanderfisch, der seine Kindheit in Süßwasserflüssen verbringt. Er wandert dann ins Meer und wird dort größer und fetter. Wenn er nicht gefangen wird, dann schwimmt er, sobald er geschlechtsreif ist, zurück zu seinem heimischen Laichplatz. Dabei springt er auch mittlere Wasserfälle hoch; lediglich moderne Staudämme, wenn sie den Lachsen keine Fischwege bieten, können sie stoppen.

Die meisten Lachse sterben, sobald sie gelaicht haben; nur eine Minderheit bricht auf zu einem neuen Zyklus. Von den Eiern überleben in den verschmutzten Flüssen nur wenige, bis zum Ozean schaffen es noch weniger – überschlägige Rechnung: 5 von 5000.

zum Besten, was das Meer dem Feinschmecker zu bieten hatte. Und dann
war es mit diesem Höhenflug wieder
vorbei. Er wurde, wie Taras Grescoe
in seiner apokalyptisch angehauch-
ten Bilanz »Der letzte Fisch im Netz«
schrieb, »vom König der Fische zum
Schwein des Meeres«.

Die Zahlen der gefangenen Wildlachse
stürzten in den vergangenen 30 Jahren
auf zehn (Schottland) bis fünf Prozent
(Kanada) der einstigen Erträge. Dafür
stiegen die Zahlen der Zuchtlachse aus
→ Aquakulturen in Norwegen, Schottland und Irland gewaltig an. Doch
auch die Qualität wurde besser. Inzwischen kann man sogar die »Lachs-
farbe« des Fleisches künstlich herstellen. Der teure wilde Lachs braucht drei
bis vier Jahre, bis er das ideale Fang-
gewicht erreicht hat, der preisgünstige
aus der »Legebatterie der → Aquakultur« erreicht mit dem Turbofutter
seines Züchters das gleiche Gewicht in
nur 12 bis 18 Monaten.

So wurde aus dem überreichlich vor-
handenen Billig-Fisch fürs Personal
ein teures Genussmittel.

Für ein paar Jahrzehnte stieg er zum
Darling der feinen Küche auf. Sein
rosa- bis orangerotes Fleisch gehörte

Dass der Gast im Restaurant in der
Lage ist, die beiden auf dem Teller zu
unterscheiden, wage ich zu bezweifeln. Der feinste aller Räucherlachse,

der ➤ Balik-Lachs, stammt übrigens von einem norwegischen Zuchtlachs. Lachsfleisch ist bestens dafür geeignet, schnelle kleine Köstlichkeiten zuzubereiten. Lachs-Tempura auf Asia-Mayonnaise zum Beispiel, Lachsröllchen mit ➤ Avocado gefüllt oder ein leckeres Lachstatar.

Hausgebeizter Wildlachs

Zutaten für 6 Portionen:

5 Bio-Orangen | 1 TL Korianderkörner | 4 Stängel Dill | 12 EL Meersalz
6 EL Zucker | 90 ml Olivenöl mit Limone | 1 kg Wildlachsfilet

- Die Orangen gründlich waschen und trocken reiben. Die Schale von drei Orangen dünn abreiben, den Saft auspressen. Restliche Orangen in dünne Scheiben schneiden. Koriander in einer Pfanne ohne Fett rösten, im Mörser grob zerstoßen. Dill fein schneiden.
- Salz, Zucker, Öl, Orangensaft und -schale, Koriander und Dill verrühren. Die Hälfte der Orangenscheiben in Größe des Lachsfilets auf einem großen Stück Frischhaltefolie verteilen. Das Filet auf einer Seite mit der Hälfte der Beize bestreichen und mit dieser Seite auf die Orangenscheiben legen. Mit restlicher Beize bestreichen und mit übrigen Orangenscheiben belegen. Die Folie über dem Lachs verschließen. Kalt stellen und 24 Stunden durchziehen lassen.
- Die Folie öffnen und das Lachsfilet herausnehmen, die Beize abstreifen. Das Filet kurz abspülen, trocken tupfen und dünn aufschneiden.

LAMM

Nach einem Jahr hört es auf, ein Lamm zu sein, und beginnt sein kulinarisch weit weniger angesehenes Leben als Schaf (wenn es weiblich ist), als Bock (männlich) oder als Hammel (männlich und kastriert bzw. weiblich und noch Jungfrau). Ich habe schon häufiger mal einen Hammel vorgesetzt bekommen, er besitzt in aller Regel einen nicht gerade appetitanregenden, tranigen und muffigen Eigengeschmack. Das weniger als ein Jahr alte Lamm und noch lieber das höchstens sechs Monate junge Milchlamm, das noch Muttermilch aufnimmt, schätze ich dagegen sehr – wegen seines zarten, saftigen Geschmacks. Meiner Meinung nach gibt es keine idealere Begleitung zu einem großen ⤷ Bordeaux als ein Lammkarree oder eine Lammkeule.

Weidelämmer bringen angeblich den Geschmack ihrer Heimat mit. Das Pyrenäen-Lamm soll sein aromatisches ⤷ Fleisch den ⤷ Kräutern seiner Weidegründe verdanken, das Sylter Deichlamm und das Salzwiesenlamm von der Küste und deren salziger Luft her sozusagen schon vorgewürzt sein. Dazu würde ich gern mal einen Blindtest erleben! Ich füge ⤷ Salz und Kräuter beim Garen zu.

Außer den Fleischschafen existieren noch Woll-, Pelz- und Milchschafe sowie Kombinationen wie Woll-Fleisch-Schafe. Zu denen gehören zum Beispiel die in der Lüneburger Heide, aber auch in England und Gotland verbreiteten Heidschnucken. Ihrem Fleisch wird ein »wildartiger Geschmack« nachgesagt, ich habe diese Erfahrung bislang nicht machen können. Doch als ich 1982 in Paris bei Lenôtre war, besuchte ich mit seinem Einkäufer den Pariser Großmarkt und entdeckte, dass selbst die Franzosen Produkte akzeptieren, die nicht aus dem eigenen Land kommen: Ich beobachtete, wie ein LKW voller Heidschnuckenlämmer aus Schleswig-Holstein abgeladen wurde.

Langnese

Dieser Name ist authentisch. Der Wandsbeker Kaufmann Karl Seyferth, wohl ein Mann mit gutem Instinkt für Marketing, hatte ihn sich 1927 gesichert. Langnese hieß eine Keksfabrik, deren Produkte er aus seiner Jugend liebte und deren Markenzeichen ein Mädchen war, das dem Betrachter beidhändig eine lange Nase dreht. Seyferth fahndete nach dem ehemaligen Inhaber und fand schließlich Viktor Emil Heinrich Langnese, der ihm die begehrten Namensrechte für 300 Reichsmark und ein Essen im damaligen Hamburger Spitzenrestaurant Ehmke überließ. Aus dem Nase-Mädchen wurde ein Junge, der in der anderen Hand ein »Langnese-Eis am Stiel« hält. Seyferth verkaufte die junge Firma bald an die Deutsche Margarine-Verkaufs-Union, eine Tochter der britisch-niederländischen Unilever. Im ersten Jahr unter deren Dach verkaufte Langnese rund 20 Millionen → Eis am Stiel, dann stoppte der Krieg den unzeitgemäßen Luxus, und erst 1953, als eine der letzten Sparten des Wirtschaftswunders, kam die Speiseeisproduktion wieder in Fahrt. 1959 waren es bereits über 20 Millionen Liter und das berühmteste Eis am Stiel hieß Capri.

Geschmacksfavoriten sind seit Jahren ⇀ Vanille, ⇀ Erdbeere und ⇀ Schokolade. Langneses Bestseller besteht darum in seiner klassischen Version aus Vanille-Eis mit Schokoladenüberzug: Magnum wurde 1989 in Deutschland als Alternative zu Nogger (»klingt billig«) entwickelt und ist heute weltweit in elf Versionen verbreitet. Aus der Versuchsküche kommen ständig neue Kreationen wie das »Cornetto Love Potion (Liebestrank) Nr. 1«, es besteht aus Tiramisu- und Zimteis mit Kaffeesauce, ist getoppt mit Schokoladenkuvertüre, Paprikapulver und roten Liebesperlen.

Latte macchiato

Zu einem richtigen ⇀ Kaffee verhält er sich wie ein Longdrink zu einem Schnaps, natürlich zu einem alkoholfreien. Der Latte macchiato startete seine Karriere in Italien nämlich als Getränk für Kinder, damit sie mit den Erwachsenen Kaffee trinken konnten, freilich fast ohne Koffein.

Seit er zu einer bevorzugten Spezialität junger Erwachsener wurde, bereitet man ihn in einem hohen Glas und in drei Schichten zu: Auf die heiße ⇀ Milch mit Milchschaum wird ganz langsam ein ⇀ Espresso gegossen, damit sich dieser nur zu etwa einem Drittel mit der heißen Milch vermischt. Harmlos bleibt er auch in dieser Version. Mitunter wird er noch durch Schokoflocken, einen Hauch ⇀ Kakao-Pulver oder Zimt veredelt. Latte (mehr muss man nicht sagen) wurde zum Szenegetränk in den Trendvierteln der Großstädte, zum Bestseller von ⇀ Starbucks. Die »Latte-Macchiatisierung« wurde zu einem ironischen Wort für Gentrifizierung, wenn Yuppies und Kreative durch ihren Zuzug »den Kiez in einen Schickimicki-Stadtteil verwandeln« (Die Welt).

Laurent-Perrier

Unvergesslich ist für mich ein Abendessen der Superlative bei Laurent-Perrier, wo ich auf dem Stammsitz im Schloss Cour d'Honneur zu Gast war. Zum exzellenten Essen genossen wir andächtig uralte ⇀ Champagner. Zu Mitternacht wurde die ⇀ Bar geöffnet, wo wir uns eine Cuvée du cent cinquantenaire (150-jähriger ⇀ Grand Marnier) gönnten. Ich kannte Grand Marnier nur als Zutat von ⇀ Desserts, aber was mir da so weich, aromatisch und sinnlich die Zunge spülte, war wirklich ein würdiger Abschluss.

1812 von einem champagnerverliebten Küfer gegründet, hatte Laurent-Perrier vor dem Zweiten Weltkrieg nach dem Tod von Mathilde Laurent-Perrier praktisch aufgehört zu existieren. Marie-Louise Nonancourt, eine Witwe aus der Champagnerdynastie der Lanson-Brüder, erwarb die scheintote Firma, um die Zukunft ihrer Söhne zu sichern. Der ältere wurde von den Deutschen umgebracht, der jüngere kämpfte in der Résistance, kehrte 1945 zurück und wurde von der Mutter losgeschickt, um die Champagnerherstellung von der Pike auf zu lernen. Er übernahm die Firma 1949 und verkaufte 80.000 Flaschen; 1986 waren es über 7 Millionen. Laurent-Perrier wurde damit die Nummer fünf der großen Marken und ist trotz gelegentlicher Namenswechsel immer noch eine Familienfirma.

Nonancourt setzte als einer der ersten in den 1950ern auf Edelstahltanks; er ließ 1959 aus mehreren ⇀ Jahrgängen eine »Cuvée de Prestige Grand Siècle« komponieren und belebte als »Ultra brut« den Brut natur mit Zero-Dosage neu. Zur Hochzeit seiner Tochter entstand 1987 der »Grand Siècle Alexandra Rosé« und seitdem nur in den besten Jahren – und nur in limitierter Auflage. Man könnte für den Preis auch zehn Flaschen Brut erwerben und kriegte einen schlanken, eleganten Champagner mit hohem Chardonnay-Anteil und dreijähriger Reifung, der frisch und »geschmeidig«

wirkt. Mit seinen sieben Cuvées, darunter ein bemerkenswerter Rosé, der durch eine Maischegärung der roten und weißen Trauben anstelle der üblichen Assemblage hergestellt wird, ist Laurent-Perrier Partner der deutschen Sommelier-Union und der internationalen Luxus-Herbergen von Relais et Châteaux – wird also auch bei uns auf der Stromburg ausgeschenkt.

Leber

Von allen ⚊ Innereien erscheint die Leber als die beliebteste und am vielseitigsten verwendbare. Vor allem die des möglichst jungen Kalbs gilt bei den Köchen als Delikatesse und ist in vielen, inzwischen klassischen Gerichten verewigt worden. In Deutschland wurde die Leber auf Berliner Art am populärsten: eine gebratene Schnitte Kalbsleber (ersatzweise ⚊ Rinder-Leber, ganz notfalls ⚊ Schweine-Leber) mit angebratenen Apfelscheiben und hellbraun gerösteten Zwiebelringen auf Kartoffelpüree.

Die französischen Klassiker, sämtlich mit Kalbsleber, heißen à l'anglaise, à la florentine, à la créole, à la lyonnaise. Dabei wird mit Wein und ⚊ Cognac nicht gegeizt. Lediglich der französische Sternekoch Alain Chapel (1937 bis 1990) propagierte eine Geflügelleberpastete von der Bresse-Poularde.

Außerdem eignet sich Leber unter anderem als Zutat für Leber-Paté, -paste, -mousse, -knödel und -wurst.

Pinis »Gourmet-Handbuch« erinnert daran, dass die Leber nicht nur Nährstoffe wie Eiweiß, ⚊ Vitamine, Kohlenhydrate und Eisen enthält, sondern auch giftiges Kadmium ansammelt. Je jünger das Tier, desto besser ist seine Leber. Logisch, dass die Leber jung geschlachteter Kälber und ⚊ Lämmer am wenigsten belastet ist. Bei Leber von Pute und Wild ist Vorsicht angesagt.

Light-Produkte

Leicht ist gut, schwer ist schlecht, das schien stets eine verlässliche Regel zu sein. Beispiele: leicht verdaulich – schwer verdaulich, leicht verständlich – schwer verständlich, leichte Krankheit – schwere Krankheit und natürlich leichte Kost – schwere Kost, was ja ungefähr so viel heißt wie mageres und fettes Essen.

Nach meiner Erinnerung brachte zuerst die Firma ⇢ Coca-Cola 1983 mit Cola Light eine Leichtversion ihres Produkts mit weniger ⇢ Zucker und weniger Kalorien und weniger von allem auf den Markt – offenbar zum Entzücken aller Abnehmwilligen, denn der Erfolg war durchschlagend.

Inzwischen kenne ich von den allermeisten Produkten eine abgemagerte Variante, von ⇢ Käse und ⇢ Quark, von Bier und ⇢ Joghurt, von ⇢ Butter und Margarine. ⇢ McDonald's brüstet sich einer eigenen »Light Mayonnaise«. Wo »light« draufsteht, so das Versprechen der Anbieter, ist weniger ⇢ Fett, Zucker, Kalorien oder Alkohol drin. Manchmal heißt es auch »légère«, und eine deutsche Produktserie trägt den Titel »Du darfst« auf rund 100 Artikeln.

Nach meiner Meinung können nur ganz eingeschworene Fitness-Apostel und hartnäckige Weightwatcher die Meinung vertreten, dass Light-Produkte genauso gut schmecken wie die Originale. Die Light-Philosophie ist ja auch umstritten: dass notorische Befürworter dieser Nahrung davon sehr viel größere Mengen konsumieren, glauben etliche Studien beobachtet zu haben; dass Süßstoff (als Zuckerersatz) zu Heißhunger führt, scheint den Lebensmitteltechnologen längst bekannt zu sein: Süßstoffe verstärken schon lange bei Schweinen den Appetit und verkürzen so die Mastzeit.

Den Lehrsatz »Light-Produkte erleichtern das Abnehmen« hat Udo Pollmer unter seinen »populären Ernährungsirrtümer« eingereiht und frotzelt: »Mit Light-Produkten wird nur einer leichter – Ihr Geldbeutel!«

Likör / Liqueur

Mit dem scheinbar tröstlichen Vers, es sei »ein Brauch von alters her: Wer Sorgen hat, hat auch Likör!« beginnen Wilhelm Buschs »Versuchung und Ende« der Helene Schmöck – der frommen Helene, die als eine der ersten Likör-Leichen in die Literatur eingeht. Die erste in der Geschichte ist sie nicht. Das von mir so geschätzte »Appetit-Lexikon« kennt zum Beispiel die »schöne, blonde, sentimentale Louise de la Valière (gest. 1710)«, die als Klosterfrau »ihre Sünden und Sorgen im Gebet und im Likör ertränkte; unter dem Deckel ihres Betpults stand beständig eine starke Batterie von Likörflaschen gegen die Anfechtungen des Bösen.« Gleichzeitig definiert es Likör so: Es sei ein »veredelter Branntwein, etwa wie ⇀ Schokolade veredelter ⇀ Kakao und der Mensch ein veredelter Affe ist«. Die süße Verlockung (mindestens 100 Gramm ⇀ Zucker pro Liter) aus fruchtigen oder kräuterigen Aromen stammt aus dem Orient und dann – als Heilmittel – aus den Apotheken.

In einer angesehenen wissenschaftlichen Studie der 1980er-Jahre wird der Likör noch als »weich, weiblich, gemütvoll« apostrophiert, als »Einstiegs-Spirituose«. Inzwischen haben sich viele von ihnen regelrecht emanzipiert. Nicht nur der Amaretto beim Italiener ist ja inzwischen Unisex-Mainstream, auch die anderen berühmten Liköre wie ⇀ Grand Marnier & Co. sind nicht mehr nur Frauensache. Sie werden nicht nur in vielen berühmten ⇀ Cocktails gebraucht, sondern auch von vielen Männern gesüffelt. Inzwischen entfällt wohl ein Drittel des deutschen Spirituosenverbrauchs auf Liköre.

Zu den neuesten Verwendungsmöglichkeiten gehört die Entdeckung des Hamburger Pop-Poeten Udo Lindenberg – dass man mit Likören auch auf Leinwand malen kann. Der Künstler ließ sich jedenfalls für seine alkoholischen Techniken Begriffe wie »Likörell« oder »Liqueurelle« (wohl analog zu Aquarell) sichern. Ganz schön clever!

Linsen

Mich hat es einigermaßen überrascht, dass diese in so vielen Farben und Größen angebotene Hülsenfrucht in der jüngeren Vergangenheit ein ziemlich schlechtes Image hatte. Das »Appetit-Lexikon« fasst die abschätzigen Meinungen des 19. Jahrhunderts ungewöhnlich streng zusammen. Demnach standen die Linsen »bezüglich der Verdaulichkeit im denkbar schlechtesten Ruf«, waren allenfalls dem »biderben Landmann« zuzumuten, »dessen tatkräftiger Magen leichter mit derartigen Unholden fertig wird«. In Spanien »genießt sie höchstens der Arme, und in England wird sie sogar von diesem verschmäht, ist also vollständig shocking«.

Eher trifft dann wohl Waverly Roots Urteil zu, dass die günstigen Preise der Linsen ihnen »die Verachtung der Snobs und Angeber eingetragen« haben. Er weiß zu berichten, dass unter Ludwig XV. die (französischen) grünen Puy-Linsen den Ehrennamen »Lentilles à la Reine« erhielten, weil die polnische Ehefrau des Königs sie bei Hofe in Mode gebracht hatte. Seither halten sie sich in den feinsten Kochbüchern.

Nach meiner Überzeugung haben die Linsen von allen Hülsenfrüchten in der modernen ⇥ Haute Cuisine die beachtlichste Karriere gemacht. Sie werden mit ⇥ Steinbutt und mit ⇥ Jakobsmuscheln gepaart oder in geräucherter Version zum ⇥ Hummer gereicht. Wir benutzen sie heute in Balsamicocreme als Füllung, beispielsweise für Geflügel.

Als Topping für ein Lachstatar sind sie fast schon so etwas wie ein moderner Klassiker. Dass wir neuerdings von Champagnerlinsen (rötlich), von Kaviar- oder Belugalinsen (schwarz) reden, kommt ja nicht von ungefähr.

Lunch

In der heutigen Zeit tritt diese Mahlzeit am liebsten mit dem Vornamen Business auf, also als Business-Lunch: das oft auf Spesen eingenommene Geschäftsessen zur Mittagszeit, dessen Rechnung man dem Arbeitgeber oder wenigstens dem Finanzamt einreicht. Ich kenne da wichtigtuerische Agenturbosse, die es gar »Power-Lunch« nennen, wenn sie Geschäftsabschlüsse im Restaurant bereden – das Smartphone neben dem Brotteller.

Das ⤳ Dinner (Dîner) ist eine französische Erfindung. Der Lunch, eigentlich Luncheon, geht auf die Engländer zurück und kam auf, als man das Dinner immer später einnahm.

Vor allem in den Mittelmeerländern wie Spanien, Portugal, Italien und ebenso in subtropischen bis tropischen Klimazonen ist der Lunch eine große Mahlzeit mit etlichen Gängen, begleitet von Wein oder anderen Alkoholika. Ihm folgte traditionell eine mehrstündige Siesta. Das Arbeitsleben ging dann erst nach dem Rückgang der Mittagshitze weiter. Sogar in US-Amerika war zeitweilig das als »three martini lunch« verrufene längere Mittagessen in Mode. »Lunchers are loosers«, verkündete dann der New Yorker Immobilien-Milliardär Donald Trump Ende der 1980er-Jahre. Das halte ich freilich für ein großes Missverständnis. Denn wer sich mittags ein Essen und vielleicht auch ein Glas Wein dazu in einem anständigen Restaurant gönnt, gehört im Zweifelsfall immer zu den Gewinnern.

Mittlerweile haben sich die meisten Kollegen damit arrangieren müssen, dass die Spesensätze reduziert worden sind und viele deutsche Manager heute auch mittags mit der Zeit geizen. Selbst in Restaurants, die abends ihrem Stern alle Ehre machen, gibt es mittags das preiswerte Business-Menü – und meist eine verkürzte Karte. Mitunter wird sogar eine Sanduhr dazu serviert, begleitet von dem Versprechen, in 45 Minuten sei alles vorbei. Sonst ist das Essen gratis.

Mais

In allen indianischen Sprachen bedeutet Mais etwas wie »unsere Mutter«, »unser Leben« oder »unsere Ernährerin«. Das entnehme ich dem Buch der kanadischen Anthropologin Margaret Visser, das mit einem Kapitel über Mais in einem US-Supermarkt beginnt. Dann kommt etwas Verblüffendes: In dem Laden »gibt es nichts, das nicht irgendwie mit Mais zu tun hätte – abgesehen von Frischfisch«. Darauf folgt eine Tour de Force durch die Welt des Mais und der Chemie, dass einem schwindlig wird. »Fleisch ist größtenteils Mais«, weil es ein wichtiger Viehfutterbestandteil ist. Maisöl steckt in Margarine, Seifen, Insektiziden, Mayonnaisen, Dressings, Glutamat … Maissirup ist Basis von Bonbons, → Ketchup, Speiseeis. Cornflakes werden vor allem aus Mais hergestellt, Popcorn und Polenta sowieso.

Da man so viel Mais braucht, gehört er zu den am meisten genmanipulierten Pflanzen. Er ist dank der amerikanischen Herkunft weiterhin ein Produkt der Neuen Welt: Die USA bauen bereits zu 85 Prozent transgene Sorten an.

Ich glaube, dass die deutsche Karriere dem schönen gelben corn (englisch für Mais) noch bevorsteht. Zum menschlichen Verzehr ist ja ausschließlich der Zuckermais (auch Speise- oder Gemüsemais) geeignet, der geschmacklich ein großes Potenzial besitzt. Natürlich taucht er schon mal als Gemüse auf, häufig aus der Dose, aber auch als frischer Maiskolben. Doch da sind die amerikanischen deutlich besser. Wir haben zwar auf der Stromburg gelegentlich schon mal eine Corn Showder (Maissuppe) angeboten, doch auf den großen kulinarischen Durchbruch warten wir noch.

Maître

Wenn auf einer Gala die Kellner im Gänsemarsch zu den Tischen paradieren und einer steht daneben, meist etwas feierlicher gekleidet, guckt mit Argusaugen, wo vielleicht noch etwas fehlt, und dirigiert dann jemanden dorthin: Das ist der Maître, genauer der Maître d'hotel. In einem größeren Restaurant der ⇾ Haute Cuisine leitet er die »schwarze Brigade« der Kellner, wie der ⇾ Chef die weiße Brigade der Köche anführt. Er berät den Gast bei der Zusammenstellung des Menüs und schickt ihm dann den ⇾ Sommelier für die Weinauswahl. Er übernimmt den ⇾ Service am Tisch, filetiert den Fisch, tranchiert die Ente, flambiert das Dessert. Wünscht der Gast ein Tatar, zelebriert er gern am Tisch das effektvolle Anmischen der Zutaten.

Ist der Maître, was immer häufiger wird, eine Frau – wie beispielsweise bei Thomas Bühner im Osnabrücker »La Vie« oder im Hamburger Louis C. Jacob –, dann heißt sie übrigens nicht Maîtresse, sondern Oberkellnerin oder Restaurantleiterin, muss also auf eine Titel-Anrede verzichten. Die hierarchische Gleichstellung mit dem

Chefkoch bleibt dieselbe, nur dass Sterneköche sich nach meiner Erfahrung meist überlegen fühlen – und es für Maîtres bis dato noch keine Auszeichnung mit Sternen gibt, was ich schon häufig bedauert habe.

Mandeln

Ihre Blüte ist fast so schön wie die Kirschblüte. Auf Mallorca ist die Mandelblüte im Winter eine touristische Attraktion, ähnlich auf Sizilien. Mandeln blühen überall, wo das Klima mild ist. Ich habe blühende Mandelbaumfelder zum ersten Mal in Kalifornien gesehen und war höchst beeindruckt. Außerdem habe ich dort gelernt, dass Kalifornien neben Spanien und Italien einer der weltgrößten Produzenten von Mandeln ist.

Man unterscheidet süße und bittere Mandeln, die meist am selben Baum wachsen. Die bitteren machen nur rund zwei Prozent der Ernte aus. Sie enthalten Amygdalin, einen Stoff, aus dem die giftige Blausäure entsteht. Für Kinder reichen schon fünf bis zehn rohe Bittermandeln, um zu einer tödlichen Dosis zu werden, Erwachsene vertragen bis zu 60. Doch durch Backen oder Kochen verflüchtigt sich die Blausäure, sodass bei der Verwendung von Bittermandeln in üblichen Rezepten keine Gefahr besteht. Im Übrigen kommt in Deutschland nur eine bittere auf hundert verkaufte süße Mandeln.

Die wie die → Maronen zuckerkrustig gebrannten Mandeln verströmen einen mundwässernden Geruch, dem ich auf keinem Volksfest widerstehen kann. In der Patisserie landen sie traditionell in knusprigen Florentinern und Mandelmakronen, im Mandelpudding, in Mandeleis oder -milch. Auch Mandelöl wird kulinarisch als teure Essenz geschätzt, und schließlich sind süße Mandeln der Hauptbestandteil von → Marzipan, in dem empfindsame Schleckermäuler ja auch ein süßes Gift zu spüren glauben.

Mango

Ausgerechnet der eher trockenen »Warenkunde für den Fruchthandel« verdanke ich den Hinweis, dass man sie scherzhaft auch »Badewannenfrucht« nennt, »weil sie eben dermaßen saftprall ist, dass man sich zum Verzehr eigentlich in die Badewanne setzen müsste, um nicht fortzuschwimmen«. Flecken von Mangosaft jedenfalls, so kann ich aus Erfahrung hinzufügen, lassen sich nur mühsam und manchmal gar nicht entfernen.

Je nachdem, in welchem Buch man nachschlägt, gibt es zwischen 700 und 2500 Mangosorten, und die Früchte werden zwischen ungefähr 650 Gramm und 2 Kilo schwer.

Ursprünglich kommt die Mangofrucht aus Indien, wo Buddha selbst gern unter einem Mangobaum rastete, sowie aus Malaysia und Thailand.

Die ideale Mango enthält extrem viel Vitamin A und C (→ Vitamine) und hat einen unvergleichlichen tropischen Geschmack aus schmelzender Süße und Fruchtaromen.

Im unreifen Zustand kann sie strohig und säuerlich schmecken und mitunter sogar eine unangenehme terpentinartige Note haben – und manche Sorten faseriges Fleisch. Aber man kann grüne, harte Früchte in der Wohnung nachreifen lassen.

Eine vollreife rotgelbe Mango, zum Beispiel aus dem thailändischen Pattaya, ist für mich die Königin unter den tropischen Früchten. Am besten schmeckt sie frisch und pur. Sie eignet sich jedoch für vielerlei → Desserts, als Mango-Sorbet ist sie unschlagbar und als Chutney ein perfekter Begleiter für herzhafte Gerichte. In unserem Restaurant gehört ein glasierter Riesengarnelenspieß auf Mango-Lauch-Salat zu den Favoriten der Gäste. Die oben genannte »Warenkunde« warnt vor Milch- und Alkoholkonsum zwei Stunden nach dem Genuss von Mangos, ernsthafte Magenbeschwerden können die Folge sein. Wir haben diese Erfahrung jedoch nie gemacht, zumindest was den Alkohol betrifft.

Marone

Zu dieser stacheligen Baumfrucht habe ich seit meiner Kindheit ein besonderes Verhältnis. Ihre Blüte sieht aus wie ein Pfeifenstopfer, und ihre Schale ist hundertmal stachliger als die der nicht essbaren Rosskastanie. Ich hab die Maronen immer »pflanzliche Seeigel« genannt und bin beim Sammeln mit dem Gummistiefel draufgetreten, um mir nicht die Finger mit den feinen Stacheln zu durchlöchern. Ich nenne sie übrigens auch heute noch Maronen und nicht Edelkastanien wie »Der große Larousse«. Für mich waren und sind Maronen stets etwas Edleres, etwas Selteneres, ein Stück Süden im Norden. In der Literatur werden häufig nur die größeren Früchte Maronen genannt.

Als heimliches Zentrum der Maronen gilt die Insel Korsika, wo es neben einer speziellen Polenta auch Krapfen und Kekse aus Kastanienmehl gibt. Noch im Mittelalter, in manchen Gegenden bis ins 19. Jahrhundert, waren sie in Südeuropa ein Hauptnahrungsmittel der Landbevölkerung. In Deutschland kennen wir sie aus den duftenden Kesseln der Kastanienröster, die uns in der kalten Jahreszeit zum Genuss locken.

Maronen machen sich auch glasiert sehr gut. Ich habe schon früh festgestellt, dass sie sich vorzüglich mit Karamell und ⇀ Vanille vertragen. Wenn ich heute ein Maronenrezept meiner Kindheit nachkoche, dann gebe ich nur noch einen Schuss Kirschwasser hinzu.

Die sanfte, marzipanartige Süße macht Maronen zu einer vorzüglichen Begleitung von Wild; in ⇀ Honig, Holundersaft und Rotwein geschmort geben sie einem ⇀ Fasan in Champagnerkraut die Flügel wieder.

Auch die Tiere lieben Maronen. In Italien werden ausgewählte ⇀ Schweine damit gefüttert – das sind die, denen wir die besten ⇀ Salami und die würzigsten ⇀ Schinken verdanken.

MARTINI

Seit dem Spruch »gerührt, nicht geschüttelt!« von James Bond hat der ⇀ Cocktail wieder an Popularität gewonnen. Er stammt aus den 1860er-Jahren und ist wie viele ähnliche Entdeckungen durch die beschwipsten Zeitläufe vernebelt: Entweder war es in San Francisco der Mix-»Professor« Jerry Thomas oder ein Mann in Martinez/California, der den Martini erfand. Oder es war der italienische ⇀ Bar-Mann Martini im New Yorker Knickerbocker Hotel, der dem Drink seinen Namen gegeben haben könnte. Chruschtschow nannte ihn übrigens »Amerikas tödlichste Waffe«.

Das Hauptproblem des Martini war stets das Verhältnis von ⇀ Gin zu Wermut, ursprünglich mal 3:1. Die richtigen Fans besserten das Verhältnis jedoch gern auf – immer weniger Wermut, immer mehr Gin. Churchills radikales Rezept lautete: purer Gin und dann ein Blick auf eine Vermouth-Flasche am anderen Ende des Zimmers. Der Drink mit der ⇀ Olive im spitzen Glas galt von jeher als Respekt einflößend, einer zu wenig, drei fast schon zu viel, lautete eine Bartender-Weisheit. Heute wird im Martini häufiger ⇀ Wodka als Gin verwendet, besonders in den sogenannten Fun-Martinis wie dem rosaroten ⇀ Cosmopolitan.

Zu dem gleichnamigen Wermut-Wein fällt mir ein besonderes Erlebnis ein: Als ich vor Jahren mit meiner Frau in Hongkong war, suchten wir uns ein Restaurant und bestellten etwas zu essen. Wie gewohnt wollten wir gerne ein Glas Wein dazu trinken und versuchten, auch den Kellner davon zu überzeugen. Der sagte: »Wir haben keinen Wein, aber wir kaufen welchen.« Was kam, war eine Flasche Martini bianco, den wir anstandshalber auch getrunken haben, aber – es gibt schon einen Unterschied zum Weißwein …

Marzipan

In Europa startete die Karriere dieser sündigen Leckerei in Apotheken, wo sie wie viele Süßigkeiten hergestellt wurde. Der Marzipanteig aus ➤ Mandeln, ➤ Zucker und Rosenwasser galt als Heilmittel gegen Blähungen und für die Potenz. 1575 wurde es erstmals in Lübeck beurkundet.

Die teure Mandel-Zucker-Mischung war schon bei den Kalifen des Orients als »Haremskonfekt« beliebt; in Venedig war Marzipan wegen der exorbitanten Zuckerpreise so kostbar, dass es sogar vergoldet wurde. Es wurde zur Lieblingsnascherei bei Kaisers, Königs und Fürstenhöfen. Die bestellten sich nicht nur einfach Marzipan, sondern Skulpturen und Statuen aus dem gut modellierbaren Material.

In Deutschland ist Marzipan gleichbedeutend mit Lübecker Marzipan und dieses wiederum mit Niederegger. Der kam zwar als junger ➤ Konditorgeselle aus Ulm, machte aber sein Glück in der Hansestadt. Er wurde der größte, erfolgreichste und bekann-

teste Marzipan-Hersteller im Land. Das Lübecker Marzipan mit mindestens 70 Prozent Marzipanrohmasse und höchstens 30 Prozent Zucker war das feinste, seine ➤ Konditoren die größten Künstler, die alles daraus modellierten: »Cotelett mit Erbsen, gebackener Fisch, Heringe usw., von colorirtem Mazipan und mit einer so täuschenden Naturnähe gebildet, dass man hier wohl die künstlerische Nähe des Conditors erkennt« – rühmte der »Lübecker Volksbote« den Künstler Niederegger. Der russische Zar wurde zu einem Stammkunden und bestellte stets ein Dutzend Marzipangänse in Lebensgröße als Belohnung für seine Hofschranzen.

Man kann Marzipan nahezu unendlich variieren, mit vielerlei Früchten, Nüssen und ➤ Likören. Wie Chocoholics erleben Marzipan-Liebhaber beim Genuss den lustvollen Schauer, eine süße Sünde zu begehen. Aber es schmeckt doch so gut – und Niederegger bietet inzwischen ja auch diverse Marzipanbrote, -kartoffeln und -herzen in einer Diät-Version an.

Matjes

Musikliebhaber kennen die Festivaltermine von Bayreuth und Salzburg, für Feinschmecker stehen genauso im Mittelpunkt die ⊸ Trüffel-Saison, der ⊸ Spargel-Anstich und vielleicht sogar die Ankunft des Beaujolais Nouveau. Der allerwichtigste Termin für Fischfans ist der 31. Mai: Dann kommen aus Holland die ersten Fässchen mit den neuen Matjes nach Deutschland. Das erste nach Bremen, dann kommen Emden, Hamburg, Glückstadt an die Reihe und irgendwann schließlich auch München.

Der Matjes-Hering (⊸ Hering), der seinen Familiennamen meist verschweigt, ist der noch jungfräuliche, noch nicht laichreife Fisch, der also weder Milch (Samen) noch Rogen (Eier) ausgebildet hat.

Er wird für mehrere Tage oder auch ein paar mehr in einer milden Salz- und Zuckerlake eingelegt und nimmt so einen zart salzigen Meeresgeschmack an. Sein Fettgehalt ist mit 15 bis 20 Prozent extrem hoch.

Seit Mitte des 15. Jahrhunderts dominieren die Holländer den Heringsfang, und einem der Ihren, nämlich einem gewissen Wilhelm Beukelzoon, verdanken wir die Erfindung des Matjes, wie wir ihn heute kennen: Er erfand eine besondere Technik des Ausnehmens, bei der einige Enzyme der Bauchspeicheldrüse erhalten bleiben. Auf diese Weise wird die Reifung des Herings beschleunigt.

Er ist nun nicht gerade »eine Konkurrenz zum Kaviar«, wie der deutsche Kochbuchautor und Matjes-Liebhaber Wolf Uecker einräumt, doch selbst erfahrene Feinschmecker schätzen ihn als Delikatesse.

Beispielsweise zusammen mit Frühkartoffeln, saurer Sahne und Schnittlauch oder auch mit Pellkartoffeln, Speckstippe und grünen Bohnen. Nicht wenige Matjesliebhaber halten ihn für des Herings beste Seite und für einen guten Vorwand, dazu nach holländischer Sitte einen kräftigen Genever zu schlucken.

Maultasche

»Die Maultaschen sind für mich nicht nur das Spitzenerzeugnis der schwäbischen Küche, sie entsprechen auch dem Wesen des Schwaben. In einem unliebenswürdigem Gewand verbirgt sich ein delikater Kern«, hat der schwäbische Mundartdichter Thaddäus Troll nicht sehr charmant, doch angeblich hellsichtig angemerkt.

Ich finde, die Maultasche sieht nicht weniger appetitlich aus als ihre italienischen Vorbilder. Das Schwabenland ist ⤳ Pasta-Land und kulinarisch Italien am nächsten. Was ⤳ Nudeln und Teigwaren angeht, Spätzle und Maultaschen, die ein Herzstück der schwäbischen Nationalküche sind, so reflektieren sie aufs Schönste die Ravioli- und Cannelloni-Kultur. Zumal die Maultasche, inzwischen auch ins Badische exportiert, ja längst den Status eines Mythos genießt. Eine Legende war sie ja immer schon. Da hatten angeblich ein paar arme Mönche im Kloster Maulbronn mitten im Dreißigjährigen Krieg ein Stück Fleisch ergattert, ausgerechnet in der Fastenzeit. Der Bruder Küchenmeister hackte es fein, reicherte es vegetarisch mit ⤳ Kräutern und ⤳ Spinat an und versteckte es in Taschen aus Teig. Aus der Maulbronner Teigtasche wird die Maultasche, vielmehr das »Maultäschle«, auch liebevoll »Herrgottsb'scheißerle« genannt.

Die besten Maultaschen werden mit individuellen Füllungen gestopft und köstlich frisch auf den Tisch gebracht, in einer Brühe oder geschmälzt mit gerösteten Zwiebelringen – die sind heute rar geworden.

Das allgemein übliche Standardmodell der Maultasche kommt inzwischen als ⤳ Convenience-Food in die Küche. Wie mein Kollege Vincent Klink, der besternte Spitzenkoch mit der heißen Liebe zum Regionalen, so treffend gesagt hat: »Die alten Gerichte zu kultivieren, das ist doch heute fast so was wie Denkmalpflege. Die jungen Köche lernen das ja auch nicht mehr. Wenn es bei uns Maultaschen gibt, muss ich die selbst machen.«

Dass diese immer noch begehrt sind, sieht man an den fertig ausgerollten Nudelteigen, die schwäbische Metzger zum Selbstfüllen anbieten.

McDonald's

1940 eröffneten die Brüder Dick & Mac McDonald in Kalifornien ihr erstes → Hamburger-Restaurant und expandierten schon etwas. 1954 aber kam der smarte Handelsreisende Ray Kroc dazu und suchte Franchisenehmer, so viele er finden konnte. Dann bootete er sogar die Gründer aus und baute die Kette zu einem weltweiten Monsterkonzern aus. Heute setzt McDonald's in über 31.000 Betrieben in 100 Ländern 23 Milliarden Dollar um. Der → Fast-Food-Konzern wurde zum Feindbild der → Slow-Food-Ideologen und der Genuss-Missionare. Seitdem preist McDonald's Nachhaltigkeit, Grün, Bio, Recycling und überhaupt alles an, was gesund und umweltschonend klingt, hat sogar Gemüse und → Salate ins Programm aufgenommen. Manche Köche haben die Burger auf hohem Niveau nachgeahmt, bereiten → Lachs-, → Hummer-, Beef- oder → Kobe-Burger zu, mal im Miniformat, mal mit → Foie gras oder → Trüffel. Da kann dann auch der Feinschmecker nicht Nein sagen – auch wenn's weder schnell geht noch billig ist.

Meerrettich

Wer einmal in Baiersdorf, der »schärfsten Stadt Bayerns«, das einzige Meerrettichmuseum der Welt besucht hat, ist sensibilisiert, was das Rätsel des Namens betrifft. Entweder, so lernt man, heißt es »der übers Meer gekommene Rettich«. Oder er meint einfach nur den größeren Rettich, also »mehr Rettich«. Und dann gibt es noch die Deutung, er komme von »Mährrettich« (Mähre = altes Pferd). Klingt erst mal weit hergeholt, aber ich finde doch, dass sie durch den englischen Namen »horseradish« eine gewisse Wahrscheinlichkeit besitzt.

Unbearbeitet ist die Meerrettichwurzel geruchlos, wird sie aber gerieben oder geschnitten, bringt sie uns zum Weinen. Als der ⇥ Pfeffer noch ein Vermögen kostete, galt Meerrettich neben ⇥ Senf als das beste Mittel, um Gerichte zu schärfen. Heute gibt es bei Schamel, einem Familienbetrieb seit 1846, neben einfachem Meerrettich auch Sorten mit Senf-Dill, ⇥ Honig, Varianten namens Rachenputzer, Raspelstix (mit Biss) und »Gourmet-Frucht-Meerrettiche« mit ⇥ Apfel, ⇥ Orange oder Preiselbeere.

Der japanische Wasabi ist immer grün und immer sehr scharf, weshalb wir ihn in ⇥ Sojasauce verrühren, bevor wir damit unsere ⇥ Sushi würzen. Vor Kurzem konnte ich mich selbst in der Nähe von Tokio davon überzeugen, wie aufwändig es ist, diesen grünen Meerrettich herzustellen. Als ich die Wasabifarm betrat, sah ich bereits am Eingang, dass eine kleine, zirka 10 Zentimeter lange Wurzel zwischen 15 und 20 Euro kostet! Da erschien es mir doch verwunderlich, dass man bei uns ein Glas Wasabi für zwei Euro kaufen kann. Die Erklärung fand ich kurze Zeit später: In der Zutatenliste wird der Anteil von Wasabi mit 15 Prozent angegeben, der größte Teil des Inhaltes ist ganz normaler Meerrettich. Wasabi wächst übrigens nur in schmalen Beeten, die von fließendem, speziell temperiertem Quellwasser umgeben sind. Jetzt weiß ich auch, warum er hier nicht angebaut werden kann.

Melone

Die Melone, eine enge Verwandte des ⟶ Kürbis, kommt in diversen Variationen vor: als große, oft bis zu 12 Kilo schwere Wassermelone, in grüner Schale mit rotem Fleisch und 95 Prozent Wassergehalt. Gekühlt ist sie sehr erfrischend (und kalorienarm), in kleinen Stückchen beliebt in Obstsalaten und hat eine Konsistenz wie ein ⟶ Sorbet.

Alle anderen Melonen fallen in die Rubrik Zuckermelone, haben je nach Sorte eine unterschiedlich gefärbte Schale, die mal glatt, mal gerippt und mal mit einem rauen »Netz« überzogen ist – letztere sind auch als Netzmelonen bekannt. Zu den Zuckermelonen gehören unter anderem die fruchtig-süße Honig-, Galia- und Ogenmelone mit weiß- bis grüngelbem Fruchtfleisch. Besonders aromatisch sind die saftig-süßen Sorten Charentais und Cantaloupe (oder Kantalupe) mit kräftig lachsrotem Fruchtfleisch.

Wie hoch der Wert einer Melone sein kann, habe ich vor Kurzem in Japan erfahren. In einem ganz normalen Kaufhaus sah ich eine schwarze Wassermelone für sage und schreibe 100 Euro. Später erfuhr ich, dass es sich dabei um eine Densuke-Melone handelt, eine besonders süße, aber auch teure Spezialität (120 bis 185 Euro sind normal!), die nur auf Hokkaido angebaut wird. Alle Triebe der Pflanze werden bis auf einen abgeknipst, so reift daran nur eine einzelne, dafür aber makellose Melone.

Kulinarisch sind Melonen erstaunlich anpassungsfähig. Sie harmonieren mit ⟶ Hummer ebenso gut wie mit ⟶ Enten-Filets. Die Honigmelone mit Parmaschinken wurde zu einer weltberühmten Vorspeise, die ist auch mein Favorit. Die sommerliche Melonen-Bowle ist ein internationaler Bestseller. Vom Zauberer der ⟶ Molekularküche Ferran Adrià stammt die Kreation »Schinkenbrühe mit Melonenkaviar«, der Kaviar ist natürlich einer in Anführungszeichen, aber mit Melone hat er schon was zu tun.

Melonen-Pflaumenwein-Süppchen

Zutaten für 4 Portionen:

2 Cantaloupe-Melonen (à ca. 500 g) | 1 Bio-Limette | 200 ml Pflaumenwein
50 g Puderzucker | 2–3 Eiswürfel | etwa 4 Hand voll zerstoßenes Eis
4 Kugeln Zitronensorbet | frische Pfefferminze

- Die Melonen zickzackartig halbieren und die Kerne mit einem Löffel herauskratzen. Das Fruchtfleisch mit einem Löffel aus den Schalen lösen; die Schalen aufheben.
- Die Limette heiß waschen und trocken reiben, die Hälfte der Schale fein abreiben. Limette auspressen. Melonenfruchtfleisch, Pflaumenwein, Limettenschale und -saft, Puderzucker und Eiswürfel im Mixer pürieren.
- Vier tiefe Teller mit zerstoßenem Eis füllen. Die Melonenschalen vorsichtig daraufsetzen und das Süppchen hineinfüllen. Jeweils eine Kugel Zitronensorbet zugeben und mit frischen Minzeblättchen garnieren.

Menü

Das Wort stammt aus dem Französischen und wurde laut Larousse zum ersten Mal 1718 benutzt, die Sache selbst sei wesentlich älter. Seit eine Mahlzeit nicht nur aus einem Stück ⇀ Fleisch, einem Fisch oder einer Suppe besteht, gibt es die Speisenfolge. Bei den Festmählern der alten Zeit wurde die auf eine Tafel geschrieben und an die Wand gehängt, damit die Diener wussten, wann ihre jeweiligen »Gänge« (ja, daher kommt der »Hauptgang«) zu absolvieren waren. Als die ⇀ Bankette üppiger und die ⇀ Köche berühmter wurden, wuchsen auch die Menüs. Grundregeln: Es geht von leicht zu schwerer. Erst kommen Vorspeisen (⇀ Horsd'œuvre) oder Suppe, Zwischengerichte, vor dem Hauptgang neuerdings gern ein ⇀ Sorbet. Fisch kommt vor Fleisch. Verpönt ist die Wiederholung, erwünscht die Abwechslung von hellen und dunklen Produkten; von gebundenen und ungebundenen Gerichten. Eine Steigerung des Menüs ist eines mit begleitender Wein-Empfehlung, dabei schenkt der ⇀ Sommelier zu jedem Gang einen anderen Wein ein.

Ernährungswissenschaftlich war das klassische Menü bis ins 20. Jahrhundert hinein eine »hochgradig gesundheitsgefährdende Mischung« (Larousse) – fast keine Gemüse und ⇀ Salate, zu viel gebratenes und gepökeltes Fleisch und viel zu viel Fett. Die moderne Küche hat die Menüs leichter gemacht, mit neuen Garmethoden und ohne dicke Saucen.

Die Erfindung des »Degustationsmenüs« schließlich soll dem Gast eine möglichst komplette Übersicht der Kreationen des Kochs ermöglichen.

Ein weiterer Schritt war später das Amuse-Bouche-Menü (⇀ Amuse-Gueule) mit 12 oder 15 Winzlingsgerichten, wie sie Dieter Müller in Lerbach zu einer bewunderten Meisterschaft brachte.

PS.: Wenn ein amerikanischer Gast sagt »Please get me the menu!«, dann will er nicht die ganze Speisenfolge bestellen, sondern nur die Speisekarte haben.

Mikrowelle

Am Anfang dieser amerikanischen Legende steht die Geschichte jener alten Dame, die ihren durchnässten Hund in ihrem Mikrowellenherd trocknen wollte. Angeblich explodierte das Tier, die Dame klagte und erhielt beträchtlichen Schadenersatz, weil die Gebrauchsanweisung vor dieser Verwendung des Geräts nicht gewarnt habe. Seither tragen US-Mikrowellenherde den Hinweis »Nicht geeignet zum Trocknen von Haustieren«.

Entdeckt wurde diese folgenreiche Haushaltsvereinfachung 1945, als der amerikanische Techniker Percy Spencer neben einem laufenden Magnetron feststellte, dass ein Schokoladenriegel in seiner Hosentasche schmolz. Zwei Jahre später brachte er das erste Mikrowellengerät auf den Markt: Es wog 350 Kilogramm und kostete 5000 Dollar.

Die Technik beruht auf elektromagnetischen Wellen, von denen die Wassermoleküle im Gargut in Schwingungen versetzt werden; dadurch entsteht Reibung, und die erzeugt Wärme. Es gibt aber in vielen Lebensmitteln Bereiche mit unterschiedlichem Wassergehalt, die deshalb entsprechend unterschiedlich warm werden; im schlimmsten Fall führt das zu sogenannten Hotspots, die Verkohlungen und Schadstoffe hervorrufen können.

Heute sind bereits über 72 Prozent aller deutschen Haushalte mit einem Mikrowellengerät ausgerüstet und mehr als 95 Prozent aller Haushalte in den USA. Die Geräte werden häufig zum Auftauen und Erwärmen von → Tiefkühlkost benutzt und noch öfter zum Erwärmen vorgekochter Gerichte. Dabei verbraucht die Mikrowelle deutlich weniger Energie als der Elektroherd und erreicht ihr Ziel wesentlich schneller – zumindest bei kleinen Mengen. Die Spezialität der Mikrowelle sind nämlich Portionen bis 250 Gramm. Da ist sie dem Topf auf dem → Herd überlegen.

Auch deshalb haben die meisten guten Gastronomen in ihrer Küche keine Mikrowelle; bei uns wird schließlich nichts aufgewärmt.

Milch

Wie Sie wissen, bin ich auf einem Bauernhof groß geworden. Da gab es zwei Kühe für den Eigenbedarf. Jeden Morgen, wenn ich um 6.30 Uhr aufstand, kam jemand aus dem drei Kilometer entfernten Dorf mit einer Kanne zu uns und holte für seine Familie Milch zum ⤍ Frühstück. Der Mann wurde über 80, und ich frage mich: Wurde er so alt wegen der frischen Milch oder wegen seiner Spaziergänge? Wohl beides.

Wer Milch sagt, meint Kuhmilch, obwohl es auch Schafs-, Ziegen-, Stuten- und Eselsmilch gibt; in arabischen Ländern außerdem Kamelmilch, in Asien und Italien auch die von Wasserbüffeln, etwa für Mozzarella di Bufala. In der Regel kommt die Milch heute pasteurisiert zum Verbraucher: als Frisch-, Voll-, Mager- oder H-Milch, abgestuft nach Fettgehalt und Haltbarkeit (⤍ Butter, ⤍ Käse).

Kondens- oder Dosenmilch ist eingedickt, sterilisiert, mitunter auch gezuckert. Sie wird im ⤍ Kaffee verwendet, aber auch, wie in Spanien, als süßer Brotaufstrich und in der ⤍ Konditorei.

Der Gipfel der Milchkonservierung ist das Milchpulver, das überraschenderweise schon 1872 erfunden wurde. Ich sehe ein, dass es, ähnlich wie die Kondensmilch, in Notsituationen und im Krieg nützlich sein kann, und das nicht nur als Kaffeeweißer. Aber dass man daraus ⤍ Joghurt, Käse sowie Backwaren herstellt (und auch Milch!), halte ich für eine ziemliche Perversion. Der Versuch, es als Babynahrung in Entwicklungsländern abzusetzen, ist gottlob an der Empörung einiger zivilisierter Staaten gescheitert.

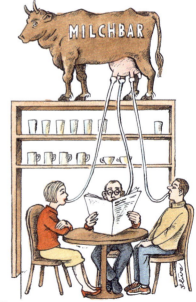

Mineralwasser

Das Restaurant des altehrwürdigen Atlantic Hotels in Hamburg, eigentlich irgendwelcher Extravaganzen unverdächtig, besitzt neuerdings eine Wasserkarte mit 30 Positionen und einen eigenen Wasser-Sommelier (→ Sommelier), der auch die Auswahl erklärt: »Sie müssen auf jeden Fall etwas Besonderes, Extravagantes mitbringen. Voss, das norwegische Gletscherwasser, ist inzwischen zum echten Klassiker avanciert. Weniger bekannt ist im Vergleich Lauquen aus Patagonien, das am südlichsten entspringende Mineralwasser der Welt. Oder Cape Karoo, das in der südafrikanischen Weinbauregion Paarl abgefüllt wird. Doch man muss gar nicht um die halbe Welt reisen. Auch in Deutschland gibt es interessante Entdeckungen wie die Vollmondabfüllung von St. Leonhards aus dem Chiemgau.«

Ich selbst bin kein Anhänger von exotischen Wässern, die man erst einmal halb um den Globus fliegen muss, um sie dann hier für den Preis einer mittleren Flasche Wein zu servieren. Doch ich verstehe, dass es mal zu feineren Unterscheidungen kommen musste als nur zu: »Prickelnd oder still?«

Mineralwasser wurde in den letzten Jahren ein immer bedeutenderes Thema, der Gesundheits- und Schlankheitswelle sei Dank. 1970 konsumierten die Deutschen pro Kopf 12,5 Liter, 2005 war es bereits zehnmal so viel.

Alle paar Jahre prüft Stiftung Warentest berühmte Mineralwässer und findet sie dann keineswegs so überlegen, wie ihre Abfüller sie beschreiben. Das Fazit der Tester lautet regelmäßig: »Der Verbraucher sollte also darüber nachdenken, ob er wirklich viel Geld für ein Markenwasser ausgeben möchte, das mehr Gesundheit verspricht, als es hält, oder ob er nicht lieber auf das gute Leitungswasser zurückgreifen will.« Ob das allerdings immer die beste Qualität hat, sei dahingestellt. Dafür haben wir außer den interessanten Exoten gottlob ja auch noch ein paar hundert deutsche Marken.

MOËT & CHANDON

»Ich bin immer wieder überrascht, wie gut er ist, angesichts der riesigen Mengen, in denen er hergestellt wird«, sagt der englische Wein-Experte Tom Stevenson. Und seine Kollegin Serena Sutcliffe warnt vor Vorurteilen: »Der größte Fehler, den man bei der Begutachtung von ⇀ Champagner begehen könnte, wäre, Moët & Chandon zu unterschätzen. In diesem Fall ist ›groß‹ wahrhaftig auch ›schön‹!« Der Marktführer übertrifft quantitativ alle Konkurrenten um ein Mehrfaches. »Alle zwei Sekunden knallt irgendwo auf der Welt ein Moët-Korken« (Sutcliffe).

Im Jahre 1971 schlossen sich der größte Champagnerproduzent und der größte ⇀ Cognac-Hersteller zu Moët-Hennessy zusammen. Als dieser Verbund mit Louis Vuitton zur LVMH-Gruppe mit diversen Luxusmarken fusionierte, kamen auch noch ⇀ Veuve Clicquot und ⇀ Krug hinzu. Seitdem kommt jede vierte Flasche Champagner (55 Millionen) aus den Kellern des Konzerns.

Gegründet wurde diese Marke 1743 von dem Weinhändler Claude Moët. Doch erst Enkel Jean-Remy sorgte für den Aufschwung – wie so oft in dieser Branche dank »Vitamin B«: Er war mit dem jungen Napoleon befreundet und profitierte davon, als sich der Korse 1804 zum Kaiser krönte. Er lieferte ihm auch noch Champagner nach Elba und kriegte trotzdem die Kurve zu den Bourbonen. Nach seinem Abgang übernahmen Sohn und Schwiegersohn die Firma, die den heutigen Namen bekam. Bereits um 1850 hatten sie die Poleposition unter den Champagnerhäusern, und um 1900 produzierten sie auf 350 Hektar bereits 2,5 Millionen Flaschen. Seither ist der Abstand ständig gewachsen. Das Unternehmen wurde der erste Global Player und das erste börsennotierte Champagnerhaus. Auf ihrem größten Markt, in Amerika, verkaufen sie übrigens einen Champagner, den es sonst nirgends gibt: Moët & Chandon »White Star« – für die Amis leicht gesüßt.

Möhre

Für mich ist die Möhre der beste Beweis dafür, dass Geschmack nicht angeboren, sondern anerzogen wird. Das steckt dahinter: Als unsere beiden Kinder Jennifer und Jonathan noch sehr klein waren, bekamen sie immer frisches Karottenpüree – geschälte und gekochte Karotten, mit Hühnerbrühe zu feinem Püree gemixt –, das sie stets mit Freude aßen. Leider hat sich das, als sie älter wurden, nicht bewusst fortgesetzt. Doch inzwischen verweigern unsere Kinder bei einem Essen sofort die Karotten, wenn sie nicht frisch sind. Sie sind für frisches Gemüse sensibilisiert und wissen einfach, wie das schmecken muss – was uns als Eltern natürlich freut.

Die klassische Möhre, auch Mohrrübe, Rübe, Gelbe Rübe, Wurzel oder Karotte genannt, hat orangerote Farbe und läuft spitz zu. Doch es gibt sie auch in diversen anderen Farben von weiß bis violett und in ungewöhnlichen Formen von kegel- bis tropfenförmig sowie mit abgerundetem Ende. Minimöhren, die einander gleichen wie ein Pommes dem anderen, wecken den Verdacht, dass dieses besonders zuchtgeeignete Gemüse sich auch in Bärchenform stylen ließe.

Ich ziehe junge Möhren vor, die so delikat schmecken, dass es genügt, sie in einer leichten Vinaigrette aufzutischen. Gekocht geben sie die wichtigste Zutat fürs Leipziger Allerlei ab, sollten nur ihren Biss nicht verlieren; Möhren mit Weintrauben sind aus Frankreich bekannt, auch Orangen-Möhren-Salat und glasierte junge Möhren mit Lebkuchensauce.

Mich als alten Patissier fasziniert es, dass die Möhre auch in der süßen Abteilung eine Rolle spielt. Die Schweizer und die Österreicher backen eine berühmte Rüblitorte – meist mit Marzipankarotten oben drauf. Die Iren bringen sie gern mit → Honig zusammen, die Engländer und Amerikaner machen Marmelade daraus. Wenn ich bedenke, dass sie zu alledem – des Karotins wegen – auch noch die Sehkraft stärken, dann sollte man sie viel öfter verwenden.

Molekular-
küche

Kaue, staune, gute Laune! Für mich ist dies die eigentliche → Erlebnisgastronomie von heute: Wenn einem eine scheinbare Olive knallend im Mund explodiert oder roter Rauch aus den Ohren qualmt.

Eigentlich weiß niemand so recht, ob dies nicht nur ein flüchtiger Kult ist. »Die Küche der virtuellen Google-Generation, der Zappenden, Twitternden und Surfenden«, wie ein Kritiker ironisch formulierte. Dafür hat sie sich aber schon erstaunlich lange gehalten. Irgendwann zwischen 1993 und 1994 hat Ferran Adrià, die Galionsfigur der Molekularen, mit seinen Experimenten angefangen. Im neuen Jahrtausend kamen die Sensationsnachrichten aus dem berühmten »El Bulli« an der Costa Brava in immer schnellerer Folge, vermeldeten immer tollere Kunststücke. Bis zu 30 kleine Gerichte werden den Gästen serviert, die dafür 250 Euro bezahlen. Inzwischen hat der Meister sein stets nur halbjährig geöffnetes Lokal ganz geschlossen, um einmal »eine kreative Pause zu machen« und nur zu experimentieren. Doch die Bewegung bleibt, zwei Dutzend treue Schüler arbeiten weltweit an der Weiterentwicklung der molekularen Koch-Künste.

In einem Buch über die molekulare Avantgarde habe ich gelesen, wie die gern zitierten »sphärischen« Produkte entstehen: Ein beliebiges Lebensmittel, hier → Oliven und Mozzarella, »wird verflüssigt. Danach wird dem Oliven- oder Mozzarellasaft ein wenig Kalziumchlorid zugegeben. Diese Flüssigkeit wird dann mit einem halbkugelförmigen Löffel in ein Alginatbad gegeben. Das Kalzium und das Alginat gehen eine Verbindung ein und bilden eine Sphäre, also eine sehr dünne Haut, um die Flüssigkeit. Die so in eine Kugelform gebrachte Flüssigkeit lässt sich mit einem Siebplöffel aus dem Alginatbad entnehmen. Diesen Vorgang nennt man »umgekehrte Sphärifikation«. Mir fällt es schwer, diese Chemiestunde als einen Küchenvorgang zu begreifen.

Morchel

In einer Schönheitskonkurrenz der ➛ Pilze hätte die Morchel keine Chance. Sie sieht aus wie ein alter Schwamm – mit Kerben, die der Kenner Hutwaben nennt. Je dunkler sie ist, desto besser die Qualität und umso höher der Preis. Für mich sind Morcheln außer ➛ Steinpilzen die delikatesten Pilze, die »Erdmorchel« (➛ Trüffel) mal ausgenommen. Sie sind ein Zeichen für den Beginn einer spannenden Jahreszeit: Wenn die Morcheln da sind, kommen auch der ➛ Spargel, die frischen ➛ Kräuter und der ➛ Spinat, und man kann in der Küche endlich wieder aus dem Vollen schöpfen. Am besten sind Morcheln mit großem Kopf, die man füllen kann – und von denen das Kilo leicht mal 250 Euro kostet. Sie sind eben enorm selten geworden. Wir haben noch ein paar Sammler, die uns unregelmäßig mit frischer Ware versorgen; sonst kommen die meisten Morcheln aus der Türkei, aus Serbien, Bulgarien, sogar aus Pakistan und China. Ungegart können die Pilze übrigens giftig sein. Sie sind aber auch getrocknet oder als ➛ Konserve schmackhaft zu verarbeiten – erstaunlicherweise. Es gibt die bevorzugte Speisemorchel (fünf Arten) und die Spitzmorchel (sechs Arten); sie sind, wie der deutsche Ess-Experte Ulrich Klever gesagt hat, die »Lieblinge der Köche«. Meist treten sie in Begleitung von ➛ Hummer oder Kalbsbries (➛ Bries) auf, mit ➛ Lamm und auch mit dicken ➛ Bohnen oder ➛ Pasta.

Muschel

Die rund 8000 Arten von Muscheln, die in Salz- und Süßwasser leben, können einen – wenn man nicht gerade Weichtierkundler ist – ganz schön verwirren. Wie gut, dass für die Küche nur wenige von ihnen interessant sind. Am wichtigsten sind die Mies- oder Pfahlmuscheln, von denen in Europa, in Holland, Belgien, Frankreich, Italien und Deutschland, jährlich rund 550.000 Tonnen in ‑ Aquakulturen erzeugt werden. Die meisten (45 Prozent) davon stammen aus dem spanischen Galizien; sie sind das erste Meeresprodukt mit einer von der EU geschützten Herkunftsbezeichnung (Mexillón de Galicia) und unterliegen besonderen Qualitätskontrollen. Nur China produziert mehr.

Muscheln können giftig sein, wenn sie aus schmutzigem Wasser kommen; landet eine geschlossen auf dem Teller, sollte man sie gar nicht öffnen.

Die Muschelsaison dauert heute von August bis April. Traditionell sollten die Sommermonate ohne »r« muschelfrei bleiben, weil die weichen Tiere dann bei ihrer stetigen Lieblingsbeschäftigung, dem Filtrieren des Wassers, auch mal giftige Algen reinschlürfen.

In der Küche verarbeitet man außerdem vor allem Herz-, Venus-, Schwert-, Teppich- und Dreiecksmuscheln.

Die Amerikaner und Japaner haben eigene Sorten, doch die kostbarste, die ‑ Jakobsmuschel, gibt es weltweit.

Muschelgerichte in würzigem Weinsud gibt es in unzähligen Variationen, außerdem Spezialitäten wie ‑ Pasta »alle vongole« (mit Venusmuscheln) oder Clam Chowder (Muschelsuppe).

Muscheln liefern auch das Perlmutt für Schmuck, für hochwertige Intarsien, für luxuriöse Hemdenknöpfe und – hier kommen wir wieder zum Kulinarischen – für geschmacksneutrale Löffel aus Perlmutt, die man zum Beispiel für ‑ Kaviar benutzt.

NESPRESSO

Dieser Name steht für eine schier unglaubliche Erfolgsgeschichte der jüngeren Zeit: Das Nespresso-System, bei dem spezielle Maschinen mit kleinen ⟶ Kaffee-Kapseln gefüttert werden, wurde bereits 1970 erfunden, erst 1986 auf den Markt gebracht und triumphiert nun seit 1991.

In den letzten Jahren stiegen Absatz und Umsatz auf geradezu schwindelerregende Höhen. Werbewirksam von George Clooney in Szene gesetzt, werden heute 16 Espresso-Varietäten in glitzernden farbigen Kapseln angeboten. Unglaubliche drei Milliarden Exemplare davon (im Wert von rund 1,5 Milliarden Euro) werden jährlich allein in Deutschland gekauft – ausschließlich in den schicken Nespresso-Boutiquen oder via Internet.

Die passenden Maschinen gibt es natürlich dort, wo die Kapseln verkauft werden, aber ebenso im Fachhandel. Sie stammen von verschiedenen Herstellern und sind ausschließlich mit den Nespresso-Kapseln zu betreiben. Vom gesamten

Das Nescafémädchen

Kaffeemaschinenmarkt haben sie inzwischen fast ein Viertel erobert.

Gern reden die speziellen Nespresso-»Sommeliers« tatsächlich von Grand Cru und Terroir, als handelte es sich um teure Weine. Das müssen sie auch, denn ein Kilo Kaffee in Kapseln kostet ein Zigfaches von der gleichen Menge in der Tüte.

NO-NAME-Produkte

Es klingt so einfach und so einleuchtend: Für No-Name-Produkte braucht man keine Werbung und keine teure Aufmachung; sie können also leicht billiger angeboten werden als die sogenannten Markenartikel. Übrigens werden zu den No-Name-Produkten auch solche gezählt, die längst einen Fantasienamen mit dem Zusatz Aldi, Lidl oder Edeka tragen, doch eben auch nicht beworben werden. Bis dahin versteht das jeder.

Doch sind sie deswegen auch weniger wert als die Markenprodukte oder von schlechterer Qualität? Die These »Markenartikel sind besser als No-Name-Produkte« hat Udo Pollmer in sein »Lexikon der populären Ernährungsirrtümer« aufgenommen, doch ob das wirklich ein Irrtum ist, weiß er nicht so genau. Offenbar gibt es darin keine Gesetzmäßigkeit.

Inzwischen gibt es mehrere Bücher (zum Beispiel: »Welche Marke steckt dahinter?«), die entlarven, welche namhaften Hersteller die No-Name-Produkte liefern, die dann bei den großen Filialisten landen. So produziert Haribo Aldis »Big-Bumix«, ⇀ Langnese mixt Lidls »HappyMix Eis«, und Müller Milch liefert Aldi dessen »Cremadiso Joghurt«.

Ich bin jedenfalls froh, dass es bei vielen frischen Produkten, bei Obst und Gemüse, ⇀ Fleisch und Fisch noch kaum Marken gibt. Auf dem Markt sind wir von Produktwerbung unbeeinflusst, und es finden sich noch immer viele namenlose Bananen, die besser schmecken als eine »Chiquita«.

Nouvelle Cuisine

Diese neue, erkennbar französische Küche war die größte Revolution, die im letzten Jahrhundert die Kochtöpfe der besseren und der ⇀ Haute Cuisine erschütterte. Wer sie letztlich ausgelöst hat, bleibt umstritten. Wer es nicht war, doch von vielen »Foodies« immer noch dafür gehalten wird, ist Paul Bocuse, der größte Promoter dieses Trends und berühmte »Koch des Jahrhunderts«.

Tatsächlich hatte auch dieser Welterfolg viele Väter. Michel Guérard publizierte 1976 sein programmatisches Kochbuch »La Grande Cuisine Minceur«, Roger Vergé gehört dazu, die Brüder Troigros und noch einige andere.

Die französischen Restaurantkritiker Henri Gault und Christian Millau, die ab 1965 gemeinsam einen Restaurant-Guide entwickelten, gaben dem Kind schließlich den Namen »Nouvelle Cuisine« – und profilierten damit ihren Restaurantführer, der sich zum Fürsprecher der neuen Koch-Richtung machte. Wie ich finde, zu Recht.

Der damals neue Küchentrend predigt Leichtigkeit, frische Produkte, kurze Garzeiten, moderne Küchentechnik, Gesundheitsbewusstsein, die Vermeidung dicker Saucen und verkochter Beilagen. Das sind alles Ideale, die wir auch heute noch unterschreiben. Dass wir unsere Menüs nicht mehr vorwiegend aus französischen Luxus-Produkten wie bretonischem ⤙ Hummer, ⤙ Steinbutt und Variationen von ⤙ Foie gras komponieren, sondern aus frischen Zutaten der Region, ist das Neue an der Nouvelle Cuisine.

Die hat sich ja später selbst in Verruf gebracht: Die Portionen wurden immer kleiner, die Präsentation immer selbstgefälliger. Ikebana auf dem Teller, hieß das in kritischen Kreisen. Als Loriot in einem berühmten Sketch auf sein Essen guckte und mit leichtem Stirnrunzeln sagte »Seehr übersichtlich!«, da war die Nouvelle Cuisine in ihrer ursprünglichen Version über ihren Höhepunkt hinaus.

Nudeln

Es scheint mir so, dass nur noch Gäste aus der 60-plus-Generation bei uns nach Nudeln fragen. Bei allen anderen heißen diese elementaren Teigwaren nur noch ⤙ Pasta. Das ist nicht nur trendy, sondern vielleicht auch die historische Wahrheit: Die Nudel, von deren Geschichte so erstaunlich wenig bewiesen ist, stammt mit großer Wahrscheinlichkeit aus Italien.

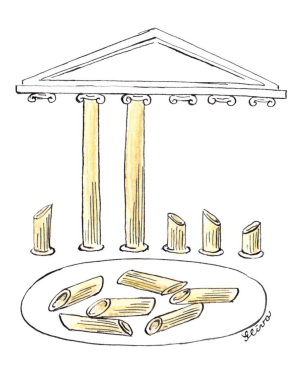

Allerdings war es wohl nicht Marco Polo, der sie, wie manche vermuten, aus China mitbrachte; es soll sie angeblich, wahrscheinlich, womöglich, »nachweislich« (Teubner) schon gegeben haben, bevor er überhaupt aus Venedig nach Fernost aufbrach.

Egal. Für mich besteht das Geheimnis der Nudel in ihren Zutaten: Weichweizenmehl, ⇢ Ei und Wasser für die sogenannten Eiernudeln, Hartweizenmehl und Wasser für alle anderen.

Das Grundrezept ist so einfach wie kaum ein anderes, die Ergebnisse aber so unendlich vielfältig wie bei ⇢ Käse oder ⇢ Wurst.

Im heutigen Sprachgebrauch sind ⇢ Spaghetti oder Maccheroni als deutsche Vokabeln längst so geläufig wie Pizza oder Prosecco.

Wirklich deutsche Nudeln heißen aber ⇢ Spätzle, Spiralen, Hörnchen oder Schupfnudeln. Letztere werden allerdings auf Kartoffelbasis hergestellt.

Eine schwäbische Berühmtheit sind die ↝ Maultaschen, doch bei denen lässt sich kein Gourmet-Autor den Hinweis auf die Ravioli entgehen, die dabei Pate gestanden hätten. Womit wir zurück bei der Pasta wären.

Nougat

Er ist für mich ein ähnlicher Glücksbringer wie der, auf den die Chokoholics schwören: Ich wette, dass auch der Genuss von Nougat die Stimmung aufhellt und glücklich macht.

Der dunkle Nougat hat ja auch einen ↝ Kakao-Anteil und war ursprünglich ein Kind des Mangels. Als durch die Zölle Napoleons die amerikanischen ↝ Kakao-Importe immer teurer wurden, streckte man (zunächst in Turin) die ↝ Schokolade mit gerösteten und gemahlenen Haselnüssen. Das Rezept ist auch heute ungefähr das gleiche: Haselnuss- oder ↝ Mandel-Brei wird mit geschmolzenem Zucker, Kakao, Glukosesirup und ↝ Honig gemixt und nach dem Erkalten in Tafeln zerschnitten. Dem weißen Nougat fehlt der Kakao, er ist weicher, mitunter auch zäher als der dunkle. Der türkische Honig, von Weihnachtsmärkten und Straßenfesten nicht wegzudenken, ist eine Sonderform des Nougats, und zwar die zäheste – er gilt als erfolgreicher Plombenzieher.

Ich finde Nougat am besten als Pralinenfüllung, doch er ist vielfältig einsetzbar, auch in der Weihnachtsbäckerei: Ein »wichtiger Geschmacksgeber für Cremes, Mousses, Eis, Puddings und Gebäck sowie häufig Hauptbestandteil von Pralinen und Konfekt«, so definiert Teubner ihn – und auch den süßen Konkurrenten ↝ Marzipan. Es ist sicher kein Zufall, dass der bekannte Lübecker Marzipanhersteller Niederegger auch eines der größten Nougat-Sortimente führt.

Olive

Über 90 Prozent der Früchte von über 180 Millionen Olivenbäumen auf der Welt werden zu → Olivenöl verarbeitet. Rund ums Mittelmeer wachsen Hunderte von Sorten, auf den Märkten finden sich Dutzende von Größen und Farben. Allein Spanien, der größte Produzent, kultiviert etwa 200 Sorten, gefolgt von Griechenland und Italien. Bereits in der Antike waren Oliven neben → Brot, → Käse und Wein eines der Grundnahrungsmittel.

Dass man die Früchte des Ölbaums auch in fester Form zu sich nehmen kann, ist in Deutschland eher eine neue Entdeckung. Hier hat die Olive jedoch eine bemerkenswerte Karriere an der → Bar gemacht: Der berühmte → Martini-Cocktail wäre ohne die grüne Olive nicht das, was er ist.

Bevor man Oliven isst, muss man sie in Salzlake einlegen; frisch vom Baum gepflückt sind sie wegen ihrer Bitterstoffe ungenießbar. Danach werden sie meist noch weiter behandelt, in Marinaden oder Öle eingelegt oder auch gefüllt mit → Paprika, → Mandeln oder Nüssen. Die Oliven, die wir heute als Delikatessen kaufen, sind in aller Regel Züchtungen, die größer sind und mehr Fruchtfleisch besitzen als die ursprünglichen Sorten.

Bewusst habe ich Oliven zum ersten Mal in Griechenland gegessen. Das waren schwarze Mammutoliven in einer würzigen Marinade, die zusammen mit Wein oder auch Ouzo ein köstliches ➤ Horsd'œuvre abgaben. Auch im griechischen ➤ Salat, dem mit dem Schafskäse, sind Oliven unentbehrlich. Das gilt auch für die Mittelmeerküche – etliche ➤ Pizzas, ➤ Pastas und Saucen kommen nicht ohne Oliven aus. Mein persönlicher Favorit sind die aromatischen kleinen Taggiasca-Oliven aus Ligurien. Weil ihr Kern im Verhältnis zum Fruchtfleisch sehr groß ist, werden sie entkernt angeboten. Ich esse sie gern gehackt, auf in Olivenöl und ➤ Knoblauch geröstetem Graubrot, mit einer Scheibe hauchdünnem Parmaschinken obendrauf – ein Hochgenuss!

Olivenöl

Ich kann mich noch gut erinnern, wie die ersten Ölflaschen in deutschen Restaurants auftauchten und die ersten Gastronomen zum ➤ Brot keine ➤ Butter mehr servierten, sondern ein bisschen von der goldgelben Flüssigkeit in ein flaches Tellerchen rinnen ließen. Das ist noch nicht viel länger als 15 Jahre her.

Heute hat man eigentlich das Gefühl, dass Deutschland am Mittelmeer liegt, so bedeutend ist das Thema inzwischen geworden. »Der Feinschmecker« veranstaltet seit 2004 jedes Jahr einen großen Olivenöltest, auch schon mal mit 865 Sorten aus 20 Ländern. Viele Öl-Produzenten pressen sortenreine Öle, aber auch Cuvées aus bis zu einem Dutzend Sorten.

Die Vorherrschaft von Ölen aus der Toskana scheint heute ins Wanken zu geraten; nicht nur die aus anderen italienischen Regionen, Spanien und Griechenland, sondern auch die aus Slowenien, Kroatien und Kalifornien werden

neuerdings gerühmt. Ich hatte immer gedacht, große ⤙ Bordeaux-Weine oder
⤙ Zigarren seien Kultthemen, doch inzwischen gehören die Öle fraglos dazu.
Die Italiener konsumieren im Jahr pro Kopf durchschnittlich zehn, die Spanier
– und wohl auch die Kreter – zwanzig Liter Olivenöl, die Deutschen nur knapp
einen Liter, aber sieben Kilo Butter! Allerdings bevorzugen sie zu zwei Dritteln
die beste Qualität mit dem italienischen Zusatz »extra vergine«, in Deutschland
»Olivenöl extra nativ«, das kalt gepresste »aus der ersten Pressung«. Eine zweite
Pressung für die zum menschlichen Verzehr bestimmten Öle gibt
es übrigens schon lange nicht mehr.

Die wichtigsten Gesichtspunkte bei der Auswahl: Der Name
des Erzeugers auf dem ⤙ Etikett bürgt für Qualität. Sehr gut
ist es, wenn neben dem Datum der Mindesthaltbarkeit
(MHD; meist 18 Monate ab dem Zeitpunkt
der Abfüllung) auch das der Ernte steht;
denn je älter das Öl wird, desto schlechter im Geschmack. Zu achten ist auch
auf Gütesiegel wie Bio oder DOP (ital.
Denominazione d'origine protetta:
EU-geschützter Ursprung).

Ich habe schon vor etlichen Jahren
eine Familie in Augsburg gefunden,
die auf Sizilien eine stattliche Anzahl
alter Olivenbäume besitzt und mir aus
deren Ernte ein persönliches Olivenöl
herstellt, das mir, meinen Gästen und
Kunden ausgezeichnet mundet. Es ist
einfach schön und beruhigend, wenn
man weiß, woher es kommt und wer
es macht.

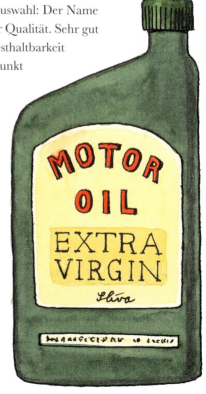

OPUS ONE

Die beiden miteinander verwachsenen Profile auf dem ⤳ Etikett zeigen Amerikas berühmtesten Winemaker Robert Mondavi und seinen französischen Gegenpart, Baron Philippe de Rothschild, Winzer des vielleicht berühmtesten ⤳ Bordeaux-Weins, des Château Mouton-Rothschild.

Diese beiden Herren trafen sich 1970 auf Hawaii und hatten die Idee, ein gemeinsames Unternehmen zu gründen, das einen kalifornischen Spitzenwein im Stil eines erstklassigen Bordeaux produzieren sollte. Das Ergebnis sollte das beste beider Welten sein. Die erste Lese für den neuen Wein fand 1979 statt, ab 1983 nannten die Gründerväter ihn Opus One, ab 1984 wurde er von den fortgeschrittenen Weinnasen der Welt als »kalifornischer Bordeaux« gerühmt.

Opus One besteht zu 90 bis 98 Prozent aus ⤳ Cabernet Sauvignon mit wenigen Prozenten Cabernet Franc und Merlot. Er lagert in neuen französischen Holzfässern. Im ersten Jahr wurden etwa 25.000 Flaschen produziert, in den 1990er-Jahren waren es bereits fast 150.000 Flaschen. Seitdem wurden noch weitere Anbauflächen dazuerworben.

Bei einer meiner ersten Reisen ins Napa Valley war es mir ein Bedürfnis, dieses Weingut zu besichtigen. Bis dato hatte ich noch keines gesehen und den Eindruck, in den Katakomben eines Doms zu sein – hier muss sich der Wein ja wohlfühlen! Danach beschloss ich, diesen Wein in allen ⤳ Jahrgängen zu sammeln, da ich neben dem Inhalt der Flaschen auch das Etikett für außergewöhnlich gelungen halte. Der kalifornische Wein ist längst Kult, vermutlich der beste aus der Neuen Welt und wohl auch der teuerste. Die in Deutschland angebotenen Jahrgänge 1996 bis 2007 kosten 200 bis 300 Euro die Flasche. Die wenigsten von ihnen haben bereits ihre optimale Trinkreife; die stellt sich nämlich erst zwischen dem 12. und dem 17. Jahr ein, sagt Opus-One-Winemaker Michael Silacci: »Doch wir leben im Zeitalter des iPhones. 95 Prozent des Opus One werden schon im ersten Jahr nach dem Kauf getrunken.«

Orange

In Deutschland heißen sie nördlich der Mainlinie Apfelsinen (aus niederländisch »appelsien«, ↠ Apfel aus China). Sie gehören zur weitläufigen Gruppe der Zitrusfrüchte wie auch ↠ Zitronen, Grapefruits und Mandarinen. Teubner rechnet mit 150 Gattungen, »eine unendliche Vielzahl von Kulturformen, Sorten, Varietäten, Hybriden und Rückkreuzungen«.

Die Zitrusfrüchte gelten nach Anbaufläche als die Nummer zwei auf der Welt. Von ihnen ist die Orange die wichtigste und kommt bei uns im Verzehr gleich nach dem Apfel. In den letzten 20 Jahren hat sich ihre weltweite Produktion fast verdreifacht. Ich nehme an, das ist eine Folge des Gesundheitstrends. Heute werden die ↠ Vitamin-C-reichen Orangensäfte zu jedem ↠ Frühstück angeboten. Sie kommen mehrheitlich als Konzentrat aus Brasilien und sind das wichtigste Orangenprodukt überhaupt.

Höchstes Ansehen genossen die Orangen im Barock. Damals richteten sich die Reichen und Mächtigen ihre Orangerien ein, Wintergärten, in denen die empfindlichen Südpflanzen überwinterten. Man genoss gleichzeitig den Duft der Blüten und die Schönheit der Früchte – eine Besonderheit der Orangenbäume, die beides gemeinsam tragen.

Prominente Orangenliköre sind der Curaçao und ↠ Cointreau. Die berühmte (englische) Bitter-Orangen-Marmelade stammt klassischerweise von den sogenannten Valencia-Orangen. Spanien ist immer noch der größte Orangen-Produzent in Europa, freilich weit abgeschlagen hinter Brasilien und den USA, die vier bis fünf Mal so viel ernten.

MEIN TIPP: *Die meisten Schalen sind gewachst, was die Lagerfähigkeit der Früchte verlängert. Wer die Schale verwenden will, sollte Bio-Orangen kaufen und auch diese vorher gründlich heiß waschen und trocken reiben.*

Getränkter Orangenkuchen

Zutaten für 12 Stücke:

1 Bio-Orange | 1 Bio-Zitrone

125 g Butter | 125 g Zucker | 1 Prise Salz | 2 Eier

125 g Mehl | 1 TL Backpulver | 100 g Puderzucker

100 ml Orangensaft | etwas Orangenlikör

- Die Orange und die Zitrone heiß abwaschen und trocken reiben, die Schale fein abreiben. Eine Orangenhälfte auspressen.
- In einem kleinen Topf die Butter einmal aufkochen.
- 75 g Zucker, Salz, Orangen- und Zitronenschale dazugeben und so lange rühren, bis sich alles zu einer homogenen Masse verbunden hat. Den Saft der Orange unterrühren.
- Eier und restliche 50 g Zucker in einer Küchenmaschine oder mit dem Schneebesen eines Handrührgeräts 10 Minuten dickschaumig aufschlagen. Warme Orangenmasse zugeben und 2–3 Minuten unterschlagen.
- Mehl und Backpulver darübersieben, mit dem Schneebesen unterheben.
- Eine Back- oder Auflaufform (30 x 20 cm) mit Backpapier auslegen. Die Masse hineingießen und im vorgeheizten Backofen bei 180 Grad Celsius 35 bis 40 Minuten backen.
- Den Puderzucker mit Orangensaft und Likör verrühren.
- Den Kuchen aus dem Ofen nehmen, mit dem Orangensud tränken und 10 Minuten ziehen lassen.
- In 12 Stücke schneiden und lauwarm servieren.

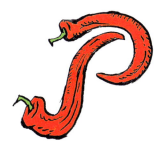

Paprika

Es gibt ja kaum etwas Schöneres als einen Marktstand mit frischen bunten Paprikaschoten in allen Farben. Das ist für mich eine der schönsten Darstellungen von Sommer und von Ernte. Dabei waren meine ersten Erlebnisse mit Paprika die mit Pulver. Sonntags nach der Kirche durfte sich der kleine Johann im Wirtshaus immer mal Wiener Würstchen (→ Wurst) mit Gulaschsauce bestellen.

Später, lange bevor Ungarn in die EU kam, hatte ich übrigens Gelegenheit, während einer Reise nach Szeged eine berühmte Paprikafabrik zu besuchen.

Dort hat man mir erklärt, dass die Farbpigmente, ASTA genannt, grundsätzlich für die Qualität des Paprikapulvers verantwortlich sind. Die in Deutschland angebotenen Sorten sind in der Regel Mischungen, darum bestelle ich, wenn ich mal richtig Lust auf ein tolles Gulasch habe, direkt in Ungarn »különleges« Paprika (mittelscharf) – das ist für mich die beste Qualität mit einzigartiger Farbe und sensationellem Geschmack.

»Der große Larousse« verzeichnet ihn unter dem Stichwort »Paprika (Pulver)«, für alles andere verweist er auf »Chili oder Gewürzpaprika«, und diesbezüglich ist die Verwirrung in der

Literatur groß. Eigentlich sind Paprika und Chili, obwohl es Hunderte von Sorten und ebenso viele Schärfegrade gibt, keine Geheimwissenschaft. Ihre Schärfe – das Capsaicin – steckt hauptsächlich in den weißen Trennwänden und Kernen im Inneren der Schoten. Diverse Züchtungen machten Paprika immer milder. Je nach Sorte und Herkunft sind die großen knackig-saftigen Paprikaschoten in der Regel nicht scharf. Auch die dünnwandigeren sogenannten Spitzpaprika nicht. Grüne, unreife Früchte färben sich mit zunehmender Reife gelb, orange und rot, manche sogar schwarz-violett und liefern sehr viel ⤙ Vitamin C und A.

Echte Chilischoten sind viel kleiner und schärfer, egal ob rot oder grün. Wenn so etwas in einer Thaisuppe schwimmt, unaufgeschnitten, also mit den besonders scharfen Samen drin, probiere ich nur ganz vorsichtig. Ich habe leidvolle Erfahrungen gesammelt – Hustenanfälle, tränende Augen, Atemnot und ein flammender Rachen, der sich nur langsam mit viel kalter ⤙ Milch wieder beruhigen ließ.

MEIN TIPP: *Wer nach Budapest reist, sollte sich auf jeden Fall die faszinierenden Markthallen ansehen. Dort kann man auch das großartige »különleges« Paprikapulver kaufen.*

Parmesan

Jede anständige ⤙ Pasta fühlt sich regelrecht nackt ohne ihn. Ein guter kräftiger, alter Parmesan adelt selbst die fadeste ⤙ Nudel.
Der ursprungsgeschützte »Parmigiano Reggiano« ist wahrscheinlich der härteste Hartkäse aus Parma und Umgebung und wird in großen runden Laiben

produziert. Sie wiegen zwischen 25 und 50 Kilogramm, enthalten mindestens 32 Prozent ⇀ Fett und werden zwischen April und November hergestellt. Anschließend reift der ⇀ Käse bei ständiger Umlagerung bis zum nächsten Sommer – das ist dann die Qualität »nuovo« – oder länger. Nach 24 Monaten heißen sie »vecchio« (alt), dann »stravecchio« (extra alt). Ganz selten und von Liebhabern hoch geschätzt sind die sechs Jahre alten »extra stravecchione«.

Ich weiß, im Supermarkt gibt es auch fertig geriebenen Parmesan in Plastiktüten, doch der taugt allenfalls für die Tiefkühlpizza. Richtiges ⇀ Aroma entfaltet nur der frisch gehobelte Parmesan.

Jährlich produziert die Region rund drei Millionen Käselaibe, 80 Prozent verzehren die Italiener selbst, der Rest geht in den Export. Dünne Späne davon passen gut auf ⇀ Salate und aufs Carpaccio, zu Gemüsegerichten und zu Suppen. Gern wird Parmesan auch mit ⇀ Balsamico beträufelt und mit Früchten serviert. In Italien gibt es ganze Kochbücher voller Parmesangerichte, und natürlich hat die ⇀ Molekularküche des Ferran Adrià auch einen Parmesanschaum kreiert …

Pasta

Eins ist ganz sicher: Pasta hat keine Feinde. Ich kenne in meinem ziemlich großen Bekannten- und Freundeskreis nicht einen einzigen Pasta-Verächter. Das war bei ⇀ Nudeln mal anders: Ich erinnere mich noch gut an den soge- nannten Eierskandal, bei dem in den 1980er-Jahren Birkel-Nudeln (fälschlicherweise) als »mikrobiell verdorben« angeschwärzt wurden. Danach erlitten die »Frischeinudeln« über Jahre einen Boykott der Verbraucher.

Damals explodierte der Absatz italienischer Teigwaren in Deutschland. Das Motto hieß: »Pasta wird in Italien niemals mit ⇥ Ei hergestellt.«

Ludger Fischer hat diese These zu Recht in die Reihe seiner »Küchenirrtümer« aufgenommen. Denn es gibt zwar eine Art Reinheitsgebot für jene italienische Pasta, die nur aus Hartweizengrieß und Wasser bestehen darf. Das ist aber nur die »pasta secca«, die

getrocknete. Daneben existiert jedoch auch die »pasta fresca«, die frische oder hausgemachte (»fatta in casa«) Pasta, und die wird durchaus mit Ei zubereitet.

Bei einigen italienischen Fachautoren habe ich von bis zu 300 Pasta-Arten gelesen, aber diese Zahl halte ich für ziemlich übertrieben. Barilla, Italiens größter Nudelhersteller, bietet jedenfalls nur 30 Sorten an, Bestseller sind ⇥ Spaghetti und Penne. Teubners Buch über Teigwaren kennt 60 bis 70 Sorten, dazu kommen noch die mit ⇥ Spinat, ⇥ Tomaten, Rote-Bete-Saft, ⇥ Safran oder Sepiatinte eingefärbten Arten. Außer den Kennern vertraute Formen wie Tagliatelle und Linguine, Lasagne und Pappardelle, Ravioli und Farfalle, Fettuccine und Fusilli gibt es auch Exoten wie Malloreddus (Sardische Gnocchetti) oder Radiatori integrali (Spiral-Vollkornnudeln).

Ich würde zu gern mal eine Blindprobe mit Nudeln veranstalten, weil ich wette, kein Mensch kann all die fidelen Namen und Formen unterscheiden. Aber natürlich brauchen wir sie alle – das Auge isst ja bekanntlich mit.

PASTIS

Liebhaber kennen den »Toulouse-Lautrec«, den Spazierstock mit eingebautem Flachmann. Er wurde massenhaft ins Amerika der Prohibition geschickt, um den illegalen Whisky zu verstecken. Sein Namensgeber transportierte darin natürlich das Modegesöff der Zeit: Absinth. Kaum eine Spirituose war so skandalträchtig wie der schlecht beleumundete Vorgänger des Pastis. Sein Zentrum war Paris um 1900. Die Künstler malten Absinthtrinker, die Dichter verewigten ihn in ihrer Lyrik. Alle tranken den über 70-Prozentigen, der gesüßt und verdünnt werden musste, um überhaupt trinkbar zu sein: Manet und Picasso, Gauguin und Hemingway, der Absinth mit ⇥ Champagner mischte (»Death in the Afternoon«). Nur der Schweralkoholiker Toulouse-Lautrec kredenzte seinen Freunden sein berüchtigtes »Erdbeben« (»tremblement de terre«), eine Mischung aus ⇥ Cognac und Absinth pur – er starb mit nur 37 Jahren.

Absinth stand im Verdacht, höchst ungesund zu sein, Lähmungen, Krämpfe, Blindheit und Epilepsie hervorzurufen. Früher machte man das Nervengift Thujon dafür verantwortlich. In der Schweiz wurde Absinth 1910 verboten, ab 1914 auch in Frankreich und den anderen Ländern Europas bis auf Spanien und Portugal.

Pernod, der größte Produzent von Absinth, schaltete um auf Anisée (destilliert und ohne Lakritze) Pernod. Den echten Pastis brachte als Erster Paul Ricard auf den Markt, einen gewürzten Anis-Lakritz-Likör, der den alten Platzhirsch Pernod längst überholt hat. Beide werden mit Wasser verdünnt, das vielfach über ⇥ Zucker geleitet wird, und trüben sich dann ein. 1975 fusionierten beide Marken zu Pernod Ricard und gehören heute zu den größten Spirituosenherstellern. Seit spätestens 1998 ist Absinth mit weniger Thujon und Alkohol in den meisten EU-Ländern wieder legal und in manchen Kreisen Mode.

Patissier

Die deutsche Übersetzung von Patisserie lautet Konditorei (→ Konditor) oder Feinbäckerei, doch beides stimmt nicht ganz. Der Patissier in einem Restaurant ist zuständig für alle → Desserts, ob → Torten, Törtchen, Crème brûlée, Mousse au Chocolat, → Sorbets oder Fruchtcocktails, und alle Kombinationen aus allem.

Der erste bedeutende Patissier war Marie-Antoine Carême Anfang des 19. Jahrhunderts, der sich später zum Allroundchef entwickelte – ähnlich wie Gaston Lenôtre, der größte Patissier der Neuzeit. Er sagte: »Patisserie bedeutet für mich: Geschmack der Genauigkeit, des Maßes, der Disziplin.«

In Amerika heißt der Patissier Pastry Chef und ist viel wichtiger als bei uns. Wenn in einem Nobelrestaurant à la »Le Cirque« in New York der Pastry Chef wechselt, ist das Erdbeben wohl noch größer, als hätte sich der → Chef verdünnisiert. Das liegt am größeren Interesse der Amis an Süßspeisen. Das Deutsche hat kein eigenes Wort für Patissier, doch seit das Dessert zum großen Finale des Essens einen sehr hohen Stellenwert einnimmt und es in Restaurantführern die Rubrik »Die besten Patissiers« gibt, sind diese zu Stars geworden. Aus eigener Erfahrung sage ich: Es ist die schönste und kreativste Abteilung der Küche, hat aber einen Nachteil – man geht abends immer als Letzter nach Hause.

PEKING-ENTE

Meine erste habe ich im Restaurant Peking Garden in Hongkong gegessen, später auch in Peking, Singapur und Kuala Lumpur – sie waren aber nicht annähernd so gut wie die in Hongkong. Die Peking- bzw. Beijing-Ente gehört zu den Stars der chinesischen Küche. Man sagt, sie besteht mehr aus Arbeit als aus Zutaten. Für die Zubereitung brauchen selbst erfahrene Köche einen ganzen Tag.

Vor vielen Jahren hatte ich bei einem ZDF-Dreh die Gelegenheit, dies auf einem Bauernhof in der Nähe von Hongkong kennenzulernen: Basis sind etwa zwei Kilo schwere, besonders ernährte ⇀ Enten. Diese werden mit einem speziellen Gerät präpariert (aufgeblasen), sodass sich die Haut vom Fleisch löst; denn es geht bei diesem Gericht vor allem um die Haut des fetten Vogels. Diese wird mit ⇀ Ingwer, ⇀ Honig und ⇀ Zucker (viele Köche haben ihre Spezialmischung) mariniert, bis sie schön rot geworden ist. Nachdem das Tier im Ganzen in einem speziellen Ofen einige Stunden gegart worden ist, wird die Haut in dünnen Scheiben abgeschnitten. Serviert wird sie zusammen mit dünnen Pfannkuchen, mit Frühlingszwiebeln und würziger Hoisin-Sauce (aus Soja, Gewürzen, Öl). Man legt die Hautstücke auf den Pfannkuchen, bestreicht sie mit der Sauce, platziert ein paar Frühlingszwiebelstreifen darauf, und dann wird alles in dem Pfannkuchen zu einer Rolle gedreht. Aus dem Fleisch, das übrig ist, wird eine Suppe gekocht und nach chinesischer Sitte als Hauptgang gereicht.

Perlhuhn

Es sieht ein bisschen aus wie ein ⇀ Huhn, das allerdings einen riesigen Buckel zu tragen hat, und so bewegt es sich auch – nicht gerade elegant. Die weißen Punkte auf seinem dunklen Gefieder haben seine Namensgeber wohl an Perlen erinnert. Perlhühner kommen ursprünglich aus Afrika, wo sie heute noch frei durch den Busch springen und Afrikanisches Huhn oder Guinea-Huhn (englisch »guinea fowl«) genannt werden.

Im 15. Jahrhundert brachten die Portugiesen sie wohl nach Europa, wo sie seitdem gezüchtet werden, ebenso in Amerika. Frankreich wurde zum größten Perlhuhn-Erzeuger (50 Millionen Tiere im Jahr), gefolgt von Italien. Schon nach sechs bis acht Wochen Intensivmast werden die etwa 600 Gramm schweren Perlhuhn-Küken geschlachtet und kommen als Portionstiere in den Handel, wo sie als Ersatz für ⇠ Rebhühner gelten.

Ich bestelle selten Perlhühner, und wenn, dann die besseren Qualitäten. Dafür müssen die Vögel in Frankreich wenigstens 94 Tage alt sein, aus ⇠ Freilandhaltung stammen und es auf ungefähr 1,8 Kilo bringen. Diesen Perlhühnern wird zum Ende der Mast ⇠ Mais zugefüttert, und sie tragen dann das Gütezeichen »Label Rouge«.

Keiner, der über Perlhühner schreibt, vergisst den Verweis auf den ⇠ Fasan, so ganz ähnlich, dunkel und saftig und ein klein wenig wild sei dessen Fleisch. Übrigens gelten alle Rezepte für den Fasan auch für das Perlhuhn. Das ist für mich ein Grund, gleich Fasan zu wählen, der meiner Meinung nach qualitativ über dem Perlhuhn rangiert. Allerdings sind dessen ➤ Eier, etwas kleiner als die von unseren Hühnern, besonders delikat im Geschmack – aber auch teurer.

Petersilie

Eigentlich sind mir Allzweckgewürze, die sich mit allem und jedem verbinden, verdächtig. Das ist, so dachte ich früher, nur etwas für Hausfrauen; Köche gucken eher nach spezielleren Würzen. Heute kann ich mir ein frisches ➤ Möhren-Gemüse ohne eine Portion frittierter Petersilie nicht mehr vorstellen.

Es gibt das beliebte Küchenkraut in zwei Versionen: Die sogenannte italienische Sorte ist glattblättrig und aromatisch, die krausblättrige lässt sich genauso einsetzen, schmeckt aber etwas milder.

Wie so manches andere Küchengrün lässt sich die Petersilie auch im eigenen Garten oder auf dem Balkon pflanzen. Das ist besonders bei der glattblättrigen Sorte vorteilhaft, weil sie schnell welk wird. Beide harmonieren mit fast allen salzigen Gerichten, ➤ Fleisch, Fisch und Gemüse, gehören in Dressings, Suppen und Bouillons. Die Petersilienkartoffel und die Petersiliensauce verdanken ihr den Namen. In der Grünen Sauce, wie ich sie als Frankfurter Spezialität kennengelernt habe, ist Petersilie eins der sieben unentbehrlichen ➤ Kräuter.

Ich finde es wunderbar, dass auch ihre Wurzel zunehmend eine größere Rolle spielt. Der leicht süßliche Geschmack der Petersilienwurzel ist etwa mit dem der Pastinake vergleichbar und bestens für ein leckeres Süppchen geeignet. Sie schmeckt aber auch geschmort zu einem würzigen Braten. Petersilie ist viel mehr als nur die Dekoration, die sie früher einmal war.

Pfannkuchen

Dieses simple Pfannengericht ist, bestrichen mit Marmelade, ⇀ Honig oder Nutella, die Lieblingsspeise aller Kinder und häufig auch das Erste, was sie selber zubereiten. Und es ist Basis für vielerlei Gerichte der salzigen und süßen Küche. In der Grundversion werden Mehl, ⇀ Eier und ⇀ Salz mit ⇀ Milch zu einem Teig verrührt, den man in der Pfanne auf beiden Seiten backt. Der Könner wendet den Eierkuchen, indem er ihn hochwirft und gedreht in der Pfanne auffängt.

In Österreich heißen die Pfannkuchen Palatschinken, was manchen Touristen irritiert, weil er keinen Schinken enthält. Das Wort ist eine Verballhornung des ungarischen palacsinta (Kuchen). In Frankreich tritt er leicht variiert als Crêpe auf, sozusagen als Patisserie-Version, veredelt mit ⇀ Zucker und flüssiger ⇀ Butter. Die Luxusausführung ist die flambierte Crêpe Suzette (mit ⇀ Orangen-Saft, Orangenlikör, ⇀ Vanille-Eis). Die nordische Antwort darauf ist der ⇀ Apfel-Pfannkuchen – der Crêpe normande. Ob Crêpes, Palatschinken oder Pfannkuchen – alle werden gern mit ⇀ Pilzen, ⇀ Käse, ⇀ Spinat oder ⇀ Schinken zu pikanten Vorspeisen aufgebrezelt, also gerollt, gefaltet oder zu Säckchen geformt. Nur einer tanzt aus der Reihe, nämlich der »Berliner Pfannkuchen«. Der ist nicht dünn, sieht aus wie ein verbeulter Tennisball, besteht aus einem süßen Hefeteig und einer Füllung aus Konfitüre, ⇀ Pflaumen-Mus oder ⇀ Eierlikör – manchmal spaßeshalber auch aus ⇀ Senf, schließlich ist er der Krapfen und saisonal zu Silvester und zum Fasching in Höchstform.

Pfeffer

Er ist das meistgebrauchte → Gewürz und unentbehrlich fürs Schärfen von Saucen und Suppen, Fisch und → Fleisch. Mitunter wird er auch auf Früchte gestreut, um deren Geschmack zu akzentuieren. Wichtig ist es, dass man ihn immer frisch mahlt; er verliert rasch an Geschmack. Pfeffer gibt es auch in Weiß für → Sahnesaucen, in Grün für asiatische Gerichte oder die berühmte Pfeffersauce zum → Steak. Häufig trägt er seine Herkunft im Namen wie Japanischer oder Szechuan-Pfeffer. Außerdem gibt es den sehr scharfen roten Pondichery-Pfeffer (echter roter Pfeffer), den Langen Pfeffer, der wie eine feste Rispe mit winzigen Beeren aussieht, und den aromatisch-bitteren Kubebenpfeffer mit feiner Eukalyptusnote. »Rosa Pfeffer« ist kein echter Pfeffer, sondern die mild-aromatischen Früchte des peruanischen Pfefferbaums.

Dass Pfeffer zur Entdeckung Amerikas führte und Händler reich machte, ist fast vergessen. Obwohl er noch heute mehrfach so teuer ist wie → Salz. Die Redensart, jemand möge sich dahin verziehen, »wo der Pfeffer wächst«, spielt auf ferne Länder an wie Indien, Malaysia, Cayenne, Indonesien, wo er geerntet wird. Das Pfefferspray jedoch, mit dem sich Briefträger gegen Hunde und Mädels gegen böse Buben wappnen, ist nicht mit Pfeffer geladen, sondern mit einem Extrakt aus Chilischoten – im Englischen unter »pepper« bekannt.

Pfefferminze

Sie ist durch Kreuzung mehrerer Arten entstanden, startete 1696 in England als Zuchtpflanze und bestimmt seither viele → Aromen, auch durch das daraus gewonnene Pfefferminzöl. Ich kenne Pfefferminze als Bestandteil so mancher → Cocktails, er ist nötig in Julep, Pimms, Stinger und Grasshopper, aber auch in so manchen → Likören: »Crème de Menthe« heißt der wohl berühmteste, der Marie Brizard. Auch deutsche Firmen wie Bols produzieren Pfefferminzlikör.

Wir auf der Stromburg benutzen Pfefferminze gern für ⇢ Erbsen- oder Zucchinischaumsuppe, für Couscous, zu ⇢ Lamm und diversen ⇢ Desserts wie ⇢ Erdbeeren, Pfefferminz-Granité oder -Sabayon. Auch ein mit frischer Minze aufgebrühter ⇢ Tee ist ein Genuss. Immer hinterlässt sie einen herrlich frischen Geschmack.

Als ⇢ Patissier bei Witzigmann in München präsentierte ich 1982 dem berühmten Pariser Patissier Gaston Lenôtre stolz meine Pralinen. Ich musste mir von ihm erklären lassen, dass man bei dieser Auswahl warnen soll: Pralinen mit Pfefferminzaroma bitte erst zum Schluss essen – denn das intensive Aroma überdeckt fast alles.

PFIFFERLING

Dieser delikate ⇢ Pilz mit seinem pfeffrigen Geschmack war stets so begehrt, dass Sammlern seine Bestände drastisch dezimiert haben. Er hat viele Namen: Eierschwamm, Dotterpilz, Gelbohr, Gelbling, Gelbmännchen, Reherl … International heißt er »Chanterelle«. Das bedeutete im 15. Jahrhundert »kleiner Pokal« und bezog sich auf die Form. Sein Hut ist dotter- bis orangegelb, seine Leisten leicht wellig, so erkennt ihn der Pfifferling-Liebhaber auf den ersten Blick. Doch der Pilz verschwindet mehr und mehr. Als steirische Bauernkinder sind wir noch stundenlang durch die Wälder gezogen, die besten unter uns konnten die Pilze sogar riechen. Die gelben Pfifferlinge, die fleischigen Trompetchen, waren auch für mich als Kind leicht zu erkennen. Ich wusste aber auch, dass sie nach einer gewissen Zeit leicht etwas zusammenfallen. Bei mir durften sie deshalb noch mal ordentlich was trinken: Ich habe sie vor dem Verkauf schön nass gemacht, damit sie saftig und appetitlich glänzten. Die Erinnerung daran treibt mich heute noch schier zur Verzweiflung. Pilze ins Wasser legen! Waschen! Das geht gar nicht. Ihr Geschmack ist so zart und so leicht zu zerstören wie ein Traum.

Die Abholzung alter Wälder und die Umweltverschmutzung machen allen Pilzen sehr zu schaffen. Tschernobyl war das Desaster schlechthin. Die Pilzsammler, die uns heute versorgen, schweigen sich über ihre Fundorte aus, die inzwischen als Geheimtipps gelten. Der Pfifferling sträubt sich wie der ⤳ Steinpilz hartnäckig dagegen, gezüchtet zu werden. Sein Wurzelgeflecht ist unbedingt an die Feinwurzeln von Waldbäumen gebunden, und diese Symbiose konnte bislang künstlich nicht befriedigend hergestellt werden.

MEIN TIPP: *Pilze nur vorsichtig mit einem Tuch abreiben, mit einem Pinsel die Erde und mit einem Messer schlechte Stellen entfernen.*

Pfifferlingsrahm

Zutaten für 4 Portionen:

400 g Pfifferlinge | 3 Schalotten | 1 Knoblauchzehe | 2 Tomaten
etwas Olivenöl | 2 cl Cognac | 200 ml Kalbsfond | 100 ml Sahne | Salz
frisch gemahlener Pfeffer | Zitronensaft | etwas grob gehackter, frischer Estragon

- Die Pfifferlinge gründlich mit einem Pinsel säubern und putzen. Schalotten und Knoblauch schälen, fein würfeln. Die Tomaten häuten, halbieren und entkernen, das Fruchtfleisch in kleine Würfel schneiden.
- Schalotten und Knoblauch in Öl anschwitzen. Pilze zugeben und andünsten. Mit Cognac ablöschen, Kalbsfond und Sahne aufgießen. Etwas einkochen, dann mit Salz, Pfeffer, Zitronensaft und Estragon würzen.
- Passt zu frischen, in Butter geschwenkten Gnocchi oder Semmelknödeln.

Pfirsich

Als gelernter ⤙ Patissier denke ich bei diesem Thema natürlich zunächst an Pfirsich Melba, das klassische ⤙ Dessert aus Pfirsich, ⤙ Himbeeren und ⤙ Vanille-Eis, das Auguste Escoffier in den 1890er-Jahren für die australische Sängerin Nelly Melba kreiert hat. So hat er wenigstens ihren Namen unsterblich gemacht. Auch den Klassiker Birne Helene verdanken wir übrigens diesem Großmeister unseres Fachs.

Weiter denke ich beim Thema Pfirsich an ein absolutes Highlight, an meinen Besuch bei dem Drei-Sterne-Koch Paul Haeberlin im Elsass. Dort genoss ich seinen berühmten Pêche Haeberlin, einen pochierten weißen Pfirsich, gefüllt mit Pistazieneis und einem großartigen ⤙ Champagner-Sabayon. Wirklich sensationell!

Bei den alten Römern hieß der Pfirsich »prunus persica«, also persische ⤙ Pflaume, doch was die Römer noch nicht wussten: Nach Persien war er

ursprünglich aus dem Fernen Osten gekommen, aus China, wo er als Symbol der Unsterblichkeit galt.

Die äußere Farbe der Früchte kann je nach Sorte und Herkunft zwischen Grüngelb, Sattgelb und Rottönen changieren. Das Fruchtfleisch variiert zwischen Weiß, Gelb und Rötlich. Am beliebtesten sind neuerdings die weißen Pfirsiche aus Griechenland und Frankreich.

In der Regel hat der Pfirsich die typische samtig-flaumige Haut. Die Pfirsichhaut ist zwar als Schönheitsideal in aller Munde, verursacht aber mit ihrer Pelzigkeit manchem Esser beim Reinbeißen ein wenig Unbehagen. Für diese Zielgruppe wurde durch Kreuzung mit einer Pflaumensorte die glatthäutige Nektarine gezüchtet.

Man bemüht sich inzwischen besonders, den Pfirsich »steinlösend« hinzukriegen, damit sich der bis zu vier Zentimeter große zerklüftete Stein endlich leichter aus dem Fruchtfleisch entfernen lässt.

Die Österreicher besitzen ja eine besondere Spezialität, den Weingartenpfirsich, der zwischen den Reben wächst. Er hat einen sehr intensiven Geschmack, mitunter mit einem leichten Mandelton. Ich favorisiere eine der neueren Sorten, den Steirischen Weingartenpfirsich aus meiner Heimat. Er eignet sich besonders für

Marmeladen und Säfte – und ganz speziell für den berühmten ⇒ Cocktail Bellini aus Harry's ⇒ Bar.

MEIN TIPP: *Frische Pfirsiche sind ziemlich empfindlich und hassen den Transport. Eingedellte und braunfleckige Exemplare sollte man liegen lassen oder die Stellen großzügig herausschneiden.*

Pflaume

Blue
Note

Diese Frucht interessiert mich am meisten in verarbeiteter Form, als Pflaumen-kuchen, Pflaumenmus, Pflaumenknödel oder Pflaumenkompott – in Österreich Zwetschgenröster genannt.

Die Pflaume oder Zwetschge hat ja ein so wunderbar fruchtiges ⇨ Aroma, dass sie überall eine gute Figur macht. Unvergesslich sind für mich die fleischlosen Freitage meiner Kindheit – und sicher auch für das Ausmaß meines Körpers verantwortlich. Innerhalb meiner Familie fand nämlich immer wieder ein großes Wettessen statt, wer wohl mehr Knödel schafft. Ich verrate es gerne: Bei den mit Brotcroûtons gefüllten Kartoffelknödeln war ich gerne Letzter, bei Zwetschgen- oder Marillenknödeln mit ⇨ Vanillesauce war ich immer Erster!

In einigen osteuropäischen Staaten wie Serbien, Tschechien, Slowakei und einem Teil Polens gilt der Pflaumenschnaps Sliwowitz in diversen Schreibwei-sen als Nationalgetränk; in Serbien etwa gehen übrigens 70 Prozent der Pflau-menernte in die Schnapsbrennerei. Freilich werden dafür zumeist Zwetschen (Zwetschgen) verwendet, die mehr länglich geformten Schwestern der Pflaume, die in aller Regel saftiger und süßer ist.

Zur gleichen großen Familie der Rosengewächse gehört die Reineclaude oder Reneklode, klein, grüngelb und mit feiner Säure gut für Marmeladen und ⇨ Torten geeignet.

Ein weiteres Familienmitglied ist die Mirabelle, kugelig, gelb mit roten Bäckchen, aus der gern Kompotte gemacht werden – und »Mirabellengeist«.

»Den schlechtesten Ruf aller Pflaumen genießt die Schlehe. Ihre kleinen, bläu-lichen Früchte sind roh so sauer und bitter, dass man sie nicht essen kann«, erzählt Waverly Root. Stimmt, aber nach dem ersten Frost wird das besser, und so lassen sich daraus Konfitüren, Gelees, Säfte und ⇨ Liköre produzieren, die eine treue Fan-Gemeinde haben. Schließlich gilt die Schlehe als Stammform der europäischen Pflaumen und hat die gleiche medizinische Wirkung – sie wirkt harntreibend und regt den Darm an.

Picknick

Die berühmteste bildliche Darstellung stammt aus dem 19. Jahrhundert und ist von Édouard Manet. Sein damals skandalöses Gemälde »Das Frühstück im Grünen« führt freilich in die Irre. Eine Nackte ist keineswegs normaler Bestandteil eines Picknicks. Das Wort selbst soll zuerst in Frankreich und dann in England aufgetaucht sein, wo das Picknick im Viktorianischen Zeitalter seine große Blüte erlebte, angeblich weil Königin Viktoria selbst so gern im Freien aß.

Zu einem Picknick gehören immer eine Decke, auf die man sich setzt, der Picknick-Korb mit Geschirr und ⤙ Besteck, dazu all die in der Regel kalten Delikatessen, die man mitbringt: ⤙ Salate, Pasteten, ⤙ Schinken, Obst; die klassischen Getränke sind Wein und ⤙ Champagner (aus einer Kühltasche mit Eis), manche Briten brühen aber auch ⤙ Tee auf.

Im Prinzip sind alle größeren Veranstaltungen, die im Freien stattfinden, traditionelle Picknick-Events, in den USA vielleicht noch heftiger als im United Kingdom. Dort werden dann auch ganz tief gelegte Faltstühle mitgebracht, flache Tischchen, auf denen silberne Kerzenleuchter und Blumenvasen drapiert werden – man möchte es ja auch ein bisschen komfortabel und luxuriös haben!

Hier möchte ich in eigener Sache gern einen kleinen Werbeblock einschalten. Auch wir auf der Stromburg bieten so etwas wie ein Picknick an, freilich eines von der exklusivsten Art. Zitat aus »Der Feinschmecker«: Ein »Heli Gourmet Picnic« kann wirklich nur ein einziger ⤙ Chef im Lande anbieten. Die Gäste werden von daheim abgeholt, zum Picnic geflogen und wieder zurück … Dieses Picnic ist ein ausgewachsenes Fünf-Gänge-Menü, frisch zubereitet in einer transportablen Küche. Das Paar unter seinem Sonnenschirm hat bereits Champagner und ⤙ Amuse-Gueule genossen, es schwärmt vom Blick auf den Rhein und auf Bacharach. Sie hat ein feuchtes Auge (Hochzeitstag!) und seufzt: »So schön hätte ich es mir nicht vorgestellt!« Ende des Zitats. So schön kann ein Picknick sein.

Pilze

Das »Appetit-Lexikon« zitiert den großen Pflanzenforscher Carolus Clusius, der 1571 bis 1587 in Wien gelebt hat. Der »stellte zum ersten Mal die Zugehörigkeit der Pilze zum Pflanzenreiche außer Frage«. Gestutzt habe ich jetzt erst bei Pini, der sie als »kulinarisch so attraktive wie seltsame Lebewesen« nennt, jedoch ohne weitere Erklärung.

Bei Wikipedia schreibt jemand, der es offenbar ganz genau weiß: »Pilze sind eukaryotische Lebewesen … In der biologischen Klassifikation bilden sie neben Tieren und Pflanzen einen eigenständigen Bereich.« Dem folgt ein Kapitel über »Abgrenzung zu Pflanzen und Tieren«, und ich staune – sie sollen »enger mit Tieren als Pflanzen verwandt« sein.

Nun muss sich freilich niemand Sorgen machen, dass sie Schmerzen erleiden, wenn man sie in die Pfanne wirft. Ansonsten haben wir es mit rund 40.000 Sorten dieser Lebewesen zu tun. Viele sind inzwischen züchtbar wie → Champignons, Shiitake und Austernpilze, andere wie der → Steinpilz, → Trüffel oder die → Morchel verweigern sich und müssen weiterhin gesammelt werden.

Etwa 180 Sorten können beim Menschen Vergiftungen hervorrufen; das kommt immer wieder vor, zum Beispiel durch den Grünen Knollenblätterpilz, nach dessen Verzehr 90 Prozent aller Konsumenten sterben.

Pilze können riesig werden. Das Guinness-Buch der Rekorde nominiert einen 284 Kilo schweren Porenpilz im Botanischen Garten von Kew (bei London). Weiter werden einige Röhrenpilze gerühmt, deren Hutdurchmesser bis zu einem Meter und deren Gewicht bis zu 30 Kilo aufweist. Das sind nun freilich keine Daten, die uns als Kulinariker interessieren müssen. Ich halte mich da lieber an das alte »Appetit-Lexikon«, das begeistert von Pilzgerichten schwärmt, »deren Zauber die Riechnerven in süßen Taumel und die Zungennerven in sprachloses Entzücken versetzt«.

Piña Colada

Als ich 1985 mit meiner jetzigen Frau eine Mexikoreise unternahm, machten wir keine besonders guten Erfahrungen mit diesem ⭢ Cocktail. Für unseren Urlaub hatten wir zwei Ratschläge erhalten: 1. Mexico City so weit wie möglich zu Fuß erkunden. 2. Gegen Montezumas Rache öfter mal einen alkoholischen Cocktail trinken. Mit dem haben wir direkt begonnen. Nach der vierten Piña Colada ging nichts mehr, und wir mussten Mexico City im Hotelzimmer erkunden, vorläufig jedenfalls. Aber Montezumas Rache hat uns nicht erwischt!

Ein berühmter Cocktail darf natürlich viele Geburtsdaten haben, und dieser hat besonders viele: so etwa 1949, spätestens 1954 soll er im Hilton in Puerto Rico erfunden worden sein. Andere Quellen nennen zwar das Jahr 1963, aber ebenfalls Puerto Rico, und wieder andere sprechen von 1922. Eine Piña Colada, weiß und schaumig, steht für Urlaub, Strand und Sonne; sie symbolisiert tropisches Lebensgefühl und karibisches Laisser-faire. Tatsächlich wurde sie 1978 vom Gouverneur zum Nationalgetränk von Puerto Rico erklärt.

Der Cocktail besteht hauptsächlich aus weißem karibischen ⭢ Rum, Kokosnuss-Creme und ⭢ Ananas-Saft. Er wird in aller Regel in einem hohen Glas mit allerlei Dekorationszeug serviert, gilt als absoluter Lieblingsdrink in allen karibischen Urlaubshotels und hat sich auch auf dem Festland verbreitet.

Charles Schumann, Deutschlands »Bar-Guru« in München, hat viele Colada-Varianten in seiner ⭢ Bar kreiert und auch die Piña Colada in seine Barbücher aufgenommen. In manchen Trinkoasen gilt der sämige Süßcocktail als ein »Frauengetränk«, in dem man kaum eine Spur von Alkohol herausschmeckt. »Aber das ist doch gerade sein Erfolgsrezept«, sagt dazu der Barkeeper meines Vertrauens.

Pinot Noir

Die Pinot-Noir-Traube gilt in der Wein-literatur als die aromatischste der Welt, obwohl sich die wahren Kenner da gern diplomatisch äußern: »Eine der ältesten Rebsorten der Welt«, urteilt Jens Priewe, »aus der Weine von erhabener Eleganz, aber auch von plumper Schlichtheit erzeugt werden.« Schon weiß man Bescheid. Wie der ⮞ Cabernet Sauvignon das ⮞ Bordeaux prägt, so dominiert der Pinot Noir das Burgund und ist, zu Weißwein gekeltert, auch der wichtigste Bestandteil des ⮞ Champagners. Einige der berühmtesten Roten von der Côte d'Or sind Pinots, und zwar, wie diese Traube immer, sortenrein (⮞ Burgunder).

Die kleinen, dünnschaligen Beeren der Pinot-Rebe gelten als sehr viel empfind-licher als die robusteren des Cabernet Sauvignon. Sie dürfen es nicht zu warm haben und natürlich auch nicht zu kalt. Deshalb werden sie in Amerika kaum in Kalifornien angebaut, sondern hauptsächlich im vergleichsweise winzigen Wein-Staat Oregon, wo es stets mild ist, doch nie zu heiß wird.

In Österreich und in Deutschland, wo der Pinot Noir Spätburgunder oder Blau-burgunder heißt, wird er nennenswert in Baden und an der Ahr angebaut. Ich war lange eine Art Nur-weiße-Burgunder-Trinker, bis ich schließlich die Roten entdeckte und schnell zu lieben begann. Ich dachte, das würde mir auch mit dem Spätburgunder so gehen. Doch die Entdeckung lässt noch auf sich warten. Bislang hat sich mir die Identität oder wenigstens nahe Verwandtschaft mit dem Pinot Noir nicht so richtig erschlossen – doch ich arbeite weiter daran.

Pizza

Unter den in Rekordmengen verzehrten ⊸ Fast-Food-Produkten ist mir die Pizza immer noch das liebste. Es gibt sie seit Mitte des 18. Jahrhunderts, als in Italien die ⊸ Tomate populär wurde. Sie wurde geadelt durch die Frau von König Umberto I., zu deren Ehren 1889 in Neapel die bekannte Pizza Margherita kreiert wurde: in den italienischen Nationalfarben Grün (⊸ Basilikum), Weiß (Mozzarella), Rot (Tomate).

Die Pizza ist eine nahe Verwandte von Flammkuchen und Flachbroten, die auch in anderen Regionen verbreitet waren, doch der besondere neapolitanische Pizzaboden (nur aus Mehl, Wasser, Hefe, ⊸ Salz und etwas ⊸ Olivenöl) wird belegt und dann kurz sehr heiß gebacken, idealerweise in einem steinernen Pizzaofen bei 400 bis 500 Grad Celsius. Einfallsreiche Pizzabäcker erfanden immer wieder neue Kombinationen, um ihren Teig zu belegen. In manchen Pizzerias kann der Gast aus Dutzenden von Belagzutaten seine eigene Pizza kreieren.

Die US-Amerikaner sind besonders begeisterte Pizza-Esser. Sie haben schon 1958 die Kette »Pizza Hut« erfunden, die heute mit 12.000 Lokalen in über hundert Ländern vertreten ist. In Übersee wurde in den 1960er-Jahren die Tiefkühlpizza entwickelt. Sie eroberte wenig später auch Europa, und zwar im Galopp: 1973 wurden in Deutschland 2800 Tonnen davon verkauft, 1982 waren es schon 256.000 Tonnen – das sind 768 Millionen Pizzen!

Wie viele Pizzen ab ungefähr 6,50 Euro noch über die überall florierenden Pizza-Services heiß ins Haus geliefert werden, weiß so recht keiner.

Dem verbreiteten Vorurteil, dass Pizza ungesund sei, hat Pollmer (»Lexikon der populären Ernährungsirrtümer«) zwei Langzeitstudien entgegengestellt. Mit dem Ergebnis, bei steigendem Pizzakonsum werden etliche Erkrankungen seltener. Am eindrucksvollsten: »Wer es schafft, pro Woche zwei Pizzen zu essen, bei dem sinkt die Wahrscheinlichkeit, an Erkrankungen des Herz-Kreislauf-Systems das Zeitliche zu segnen, um stolze 60 Prozent.« Wie viel er dabei zunimmt, hat er nicht ermittelt.

Pol Roger

Ein 18-Jähriger hat diese Firma gegründet: Pol (Vorname) Roger (Nachname), Sohn eines Notars im französischen Ay, gründete 1849 einen Weinhandel, exportierte seine erste Flasche jedoch erst 1876. In der zweiten Generation ließen Pols Söhne den Familiennamen in Pol-Roger ändern und brachten das Geschäft, nun in Epernay, in die Höhe. 1899, als der Unternehmensgründer starb, so meldet die Hauschronik, »war die Marke weithin bekannt. Es hatte nur 50 Jahre gedauert«…

Sohn Maurice Pol-Roger wurde als Bürgermeister von Epernay ein französischer Nationalheld: Er widerstand 1914 allen Drohungen der deutschen Besatzer, ihn zu erschießen und die Stadt niederzubrennen. Die Firma soll zwischen den Weltkriegen mehr ⤳ Champagner nach England exportiert haben als jedes andere Haus. Noch heute gibt man sich hier very British, als Hoflieferant der englischen Krone und mit dem Union Jack auf dem Dachfirst.

Kein anderer Champagner wurde jemals so innig mit einem Prominenten identifiziert wie Pol Roger. Seit die aparte Odette Pol Roger den britischen Premier bei einem Essen nach der Befreiung von Paris kennengelernt hatte, bei dem sie den famosen ⤳ Jahrgang 1928 hatte servieren lassen, wurde Winston Churchill der größte Liebhaber von Pol Roger, vor allem seiner älteren Jahrgänge – und ein Freund der Familie. Er nannte sein bestes Rennpferd »Pol Roger«, und die Firma ehrte ihn posthum mit einer »Cuvée Winston Churchill«.

Seit 1999 nennt das Unternehmen 89 Hektar Anbaufläche sein Eigen. Die vierte und fünfte Generation der Pol-Roger-Brüder steigerten den Absatz moderat auf heute 1,8 Millionen Flaschen. Es soll doch alles bitte ein bisschen altmodisch bleiben, mit Ernten und Rütteln von Hand. »Zu viel Quantität gefährdet die Perfektion!«, so lautet das Glaubensbekenntnis des Hauses.

POMMERY

Dies könnte womöglich die modernste aller ⇥ Champagner-Marken sein. Pommery brachte 1999 seine Party-POP-Champagner-Serie in Piccoloflaschen mit zwei Gläschen Inhalt auf den Markt: Pink POP als Designprodukt und Gold POP Vintage – der erste ⇥ Jahrgangs-Champagner des 21. Jahrhunderts im angesagten Piccoloformat. »Die verspiegelte Flasche bringt nicht nur jede Party zum Glänzen«, verspricht die Werbung, »sie eignet sich auch perfekt, um mit einem Blick unauffällig die Frisur zu kontrollieren, sich die Lippen nachzuziehen oder den Nachbarn am Nebentisch diskret zu beobachten.« Was kann ein Champagner mehr leisten?

Schon werden zehn Prozent der Pommery-Flaschen als Piccolos geliefert, die jüngste Generation als POP »Art Collectors«, um auf Fashion-Events und trendigen Partys vergnügt durch den Strohhalm genuckelt zu werden. Außerdem konfektioniert Pommery als Einziger einen »Saisonchampagner«, für jede Jahreszeit einen anderen, doch alle immer lieferbar.

Der Geist des Marketing wurde schon immer hochgehalten. Auch hier »steckt im Kern der Sache eine Witwe«, wie Serena Sutcliffe in ihrem Champagnerbuch schreibt. Als ihr Mann zwei Jahre nach seinem Eintritt in die dann Pommery & Greno genannte Firma starb, übernahm die 39-jährige Louise Pommery nach bester Witwen-Tradition die Geschäfte, vergrößerte weitsichtig Weinberge (auf 300 Hektar) und Kellereien (auf 18 Kilometer Kreidestollen). Schon frühzeitig setzte sie auf den englischen Markt, den sie 1875 mit ihrem Brut natur eroberte. Die gewaltige Domaine Pommery in Reims sieht aus wie ein schottischer Landsitz und wird heute für Empfänge und Feste für bis zu 1000 Personen vermietet. Pommery wechselte mehrfach den Besitzer – natürlich nicht die Qualität! – und gehört heute zu Vranken-Pommery Monopole, einem Mischkonzern mehrerer Marken (Heidsieck, Demoiselle) mit 17 Millionen Flaschen Absatz im Jahr.

Prosecco

Es gibt wohl kaum einen Weinkenner, der sich nicht meldet, wenn die Sprache auf diesen Schaumwein kommt, um zu dozieren, dass Prosecco nicht etwa ein Gattungsname ist wie ⇀ Sekt, Cava oder Cremant. Und recht hat er natürlich, der Kenner. Denn Prosecco heißt eine Traube, die vor allem im Hinterland Venedigs, so zwischen Valdobbiadene und Conegliano, angepflanzt wird.

Aus dieser Rebsorte werden ein paar Stillweine produziert – aber nur fürs Inland – und etliche Sorten Spumante. »Nur selten erreichen diese Weine die Qualität der herkömmlichen Spumantes«, urteilt Charles Schumann, »in Deutschland wird meist Prosecco Frizzante angeboten, das heißt ein einfacher, mit Kohlensäure versetzter Wein, der, einmal in Mode gekommen, weit über Wert gehandelt wird.« Der Münchner Schluckspecht-Chef muss es wissen: In seiner Stadt startete schließlich in den 1990er-Jahren der Prosecco-Boom als eine Art von flüssigem Bussibussi; auch der billige Kir Royal wurde damit aufgefüllt.

Irgendwann gab es dann eine Begriffsverwirrung von Aldi und Prosecco, denn der deutsche Discounter schaffte Millionen Flaschen zum Preis von Limonade ins Land. Der sogenannte Aldi-Prosecco war plötzlich überall. Kritiker rechneten aus, dass es nicht mit rechten Dingen zugehen konnte: Die begrenzte Anbaufläche hätte die als Prosecco deklarierte Menge niemals hergegeben – wundersame Weinvermehrung also. Ende 2002 wurde Aldis italienischer Lieferant zu acht Monaten auf Bewährung verknackt, weil er »3,3 Millionen Flaschen mit Billigst-Plörre« (Reckewitz) als richtigen DOC-Prosecco geliefert hatte.

Auch heute ist Vorsicht angesagt, wenn nicht zum Beispiel Ca'Salina draufsteht und/oder Valdobbiadene. Auf jeden Fall ist höchstes Misstrauen angebracht, falls die Flasche weniger als etwa fünf Euro kostet – das kann eigentlich nur »Plörre« sein.

QUARK

Es gibt ihn als Magerquark mit unter 10 Prozent Fett i. Tr. und aufwärts in allen Kalibern bis zur Rahmstufe (50 Prozent) und Doppelrahmstufe (65 bis 85 Prozent). Wie bei ⇢ Joghurt gilt auch bei Quark: Je fetter, desto besser schmeckt er. Da er jedoch zu 80 Prozent aus Wasser besteht und der Fettgehalt sich auf die Trockenmasse bezieht, enthalten 100 Gramm 50-prozentiger Quark nur zehn Gramm Fett absolut.

Ich glaube nicht, dass sich ein traditioneller Koch sonderlich für Quark interessiert. Es ist ein Fertigprodukt, noch dazu nicht einmal kochfest. Man kann Quark mit vielen ⇢ Kräutern würzen, zu Pellkartoffeln essen oder dick auf ein würziges Schwarzbrot streichen, was dann ebenfalls eine gesunde und erfrischende kleine Mahlzeit ergibt.

Im Gegensatz dazu hat der ⇢ Patissier großes Interesse am Quark. Einer meiner Lieblingskuchen, der Käsekuchen, ist ja ohne Quark nicht zu machen. Wir brauchen ihn für die Käsesahnetorte und den österreichischen Topfenstrudel, für Quark-Holunder-Eis und Quark-Mohn-Mousse, für Quark-Cremes, Quark-Schaumomelett und vieles mehr. Übrigens stammt einer meiner ⇢ Dessert-Favoriten aus meiner »Aubergine«-Zeit bei Witzigmann in München – das Quarksoufflé. Und wer hat's erfunden? Ein Schweizer, mein Kollege Urs Weidmann, der mittlerweile in Basel zu Hause ist. Bekanntlich ist ein Soufflé ja die ganz große Herausforderung jedes ⇥ Patissiers. Auch ich habe schon viele Stunden »gezittert«, sozusagen meine Nase an der Backofentür platt gedrückt und dabei gebetet: »Hoffentlich wird das was.« Meistens hat es ja auch geklappt.

Quarksoufflé

Zutaten für 4 Portionen:

Für die Basismasse: 350 ml Milch | 50 g Zucker | ½ Vanilleschote
80 g Butter | 55 g Mehl
Außerdem: Butter und Zucker zum Ausstreuen der Form
80 g Quark | 2 Eiweiß | 20 g Zucker | etwas Puderzucker

- Die Milch zusammen mit Zucker, Vanilleschote und -mark aufkochen.
- Butter und Mehl in einer Rührschüssel miteinander verkneten. Die Vanillemilch dazugeben, den Teig weiterkneten, bis eine dickflüssige Masse entsteht. Vanilleschote entfernen, die Basismasse auskühlen lassen.
- Vier Souffléförmchen buttern und mit Zucker ausstreuen.
- Den Quark auf ein Küchenhandtuch geben, ausdrücken und unter die erkaltete Basismasse rühren.
- Das Eiweiß langsam steif schlagen, dabei den Zucker nach und nach einrieseln lassen. Den Eischnee vorsichtig unter die Soufflémasse heben.
- Im vorgeheizten Backofen bei 180 Grad Celsius auf der zweiten Schiene 15–20 Minuten backen.
- Zum Servieren mit Puderzucker bestreuen.

RAGOUT

Bestimmt fällt hier vielen als Erstes das Ragout fin ein, das mal eine Art Prestige-Vorspeise war. Kalbfleisch, mitunter auch ⇀ Bries sowie ⇀ Champignons, alles klein gewürfelt und in einer hellen Mehlschwitze, gern verfeinert mit Sahne und Weißwein, in einer Blätterteigpastete serviert. Das würzte der Gast sich dann mit ein paar Spritzern Zitrone und Worcestershire-Sauce. Bei dieser Form des »feinen Ragouts« ist es plausibel, dass der Begriff von ragoûter (franz. = den Geschmack anregen) stammt.

Aber in vielen Fällen ist ein Ragout kein ⇀ Horsd'œuvre – sondern ein deftiges Hauptgericht. Zu den berühmtesten gehört Bœuf Stroganoff aus Russland, das vor allem aus Filetspitzen vom Rind, Zwiebeln und saurer Sahne besteht und wohl wegen des fürstlichen Namens sehr respektiert wird. Ähnlich das Zürcher Geschnetzelte, das als Schweizer Nationalgericht gilt: Kalbfleisch in Weißwein-Rahmsauce mit Rösti (sprich: Röschti), der knusprigen Berner ⇀ Bratkartoffel-Variante.

Was in vielen Küchen Frikassee heißt und aus Kalb, ⇀ Huhn, ⇀ Kaninchen, ⇀ Taube, ⇀ Lamm, ⇀ Schwein, also aus fast allem geschmort wird, kann sehr lecker sein, aber auch minderwertig. Beim ⇀ Fleisch wählt man, so warnt Larousse, »Stücke der zweiten

Kategorie«. Damit muss auch das irische (Reste-)Essen Irish Stew leben, dessen Hauptzutaten Lammfleisch, ↠ Kartoffeln, ↠ Zwiebeln und ↠ Petersilie sind, mitunter auch Weißkohl.

Die vielen Gerichte aus der Gulasch-Familie, die ja eine Wissenschaft für sich darstellt, decken ebenfalls das Spektrum zwischen erstklassig und sättigend ab.

Rebhuhn

Meine Eltern erzählten, dass in ihrer Kindheit das Reb- oder auch Feldhuhn ein häufiges Essen war. Es wurde zu Millionen geschossen und war noch um 1900 da und dort ein »Armeleuteessen«.

Das ist heute ganz anders, und wenn ich mal ein Dutzend Rebhühner brauche, ist das gar nicht so einfach. Wild lebende Vögel, die Felder und Äcker, hohes Gras und vorjährige ↠ Kräuter lieben, sterben aus, da die mit schweren Maschinen arbeitende Landwirtschaft kaum noch Hecken und Feldgehölz stehen lässt. So kommen heute die meisten Rebhühner aus der Zucht.

Eine Delikatesse sind sie auf jeden Fall, vor allem wenn sie jung und frisch sind. Mit 200 bis 300 Gramm wird ein junges Rebhuhn in etwa 30 Minuten gar und reicht in der Regel für einen Gast; nur starke Esser schaffen zwei. Die Vorzüge des Rebhuhns, das ja mit seinem rotbraunen Gefieder und seiner relativ eleganten Erscheinung einst neben Pfau und ↠ Fasan als Ziervogel galt, sind sein milder Geschmack und seine Saftigkeit bei gleichzeitiger Fettarmut.

Viele Köche wickeln das Rebhuhn in Speck ein oder auch in Weinblätter, damit es seinen Saft behält. Den Füllungen sind kaum Grenzen gesetzt: mit Stopfleber oder nach Winzerart mit Trauben, mit Kastanien oder mit Specklinsen, mit ↠ Wirsing oder mit ↠ Maronen …

Red
Snapper

Er ist ein großer Liebling der amerikanischen Köche und die Nummer eins der Speisefische in der Neuen Welt. Ich habe denn auch die meisten und besten Red Snapper in Florida gegessen. Ich ahne auch, warum die Kollegen ihn so gern mögen: Der Red Snapper hat sich in der Küche als besonders toleranter Fisch erwiesen. Er verträgt alle Garmethoden, sein Fleisch ist weiß, fest und trocken, und seine Gräten sind groß und leicht zu entfernen.

Die Familie der Schnapper, so der zoologische deutsche Name, besteht aus 100 oder auch 185 Arten, je nachdem, ob man im Larousse oder bei Teubner nachguckt. Bei der Jagd schleichen sie sich an, schnappen zu – daher der Name – und halten mit ihren übergroß wirkenden »Hasenzähnen« ihre Beute fest. Sie sind durchaus keine Vegetarier, sondern Raubfische, fressen andere Fische, Garnelen, Krebse und Tintenfische – kurzum alles, was sich bewegt.

In den Vereinigten Staaten hat man mir erzählt, dass der Genuss von Red Snapper gelegentlich die sogenannte Ciguatera-Vergiftung mit Durchfall und Erbrechen auslöst. Diese kommt von giftigen Algen, vielleicht auch von der Cigua-Schnecke. Beides sind Lieblingsspeisen des Fisches.

Ich habe das Gott sei Dank nie erlebt, vielleicht waren ja meine Red Snapper auch aus einer ⤙ Aquakultur mit sorgfältig kontrollierter Fütterung.

Manche Schnapperarten können bis zu 20 Kilo schwer werden, der Red Snapper bringt es allerdings nur auf zwei bis drei Kilo.

Übrigens: Der US-Red-Snapper ist kurioserweise nicht identisch mit dem deutschen Roten Schnapper. Beide gehören zwar zu der großen Gruppe der ⤙ Barsche, jedoch zu unterschiedlichen Familien.

Regionalküche

»Der große Larousse« kennt das Wort gar nicht, obwohl es die Sache selbst natürlich auch in Frankreich gibt. In Deutschland existierte eine solche Küche schon lange bevor sie – ich nehme an von einem Restaurantkritiker – einen Namen aufgedrückt bekam.

Nach meiner Einschätzung hat der Begriff Regionalküche eine doppelte Bedeutung: Die ursprüngliche bezieht sich auf die traditionellen Gerichte einer Region, also ⇝ Maultaschen, ⇝ Spätzle, Flädle in Baden-Württemberg, Schweinshaxen, Knödel und Weißwurst in Bayern. Die neuere Bedeutung orientiert sich an den Produkten und Spezialitäten der Region.

Ich betrachte das als willkommene Korrektur der Verwerfungen, die wohl die ⇝ Nouvelle Cuisine ausgelöst hat. Da waren auch in Deutschland plötzlich nur noch Fische und Produkte aus Frankreich gut genug, Hühner hatten aus der Bresse zu kommen, Rinder aus dem Charolais. Der 1975 gegründete Rungis Express holte allnächtlich mit einer Flotte von Lastwagen von den Pariser »Hallen«, was Köche und Feinschmecker nicht auftreiben zu können glaubten.

Ob regionale Produkte damals tatsächlich nicht in besserer Qualität zu finden waren oder ob den Köchen der gehobenen ⇝ Haute Cuisine die Bestellung beim Rungis Express einfach bequemer war, weiß ich nicht – wahrscheinlich ist beides richtig. Inzwischen hat Rungis sehr an Bedeutung verloren, und wir Köche haben überall in der Landwirtschaft Partner gefunden, die sich unseren Ansprüchen angepasst haben. Die Bio-Bewegung hat erheblichen Anteil daran. Diese neue Regionalküche bemüht sich darum, möglichst viele Produkte von lokalen Erzeugern liefern zu lassen, mit denen nicht selten ständige Gespräche über deren Verbesserung stattfinden. Besonders engagierte Verfechter des Regionalen drucken neuerdings die Namen und Adressen dieser Geschäftspartner (»Unsere Lieferanten«) auf ihre Speisekarten.

Reis

Fast die Hälfte der Weltbevölkerung isst Reis, für viele Millionen ist er Hauptnahrungsmittel. Mit rund 120 Kilo pro Kopf und Jahr verbrauchen die Asiaten am meisten. Als ich mit dem ZDF in Hongkong den Film »Kochen in Asien« gemacht habe, erfuhr ich, dass es über 8000 Reissorten gibt. Dort ist Reis keine Beilage, sondern hat eine »Sattmacher«-Aufgabe nach dem Essen: Wenn es nicht gereicht hat, gibt es so viel Reis, bis man richtig satt ist. Auf meiner letzten Japanreise sah ich, dass dort ein Kilo Reis für fünf Euro und mehr gehandelt wird. Mit diesem fairen Reispreis sollen die einheimischen Bauern unterstützt werden.

In Europa liegt der durchschnittliche Verbrauch bei rund zehn Kilo Reis pro Kopf, wobei die Deutschen mit circa drei Kilo zu den Schlusslichtern gehören. Sie essen dafür aber mit steigender Tendenz mehr als doppelt so viel ⇀ Pasta und mehr als zwanzigmal so viel ⇀ Kartoffeln – mit Tendenz abnehmend. Neben Spanien, Griechenland und Portugal ist es hauptsächlich Italien, das einige vorzügliche Reissorten für sein Nationalgericht ⇀ Risotto kultiviert.

Wenn man nicht gerade an die vielen asiatischen Restaurants denkt, an die Reistafel beim Indonesier, die Currys beim Thai oder Chinesen, so spielt Reis bei uns eine marginale Rolle. Der immer noch steigende Konsum von ⇀ Sushi wiegt das offenbar nicht auf. Ich erinnere mich, dass Eckart Witzigmann mal ein paar Pilaw-Rezepte ausprobiert hat, doch auch dieses von Griechenland bis Indien beliebte Gericht hat kaum Spuren hinterlassen. Das Gleiche gilt für die berühmte spanische Paella, eine Reispfanne mit Geflügel, ⇀ Fleisch, Gemüse und Meeresfrüchten, die gelegentlich auf größeren Grillfesten zu finden ist.

RÉMY MARTIN

Fast der ganze → Cognac-Handel war in britischen Händen. Zu den wenigen Ausnahmen gehört diese große Marke. Rémy Martin war ein Winzer in der französischen Charente und fing 1724 an, Wein zu brennen. Über 200 Jahre blieb die Firma in der Familie, dann übernahm sie André Renaud, ein vermögender Kenner. Er forcierte die oberen Qualitäten, und heute hat die Marke vor allem dort einen hohen Marktanteil. Die berühmten Brände tragen den Namen Louis' XIII., des Franzosenkönigs, der politisch unbedeutend war, doch als großer Gourmet in die Geschichte einging.

Das Geheimnis dieser großen Cognacs sind die sehr kalkhaltigen Böden, die Mischung der Rebsorten und die Destilliertechnik, die, so heißt es, nur die ältesten Brennmeister des Gewerbes beherrschen.

Faustregel: Von zehn eingelagerten Fässern bleibt nach 50 Jahren nur ein einziges – der verdunstete Rest wird als »Anteil der Engel« abgeschrieben.

Was übrig bleibt, gilt den Feintrinkern in aller Welt als Gipfel der Cognacwonnen. Dafür wurde von Baccarat (Kristallglas) eine Karaffe aus dem 16. Jahrhundert aufwändig nachgebaut. Die darin abgefüllten Cognacs, teils in limitierten Auflagen, haben zuvor jahrzehntelang in alten Limousinfässern (französische Eiche) geruht, sind gereift und gebräunt.

Eine Flasche »Louis XIII Rare Cask« ist für weniger als 1000 Euro kaum zu haben, der »Louis XIII Fine Champagne« kaum für 1500 – »der Abgang ist noch nach einer Stunde wahrnehmbar«, sagen Experten. Der 100 Jahre alte »Louis XIII Black Pearl« bringt es auf 6000 Euro und ist angeblich der teuerste Cognac der Welt.

Leider hat Cognac in den letzten Jahren stark an Nachfrage eingebüßt. In meiner Anfangszeit im Le Val d'Or in Guldental hat man in den 1980er-Jahren für vier Glas Louis XIII 400 Mark ausgegeben und für das Essen 250 – das waren noch Zeiten!

~ REZEPT ~

Angefangen hat die Publikation von Kochrezepten angeblich bereits im Mittelalter. Sie richteten sich aber kaum an ⊸ Köche, die in aller Regel nicht lesen konnten. Erst im ausgehenden 17. Jahrhundert werden mit dem Vordringen der französischen Küche auch Kochbücher populärer.

Das berühmteste Kochbuch in deutscher Sprache wurde das von Henriette Davidis von 1844: »Praktisches Kochbuch. Zuverlässige und selbstgeprüfte Recepte der gewöhnlichen und feineren Küche«. Es erschien in schier unendlich vielen Auflagen und inspirierte viele Nachahmer.

Die Kochbücher prominenter Spitzenköche sind dagegen etwas Neues. Es gibt kaum noch einen bekannten Koch geschweige denn TV-Koch, der nicht Rezeptbücher veröffentlicht hätte. Diese sind längst über den klassischen Standard von »Man nehme ...« hinaus. Was meine Kollegen und ich publizieren, enthält präzise Mengenangaben und detaillierte Anweisungen. Ich habe für viele meiner Rezepte Phasenfotos machen lassen; so kann man eigentlich jeden Handgriff bei der Realisierung eines Rezepts nachvollziehen. Man könnte den Büchern DVDs beilegen, die das noch genauer dokumentieren würden – immer vorausgesetzt, dass der Benutzer in seiner Küche auch ein entsprechendes Gerät hat.

Die neueste Entwicklung sind die Apps, die uns Köchen sicher neue Möglichkeiten bieten, schneller und präziser auf aktuelle Trends einzugehen. Nicht jeder ist bereit, gleich ein ganzes Kochbuch zu kaufen, wenn er nur ein Rezept braucht. Angesichts der vielen Fernsehsendungen kommt immer wieder die Frage auf: Wie viele der Seher/Leser versuchen denn wirklich, nach den Rezepten zu kochen, und wie viele amüsieren sich eher über die Darbietungen der Köche – oder genießen die schönen Fotos, die inzwischen alle neueren Rezepte bebildern? Noch gibt es dazu keine Statistiken, und ich denke manchmal, aus gutem Grund, die würden uns vielleicht nur entmutigen ...

Rhabarber

Mir als Kind hat der junge Rhabarber roh, in Zucker getaucht, am besten geschmeckt. Die herrlich sauren Stangen, die botanisch korrekt ein Gemüse sind, haben mir auch eine meiner wichtigsten ⇀ Patissier-Erfahrungen vermittelt: Die Säure gibt der Süße eine Art Gerüst und macht den Geschmack präziser. Für mich führt Rhabarber eine ideale Koexistenz

Il Rabarbiere di Siviglia

mit der ⇀ Erdbeere, die kurz nach ihm auf den Markt kommt. Erdbeer-Rharbarber-Marmelade halte ich für eine großartige Kombination.

Ungefähr seit dem 18. Jahrhundert ist dieses aus dem Himalaya stammende Knöterichgewächs in Europa bekannt, in England als Zierpflanze, in Italien (Rabarbaro) als Medizinaltrunk und ⇀ Aperitif. Sein Name soll aus dem griechischen Wort für Fremdling (barbaros) und dem damaligen Namen der Wolga (Rha) zusammengesetzt worden sein – wegen seines Imports über den Fluss.

Das gute alte »Appetit-Lexikon« ortet die urenglischen »Spring-tarts« und »Rhubarbpies« bereits im London der 1760er-Jahre, die anderen europäischen Länder folgen, ab etwa 1880 auch Deutschland. Marmeladen und Kompotte sind die Hauptprodukte, die daraus hergestellt werden, dazu kommen Saft, Gelee, Kuchen und ⇀ Desserts. Die essbaren Stangen in Farben zwischen ziemlich grün und ziemlich rot kommen meist ohne ihre giftigen, weil stark oxalsäurehaltigen Blätter auf den Markt. Die Saison endet im Juli, ab dann beginnt der Rhabarber zu blühen und wird holzig. Übrigens kann der Genuss von Rhabarber zusammen mit ⇀ Milch-Produkten wie ⇀ Sahne oder ⇀ Vanille-Sauce ein unangenehm stumpfes Gefühl auf den Zähnen hinterlassen. Das ist ungiftiges Kalziumoxalat, es entsteht, wenn sich Kalzium (aus der Milch) und Oxalsäure (aus den Stielen) verbinden.

Rhabarberschaum mit Erdbeeren

Zutaten für 4 Portionen:

350 g Rhabarber | 30 ml Zitronensaft | 140 g Zucker | 200 ml Weißwein

400 g Erdbeeren | Mark von ½ Vanilleschote | 1 Prise Zimt | 6 Eigelb

100 g Sahne, halbsteif geschlagen | etwas Puderzucker | einige Pfefferminzblättchen

• Rhabarber putzen, waschen und in 1 cm große Stücke schneiden. Zitronensaft, 80 g Zucker und Weißwein zugeben, zugedeckt weich garen.

• Erdbeeren putzen, waschen, vierteln und in Cocktailgläser füllen. Rhabarber auf ein Sieb gießen, Saft auffangen, Rhabarberstücke kalt stellen.

• Für den Schaum 125 ml Rhabarbersaft, restlichen Zucker, Vanillemark, Zimt und Eigelbe in einer Schüssel über einem heißen Wasserbad dickschaumig aufschlagen. In einem eiskalten Wasserbad leicht abkühlen.

• Rhabarberstücke und Sahne vorsichtig unter den Rhabarberschaum heben. Jeweils eine großzügige Portion auf die Erdbeeren geben, mit Puderzucker bestäuben und mit Minze garnieren.

RIESLING

In vielen Ländern gibt es Riesling, den einen oder anderen habe ich schon probiert: in Kalifornien den Gray Riesling, in Südafrika den Cape Riesling und in der österreichischen Wachau, wo sie ihn Rhein-Riesling nennen, um ihn vom lokalen Welschriesling zu unterscheiden. Nach alldem sage ich: Der wahre Riesling ist der deutsche! Nicht nur, weil er hier »erfunden« wurde: Die erste Kultur entstand 1716 auf Schloss Johannisberg. Auch nicht, weil er hier die häufigste Rebe ist. Die wunderbarsten trockenen Rieslinge, listet Jancis Robinson auf, werden »an der Nahe, in der Pfalz, in Rheinhessen und im Rheingau abgefüllt«. Stimmt. Und niemand widerspricht! Riesling konkurriert als eher nationale Rebe mit globalen Weinen wie ⇀ Chardonnay und ⇀ Sauvignon Blanc. Ein »grün- bis goldgelber, hochfeiner, ausgewogener, säureverspielter, rassiger wie harmonischer und bukettnobler, alterswürdiger Wein«, so beschreibt ihn Pini in seinem »Gourmet-Handbuch«, meist mit nicht mehr als 12 Prozent Alkohol. Von den süßen Trockenbeerenauslesen aus der Riesling-Traube gibt es auch in Übersee, an den Fingerlakes im Staat New York, in Neuseeland und in Kanada wunderbare Dessertweine und »Icewines«.

Rind

Mit unter 150 Kilo und nicht älter als acht Monate heißt es Kalb und liefert zartes, mageres, wenn auch nicht gar so aromatisches ⇀ Fleisch. Andere Spezifikationen wie Jungrind, Bulle, Färse oder Kuh stehen kaum auf Speisekarten, allenfalls der Ochsenschwanz kriegt eine Herkunftsangabe und auch unser Almochsenfilet – ein Hit auf der Stromburg. Sonst heißt das bevorzugte Fleisch der großen Küche eben Rind. Massenware spielt in der Feinschmeckerei natürlich keine Rolle. Erstklassige Metzger und

Restaurants bieten nur Fleisch von frei laufenden, hormon- und chemiefrei gefütterten Rindern. Köche der ersten Garde bevorzugen regionale Züchter. Sie liefern bei uns etwa Pommersches Rind, Freesisch Rind und Simmenthaler Fleckvieh.
Der Weltmarkt bietet alle Rassen fast überall an: Black Angus, Hereford, Limousin, Charolais, Galloway … Aus den USA, dessen Rindfleisch als hormonverseucht lange aus der EU verbannt war, kommen jetzt sogar Bisons – auf gehobenem Preisniveau.

Eine Sonderrolle spielen
↣ Kobe- und
↣ Wagyu-Beef.
Fast alles von dem Tier findet seinen Weg in die Küche. Die Deutschen essen im Jahr pro Kopf rund 12 Kilo Rind, die Franzosen etwa das Doppelte, die Amerikaner das Vierfache.

Risotto
Italien war schon immer Europas größtes Reisland. Heute werden in der Lombardei, im Piemont und in Venetien rund 215.000 Hektar mit Reis bebaut – verglichen mit den Giganten China, Indien und Indonesien ein Witz. Aber was den Risotto betrifft, ist man sich einig: Nur Italien liefert den Reis, der alle Ansprüche der ↣ Haute Cuisine erfüllt. Die Sorten dafür sind Carnaroli, Arborio, Baldo und Vialone Nano, alle mittelkörnig und sämig kochend. Sie nehmen Aromen an bleiben im Kern fest. Der richtige Risotto ist ein sämig-cremiges Gericht, bei dem man die Körner noch fühlen sollte. Er gibt mit vielerlei Zutaten eine köstliche Vorspeise ab, taugt aber auch zu wunderbaren Hauptgerichten: mit allerlei Gemüsen, ↣ Trüffeln, mit Meeresfrüchten, ↣ Wurst und dicken Bohnen, mit ↣ Muscheln, ↣ Garnelen oder ↣ Hummer.

Der zuerst italienische Risotto hat sich globalisiert: »Risotto mit Wodka und Orangen, mit Rotweinbirne oder Erdbeeren, Schinken und Melone« kommt zwar vor, wird aber von einem führenden italienischen Risotto-Buch als »lächerlich« abgelehnt. Der einzige italienische Risotto mit Früchten, so entrüstet es sich, sei der berühmte »mit Pilzen und Heidelbeeren« im Mailänder »La Scaletta«. Ich kann mir gut vorstellen, dass er nicht lange der einzige bleibt.

Risotto Milanese

Zutaten für 4 Portionen:

700 ml Geflügelfond | 0,5 g Safran | 2 Schalotten | 1 Knoblauchzehe | 2 EL Olivenöl | 250 g Risottoreis | 100 ml Weißwein | 50 g kalte Butter | 80 g Parmesan

- Fond und Safran aufkochen. Schalotten und Knoblauch schälen, fein würfeln und im heißen Öl andünsten. Reis zufügen, unter Rühren glasig dünsten. Weißwein zugießen, bei milder Hitze unter Rühren einkochen.
- Ein Viertel des heißen Fonds zugießen, den Reis unter Rühren garen, bis die Körner fast alle Flüssigkeit aufgesaugt haben. Dies je nach Reissorte in 18–25 Minuten dreimal wiederholen, bis der Fond aufgebraucht ist. Der Reis sollte innen noch bissfest sein.
- Butter würfeln, 50 Gramm Parmesan reiben, den Rest fein hobeln. Reis mit Butter und geriebenem Käse cremig rühren. Die Käsespäne darüberstreuen.

ROEDERER

Wer sich mit der Geschichte all der französischen ‑ Champagner-Häuser beschäftigt, trifft sehr bald auf wiederkehrende Muster. Immer wieder sind es anfangs die Königshäuser, die für deren geschäftliches Glück ausschlaggebend sind. Denn nur der Adel und natürlich der Geldadel konnten sich diesen teuren und damals noch sehr süßen Schaumwein leisten. Wer Napoleon beliefern konnte, die englische Krone oder den Zarenhof, der gehörte zu den Gewinnern. Die bürgerliche Karriere des Champagners begann erst im 20. Jahrhundert.

Louis Roederer trat 1827 in das damals bereits 50-jährige Champagnerhaus von Vater und Sohn Dubois ein, erbte es 1833 und taufte es auf seinen Namen um. Als er 1868 bereits einen Jahresabsatz von 2,5 Millionen Flaschen erreicht hatte, gehörte die Firma zu den drei größten Exporteuren in die USA. Doch dann tauchte ein neuer Großabnehmer auf. Schon ein paar Jahre später schickte Sohn Louis, laut Firmenchronik Roederer II., fast 666.400 Flaschen an den champagnerseligen Zarenhof – fast 30 Prozent der Gesamtproduktion. Zar Alexander II. war Roederer-Fan und kommandierte alle Jahre seinen Kellermeister ab, um die Produktion für seinen Hof zu kontrollieren. Auf seinen Wunsch kreierte das Haus die königliche Prestigecuvée »Roederer Cristal« in durchsichtiger Kristallflasche. Doch mit der Oktoberrevolution stoppte der Champagnerexport abrupt; die neuen Herren zahlten nicht einmal die noch ausstehenden Rechnungen.

Ab dem Jahr 1932 regierte Camille Olry-Roederer das Haus für mehr als 40 Jahre, eine stille und womöglich unterschätzte Champagner-Witwe, für die selbst die Hausgeschichte nur wenige Zeilen übrig hat: »Die starke Persönlichkeit« habe es verstanden, »die Entwicklung der Marke Louis Roederer durch das Prestige ihrer mondänen Empfänge zu fördern« (und durch die Erfolge ihres Trabrennstalls). Heute produziert Roederer rund 2,6 Millionen Flaschen.

Rohkost

Naturbelassen, unverfälscht, unzerkocht – das kann nur gesund sein! Seit jeher predigen Naturapostel in aller Welt die Rohköstlerei, wobei die Veganer (→ Vegetarier) am härtesten sind: Verzehrt werden nur Früchte, Gemüse, Blattgrün, → Oliven, Nüsse, Samen. Rohes → Sauerkraut ist auch erlaubt. Längst wissen wir, dass eine radikal rohe Ernährung früher oder später zu Mangelerscheinungen führt. In erster Linie fehlen Eiweiß, → Vitamine der B-Gruppe sowie Eisen und Jod. Fazit einiger Studien: »Eine fast ausschließliche Rohkosternährung ist gesundheitlich nicht empfehlenswert.«

Ehrlich gesagt, das freut mich als Koch, denn ich koche schließlich. Mal davon abgesehen, dass viele Produkte erst durch das Garen essbar werden, gibt es natürlich Gerichte, die man immer roh verzehrt – beispielsweise ein zartes Rinder-Carpaccio, feines → Lachs-, → Matjes- oder → Thunfisch-Tatar. Erstklassige Produkte sind Voraussetzung für deren Genuss in Vollendung und stehen bei mir an erster Stelle. Auf der Stromburg bieten wir Rohkost nur als → Salat oder frisches Früchtedessert. Auf besonderen Wunsch lasse ich unseren Gästen aber auch jederzeit ein bisschen was Rohes servieren.

Rotkäppchen

Die Ahnen des märchenhaft benamsten Schaumweins prickelten bereits ab 1856 in Freyburg an der Unstrut. Ein gewitzter sächsischer Unternehmer hatte seine Mitbürger aufgerufen, sich an einer »Champagner-Fabrik-Gesellschaft« zu beteiligen, denn: »Die Mousseux-Fabrikation ist allbekannt und unbestritten der sicherste und einträglichste Zweig des Weingeschäfts«.

Die Hersteller boten zwar patriotisch »deutschen Champagner aus hiesigen Weinen« an, doch die Namen wie »Crémant Rosé«, »Lemartin Frères« oder »Monopole« waren alles andere als hiesig. Das ärgerte das französische → Champagner-Haus Heidsieck-Monopole, und als 1894 ein neues Gesetz zum Schutz von Warenbezeichnungen in Kraft trat, verbot es den Deutschen den Namen. Die nannten ihren Mousseux nun nicht mehr Monopole, sondern »Rotkäppchen«, nach dem von

jeher roten Flaschenverschluss. Der Erfolg war ungewöhnlich: Kloss & Foerster, die Eigentümer, verkauften schon 1871 über 120.000 Flaschen und errichteten gewaltige viktorianische Verwaltungsbauten. Darin stand das größte Cuvéefass Deutschlands, reich geschmückt, mit einem Fassungsvermögen von 160.000 Normalflaschen – 25 Eichen mussten für den Bau dran glauben. Selbst Seine Majestät Wilhelm II. warb für den Freyburger Schaumwein: »Er ist so bekömmlich, ich habe ihn in vielen Offizierskasinos eingeführt.«

In der DDR waren von drei Flaschen → Sekt zwei vom »VEB Rotkäppchen«, nach der Wende kam eine große Krise, doch nach einem Management-Buyout ging es mit dem nun privatisierten Unternehmen wieder steil bergauf. Die beliebte »Westmarke« Mumm hat sich die ehemals unschlagbare »Ostmarke« dazugekauft. Seit 2002 heißt das Freyburger Unternehmen »Rotkäppchen-Mumm« und verkaufte 2010 rund 163 Millionen Flaschen Sekt – das sind zum Beispiel für jeden Deutschen zwei!

R●tkohl

Ich habe schon viele Rotkohlrezepte geschrieben und fasse das Thema heute am liebsten so zusammen: Es ist keine Hexerei, guten Rotkohl zu kochen, aber auch nicht einfach. Das Zusammenspiel von Süße und Säure muss stimmen. Es braucht viel Liebe und Aufmerksamkeit, um aus ihm herauszuholen, was in ihm steckt. Der Rotkohl muss sich, obwohl seiner Art nach ein eher rustikales Gemüse, auch in der feinen Küche nicht genieren.

Rotkohl ist das ganze Jahr zu haben, schmeckt aber am besten im Herbst, wenn er frisch geerntet wird. Natürlich kann man ein Glas mit Rotkohl aufmachen und ihn einfach erhitzen, in selbst gekochtem steckt jedoch mehr, als viele meinen: neben dem charakteristischen ⇀ Kohlgeschmack genieße ich seine fast obsthafte Süße, und das schon bevor ich ihn mit ⇀ Äpfeln, ⇀ Honig oder Wacholderbeeren verfeinere, gelegentlich auch mit Birnen- oder Orangensaft, mit Johannisbeergelee, Feigenkonfitüre oder einem kräftigen Schuss Rotwein. Ich mache auch gern Rotkohlschnecken oder gebackene Rotkohlknödel.

Klassischerweise wird Rotkohl zu allen Arten von Braten, zu ⇀ Schwein, ⇀ Ente, Wild und Sauerbraten serviert, besonders gern natürlich zum traditionellen weihnachtlichen Gänsebraten (⇀ Gans).

In meiner Heimat, der Steiermark, heißt er übrigens Blaukraut (wie auch in Süddeutschland), in Mitteldeutschland sagt man Rotkraut; Rotkohl ist die hochdeutsch-norddeutsche Version.

MEIN TIPP: *Geschnittenen Rotkohl einen Tag vor der Mahlzeit in einer Schüssel mit Gewürzen, Honig, Essig und Rotwein mischen. Zugedeckt 24 Stunden im Kühlschrank durchziehen lassen. So wird er wunderbar aromatisch und zart.*

uinart

Auch dieses Champagnerhaus, das älteste von allen, beruft sich auf einen Benediktinermönch: Dom Thierry Ruinart, der Legende nach mit dem älteren → Dom Pérignon befreundet, dem erfindungsreichen Kellermeister der Abtei Hautvillers, schien ebenfalls ein visionärer Geist gewesen zu sein. Er witterte bereits sehr früh die Absatzchancen des → Champagners und inspirierte seinen Neffen Nicolas Ruinart, sich diesem Geschäft verstärkt zuzuwenden. Der war von Haus aus Leinenhändler und pflegte guten Kunden auch mal eine Flasche Champagner zu schenken.

Als der Flaschenhandel legalisiert wurde, spielte der Champagner bei Ruinart längst die Hauptrolle. 1729 dann gründete er das Champagnerhaus Ruinart, und schon sechs Jahre später war die Produktion von Champagner sein einziges Geschäft.

Acht Generationen – wenn ich richtig gezählt habe – der Familie Ruinart haben erfolgreich gewirtschaftet und geworben. Meist folgte der Sohn dem Vater, mitunter sprang ein Neffe ein. Irénée, Nicolas' Enkel, gewann Napoleon und seine Familie als Kunden, er wurde später von Ludwig XVIII. zum Vicomte (Baron oder Graf) geadelt. Ruinart besitzt eines der schönsten Kalkhöhlensysteme, 30 Meter unter der Erde. Im Ersten Weltkrieg, als das Firmengebäude zerstört wurde, leitete André Ruinart sein Haus aus diesem Untergrund heraus.

Seit 1895, als Ruinart ein Plakat bei dem tschechischen Jugendstilkünstler Alfons Mucha bestellte, zelebriert das Haus seine Liebe zur Kunst bei vielen internationalen Events.

Es nennt ja auch sein eigenes Gewerbe eine Kunst: »die Kunst, großartige Champagner zu kreieren«, insbesondere auf der Basis des eleganten, doch launischen → Chardonnay. Von den fünf Sorten, die das Haus verkauft, enthält der Blanc de Blancs »Dom Ruinart« 100 Prozent Chardonnay, der Rosé immerhin noch 84. Er ist damit eine Rarität besonderer Art.

Rum

Nicht jeder, der mal einen ⇀ Caipirinha oder einen ⇀ Daiquiri trinkt, einen Cuba Libre oder einen Planter's Punch, weiß, dass Rum die Basis dafür ist. Der gute alte Zuckerrohrschnaps hat sich zur Ingredienz von mehr ⇀ Cocktails und Mixgetränken entwickelt als ⇀ Gin oder sonst was.

Begonnen hat seine Laufbahn als Getränk auf den Schiffen der europäischen Überseeflotten. Wasser faulte auf längeren Reisen, Bier (Tagesration pro Matrose 4,5 Liter) wurde sauer. Der englische Admiral William Penn, der 1655 Jamaica für die Krone in Besitz nahm, ließ später pro Tag und Mann ein Pint (0,6 Liter) Rum ausschenken. Seuchen ließen nach, doch Disziplinprobleme häuften sich, und seither wurde in der Flotte beständig über die Rum-Portion diskutiert.

Den Schnaps als solchen gab es seit etwa 1650, auf Jamaica ab etwa 1661 unter dem Namen »rumbullion« (kreolisch für: großer Krawall), was offenbar die Wirkung von zu viel davon beschrieb. Abgekürzt wurde das später zu Rum. So richtig ging die Produktion los, als Don Bacardi 1750 auf Kuba und Jamaica mit der Herstellung von weißem Rum begann. Seine Nachfahren regieren bis heute den größten Rum-Hersteller der Welt, mit Qualitäten von 37,5 bis 76 Prozent Alkohol.

Der beste Rum kommt nach wie vor aus der Karibik und ist auch in Deutschland die meistgetrunkene Spirituose. Neben den weißen Topsellern gibt es die mindestens zehn Jahre oder länger in Eichenfässern gereiften Qualitäten, zum Beispiel »hors d'age«. Solche erlesenen Jahrgangssorten werden wie ⇀ Cognac oder Malt gesüffelt und gelegentlich stilvoll mit einer ⇀ Zigarre begleitet, die dann auch schon mal eingetaucht werden darf.

Safran

Er ist »das teuerste → Gewürz der Welt«, aber nicht jedermanns Sache. Der deutsche Gastrosoph Carl Friedrich Rumohr entschied im 19. Jahrhundert, Safran sei »eine alberne Würze« von schwachem Geschmack und nicht einmal angenehm.

Das »Appetit-Lexikon« von 1894 kommentiert: »Das 19. Jahrhundert hat den Safran seines aufdringlichen Geruchs wegen schon vor Langem in die Bauernküche verwiesen, und auch hier verliert er beständig an Terrain.«

Die Bedeutung des Wortes »gel« in der Kinderliedzeile »Safran macht den Kuchen gel« teilt die kulinarische Welt in zwei Fraktionen. Für die Mehrheit bedeutet es gelb, für die hartnäckigen → Aphrodisiaka-Gläubigen geil. Tatsächlich kann Safran, wenn man zu viel davon nascht, euphorisierend wirken wie Opium. Doch Vorsicht – schon 10 Gramm können tödlich sein, ab 20 ist das Ende garantiert.

Der extrem hohe Preis für Safran (bis zu 7000 Euro / Kilo) erklärt sich aus der enormen Handarbeit bei der Ernte. Für ein Kilo müssen aus den Blüten der Pflanzen etwa 360.000 Safranfäden abgeknipst werden. Eine geübte Fachkraft bringt es am Tag auf 60 bis 80 Gramm dieser Fäden – aus rund 9000 Blüten. Beim Trocknen über dem Kaminfeuer gehen noch mal vier Fünftel des Gewichts verloren, doch erst dabei bildet sich der Aromastoff Safranal.

Der beste Safran kommt aus der spanischen Mancha, der meiste aus dem Iran, neuerdings auch aus Afghanistan. Der Safrankauf war schon immer allerhöchste Vertrauenssache. Im Altertum machte man mit Safranfälschern kurzen und brutalen Prozess: In Persien wurde ihnen jeder zweite Finger abgehackt, im deutschen Nürnberg des 15. Jahrhunderts wurden sie samt ihrer Ware verbrannt oder bei lebendigem Leibe eingemauert.

Bei wissenschaftlichen Untersuchungen wurden in jüngster Zeit mehrfach 90 Prozent der Proben als Pseudo-Safran entlarvt. Immerhin sind sie meist ungefährlich und färben Kuchen, Risotto, Bouillabaise verlässlich gelb, besonders die beliebten Mischungen aus wenig Safranpulver und viel Kurkuma (Gelbwurzel).

Sahne

In den meisten europäischen Ländern heißt sie Crème, Crema oder Cream. Nur die Deutschen in der Mitte und im Norden des Landes haben ihren Begriff für den Rahm aus dem Lateinischen hergeleitet, wo »sagina« Mast, ⊷ Fett, Futter oder auch Speise bedeutet. Die Österreicher sagen statt Sahne gebietsweise Obers oder, wie auch in Süddeutschland, Rahm.

In der Profi-Küche sprechen wir überwiegend von Crème, denn in der französischen Küche ist sie – anders als bei uns – geradezu allgegenwärtig. Die dort meistverwendete und auch bei uns nicht mehr wegzudenkende Crème fraîche und die besonders fette Crème double haben bis heute nicht einmal deutsche Namen.

Sahne besteht aus den Fettanteilen der Rohmilch, die sich entweder von allein auf selbiger absetzen oder mithilfe einer Zentrifuge davon getrennt werden. Sie lässt sich ganz unterschiedlich weiterverarbeiten – auch zu ⊷ Butter und ⊷ Käse.

Es gibt sie als süße Sahne, die wir in unseren ⊷ Kaffee gießen oder – ab 30 Prozent Fettgehalt – zu Schlagsahne aufschlagen, die wir ⊷ Patissiers so schätzen.

Durch den Einsatz von Milchsäurebakterien schließlich entstehen saure Sahne, Sauerrahm und Schmand, die ihre besten Rollen in unseren Kochtöpfen spielen.

Fett ist, das kann ich gar nicht häufig genug sagen, der beste Geschmacksträger, den die Küche kennt. Deshalb ist bei den Köchen auch die vielseitig einsetzbare Crème fraîche so beliebt. Als mir mal eine diätversessene Dame vorwarf, ich verdürbe meine Rezepte durch allzu viel und zu häufigen Einsatz von Sahne, wollte ich es erst nicht glauben. Dann habe ich nachgeguckt und musste ihr in der Sache recht geben: Ob ⊷ Zanderklöße oder Frikassee, Knödel oder Kalbsgeschnetzeltes, ob Rehrücken oder ⊷ Lamm-Koteletts – ich empfehle überall Sahne. Na und, es schmeckt einfach besser!

„Salami

In der Abteilung Roh- oder Dauerwurst ist die Salami mir die liebste Vertreterin. Aber Salami ist nicht gleich Salami. Am häufigsten wird dafür das ⤳ Fleisch vom ⤳ Schwein oder ⤳ Rind verwendet, mitunter auch vom Esel, vom Wildschwein und von Geflügel.

Als ich vor Jahren im ungarischen Szeged die Firma Pick besuchte, habe ich gesehen, wie liebevoll diese Wurst dort hergestellt wird und was die berühmte »Téliszalámi« (Wintersalami) – die mit der weißen »Haut« mit dem feinen Edelschimmelbelag – so besonders lecker macht: Dafür werden nur edle Teile des Schweins und im Verhältnis dazu ein Drittel grüner Speck sowie eine spezielle Würzmischung verwendet. Nach sanftem Räuchern reift die rohe Salami 100 Tage im luftigen, mikrobiologischen Klima eines angrenzenden Flusses zu einer Delikatesse heran, die ihren Preis absolut wert ist.

Davor kannte ich nur italienische Salami. Das Besondere daran scheint mir die gezielte Fütterung der italienischen Schweine für die Wurst- und Schinkenproduktion zu sein. Diese werden mit einem sorgfältig ausgewogenen Mix aus Maismehl, Gerste, Soja, Kleie und Molke sehr viel länger und auf ein sehr viel höheres Gewicht gemästet als ihre nördlichen Kollegen. Ja, und daraus produzieren die italienischen Metzger mindestens 50 verschiedene Salamis, die drei bis sechs Monate im rohen Zustand reifen. Je langsamer sie an der Luft trocknen, desto härter und haltbarer sind sie. Oft werden sie nach ihrer Herkunft benannt, wie die berühmte Mailänder Salami, oder nach ihrer Geschmacksrichtung, wie die toskanische Spezialität Finocchiona (mit Fenchel). Außerdem gibt's zum Beispiel Salami mit Knoblauch, mit Parmesan, mit Barolo, mit Chianti classico oder, fast dreimal so teuer, mit ⤳ Trüffel. Als Faustregel gilt: Je südlicher man kommt, desto kleiner, grobkörniger und schärfer wird die Salami. In Italien wird nach fünf Qualitätsstufen unterschieden – »extra« und »prima« gelten als die besten.

Salat

Wenn ein – meist weiblicher – Gast »nur einen kleinen Salat« bestellt, dann ist in der Regel ein Blattsalat, zum Beispiel aus Kopfsalat, Rucola, Endivien, Chicorée und ein paar ⤳ Kräutern, gemeint. Auf jeden Fall ist so etwas wie ⤳ Feldsalat oder Radicchio dabei, Eisbergsalat, Eichblattsalat, Römersalat und wie sie sonst noch alle heißen.

»Nur ein kleiner Salat« sollte schon weitgehend vegetarisch sein (⤳ Vegetarier), etwas Vitaminreiches, Kalorienarmes und Gesundes. In Manhattans Trend-Bistros (⤳ Bistro) gilt er als »model food«, als Lieblings-Rohkost der radikalen Fans von Kleidergröße 36 (⤳ Rohkost).

Ich habe auch öfter gesehen, wie Salate mit Dressing »on the side« bestellt werden. Wie die trockenen Blätter ganz ohne eine Vinaigrette oder ein leichtes Dressing auf ⤳ Joghurt-Basis schmecken, mag ich mir gar nicht vorstellen. Beim mächtigen amerikanischen Thousand Island Dressing ist allerdings gesundes Misstrauen angebracht.

Blattsalate werden auch gern mit geschnetzelten Möhren, mit Tomaten- und Gurkenscheiben, mit Maiskörnern, gerösteten Nüssen und Kernen aufgepeppt. Der beliebte griechische Salat wird mit ⤳ Oliven und Fetakäse verfeinert, der ⤳ Caesar Salad braucht ⤳ Parmesan und ⤳ Anchovis. Der nach dem gleichnamigen New Yorker Hotel genannte Waldorf-Salat enthält ⤳ Äpfel und Walnüsse, der Chef-Salat braucht hart gekochte ⤳ Eier und Kapern und, und, und – die Welt der Salate ist unübersehbar vielfältig. Nicht zu vergessen die ⤳ Büfetts, an denen sich jeder seine eigene Salatkreation zusammenstellen kann.

Einen interessanten und plausiblen Ratschlag verdanke ich Cédric Dumont: »Die Mode, grünen Salat als Vorspeise zu servieren, ist kulinarisch fragwürdig, denn er drosselt den Appetit.« Vielleicht noch mehr ein Grund für viele weibliche Gäste, ihn zum Hauptgericht zu befördern …

Salbei

In England wurde Salbei in elisabethanischer Zeit zum beliebtesten ➤ Gewürz für Fleischpasteten und blieb das eigentlich, auch für andere ➤ Fleischgerichte, bis heute. Die Italiener sind ebenfalls loyale Salbei-Anhänger. Ihr Spanferkel »Porchetta«, ihre Saltimbocca à la Romana, die toskanischen weißen Bohnen »Florentinische Art« sind ohne eine Handvoll Salbeiblätter nicht denkbar. Auch keine Gnocchi in Salbeibutter oder Zitronen-Salbei-Pasta.

Ich würze sehr gern ➤ Lamm-Fleisch damit sowie verschiedene Kalbs- und Geflügelgerichte. Seine je nach Sorte weißen, roten oder sogar blauvioletten Blüten setzen auch optisch attraktive Akzente auf jedem Teller.

Bei Salbei ist jedoch immer Vorsicht angesagt: Sein Geschmack ist sehr intensiv würzig, fast bitter und etwas kampferartig – und das ist nicht jedermanns Sache. Er gehört übrigens zu den hitzefesten ➤ Kräutern und verstärkt sein ➤ Aroma noch beim Mitbraten oder -kochen. Also immer sparsam dosieren!

Bereits im Mittelalter war Salbei ein beliebtes Heilkraut. Ihm wird eine allgemein stärkende, krampflösende, schmerzstillende und antiseptische Wirkung nachgesagt, auch bei Magen- und Darmproblemen soll er helfen. Sein Gattungsname Salvia stammt vom lateinischen salvare, das bedeutet retten. Auch heute noch wird er als Kräutertee gegen Halsschmerzen und Heiserkeit getrunken oder als Salbei-Bonbon gelutscht.

In der Küche macht er kalorienträchtige Speisen wie Aalgerichte, Gänse- oder Schweinebraten bekömmlicher. Das alles wusste ich schon, doch ich habe auch was ganz Neues erfahren. Es soll da eine Sorte namens Azteken-Salbei (Salvia divinorum) geben, auch Wahrsage-Salbei genannt, die halluzinogene Stoffe enthält. Inzwischen ist dieser laut Wikipedia in Deutschland aber ein »rechtlich nicht verkehrsfähiges Betäubungsmittel«.

Salz

Das »weiße Gold«, wie es seit dem Mittelalter auch heißt, war damals tatsächlich Gold wert; in etlichen afrikanischen Ländern war Salzgeld (»Amoli«) in Umlauf, in Äthiopien sogar bis Anfang des 20. Jahrhunderts.

Salz ist Natriumchlorid mit einigen Spurenelementen und Mineralien. 65 Prozent werden aus Siedesalinen gewonnen, in denen es durch Verdampfen von Salzlösung (Sole) entsteht. Außerdem gibt es das Steinsalz aus vor Millionen Jahren abgelagerten Salzmeeren, das bergmännisch abgebaut wird, und schließlich das Meersalz, das durch Verdunstung von Meerwasser gewonnen wird.

Eines ist sicher: Salz ist unentbehrlich, ein Erwachsener braucht täglich mindestens 3 bis 6 Gramm, maximal 16 bis 20 Gramm. Dass Salz den Blutdruck hochtreibt, wird gern behauptet, wurde jedoch nie so recht bewiesen.

Seit ein paar Jahren wird um das Salz ein Kult betrieben. Sogenannte Gourmetsalze stehen hoch im Kurs, »farbige Juwelen« nennt sie Teubners Salzbuch – das

mag auch ein Hinweis auf ihre Preise sein. Das berühmteste ist das französische
⊷ Fleur de Sel. Das Alaea-Meersalz stammt aus Hawaii, ist mit Tonerde vermahlen und daher rot. Das grüne Bamboo Jade Sea Salt kommt von der Pazifikinsel
Molokai, die Farbe gibt ein Bambusblätter-Extrakt. Besondere Gesundheitseffekte werden dem hellrosa Himalaya-Salz (auch Urmeersalz) nachgesagt, das
»angeblich« aus einer 250 Millionen Jahre alten Saline gewonnen wird – Wissenschaftler sind da ganz anderer Meinung. Glaubensfrage? Ich habe nach vielen
Tests das Kalahari-Salz in meine Kollektion aufgenommen. Es ist 280 Millionen
Jahre alt, durch die lange Lagerung und den Einschluss vieler Mineralien besonders würzig und beeinflusst den Geschmack vieler Gerichte positiv.

SAN PELLEGRINO

Um das Jahr 1900 mauserte sich ein kleiner italienischer Ort namens San Pellegrino Terme zu einer echten Konkurrenz von Evian und Baden-Baden. Dort, nur eine Autostunde westlich vom Gardasee, wurde 1899 mit der gewerblichen Nutzung eines Heilwassers begonnen, das schon jahrhundertelang sprudelte und bei Nierenleiden und Verdauungsproblemen gute Dienste leistete. Leonardo da Vinci soll es schon geholfen haben. Der Ort blühte auf, und San Pellegrino baute ein luxuriöses Grandhotel mit 300 Zimmern sowie ein Casino, pompös wie ein Opernhaus. Die damalige Liste prominenter Besucher ist ellenlang. Erst kam die italienische Königin Margherita mit 80 Hofdamen zu einer Wasserkur. Es folgten Hoheiten, Millionäre, Künstler, Schriftsteller … In San Pellegrino Terme traf sich die schöne Welt.

Der Ruf des mild prickelnden Wassers verbreitete sich um den ganzen Globus. In den lombardischen Alpen kommt es mit 27 Grad und beladen mit Mineralstoffen und Spurenelementen aus 700 Metern Tiefe. Schon in den 1930-ern exportierte man sieben Millionen Flaschen. In den 1980-ern entdecken die Amerikaner das ⇀ Mineralwasser als »designer water« und Statusgetränk in allen besseren Restaurants. Der Ursprungsort hat inzwischen viel von seinem Belle-Epoque-Charme verloren. Die gute alte Zeit ist dort untergegangen. Doch das berühmte Wasser sprudelt munter weiter. Seit 1998 gehört die Firma zu Nestlé, und heute werden rund 350 Millionen Flaschen in über hundert Länder exportiert. Auch in Deutschland ist S. Pellegrino das in der Restaurantszene am weitesten verbreitete importierte Mineralwasser.

Sandwich

Die Geschichte dieser Erfindung hat mir schon immer gut gefallen. Angeblich hat ein spielsüchtiger britischer Adelsspross im Londoner »Beef Steak Club« während einer stundenlangen Pokerpartie um zwei Scheiben Weißbrot mit ⇀ Lamm-Fleisch und ⇀ Schinken-Scheiben dazwischen gebeten, damit er zum Essen den Spieltisch nicht verlassen musste. Ein Zweiter wollte das »Brot wie Sandwich« auch, denn der hungrige Adelige war John Montagu, der 4. Earl of Sandwich (1718 bis 1792). Bis heute klebt sein Name an jeder Kombination von ⇀ Brot und irgendwas. Dass ihm der Erfinderruhm zusteht, wage ich zu bezweifeln. Wäre doch komisch, wenn ein so simpler Einfall nicht schon vorher mal aufgetaucht wäre. Tatsächlich haben schon die alten Römer diverse Arten von Sandwiches gehabt, nur der Name fehlte ihnen. Pini (»Das Gourmet-Handbuch«) glaubt zu wissen, sie hießen: »offulae«.

Heute ist die Vielfalt von Sandwiches unüberschaubar. Als gesellschaftlich feinste Version gilt das bei der britischen → Tea-Time unverzichtbare Gurkensandwich: dünne, rindenlose, mit gesalzener Butter bestrichene Weißbrotscheiben, zwischen denen zum Beispiel frische Gurkenscheiben liegen.

Ähnlich sind die italienischen Tramezzini aus dünn gewalztem Weißbrot (ebenfalls ohne Rinde), die unter anderem mit Mozzarella, Tomaten und Basilikum gefüllt werden. Das Club-Sandwich ist ein Dreidecker, dessen einzelne, mit Speck, Fleisch, Salat, Mayonnaise, Tomaten und → Gurken belegte Brotetagen häufig mit Zahnstochern zusammengehalten werden.

In Amerika habe ich die größten, fettesten, fantasievollsten Sandwiches gesehen und einige amüsiert probiert. Aufessen konnte ich sie nie. Es gibt praktisch nichts, was dafür keine Verwendung findet, von Softshell Crabs bis → Hummer, von exotischen Salaten bis zu Pasteten aller Art; alles, was sich zwischen zwei Baguettehälften transportieren lässt, hat eine Chance.

Sardine

Ich habe in Spanien schon Sardinen gegessen, die mehr als doppelt so groß waren wie die aus der Dose. Sie waren frisch gegrillt und schmeckten ganz wunderbar. Die Spanier gelten als die größten Sardinen-Liebhaber, und sie fangen auch die meisten. Ich nehme an, dass sie die großen Exemplare selber essen und nur die kleinen eindosen und exportieren.

Die hübschen, schlanken Fische aus der weitläufigen Familie der → Heringe treten bei uns in der Regel mit dem Vornamen »Öl« auf. Als Ölsardinen in der Dose sind sie jahrelang haltbar und verhalten sich dabei wie ein guter Bordeaux: Sie werden mit den Jahren immer besser. Schon seit ein paar Jahren machen die »Jahrgangssardinen« eine Karriere, die ich ihnen niemals zugetraut hätte. Diese »sardines millésimées« gehen mindestens zurück bis ins Jahr 1997 und können dann angeblich 80 bis 90 Euro kosten! 150 Gramm aus dem ⇀ Jahrgang 2008 verkaufte Dallmayr in München 2011 für 13,50 Euro; das ist rund das 12-Fache einer einfachen Sardinendose aus dem Supermarkt. Dafür sind die Jahrgangssardinen auch die schönsten Fische eines Fangs, handverlesen, geschuppt und sorgfältig in die Dose gelegt, damit die feine silbrige Haut nicht verletzt wird. Als weitere Zutaten sind nur kalt gepress-

tes ⇀ Olivenöl und Meersalz erlaubt. Wer selbst Sardinendosen zum Altern einlagern will, sollte sie nicht im Kühlschrank aufbewahren und sie von Zeit zu Zeit wenden, damit das Öl immer mal bewegt wird.

In Frankreich ist die – häufig künstlerisch anspruchsvoll gestaltete – Sardinenbüchse bereits ein ernsthaft gepflegtes Sammlergebiet – Fachbegriff Puxisardinophilie. Udo Pini verdanke ich die Anekdote, dass Vyvyan Holland, der jüngere Sohn Oscar Wildes, einen »Edelsardinen-Club« gegründet hat, mit eigenem Sardinenkeller, in dem regelrechte Sardinen-Degustationen veranstaltet wurden. Ganz soweit sind wir noch nicht, aber wohl auf dem besten Weg dahin.

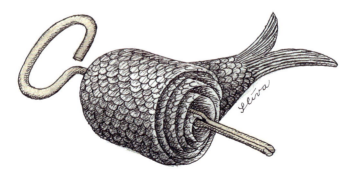

Sauerkraut

Die Historiker berichten, dass schon die alten Chinesen, Griechen und Römer das Sauerkraut kannten. Wahrscheinlich gelangte es auf dem Weg über die jüdische Küche nach Westeuropa. Im 18. Jahrhundert wurde es als Proviant in der Seefahrt eingesetzt, nachdem man entdeckt hatte, dass sein Verzehr Skorbut verhindert, eine Vitamin-C-Mangelkrankheit.

Sauerkraut wird aus frischem, meist weißem ⇀ Kohl hergestellt, der in feine Streifen zerschnitten und gestampft wird. Das Kraut wird gesalzen, und die entstehende Salzlake bedeckt es während der Gärung, die vier bis sechs Wochen dauert. Das fand früher meist in Steinzeugtöpfen statt. Ich erinnere mich noch gut, wie wir als Kinder den von Mutter auf einem Krauthobel geschnittenen Weißkohl, der mit ⇀ Salz und ⇀ Gewürzen gemischt war, mit frisch gewaschenen Füßen in einem Holzbottich festtreten durften. Anschließend mussten wir sechs Wochen geduldig warten, bis der mit einem Leinentuch und Ziegelsteinen bedeckte Bottich geöffnet wurde. Frisches Sauerkraut und dazu ein saftiges Stück Schweinsbraten vom hauseigenen Borstenvieh. Heute weiß ich, warum es heißt: »Das Einfachste ist immer noch das Beste.«

Seit etwa 150 Jahren wird Sauerkraut industriell produziert, meist unter Zugabe von ⇀ Vitamin C, das es haltbarer macht. Wenn es Weinsauerkraut werden soll, wird auch ein kräftiger Schuss Wein hinzugefügt. In der gehobenen Küche spielt es eine eher kleine Rolle – zu meinen Lieblingsgerichten gehört zum Beispiel ein Zanderfilet unter der Kartoffelkruste auf Rahmsauerkraut.

Hauptsächlich ist das Kraut ein Star der deftigen Gasthaus- und ⇀ Brasserie-Küche und vor allem aus der deutschen ⇀ Regionalküche nicht wegzudenken. Dass die Deutschen im und nach dem Zweiten Weltkrieg von den Amerikanern und Engländern »Krauts« genannt wurden, wird gern auf ihren auffällig großen Sauerkrautkonsum zurückgeführt.

Sauvignon Blanc

SAU VIGNON

Zwei der berühmtesten französischen Weißweine – beide von der Loire – bestehen aus reinem, unverschnittenem Sauvignon Blanc: der Sancerre und der Pouilly-Fumé, quantitativ in dieser Reihenfolge zu nennen, qualitativ eher umgekehrt. Beide sind Bestseller auf den Weinkarten guter Restaurants. Sie sind nicht ganz billig, fallen aber auch nicht in die Renommierklasse der großen Gewächse. Fumé (geräuchert) heißt er wegen seines angeblich rauchigen Geschmacks; er sollte nicht mit anderen Pouillys verwechselt werden: Pouilly-Fuissé, Pouilly-Loché und Pouilly-Vinzelles sind nämlich ⤙ Chardonnays.

Die Rebsorte Sauvignon Blanc spielt auch bei einigen Weinen, in denen man sie eigentlich kaum erwarten würde, eine wichtige Rolle: In den güldenen Dessertweinen aus dem Süden des Bordelais, den mitunter über 15 Prozent alkoholstarken Sauternes, sorgt der Sauvignon Blanc für Säure und Aroma. Im weltberühmten Château d'Yquem ist er mit 20 Prozent beteiligt.

Ich bin ein Freund von Sauvignon Blanc, und seit er sich in den letzten zwei Jahrzehnten, wenn ich mich recht erinnere, um die ganze Wein-Welt ausgebreitet hat, habe ich ihn auch so ziemlich überall probiert: in Kalifornien, in Südafrika, in Argentinien. Erst in den 1990er-Jahren kam der »Cloudy Bay« aus Neuseeland zu uns, ein leichter, eleganter, etwas säurebetonter Tischwein, der bei Kennern innerhalb kurzer Zeit zum Kultwein avancierte. Danach kamen immer mehr neuseeländische Sauvignons Blancs, vor allem aus Marlborough.

Für mich persönlich gehören allerdings die Sauvignons aus meiner Heimat, der Steiermark, zu den besten. Und zwar gar nicht aus Patriotismus, denn diese erstklassigen Weine stellen alljährlich bei den großen Sauvignon-Weinproben die Testsieger. Warum also in die Ferne schweifen, wenn das Gute liegt so nah?

Schinken

Die schönste Schweinerei der Welt ist für die meisten Kulinariker bestimmt der Schinken. Das Borstentier wird einerseits durch industrielle Massentierhaltung immer billiger, andererseits sind durch Züchtungen wieder etliche Rassen entstanden, die so eine Art ⇢ Kobe Beef auf Schweinebasis darstellen: sehr elitär, sehr wohlschmeckend und sehr teuer.

Unter Schinkenkennern gilt das halbwilde schwarze ⇢ Schwein aus Spanien als das beste von allen. Es lebt in Freiheit in riesigen Wäldern, und es frisst in den letzten drei bis vier Monaten seines Lebens tatsächlich 700 Kilo Eicheln und nimmt dabei 60 bis 80 Kilogramm zu. Das macht die Aussage glaubhaft, dass die Eicheln dem Fleisch ein nussiges Aroma verleihen.

Der Schinken reift 18 bis 30 Monate auf 1000 Metern Meereshöhe und nimmt dabei wiederum ein Drittel seines Gewichtes ab. Dann ist er endlich bereit, als ⇢ Tapa einen anständigen Rotwein zu begleiten. Selbst der Großhändler und Gastronomielieferant Delta-Fleisch in Hamburg berechnet für »den besten Schinken der Welt« 200 Euro pro Kilo. Schon der Name klingt nicht ganz billig: »Joselito Pata Negra 100 % Iberico Bellota Gran Reserva«.

Wenn es um Schinken geht, kennen Gourmets kein Pardon, auch nicht gegenüber ihrer Kreditkarte. Ein milder Parmaschinken aus der Emilia-Romagna in der Poebene und auch der etwas kräftigere San Daniele aus dem oberitalienischen Landstrich Friaul sind aber noch immer für etwas mehr als 30 Euro pro Kilo zu haben.

Doch schon der ebenfalls italienische Culatello di Zibello, den meine Kollegin Cornelia Poletto in ihrem Hamburger Feinschmeckerladen verkauft, kommt leicht an die 100-Euro-Grenze. Dieser Schinken reift 14 Monate in einer durchlöcherten Schweinsblase und lagert vor dem Verkauf in weingetränkten Laken, die ständig erneuert werden – viel Handarbeit bei kleinen Stückzahlen.

Heute gibt es fast überall Schinkenspezialitäten wie den Westfälischen Schinken, den Holsteiner, den Ammerländer und natürlich den Schwarzwälder. Fast alle hochwertigen Sorten sind luftgetrocknet – je länger, desto besser.

Die berühmtesten Franzosen unter den Schinken heißen Bayonner und Aoste; der klassische Spanier ist der Serrano. Alle werden für den Genuss in der Regel hauchdünn aufgeschnitten.

Ich habe vor ein paar Jahren »Vulcano« entdeckt, eine Schinken-Manufaktur im steirischen Vulkanland, die sich inzwischen zu einer Art Geheimtipp entwickelt hat. Dort wird in alter bäuerlicher Familientradition und mit artgerecht aufgezogenen Tieren ein Schinken mit einzigartigem Geschmack produziert. Er übertrifft manchen berühmten Klassiker – nur nicht im Preis.

Ein Wort noch zum gekochten Schinken, den es natürlich auch gibt. Er wird vor dem Kochen gepökelt, danach mitunter noch geräuchert, muss schön rosa und saftig sein.

Schnecke

Nach meiner Erfahrung mögen die meisten Menschen, denen → Austern unsympathisch sind, auch keine Schnecken. Das liegt vermutlich an der den beiden Weichtieren gemeinsamen Glibberigkeit. Die bei uns in der Küche bevorzugten Schnecken sind die auf dem Lande lebenden Weinbergschnecken, die freilich nicht von freier Wildbahn, sondern aus der Zucht kommen.

Sie teilen ihr grausames Schicksal mit den → Hummern und werden bei lebendigem Leibe in reichlich kochendes Wasser geworfen. Traditionell werden sie mit flüssiger würziger ➤ Butter in ihrem Schneckenhaus auf sogenannten Schneckenpfännchen serviert, einer Platte mit 6 oder 12 passenden Vertiefungen. Man greift sie bei Tisch mit einer speziellen Schneckenzange und zupft mit der schmalen Schneckengabel das Fleisch aus dem Häuschen – also ein ziem-

licher Aufwand an Accessoires und manueller Feinarbeit!

Besonders beliebt sind Schnecken in den südlichen Mittelmeerländern und außerdem im Burgund und im Elsass, wo sie auch in Rotweinsauce, in etlichen Kartoffel-Kombinationen und mit geräucherter Gänseleber gepaart auf den Tisch kommen. In Süddeutschland ist die Badische Schne-

ckensuppe immer noch verbreitet. Im Rest des Landes scheint die Schnecke kaum noch populär zu sein.

Der pfiffige Einfall von ein paar Österreichern, die vor einigen Jahren Schneckeneier in Gläschen füllten, um sie zu einem hohen Preis als »Schnecken-Kaviar« auf den Luxusmarkt zu bringen, erregte nur kurzzeitig Interesse, doch keinen nachhaltigen Appetit – die rosa Perlchen schmeckten einfach nicht gut genug.

Schnepfe

Sie gilt Feinschmeckern als bemerkenswerte Delikatesse, ist noch kleiner als das → Rebhuhn, eine Ein-Personen-Portion, die man gern im Speckmantel gebraten serviert. Es gibt etwa 85 Arten, und die meisten zeigen ihre Verwandtschaft durch ihren langen Schnabel. Ich glaube nicht, dass die Schnepfe heute kulinarisch noch eine wesentliche Rolle spielt; sie ist einfach zu selten.

Der Schnepfe kommt jedoch sozusagen ein historisches Verdienst zu – sie hat das Wort »Dreck« in die kulinarische Welt emporgehievt: »Schnepfendreck, der beste Schleck«, heißt ein alter, etwas hochmütiger Küchenspruch, »aber er sowie Pasteten, sind dem Bauern nicht vonnöten.« Übersetzt: für den Bauern zu schade. Dieses Gericht besteht aus den gesamten → Innereien des Vogels außer Magen und Galle. Sie werden mit etwas frischem Speck, Bröseln und Eigelb gehackt, gesalzen, gepfeffert und mit Rosmarin und Thymian gekräutert. Das Ergebnis, in Frankreich gern mit → Foie gras vermischt, wird dick auf Weißbrot gestrichen und überbacken. Ich habe damit keine Erfahrung, doch alle Gourmets sind von diesem »Dreck« entzückt. Wilhelm Busch hat dazu gereimt: »Der Gourmand hat im Traum / An Schnepfendreck gedacht. / Er träumt: Es hätte ihm ein Engel / Was auf die Zunge gemacht.«

Schnitzel

Es soll immer noch Leute geben, die keine Ahnung davon haben, dass es ursprünglich »Wiener Schnitzel« heißt. Es hat sicher Vorformen gegeben, doch die eigentliche Mutter aller Schnitzel, davon bin ich als Österreicher überzeugt, ist das aus Wien. Der Legende nach soll Feldmarschall Radetzky das Rezept 1857 aus Italien mitgebracht haben. Es ist jedoch schon 1798 im »Kleinen österreichischen Kochbuch« erwähnt.

Die möglichst goldfarbene Panade (österreichisch: Panier) geht angeblich auf eine italienische Marotte aus dem 15. und 16. Jahrhundert zurück. Wer es sich leisten konnte, überzog sein Essen mit Blattgold – erst in der Lombardei, dann auch in Venedig. Das galt als gut für die Gesundheit und natürlich fürs Prestige. Als die goldene Vergeudung überhandnahm, wurde sie von der Regierung verboten. Da sollen die Köche als adäquaten Look die Panier erfunden haben.

Und aus der Verbindung einer mageren, platt geklopften Kalbfleischscheibe mit der goldgelben Hülle aus möglichst altbackenen Semmelbröseln entstand das »Wiener Schnitzel«. Allerdings habe ich diese Geschichte nur in einer einzigen österreichischen Quelle gefunden.

Ein weltweiter kulinarischer Bestseller wie das Wiener Schnitzel erzeugt natürlich allerlei Variationen und Derivate wie ⇢ Schweine-, Puten- oder ⇢ Lachs-Schnitzel. Die für meinen Geschmack schrecklichsten Verirrungen sind panierte Schnitzel mit Sauce – da wird die wunderbar knusprige Panade ruckzuck aufgeweicht. Ich bin wirklich kein puristischer Schnitzel-Traditionalist, wir bereiten auf der Stromburg auch diverse Schnitzel zu, haben ganz neue Kombinationen mit ungewohnten Gemüsebeilagen und zehn neue Panaden entwickelt. Am Ende sind aber doch alle unsere Kreationen eigentlich »Wiener Schnitzel«.

Wiener Schnitzel

Zutaten für 4 Portionen:

etwas Öl | 4 Kalbsschnitzel (à ca. 160 g) | Salz | Pfeffer aus der Mühle
50 g Mehl | 2 Eier | 30 g halbsteif geschlagene Sahne | 150 g Semmelbrösel
ca. 250 g Butterschmalz zum Ausbacken | je 4 Zitronenscheiben und Sardellenfilets
einige Kapern und Petersilienblätter

- Zwei große Stücke Frischhaltefolie dünn mit Öl bepinseln. Schnitzel einzeln auf ein Stück Folie legen, mit der zweiten Folie (geölte Seite nach unten) abdecken und plattieren. Fleisch beidseitig salzen und pfeffern.
- Mehl auf einen Teller sieben. Eier und Sahne auf einem zweiten Teller mit einer Gabel verquirlen, Semmelbrösel auf einen dritten Teller geben.
- Butterschmalz in einer großen tiefen Pfanne auf 160–170 Grad Celsius erhitzen. Die Schnitzel jeweils im Mehl wenden, den Überschuss abklopfen. Die Schnitzel einzeln durch die Eiersahne ziehen, gut abtropfen lassen und in den Semmelbröseln wenden.
- Die Schnitzel im heißen Butterschmalz schwimmend ausbacken. Damit die Panade locker und wellig aufgeht, die Schnitzel gleichmäßig mit dem heißem Fett übergießen. Sobald die Unterseite goldgelb gebacken ist, die Schnitzel wenden und fertig backen.
- Abgetropfte Schnitzel auf Küchenpapier legen, damit überschüssiges Fett aufgesaugt wird.
- Die Schnitzel jeweils mit einer Zitronenscheibe, einem Sardellenfilet, einigen Kapern und einem Petersilienblatt auf Tellern anrichten.

Schokolade

An fester Schokolade wurde schon herumgetüftelt, als man ⇢ Kakao nur flüssig genoss. In den Niederlanden experimentierte Mijnheer van Houten und erfand die Trennung von Kakaobutter und Kakao; in England Mister Cadbury. In der Schweiz waren es die Herren Cailler und Nestlé, Tobler, Suchard, Lindt & ⇢ Sprüngli. Ab etwa 1847 sollen, zuerst in England, erste feste Tafeln erschienen sein, bevor sie in Europa und speziell bei den Schweizern populär wurden, die damit auf Weltausstellungen Goldmedaillen gewannen. Seitdem liegt das Epizentrum aller schokoladigen Wonneschauer in der Schweiz. Der ⇢ Patissier zaubert aus Schokolade Köstlichkeiten von der Mousse au Chocolat über Pralinen bis zum Brownie. Heute liegt Edelschokolade mit 54 bis 100 Prozent Kakaogehalt im Trend. Die berühmtesten Marken sind Lindt aus der Schweiz und Valrhona aus Frankreich, andere stammen aus Italien, Belgien, Spanien, Deutschland und sogar aus den USA (»Scharffen Berger«). Sie werden beispielsweise auch gern mit Chili, mit Tee, mit Salz oder mit rosa Pfeffer »parfümiert«. Es gibt auch Plantagen- und Jahrgangsschokolade – und der »Grand Cru« aus Edelbohnen ist auch keine Seltenheit mehr.

Je dunkler die Schokolade ist, desto mehr Antioxidantien enthält sie, die vor Zellalterung und Entzündungen schützen. Aber Fett versteckt sich auch in jeder Tafel, darum sollte man sie nur als Genussmittel betrachten. Ob Schokolade glücklich macht, kann wohl nur jeder für sich entscheiden – bewiesen ist es nicht.

Scholle

Sie ist sozusagen die gutbürgerliche Cousine der feinen ⇢ Seezunge und des aristokratischen ⇢ Steinbutt. Sie trägt ihre Augen auf der rechten Seite und wird auch Goldbutt oder Platteise genannt. Bei ihr gilt: je kleiner, desto feiner. Junge Schollen leben oft in den Gezeitenzonen flacher Strände. Sie wandern dann in bis zu 200 Meter tiefes Wasser. Die Männchen werden mit vier bis fünf Jahren geschlechtsreif, die Weibchen ein Jahr später. Von Januar bis März laichen sie und beginnen sich dann wieder etwas »auf die Gräten« zu futtern.

Am beliebtesten ist die »Maischolle«, die, wie der Name schon sagt, im Mai im Nordatlantik oder in der Nordsee gefangen wird und besonders zart und aromatisch ist. Erkennungszeichen ihrer Frische sind die roten Punkte auf der dunklen Seite. Sind diese deutlich sichtbar, ist die Scholle superfrisch. Sie wird meist im Ganzen zubereitet und passt auch so noch auf den Teller. Eine berühmte Spezialität ist die nach einer Hamburger Vorstadt benannte Finkenwerder Scholle: mit etwas Zitronensaft gesäuert, goldbraun gebraten und mit knusprigen Räucherspeckwürfeln bestreut. Beliebt sind auch die kleinen, zarten Filets, beispielsweise als Röllchen in feiner Weißweinsauce mit Estragon.

Die Scholle ist ein relativ preiswerter Plattfisch. In der ⟶ Aquakultur spielt sie bislang keine große Rolle. In der Regel werden mit dem Schleppnetz gefangene Schollen angeboten.

Die Redensart der deutschen Jugendszene »Ich bin total scholle« bedeutet: Ich bin platt, fix und fertig, am Ende. Das finde ich ziemlich unpassend – die Scholle ist zwar platt, doch lange nicht am Ende.

Schwein

Das »Appetit-Lexikon« rühmt: »Es gehört zu den kostbarsten und unersetzlichsten Perlen in der Krone der Kultur … dazu denkwürdig durch die Tatsache, dass es bereits vor Erschaffung der Welt, so ums Jahr 5000 v. Chr., von den Chinesen gezähmt wurde.« Andere Quellen wollen es bereits vor 9000 Jahren in der heutigen Osttürkei geortet haben. Das Schöne am Schwein ist: Fast alles davon kann verwertet werden, vom ⤙ Schinken über Koteletts und ⤙ Schnitzel, Filets und Bauch bis zu den Backen und Haxen. Das Hausschwein erlitt in den letzten Jahrzehnten ein hartes Schicksal, geriet in die Fänge der Massentierhaltung und verbilligte sich Jahr um Jahr. Dafür wurde es »der törichten Mode der Magerzucht auf viel ⤙ Fleisch und wenig ⤙ Fett« (Cédric Dumont) unterworfen, mit dem Ergebnis, dass dabei oft »PSE-Fleisch« (pale, soft, exudativ: blass, weich, wässrig) herauskam. Vom einem Schnitzel bleibt dann beim Braten meist nur noch die Hälfte übrig – das Fleisch schmeckt fad, trocken und zäh.

Während die Zuchtfabriken die Discounter mit immer billigeren und schlechteren Qualitäten überschwemmen, versucht eine immer größer werdende Bio-Fraktion auch den Feinschmeckern unter den Verbrauchern wieder Lust auf gutes Fleisch vom Borstenvieh zu machen: mit alten Schweinerassen und deren artgerechter Aufzucht als frei laufendes Landschwein. So wachsen etwa das Deutsche Sattelschwein, die Bunten Bentheimer, das Schwäbisch-Hällische oder das fast schon ausgestorbene Wollschwein mit natürlichem Futter ernährt heran – allerdings auch zu höheren Kosten. Man muss aber nicht unbedingt jeden Tag Fleisch essen! Lieber weniger davon kaufen, dafür aber gutes, appetitlich rosarotes und mit weißen Fettadern marmoriertes Bio-Fleisch.

Seezunge

Sie war von jeher nicht nur ein Liebling in Gourmetkreisen, sondern auch bei den Köchen. Kaum ein anderer Fisch erlaubt ihnen so viel Kreativität und Experimentierlust. Das fing laut Larousse schon im alten Rom an, und unter Ludwig XIV. erwarb sie sich Ende des 17. Jahrhunderts den Rang einer »königlichen Delikatesse«.

Dieser Plattfisch ist von Südnorwegen bis zum Sudan und im Mittelmeer verbreitet. Er entwickelt seine beste Qualität in kaltem Wasser und wird hauptsächlich in den nördlichen Regionen gefischt – auch im Wattenmeer der Nordsee. Als die besten gelten Exemplare, die etwa 300 Gramm auf die Waage bringen.

Seezungenfilets lassen sich auf vielerlei Art füllen, zu Röllchen rollen oder falten, können gegrillt, gedünstet, gedämpft, pochiert, frittiert oder paniert und gebraten werden, so sind viele berühmte Rezepte entstanden. Larousse druckt nicht weniger als 25 davon ab.

Sie wird unter anderem mit Thymian, Basilikum, mit Wein oder Wermut zubereitet und natürlich à la meunière – auf Müllerin-Art: gehäutet, in Mehl paniert, in heißer ➝ Butter gebraten.

Es lohnt sich nicht nur für Hanseaten, mal im Hamburger Traditionshotel Vier Jahreszeiten eine Seezunge Müllerin zu bestellen, sich diese vom Kellner klassisch vorlegen zu lassen und dann beim Essen die anderen Gäste zu beobachten …

Manche Klassiker sind heute aktueller denn je, sie kosten jedoch mehr als früher, weil eine gute Seezunge eben eine absolute Delikatesse ist!

Die bekannte Dover Sole ist von der Seezunge (solea solea) nicht zu unterscheiden. Sie ist nach der englischen Hafenstadt am Ärmelkanal benannt. Dort wurden noch im 19. Jahrhundert die meisten Seezungen angelandet. Greenpeace hat sie übrigens 2010 auf ihre Rote Liste der gefährdeten Spezies gesetzt.

In vielen Fällen hieß er auch schon mal ↦ Champagner, bis das verboten wurde. Berühmte Sektmarken wie ↦ Bollinger, ↦ Roederer, Heidsieck, ↦ Taittinger oder Deutz & Geldermann haben übrigens deutsche Urväter. Zu Anfang war »Schaumwein« das von dem deutschen Dichter Johann Gottfried Herder aus »vin mousseux« eingedeutschte offizielle Ersatzwort, aber es gewann nicht so recht an Popularität.

»Sekt« wurde erst auf Grund eines Missverständnisses publik: Laut einer Anekdote betrat der volkstümliche Berliner Schauspielstar Ludwig Devrient 1825 nach der Vorstellung seine Stammkneipe und, noch ganz Falstaff, orgelte sheakespearisch los: »Bring er mir Sekt, Bube! Gibt es keine Tugend mehr auf Erden?« Sekt war damals das Wort für Sherry, doch der Kellner kannte seinen Gast und brachte die übliche Flasche Schaumwein. Der »Verband deutscher Schaumweinkel-

lereien« änderte seinen Namen allerdings erst 1908 in »Verband deutscher Sektkellereien«. Viele deutsche Winzer, die in der Champagne gelernt hatten, kamen zurück und betrieben ihr Gewerbe nun diesseits des Rheins. Großkonzerne wie ↦ Rotkäppchen-Mumm, ↦ Henkell & Co., aber auch kleine Produzenten von ↦ Riesling-Sekt, arbeiten nach der »méthode champenoise«.

Die Deutschen trinken Sekt in vollen Zügen. Von den rund zwei Milliarden Flaschen, die weltweit erzeugt werden, gönnen sie sich fast 25 Prozent, wovon drei Viertel aus heimischer Produktion stammen. Der Pro-Kopf-Verbrauch liegt bei annähernd vier Litern, in den 1990er-Jahren war es schon mal mehr. Ich warne vor Billigangeboten! Wer eine 0,75-Liter-Flasche für nur 1,99 Euro kauft, sollte wissen, dass davon 1,02 Euro Sektsteuer sind (steuerformen.de). Wenn man dann die Flasche, den ↦ Korken, das ↦ Etikett und die Mehrwertsteuer noch abzieht, bleiben für den Inhalt nur ein paar Cent!

SENF

Wer »seinen Senf dazugibt«, ist unbeliebt. Da wundert es einen, wie begehrt Senf als ⟶ Gewürz ist. Und gesund ist er auch: Seine Scharfmacher, die Senföle, wirken antibakteriell, regen die Verdauung an und machen Fettes bekömmlicher. Der Grieche Pythagoras sagte sogar: »Senf schärft den Verstand.« Die Pflanzen, die uns die Senfkügelchen liefern, gehören zur Familie der Kreuzblütler, sind Verwandte des Kohls und verschwägert mit Raps, Rettich und ⟶ Kresse. Die weißen Körner sind mild, die braunen und schwarzen schärfer. Sie werden gemahlen, die Sorten gemischt, entweder zu einem Senfpulver (selten) oder mit weiteren Zutaten zu einer Paste verarbeitet, dem einfachen Tafelsenf. »Mostrich«, wie er in Teilen Ostdeutschlands heißt, war ursprünglich eine mit Traubenmost versetzte Sorte. Das deutsche Senfprogramm bietet süßen, milden, mittelscharfen (»Delikatess-Senf«) und sehr scharfen Senf. Der bekannteste ist der Düsseldorfer Löwensenf, hergestellt nach dem gleichen Verfahren wie der berühmte Dijon-Senf. Senf ist mit fast allem kompatibel und inspiriert zu immer neuen Kreationen, etwa mit ⟶ Kräutern und ⟶ Likören, mit Obst, Bier und ⟶ Champagner, mit Cayennepfeffer, Karamell, ⟶ Knoblauch oder Chili. Es gibt sogar einen Bratapfel- und einen Lebkuchensenf.

SERVICE

Natürlich gibt es Leute, die ⟶ Büfetts lieben: Im Urlaubsclub oder auf einem Kreuzfahrtschiff macht es ihnen großen Spaß, sich an den dort oft sehr opulenten Büfetts zu bedienen.

Bevor es Restaurants gab, war der Service auf den Festen bei Hofe sehr personalintensiv, aber nicht gerade ökonomisch. Beim »französischen Service« wurden in drei Gängen alle Gerichte eines Ganges zugleich serviert, etwa alle Hauptgerichte auf großen Platten, von denen man sich bediente. Beim »englischen Service« wurden die Platten gezeigt und auf Beistelltischen portioniert. Der »russische Service«, bei dem jeder Teller möglichst rasch und warm von links, der Wein von rechts gereicht wird, hat den Service von heute am meisten beeinflusst.

Heute ist der Tellerservice üblich, bei dem alle Bestandteile eines Gerichts bereits angerichtet sind. Kommen warme Gerichte unter einer Cloche (Glocke), so werden diese für alle Gäste eines Tisches zugleich aufgedeckt. Wenn größere Braten, Enten oder Fische am Stück herbeigerollt werden, übernimmt der Service das Tranchieren. Meist macht das der Oberkellner oder der ⇀ Maître; mitunter kommt dazu der ⇀ Chef aus der Küche.

Erstklassigen Service erkennt man daran, dass der Gast nie mit dem Finger schnippen und »Herr Ober!« oder (um Gottes willen nicht!) »Hallo Frollein!« rufen muss. Man soll ihn eigentlich gar nicht bemerken. Er ist da, bevor das ⇀ Weinglas leer ist oder der leere Teller mit dem parallel gelegten ⇀ Besteck zu lange wartet. Er kommt eben immer mal vorbei und prüft aus dem Augenwinkel, ob alles in Ordnung ist – ohne zu fragen: »Ist bei Ihnen alles in Ordnung?«

SINGAPORE SLING
Es gibt ihn in allen gut sortierten ⇀ Bars der Welt. Doch wer trinkt schon einen Singapore Sling in New York, London oder Düsseldorf? Man schlürft ihn an der Long Bar vom Raffles Hotel in Singapur, weil er dort etwa 1915 erfunden wurde. Angeblich mixte der Barkeeper Ngiam Tong Boon den ⇀ Cocktail für eine Lady, die sich vor der Mittagshitze in seine Bar geflüchtet hatte, jedoch keinen richtig harten Drink wollte. So entstand ein milder, mitunter süßer Cocktail, dessen Rezept sich im Laufe der Jahre wohl mehrfach geändert hat.

Slings basieren auf einer Spirituose wie → Bourbon, Brandy oder → Rum, dazu kommen Zitronensaft, Zuckersirup oder → Likör und Soda. Der Singapore Sling hat → Gin, Ananassaft und sechs weitere Zutaten. Wer ihn gern trinkt, aber ungern mixt, kann im Raffles einen »Premix«, eine trinkfertige Mischung, erwerben. Auch die Bartender an der Long Bar benutzen ihn. Wer seinen Singapore Sling noch wie in alten Zeiten richtig geshaked haben will, muss das extra bestellen. Raffles und Raffles Bar sind längst touristische Wallfahrtsorte, an manchen Tagen drängeln sich dort ganze Busladungen, und die Bartender lassen dann wohl 2000 Slings im Akkord in die Gläser strömen. Dann umgehe ich diesen Ort weiträumig, denn zum Glück gibt es noch ein paar andere Bars in Singapur.

MEIN TIPP: *Besuchen Sie einmal die Post Bar im eleganten Fullerton Hotel, einem ehemaligen viktorianischen Postamt, wo es den Singapore Sling auch in ein paar interessanten Varianten gibt.*

Slow Food

Die bei uns als eingetragener Verein organisierte Bewegung wurde 1986 von dem italienischen Soziologen und Journalisten Carlo Petrini gegründet und bekam drei Jahre später ihren heutigen Namen. Inzwischen ist Slow Food mit über 100.000 Mitgliedern in 150 Ländern aktiv und propagiert so fundamentale Ideale wie Genuss und Qualität. Sie fordert saisonale und regionale Erzeugnisse statt globalisierter Produkte.

Ich bin nicht Vereinsmitglied, aber mehr als nur ein Sympathisant. Als Koch fühle ich mich gewissermaßen mindestens als Mitbegründer: Ich bin überzeugt, dass für uns alle, die wir die Küche ernst nehmen, die Ziele von Slow Food schon gegolten haben,

venience Food. Qualität kann kein Ergebnis von Schnelligkeit sein, das war schon immer unsere Überzeugung. Übrigens scheint sich Petrini neuerdings in Widersprüche zu verstricken. In seinem Bestreben, Slow Food vom Vorwurf es Elitären freizuhalten, wetterte er letztes Jahr auf den Filmfestspielen in Berlin gegen die »Edelküche«, die nur »Tand und Spielerei« produziere und eine »Pornografie des Essens« fördere. Dem muss man erwidern, dass »edel« keine Kategorie in der Küche ist. Ich unterscheide sie nur nach dem Grad des Genusses, den sie bietet. Wie edel sie sich präsentiert, ist mir vergleichsweise egal.

bevor sie von Petrini und seinem Umkreis formuliert wurden.

Wir alle wollen die kulinarische Kultur bewahren und weiter verfeinern. Genuss ist unser höchstes Ziel, und der ist auf der Basis von Bequemlichkeit nicht möglich – das wäre dann ⇀ Con-

---

SOJASAUCE
Man nennt sie auch »Maggi des Ostens«, weil sie ebenfalls allem Geschmack gibt, dem es daran mangelt. Trotzdem sind beide nicht vergleichbar. Sojasauce soll schon vor über 5000 Jahren in China hergestellt worden sein. Sie kam bereits im 17. Jahrhundert über Japan (dort Shoyu genannt) nach Europa. Es gibt helle und dunkle chinesische Sojasauce, wobei Letztere ein weiches, fruchtiges ⇀ Aroma hat. Die Basis der asiatischen Würze sind Sojabohnen, die gemahlen, gedünstet und mit geröstetem sowie gemahlenem Reis- oder Weizenschrot, Wasser und ⇀ Salz gemischt werden. In sechs bis

acht Monaten Reifezeit, bei einigen Spitzenqualitäten bis zu fünf Jahren, wird daraus die aromatisch-würzige Sauce. Aus den Braustätten von Japans Groß-Produzenten Kikkoman kommen jährlich 400 Millionen Liter der vollmundigen Spezialität. Was heute in Asia-Restaurants häufig als »Soy Sauce« auf dem Tisch steht, ist oft mit allerlei Zusatzstoffen industriell produziert und innerhalb von Tagen gereift. Die können Sie vergessen. Ich habe im Fernen Osten Sojasaucen probiert, die dunkel und dickflüssig waren und ein Aroma hatten, das mit denen aus deutschen China-Restaurants nicht vergleichbar ist. Es lohnt sich also, genau aufs ➤ Etikett zu schauen und immer wieder zu probieren. Ohne Sojasauce sind asiatische und viele andere Gerichte nur halb so gut. Selbst eine frisch gekochte Hühnersuppe lässt sich damit raffiniert verfeinern.

Sommelier / Sommelière

Viele kennen ein Dutzend prominente ➤ Köche, doch kaum einer weiß den Namen eines Sommeliers. Es sind heute immer mehr Damen darunter – Sommelière genannt. Etliche meiner Kollegen, die ein eigenes Restaurant betreiben, halten ihren Sommelier für die wichtigste Person im Betrieb. Schließlich erwirtschaftet dieser den profitabelsten Umsatz. Ein Tisch kann mit dem großen ➤ Menü rote Zahlen erzeugen, wenn nicht dazu ein paar Flaschen Wein bestellt werden. So steht der Sommelier zwischen den Fronten: Je mehr und je teureren Wein er verkauft, desto besser das Betriebsergebnis. In der Regel möchte der Gast einen passenden Wein zu mittlerem Preis – am liebsten einen Geheimtipp. Es wird also nicht nur perfekte Kenntnis der weiten Weinwelt erwartet, sondern auch Feingefühl und Diskretion. Leider ist »Sommelier« kein geschützter Titel. Theoretisch könnte sich also jeder das berufstypische Tastevin (das Probierschälchen) umhängen und als Weinkellner arbeiten – wenn er denn einen Patron findet, der es ihm zutraut. Natürlich gibt es Kurse in Hotelfachschulen und Weinakademien. Der renommierteste Titel ist der in England vergebene »Master Sommelier«. Er wurde angeblich erst 175 Mal verliehen – nur zweimal nach Deutschland.

Ob so rare Titel den besten ⇀ Service garantieren, bezweifle ich. Große Trinkerfahrung und Kenntnisse über Lagen und Jahrgänge sind wertvoll, nützen aber nicht immer dem Gast. Schlimm finde ich es, kommentarlos einen Wein für 100 Euro zu empfehlen. Entweder muss das vorher gesagt werden, oder der Wein darf nicht mehr als etwa 50 Euro kosten.

Sorbet

Es ist das Gegenteil von sündhaft leckerem Sahneeis, für das es viele Rezepte gibt und das mit seinen Zutaten Sahne, Milch, Eigelb, ⇀ Zucker als Dickmacher gilt. Das Sorbet (früher Scherbet) enthält kein (oder kaum) Fett und kein Eigelb. Ursprünglich war es ja nur ein Erfrischungsgetränk der Chinesen, dann der Perser, dann der Araber: eiskaltes Wasser, minimal mit zerdrückten Rosinen, später mit Früchten, ⇀ Honig und Schnee angereichert. In Europa wurde daraus zunächst ein halbgefrorenes ⇀ Eis, meist nur aus Wasser, Zucker und ⇀ Zitrone, das man mehr schlürfte als löffelte. Heute ist es dank moderner Eismaschinen sämig-cremig. Die Basis ist meist ein Fruchtpüree, und es ist köstlich erfrischend. Gern wird ein Schuss Calvados, ⇀ Likör, ⇀ Rum oder ⇀ Wodka als Aromaverstärker hinzugefügt. Sorbets sind zusammen mit Früchten oder ⇀ Schokolade wunderbare Desserts. Exotische Kombinationen wie Granatapfel-Sherry, Ingwer-Pfirsich oder Mango-Wodka sind sehr beliebt. Innerhalb eines größeren Menüs soll ein Sorbet vor dem Hauptgang den Gaumen erfrischen. Das funktioniert auch mit ungewöhnlichen Geschmäckern wie

→ Basilikum, Chili, → Avocado und sogar → Sardine, alles geht! Ein herb-bitteres → Campari-Sorbet – und nicht nur das – wird dann oft noch mit einem kräftigen Schluck eisgekühltem → Champagner oder → Sekt aufgeschäumt.

SPAGHETTI

Die italienische Filmdiva Sophia Loren verkündete, als sie am besten in Form war: »Alles, was Sie an mir sehen, verdanke ich den Spaghetti.« Ob Spaghetti die älteste → Pasta-Sorte sind, weiß keiner; jedenfalls sind sie die populärste und das Lieblingsessen deutscher Kinder – natürlich mit Tomatensauce. Etwas dünner heißen die → Nudeln Spaghettini, noch dünner Cappellini, etwas dicker Spaghettoni und mit quadratischem Querschnitt Spaghettini alla chitarra. Es ist verpönt, sie mit dem Messer zu schneiden; der Fortgeschrittene dreht sie nur mit der Gabel auf. Natürlich müssen sie wie jede Pasta al dente, also bissfest, gekocht sein.

Die klassische Sauce zu Spaghetti ist nach Bologna, der Schlemmerstadt in der Emilia-Romagna, benannt. Ragù alla bolognese besteht vor allem aus Rinderhack und → Schinken-Würfeln, → Tomaten-Mark oder -Sauce und etwas Gemüse sowie → Kräutern und → Gewürzen, Fleischbrühe und/oder Wein. Man ahnt schon – eine Bolognese kann sehr köstlich und sehr banal sein. Weitere berühmte Gerichte sind Spaghetti aglio e olio (→ Knoblauch und Öl), alla carbonara (Sahne, Eier, Speck), alla puttanesca (scharf-würzig mit Tomaten, Sardellen, Peperoni, → Oliven und Kapern) und natürlich immer wieder gern mit → Trüffeln.

SPARGEL

Dass Spargelstangen, vor allem die der Güteklasse »Extra« mit 12 bis 16 Millimetern Durchmesser, was Phallisches haben, fiel nicht erst den Freudianern ins Auge. Schon die Griechen vermuteten darin besondere Kräfte: »Spargel der Begierde, der Triebe, der Erregung« nannten sie ihn und sicherten ihm damit einen Platz unter den ⇀ Aphrodisiaka. Seine Inhaltsstoffe bestätigen das nicht. Dass er »den Harn aromatisiert«, so das »Appetit-Lexikon«, lässt sich kaum als erotischer Effekt ansehen.

Spargel besteht zu rund 95 Prozent aus Wasser, enthält ⇀ Vitamine der B-Gruppe, Folsäure, Asparaginsäure und Mineralstoffe wie entwässerndes Kalium. Ein Pfund davon – klassische Portion für erwachsene Esser – liefert nicht mehr als 100 Kalorien (kcal) und ist ideal für Diäten. Ob man weißen oder grünen Spargel vorzieht, ist Geschmackssache. Grüner schmeckt etwas würziger als weißer und muss nur im unteren, hellen Drittel geschält werden. Ich bevorzuge weißen deutschen Spargel. Ich finde ihn besonders zart und saftig. Sein Genuss ist limitiert, denn er wird nur ab Ende April bis 24. Juni (Johanni) gestochen. Der Volksmund sagt: »Kirschen rot, Spargel tot«. Anschließend gibt es nur noch Importware.

Meine Lehrchefin in Graz war wie der Teufel hinterher, dass wir den teuren Spargel nicht zu dick schälten. Ich zitterte, wenn die strenge Frau meinen Spargel kontrollierte. Aber nichts ist schlimmer, als beim Essen mit langen Fasern von der Schale zu kämpfen; deshalb schäle ich heute lieber etwas mehr ab.

Spargel kann man gedämpft, gedünstet, gekocht oder gebraten genießen, aber gegart wird er immer bissfest: weißer Spargel je nach Dicke 10 bis 15 Minuten, grüner Spargel 6 bis 8 Minuten, in Alufolie etwas länger. Test-Tipp: Wenn man eine Spargelstange in der Mitte aufspießt und sie hängt an den Seiten schlapp runter, ist der Spargel zu lange gekocht.

Als Beilage werden meist eine Scheibe Schinken, ein Kotelett, ein gebackenes Wiener ⇀ Schnitzel oder ein Rührei serviert, auch mit Fisch wird er neuerdings kombiniert. Dazu gibt es in der Regel braune ⇀ Butter oder Sauce Hollandaise und junge ⇀ Kartoffeln.

Weißer Spargel in Alufolie gegart

Zutaten für 4 Portionen:

32 Stangen weißer Bleichspargel | 1 Zitrone
40 g Butter | 200 ml Geflügelfond | Salz | Zucker

- Den Spargel schälen, dabei die Spitzen aussparen und je 1 cm von den Enden abschneiden.
- Die Zitrone schälen und in 4 gleich dicke Scheiben schneiden.
- Vier große Stücke Alufolie doppelt legen. Jeweils 8 Stangen Spargel zusammen mit 1 Zitronenscheibe und 10 g Butter darauflegen.
- Je ca. 5 EL Fond auf jede Portion geben, mit Salz und Zucker würzen.
- Anschließend die quer liegenden Seiten der Folien überlappend einschlagen und von beiden Seiten her aufrollen, sodass geschlossene Päckchen entstehen.
- Die Spargelpäckchen im vorgeheizten Backofen bei 140 bis 150 Grad Celsius Heißluft 15–20 Minuten noch bissfest garen. Mit neuen Kartoffeln und frisch aufgeschlagener Sauce Hollandaise servieren.

Spätzle

Spätzle, das sind regional verbreitete kleine ⤞ Nudeln, populär in Schwaben, der Schweiz, in Tirol und auch im Elsass. Sie haben es inzwischen sogar zu einer bescheidenen internationalen Karriere als »spaetzle« (englisch / französisch) gebracht.

Traditionell besteht ihr Teig aus Weizenmehl, Eiern, Salz und Wasser. Der zähe Teig wird mit einem Hobel oder von Hand geschabt und in siedendem Wasser pochiert. Das richtige Spätzle-Schaben, daran erinnere ich mich aus meiner Lehrlingszeit, ist ein höchst mühsames Geschäft, das viel Übung erfordert. Selbst später, bei meinen zahlreichen Auftritten vor Publikum, habe ich noch viele Ratschläge von Zuschauern bekommen, wie man das richtig macht – und mich dann so bald wie möglich auf die praktische Spätzle-Presse umgestellt.

Richtige Spätzle-Esser unterscheiden noch zwischen langen Spätzle, die etwa aussehen wie kleine Würmer, und Knöpfli, die eher knubbelig sind wie eingedellte Murmeln.

Die enorme Menge industriell hergestellter Spätzle wird aus Hartweizengrieß produziert. Sie werden maschinell so bearbeitet, dass sie möglichst ähnlich unregelmäßig aussehen wie die handgemachten.

Spätzle sind als traditionelle Beilage von Wildgerichten beliebt und wegen ihrer großen Aufnahmefähigkeit von Saucen ideale Begleiter von Gulasch und ⤞ Ragouts. Ihre Hauptrolle spielen sie als Käsespätzle, als Krautspätzle (mit ⤞ Sauerkraut und Speck) und Spinatspätzle. Im Allgäu kennt man als süße Variante sogar Apfelspätzle.

Ich arbeite besonders gern mit Spätzle, weil sie so vielseitig verwendbar und variierbar sind. Ich habe farbige Rote-Bete-, Kräuter- und Curryspätzle mit ⤞ Zander-Filet, mit ⤞ Lamm-Koteletts und auch mit gebratenem Tofu kombiniert – diese bescheidene Nudel lebt mit allen in schöner Harmonie.

SPINAT

Dass er von den einen abgelehnt und von anderen geliebt wird, ist immer wieder zu lesen. Die »einen«, das weiß ich von allen Eltern aus dem Bekanntenkreis, das sind die Kinder: Sie hassen Spinat. Auch wer in den »Desperate Housewifes« die ungebärdigen Zwillinge von Lynette vor ihrem grünen Spinatbrei hat toben und spucken sehen, kennt das.

Über Spinat, der mit den Arabern aus dem Orient nach Spanien kam und sich im Mittelalter in Europa ausbreitete, kursieren manche Vorurteile. »Spinat ersetzt die halbe Apotheke«, hieß es im Volksmund. Das bezog sich auf seine extrem hohen Eisenwerte, deretwegen der Comicmatrose Popeye büchsenweise Spinat als »Kraftfutter« schluckte und Generationen von Kleinkindern damit geradezu genudelt wurden. Zu Unrecht, denn ein Schweizer Physiologe hatte ein Komma falsch gesetzt. Gesund ist Spinat trotzdem.

Das andere Vorurteil besagt, dass das Aufwärmen Spinat giftig macht, weil es das enthaltene Nitrat in toxisches Nitrit verwandelt. Das ist zwar richtig, stammt aber noch aus Prä-Kühlschrank-Zeiten. Wer gekochten Spinat rasch abkühlt, in den Kühlschrank stellt und am nächsten Tag wieder gut erhitzt, hat nichts zu befürchten. Und bis sechs Monate alte Kleinstkinder sollte man sowieso nicht mit Spinat malträtieren. Heute macht Tiefkühlspinat 80 Prozent des Verbrauchs aus, und da steckt eh weniger Nitrat drin. Auch Sommerspinat enthält weniger als der aus dem Winter und Freiland- weniger als Treibhausspinat. Außer in der treudeutschen Version mit ⇀ Kartoffeln und Spiegelei kommt Spinat auch in diversen Füllungen vor, beispielsweise in italienischen Teigtaschen, in Lasagne oder Cannelloni, auf ⇀ Pizza, im ⇀ Risotto, auf Tartes und in Pasteten.

Sprüngli

Ein paar nationalstolze Schweizer sollen das Gerücht in die Welt gesetzt haben, dass die Zürcher Bahnhofstrasse (der Eidgenosse kennt kein »ß«) kurz nach der New Yorker Fifth Avenue und dem Rodeo Drive in Beverly Hills die höchsten Ladenmieten garantiert. Kann sein, aber muss nicht, doch bitter teuer ist es dort allemal. Im Zentrum dieser Bahnhofstrasse, am Paradeplatz, liegt zwischen den bekanntesten Luxus-Boutiquen und Großbanken das Stammhaus der Confiserie Sprüngli. Der große Verkaufsraum im Erdgeschoss gilt gewissermaßen als Olymp des eidgenössischen »Schoggi«-Genusses. Ebenfalls dazu gehören ein Restaurant, ein Café und eine Bar.

2011 feierte Sprüngli das 175-jährige Bestehen der Firma und sich selbstbewusst als einen Mount Everest der ⇀ Patisserie. Die FAZ schrieb: »In den gutbürgerlichen Kreisen am Zürichsee sind die Pralinen von Sprüngli bis heute das einzige sozial akzeptierte Mitbringsel aus der Süßwarenecke bei Abendeinladungen.«

Sprüngli wird auch heute noch als Familienfirma geführt, obwohl diese heute anders heißt, und sieht sich als Manufaktur. Da bin ich mir angesichts von rund 1000 Mitarbeitern, 19 Geschäften in der Schweiz und einem Büro in Dubai nicht so sicher, obwohl ich an der Qualität der Sprüngli-Patisserien keine Zweifel habe.

Zu den prestigeträchtigen Leckereien, alle in teuren Pappschächtelchen mit Schleife drum, gehören die berühmten »Luxemburgerli«, zarte Makrönchen, die ein junger Patissier aus Luxemburg 1957 bei Sprüngli erfunden hat. Heute gehören sie in über 30 Farben und Aromen zu den Bestsellern. Ebenso natürlich die berühmten Schoko-Trüffel mit ihren Spitzenqualitäten »Truffe du Jour« (⇀ Trüffel), die ich eigentlich nie versäume, wenn ich über Zürich komme; gottlob gibt es ja auch eine Filiale am Flughafen.

☆ STARBUCKS ☆

Es gehört zu den global agierenden US-amerikanischen Monster-Unternehmen vom Typ ⤙ McDonald's oder Pizza Hut, und so wandern auch über Starbucks von Zeit zu Zeit Skandalberichte über Hungerlöhne und miserable Arbeitsbedingungen durch die Medien, über gewerkschaftsfeindliche Aktionen und »menschenunwürdige Verhältnisse« (Günter Wallraff).

Dabei hatte alles so idealistisch angefangen: Drei Studienfreunde eröffneten 1971 im alten Hafen von Seattle ein kleines Geschäft für »Coffee, Tea and Spice«, um die beklagenswerte amerikanische ⤙ Kaffee-Kultur mit Qualitätssorten aufzubessern. Sie nannten es »Starbucks« nach dem Steuermann in »Moby Dick«, hatten Erfolg und eröffneten noch drei weitere Läden.

Dabei hätte es bleiben können, wäre nicht der smarte New Yorker Marketingmanager Howard Schultz darauf aufmerksam geworden, der hier zum ersten Mal etwas anderes kennenlernte als den ami-typischen dünnen Brühkaffee. »Es war, als hätte ich einen neuen Kontinent entdeckt«, schrieb er später in seiner Autobiografie. Schultz wollte nun dringend bei »Starbucks« Karriere machen. 13 Jahre später und nach Überwindung vieler Widerstände seitens der Gründer durfte er erste Kaffeebars in den Geschäften eröffnen. Weitere drei Jahre später hatte er so viele Investoren um sich und seine Kaffeebar-Idee geschart, dass er die expansionsunwilligen Eigner auskaufen konnte.

Der Rest ist Wirtschaftsgeschichte: 2000 betrieb Starbucks weltweit bereits 3500 »Coffee Houses«, 2011 sind es rund 14.000, davon 150 in Deutschland. Im klassischen Kaffeehaus-Paradies Österreich gibt es übrigens nur 12, und zwar alle in Wien. 2007/2008 ereilte auch dieses Unternehmen die Finanz- und Wirtschaftskrise. Schultz beklagte, dass »die Romantik und das Schauspiel verschwunden sind«, kündigte 600 Filialschließungen in den USA an und verstärkte die Aktivitäten im Ausland.

STEAK

Wenn kein Zusatz wie bei »Kalbssteak« oder »Schweinesteak« eine andere Herkunft signalisiert, stammt es immer vom ⤙ Rind, dem Lieblingstier der Gourmets.

Steaks haben, je nach Cut (Zuschnitt), verwirrend unterschiedliche Namen: Einige der bekanntesten in Deutschland (alle empfehlenswert) sind: Filetsteak (aus dem Mittelstück des Filets), Chateaubriand (doppelt dickes Filetsteak), Entrecôte (aus dem Mittelteil des Roastbeefs), Rumpsteak (Roastbeefscheibe) Hüft- oder Huftsteak (aus der Hüfte) und Kluftsteak (aus der Unterschale).

Die Amerikaner, die Top-Steak-Esser, cutten anders: Rib-Eye (Hochrippe; mit Knochen), Filet Medaillon, Tenderloin (Filetsteak), Sirloin (schweres Rumpsteak), Porterhouse (großes Stück Roastbeef mit Knochen und hohem Filetanteil) und T-Bone-Steak (Roastbeefscheibe mit Knochen und kleinem Filetanteil). Alles klar?

Trocken abgehangenes Rindfleisch liefert die besten Steaks. Das Verfahren »Dry Aging«, bei dem das ⤙ Fleisch mehrere Wochen zum Reifen abhängt, kommt aus den USA. Das Fleisch verliert dabei zwar an Gewicht, schmeckt jedoch zarter und aromatischer. Seit ein paar Jahren leisten sich auch deutsche Restaurants und Steakhäuser immer häufiger eine entsprechende Kühlkammer.

Die klassischen Garstufen sind: »rare/bleu« (stark blutig), »medium rare/saignant« (blutig), »medium/à point« (mittel/halb durch) und »well done/bien cuit« (ganz durch). Die deutsche Bezeichnung kennt sonst keiner, die englische ist allgemein bekannt, außer in Frankreich.

Übrigens: Wenn Sie fest entschlossen sind, Ihr Steak »well done« (durchgebraten) essen zu wollen, überlegen Sie, ob es nicht auch ein Burger tun würde. Schmeckt nicht viel anders, ist aber viel preiswerter.

Das perfekte Steak

Zutaten für 4 Portionen:

2 angedrückte Knoblauchzehen │ 4 Zweige Thymian │ 1 TL brauner Rohrzucker
Salz │ 2 EL Limettensaft │ 4 Rumpsteaks à ca. 220–250 g │ 1 TL Butterschmalz
1 TL Butter │ schwarzer Pfeffer aus der Mühle

- Knoblauch, Thymian, Zucker, eine Messerspitze Salz und Limetten-saft verrühren. Die Steaks damit einmassieren, in einen Gefrierbeutel geben und diesen verschließen. Wenn es schnell gehen soll, die Steaks ca. 30 Minuten bei Zimmertemperatur marinieren, am besten aber über Nacht im Kühlschrank durchziehen lassen.
- Die Steaks aus dem Beutel nehmen, Kräuter und Knoblauch entfernen (aufheben), das Fleisch 30 Minuten bei Zimmertemperatur liegen lassen. Eine große Pfanne (28 cm Durchmesser) mit Butterschmalz erhitzen, die Steaks hineinlegen und 2–3 Minuten braten. Kräuter und Knoblauch wieder dazugeben, Steaks wenden und weitere 2–3 Minuten braten.
- Butter in die Pfanne geben und das Fleisch damit beträufeln. Die Steaks von beiden Seiten mit wenig Salz und Pfeffer würzen, dann auf ein mit Alufolie belegtes Backblech legen. Im vorgeheizten Backofen bei 80 Grad Celsius 15–20 Minuten rosa garen. Die Steaks herausnehmen und 2 Minuten ruhen lassen, damit sich der Fleischsaft beruhigt.

MEIN TIPP: *Je heißer der Backofen ist, umso früher nehmen Sie das Fleisch heraus, um es entsprechend länger ruhen zu lassen.*

Steinbutt

Der französische Gastrosoph Grimod de la Reynière (1758 bis 1837) nannte ihn »den Stolz und Ruhm einer reichen Tafel«. Den Titel »Fasan des Meeres« trug er schon – »wegen seiner Schönheit«.

Der fast runde Steinbutt, ein Verwandter der ⤳ Scholle, gilt als bester Plattfisch neben der ⤳ Seezunge. Seine Unterseite ist weißlich, und die bräunliche bis anthrazitfarbene Oberseite hat steinartige Verknöcherungen auf der Haut – daher sein Name. Er ist linksäugig, das heißt, beide Augen liegen auf der linken Körperseite.

Der Steinbutt wird 50 bis 70 Zentimeter lang, mitunter sogar einen Meter, und wiegt dann rund 20 Kilo. So haben Liebhaber dieses Fisches stets das Problem damit, ein Tier dieser Größe ganz auf den Tisch zu bringen. Andererseits haben Plattfische freundlicherweise vier Filets; auf jeder Seite zwei, wobei die auf der hellen Seite die besseren sein sollen. Die Filets eignen sich für viele Zubereitungsarten, doch favorisiert werden meist die einfachen – auf Lauch, auf Gemüse, in Bier, in Milchsud (Witzigmann).

Mit einem Gewicht ab drei Kilo schmeckt der Steinbutt in den Wintermonaten am besten. Sein Fleisch ist weiß, fest und hat ein köstliches, leicht nussiges Aroma.

Da der Steinbutt »inzwischen preislich klar überbewertet ist« (Teubner), stammen immer mehr Fische aus norwegischen ⤳ Aquakulturen und drücken den Preis. Ich erinnere mich noch an meine Hamburger Zeit (1977) bei Josef Viehhauser, wo ich jeden zweiten Tag das Vergnügen hatte, ein Stück gebratenen Steinbutt mit Brokkoli und Kartoffeln als Personalessen zuzubereiten. Damals war das ein ganz normaler Fisch zum ganz normalen Preis. Heute würde es das nicht mehr geben. Bei den Preisen, zu denen der wild gefangene Steinbutt gehandelt wird, ist er schon für den Gast fast unerschwinglich. Steinbutt ist zum Luxusprodukt geworden.

Steinpilz

Wen es gelegentlich in die einschlägigen Diskussions-
foren des Internets verschlägt, der weiß, dass eines
der Lieblingsthemen von Pilzfreunden die Zucht
ist oder auch deren Unmöglichkeit. Was dem
➤ Champignon recht ist, gefällt dem Steinpilz,
wie dem ➤ Pfifferling und der ➤ Trüffel, ganz
und gar nicht. Diese Pilzarten weigern sich
hartnäckig gegen jegliche Form von Zucht
und Anbau.

Bei uns in der Steiermark wurde der
Steinpilz »Herrenpilz« genannt, und
für mich ist er tatsächlich der Grandseigneur unter den ➤ Pilzen. Es gibt
ihn in rund 30 Arten, alles Spezies
der »Dickröhrlinge«.

Der typische Steinpilz, der angeblich
so heißt, weil sein Fleisch besonders
fest ist, trägt einen dunkel-
braunen Hut, der bis
zu 30 Zentimeter breit
werden kann, und besitzt
einen kräftigen, fleischigen Stiel.

In der großen Küche
hat der Steinpilz seit dem
18. Jahrhundert einen

sicheren Stammplatz und bietet viele Möglichkeiten der Zubereitung. Obwohl sie kleiner sind, werden im Allgemeinen die jungen Steinpilze bevorzugt, weil sie in der Regel weniger von Maden befallen sind als die älteren; denn Maden sind geradezu verrückt nach Steinpilzen!

Den besseren, feineren Geschmack haben jedoch die älteren Steinpilze. Gute Exemplare lassen sich auch roh als Salat oder Carpaccio genießen. Ganz einfach: Geröstetes Graubrot, darauf Rührei und gebratene Steinpilze mit viel Schnittlauch geben. Das ist ein sehr leckeres vegetarisches Essen und im Handumdrehen zubereitet.

MEIN TIPP: *Für Pilzsammel-Anfänger zwei Hinweise: Den duftenden Edelpilz niemals in Plastiktüten transportieren oder aufbewahren. Man verwendet dafür einen Korb. Pilze nie mit Wasser säubern, sondern nur mit einem stabilen, trockenen Pinsel, wie ihn auch bessere Pilzmesser besitzen.*

Stör

Natürlich verdankt dieser Knochenfisch seinen Ruhm in erster Linie seinen Verdiensten als Lieferant von ➤ Kaviar. Aber nicht nur sein Laich wird von vielen Genießern geliebt, sondern auch sein Fleisch. Entwicklungsgeschichtlich ist der Stör ein wahrer Methusalem und tatsächlich ein überlebender Zeitgenosse der Dinosaurier.

Vielleicht hat ihn ja sein gepanzerter Leib in die Jetztzeit herübergerettet – und das Leben im Wasser, denn einen Panzer hatten die Saurier auch. Verbreitet ist er nur in Gewässern der Nordhalbkugel.

Der größte Vertreter seiner Spezies, der Hausen oder Beluga-Stör, wurde schon mit einem Alter von 118 Jahren und mit sechs Metern Länge gesichtet. Beluga-Kaviar ist die Sorte mit den größten Eiern und auch die teuerste. Der Sevruga-Stör wird noch über zwei Meter lang und 27 Jahre alt.

Störe schlüpfen im Süßwasser von Flüssen aus ihren Eiern und verbringen ihr weiteres Leben im Meer. Doch die Wanderung zurück zu den Laichplätzen schaffen immer weniger von ihnen. Fast alle Störarten sind aus diesem Grund in ihrem Bestand gefährdet. Flusskraftwerke sowie Wasserverschmutzung und Raubfischerei stellen immer größere Hindernisse und Gefahren dar.

Das Schwarze und Kaspische Meer sind so gut wie leer gefischt von Raubfischern. Das Donaudelta, einst ein Stör-Paradies, scheint seit den 1970er-Jahren durch zwei serbisch-rumänische Flusskraftwerke abgeschottet zu sein. Derzeit wird an einem »Fischlift« getüftelt, einem wassergefüllten Aufzug, der die Störe eine Staustufe nach oben bringen soll. Er wäre damit der erste Fisch, der einen Aufzug bedient; vorsichtshalber soll es aber noch einen professionellen Liftführer geben.

Im italienischen Piacenza am Po existiert so etwas schon, und zwar gleich 31 Meter hoch.

Im Wolgadelta haben die Russen inzwischen 11 Zuchtfabriken angesiedelt. Die natürliche Störpopulation hat sich hier in den letzten fünf Jahren um 80 Prozent verringert.

Sogenannte Stör-Plantagen (→ Aquakultur) gibt es mittlerweile in den meisten Weltgegenden. Und wer irgendwo im Restaurant oder im Flugzeug ein paar Störeier serviert kriegt und nach deren Herkunft fragt, bekommt so ziemlich alles zu hören: Frankreich! Italien! Kalifornien! China! E tutti quanti … Nur Russland und Iran, die klassischen Lieferländer der besten Kaviar-Qualitäten, kommen kaum noch jemals vor.

Sukiyaki

Das Wort klingt so schön japanisch, dass es schon mehrmals als Songtitel herhalten musste: Otto Waalkes übersetzte es gern mit »Hose wie Jacke«. Aber Sukiyaki ist eine Art japanisches Fondue, dessen Ursprung und Herkunft unklar ist. Für Udo Pini (»Das Gourmet-Handbuch«) ist es einfach ein Gericht, »das im 19. Jahrhundert den fleischliebenden reisenden Amerikaner zuliebe erfunden wurde«.

»Der große Larousse« hat eine andere Geschichte parat. Dieser zufolge war den japanischen Bauern bis vor ein paar Jahrhunderten der Verzehr von Fleisch verboten und vor allem im Haus verpönt, wo die Älteren das als Frevel betrachteten. Doch auf dem Feld brieten sich die Landleute schon mal einen Vogel oder anderes Kleinwild, und zwar improvisiert »auf den Pflugscharen« (japanisch: sukiyaki). Erst nach der ersten Öffnung Japans Richtung Westen und als der Kaiser selbst nach westlicher Manier Fleisch aß, entwickelte sich Sukiyaki im heute üblichen Stil.

Da werden denn dünne Scheiben von Rindfleisch (auch Fisch, Schweine- oder Hühnerfleisch) mit Gemüse in einer hohen Pfanne gebraten und in Brühe mit vielen Gewürzen geköchelt. »Ab zwei Personen am Tisch«, heißt es auf den deutschen Speisekarten japanischer Restaurants, »sonst in der Küche«. Das Ergebnis kann nach meiner Erfahrung ziemlich belanglos schmecken, aber bei Verwendung erstklassiger Zutaten wie Fleisch vom ⤙ Kobe-Beef und guter Würzung auch ganz vorzüglich. So weit, so gut, doch bei meiner letzten Japanreise erlebte ich das traditionelle Sukiyaki ein bisschen wie ein spätes Frühstück. Zumindest war das mein Eindruck: Da wurden bei meiner Version das gebratene Fleisch und Gemüse mit einem rohen Ei angereichert, welches ich vorher verquirlen musste.

Dem Sukiyaki ziemlich ähnlich erscheint mir das Shabu-Shabu, das die Japaner wohl aus dem alten mongolischen Feuertopf entwickelt haben.

SUSHI

Meine besten Sushi habe ich in einer schummrigen, winzigen Bar in Tokio gegessen. Ich habe nie wieder so zartschmelzende, wohlschmeckende Sushi serviert bekommen wie dort. Die Sushi-Meister hinter der Theke waren drei methusalemisch alte Herren, und es gab nur Stühle für maximal elf Gäste. Dass man Sushi hier mit der Hand isst, wusste ich, aber nicht, dass sie jeweils als Ganzes in den Mund geschoben werden.

Ein Tokioter Arzt entdeckte im 17. Jahrhundert, dass mit ⤙ Essig gesäuerter ⤙ Reis den rohen Fisch zarter und schmackhafter macht. Die typische, in Purpurtang (Nori) gehüllte Rolle entwickelte der Fischhändler Yohei Hanaya im 19. Jahrhundert. Die populärste heißt Maki-Sushi und ist das im Westen bekannteste Rollen-Sushi. Nigiri-Sushi sind die aus Reis modellierten »Bötchen« mit einem Happen ⤙ Lachs, Tintenfisch oder ⤙ Thunfisch als »Ladung«.

Ohne Reis heißt der rohe, mitunter wenige Sekunden lang angebratene Fisch Sashimi und wird ebenfalls gern mit ⤙ Sojasauce und Wasabi gegessen – in der Regel als Vorspeise. Temaki-Zushi (ja, original mit Z!) sind in Form einer Tüte handgerollt. Es gibt zahllose Varietäten, richtig amerikanische Sushi angeblich inzwischen auch mit ⤙ Ananas, ⤙ Käse und ⤙ Ketchup.

Das erste westliche Sushi-Restaurant wurde erst 1966 in Little Tokyo in Los Angeles eröffnet. Seitdem haben sich Sushi-Bars ähnlich schnell verbreitet wie einst die italienischen Pizzerias. Allerdings enthalten Sushi gegenüber anderen ⤙ Fastfood-Kreationen nur wenig Fett, und das ist sicher eines der Geheimnisse ihres riesigen Erfolgs.

Für unsere Tochter Jennifer (17) gehören Sushi schon seit jüngster Kindheit zu den absoluten Lieblingsgerichten, und oft frage ich mich: Was hätte ich als Kind der Steiermark wohl geantwortet, wenn mir meine Mutter gesagt hätte: »Es gibt heute kalten, klebrigen Reis, kalten toten, rohen Fisch und kalte braune scharfe Sauce«?

Tabasco Die Geschichte dieses berühmten Scharf-
machers habe ich erstmals vor rund 15 Jahren im »Feinschmecker« gelesen, und
weil es sich um so eine bemerkenswerte und einzigartige Story handelt, habe
ich das meiste davon auch behalten. Held der Geschichte ist ein amerikanischer
Banker, Globetrotter, Literat und Feinschmecker aus New Orleans: Edmund
McIlhenny. Dieser wollte auf der winzigen Insel Avery Island, im Süden von
Louisiana am Golf von Mexiko, eine bedrohte Reiherart retten. Ein Soldat soll
dem Naturliebhaber aus Mexiko ein paar scharfe Schoten als kulinarisches Geschenk mitgebracht haben. McIlhenny säte sie auf seiner kleinen Insel aus, und
sie gediehen wunderbar. Außer dass er sie gelegentlich beim Kochen verwen-
dete, passierte damit 20 Jahre gar nichts. Als die vor dem Bürgerkrieg von ihrer
Insel geflohene Familie zurückkehrte, war alles zerstört – nur die mexikanische
Schote blühte. Irgendwie kam der verarmte Feinschmecker auf die Idee, daraus
etwas Verkäufliches zu machen. Er versuchte es mit einer mexikanischen Sauce,
zerrieb die Früchte zu Brei, lagerte sie unter einer dicken Schicht Salz, setzte
dann kräftig Branntweinessig zu und ließ die Mischung in Eichenfässern ruhen,

heute im Regelfall drei Jahre lang. 1868 füllte er eine erste »Ausbeute« in 350 gut ausgespülte Eau-de-Cologne-Fläschchen, die Größe behielt er auch später ungefähr bei. Die übliche kleine Tabasco-Flasche enthält 57 Milliliter, und das sind 720 Tropfen, genug also für mehr als 100 ⊷ Bloody Marys. Andere beliebte Tabasco-Objekte sind alle scharfen Nudelgerichte (⊷ Pasta) dieser Welt, Ratatouille oder Chili con Carne. Der berühmte Name stammt angeblich aus dem Indianischen und bedeutet in etwa »Land, in dem die Erde heiß und feucht ist«. Die McIlhenny-Erben produzieren Tabasco und diverse Varianten übrigens immer noch auf ihrer Insel, inzwischen so um die 75 Millionen Fläschchen im Jahr.

TAITTINGER

Kein anderes Champagnerhaus hat in jüngster Zeit mit so dramatischen Entwicklungen imponiert wie dieses. Der Taittinger-Clan – sieben Familienzweige mit 38 Erben – hatte sich 2005 zu einem Verkauf ihres Multikonzerns (⊷ Champagner, Hotels, Kristall, Parfums) entschlossen. Für zwei Milliarden Euro, einer überaus verlockenden Versuchung von 53 Millionen pro Erbe, übernahm der amerikanische Hotelkonzern Starwood das gesamte Taittinger-Paket. Doch einer wehrte sich gegen den Verkauf: Pierre-

Emmanuel Taittinger, von der Familie als Chef des Champagnerhauses vorgesehen und nach eigenem Verständnis »Künstler, nicht Geschäftsmann«. Er versuchte mit allen Mitteln aus dem Starwood-Erwerb die Champagner-Sparte zurückzukaufen und setzte sich für 660 Millionen in einem spannenden Wirtschaftskrimi gegen internationale Interessenten durch. Die Taittinger-Bubbles kamen zurück zu Pierre-Emmanuel Taittinger und seinen Kindern Vitalie und Clovis. Auf der Strecke blieb die schöne

Virginie, die ehemalige Marketing-Lady, der Darling aller Medien.

Taittinger-Champagner gibt es erst seit 1932. Damals kaufte die Familie eines der ältesten Häuser der Champagne und benannte es um. Gründersohn Claude schuf in den 1960ern den renommierten Prix Culinaire und später die »Taittinger Collection«, von Künstlern gestaltete Flaschen, die seitdem im Wert um bis zu 5000 Prozent zugenommen haben. Er schrieb Bücher und Memoiren, sammelte Hotels, kaufte Baccarat (Kristallglas), eine Parfümfirma und immer wieder Weinberge – heute etwa 230 Hektar. Er entwickelte den typischen Taittinger-Stil auf der Basis von viel ⚬ Chardonnay, beim Prestige-»Comte de Champagne« sogar 100 Prozent: eine scheinbar leichtgewichtige Eleganz, doch mit schönster Nachhaltigkeit; ein verführerischer, mitunter fast allzu leicht konsumierbarer Wein.

TAPAS

Darüber, wie diese Häppchen entstanden sind und warum sie so heißen, gibt es in Spanien etliche Anekdoten. Ein König spielt stets eine Rolle dabei: Der eine soll beim Besuch einer ländlichen Bodega in Andalusien unwirsch auf die Fliegen geguckt habe, die seinen Sherry umschwirrten. Darauf nahm der beflissene Wirt als Deckel (Tapa) eine Scheibe ⚬ Brot, deckte damit das Glas ab und weil es schließlich der König war, packte er noch eine kräftige Scheibe ⚬ Wurst oben drauf.

Oder Alfonso X., genannt »der Weise«, der angeblich (Version 1) seiner Figur und seiner Gesundheit wegen nur kleine Portiönchen zu sich nahm. Oder (Version 2) aus Sorge um die Trunksucht seiner Bediensteten und Soldaten anordnete, dass die spanischen Wirte ihnen Alkohol nur zusammen mit einem kräftigen Happen servieren durften. Inzwischen sind Tapas ein kulinarischer Bestseller.

Natürlich werden sie längst nicht mehr als Deckel auf dem Glas serviert, sondern auf Tellerchen, am stilvollsten aus Steingut.

Man geht in Spanien erst sehr spät zum Abendessen, doch vorher nimmt man ein paar ➤ Aperitifs und dazu ein paar Tapas, dann noch mal ein paar und mitunter bleibt man auch dabei. Tapas können alles sein: ➤ Schinken, ➤ Käse, Fisch, Omelett, Shrimps, ➤ Schnecken, ➤ Muscheln und Mischungen aus allem; Gourmet-Tapas mit ➤ Foie gras und Lobster; heiße Tapas wie die ➤ Amuse-Gueules in Feinschmecker-Restaurants. Die Hauptsache ist, sie lassen sich ohne Besteck essen, und selbst das ist nicht mehr unbedingte Voraussetzung. Tapas-Bars, in denen große spanische Schinken und Würste unter der Decke baumeln, gelten unter den »Tapeadores«, den Tapas-Fans, als besonders attraktiv. Je voller, desto verlockender ist die ➤ Bar. Auch der Name macht Karriere: Das elegante Fusion-Restaurant »Doc Cheng's« im feinen Hamburger Hotel Vier Jahreszeiten nennt beispielsweise alle Vorgerichte Tapas.

Taube

Was wir in unseren Küchen zubereiten, ist natürlich weniger die Taube, über die sich alle Städter ärgern, die einen Balkon besitzen. Unsere Tauben kommen in aller Regel aus Frankreich, obwohl sie inzwischen in fast allen Ländern gezüchtet werden. Sie stammen aus der Familie der Ringeltauben und heißen im Handel Wildtauben, was aber nur bedeutet, dass »sie in ihrem Zuchtgehege besonders wild herumgesprungen sind«, wie mir der Händler meines Vertrauens nicht ohne Spott erzählte.

Von ihm habe ich auch die schöne Geschichte, dass die Franzosen heute noch ihre ⤳ Rebhühner, ⤳ Fasane und Tauben aus der Zucht mit Schrotgewehren erlegen, um das Wild-Image aufrechtzuerhalten. Wer sich beim Verzehr von diesem Geflügel an einer Schrotkugel einen Zahn ausbeißt, wird allemal schwören, dass es auf freier Wildbahn erlegt worden ist. Ganz junge Tauben sind besonders zart und aromatisch. Als allerbeste gelten die sogenannten Bluttauben, die allerdings nicht jedermanns Sache sind: Sie werden durch Ersticken getötet (in Deutschland verboten), damit sie ihr Blut nicht verlieren, dafür aber mehr Geschmack bewahren.

Wie schwer es ist, für viele Menschen Tauben zuzubereiten, habe ich 1987 im Hotel Highland Inn im kalifornischen Carmel bei den Masters of Food and Wine erfahren: Es sollte Taube in Blätterteig geben, und bei einem Test mit vier Portionen wurden alle gleichmäßig gar und der Blätterteig schön braun. Als ich dann aber 100 Portionen in den Backofen schob, waren die Tauben an vielen Stellen noch roh und der Blätterteig ungebacken. An diesem Tag habe ich gelernt: Ab einer gewissen Größenordnung gelten andere Maßstäbe. Der Erfolg fängt bei der Auswahl des Gerichtes an und mit der Frage: Was ist für viele Menschen problemlos machbar?

Tea-Time

Bei den Briten, die seit dem 17. Jahrhundert die europäische Vorherrschaft in der ⇀ Tee-Kultur innehaben, wird der gesamte Tagesablauf von diesem Getränk rhythmisiert. Es beginnt mit dem sogenannten Early Morning Tea, der noch halb im Bett vor dem ⇀ Frühstück geschluckt wird.

Dann folgt das berüchtigte englische Frühstück, zu dem man natürlich mehrere Tassen Tee trinkt, der jetzt Breakfast Tea heißt.

Während des Arbeitstages gibt es dann zwei Teepausen – tea breaks –, eine am Vormittag, eine am Nachmittag. Diese werden übrigens auch in Fabriken eingehalten und sind gelegentlich schon durch Streiks erzwungen worden.

Der berühmte Afternoon Tea oder Five o'Clock Tea wurde angeblich um 1840 von einer Lady Bedford erfunden. Das ist die Veranstaltung mit den Scones und den Gurkensandwiches, die auch gern in feinen deutschen Hotels zelebriert wird, oft mit Zither- oder Harfenmusik im Hintergrund.

Der High Tea schließlich ist eine Art vorgezogenes ⇀ Dinner, nur mit Tee statt mit Wein – und deshalb wahrscheinlich etwas aus der Mode gekommen.

Gelegentlich wird die gewichtige Frage diskutiert, ob Tee für die Briten eine so große Rolle spielt wegen dessen Bedeutung in ihrer Geschichte. Ich sage nur: »The Boston Tea Party«. Ich glaube das aber nicht, denn schließlich trinken die Ostfriesen inzwischen noch mehr schwarzen Tee als die Engländer und mit viel mehr ⇀ Rum drin.

Die Briten tröpfeln lediglich etwas ⇀ Milch in ihren Assam oder Ceylon, freilich auch nicht ohne tief gehende Überzeugung. Die konservativen gehören zur MIF-Fraktion (milk in first), weil man das früher so machte, um nicht mit dem heißen Tee das dünne Porzellan zerplatzen zu lassen. Die anderen schwören auf TIF (tea in first); die Königin gehört angeblich zu Letzteren.

Tee

Mein Lieblingsautor Udo Pini beginnt sein Tee-Kapitel mit folgendem Satz: »Jedwede überbrühbare, Geschmack liefernde Pflanze kann Wasser würzen und zum Tee werden …« Der »große Larousse« schreibt trocken »Aufgussgetränk aus den getrockneten Blättern des Teestrauchs …«

Tee ist das meistkonsumierte Getränk der Welt. Laut dem »Buch vom Tee« verbrauchten die Deutschen von 1987 bis 1989 jährlich rund 240 Gramm pro Kopf. Ihre Liebe zum Tee ist also eher eine seichte, denn die Engländer schlürften das 12-Fache, die Iren gar noch etwas mehr.

Der deutsche Teemarkt bietet so ziemlich alle Teespezialitäten der Welt, alle Orange Pekoes und Oolongs, Assams und Darjeelings, alle – in der Importrangfolge – Chinesen, Indonesier, Inder und Ceylonesen sowie schließlich auch Afrikaner und Südamerikaner. Tee-Degustationen haben sich inzwischen eingebürgert, und es gibt in den feineren Hotels Tea-Lounges und Tea-Salons. Im Berliner Ritz-Carlton findet zum Beispiel täglich eine »klassische Afternoon-Tea-Time« statt, »serviert von zertifizierten Ronnefeld Tea Masters«. Nicht zu vergessen die Hamburger Tee-Erlebniswelt »Momentum« von Meßmer.

Wie ein richtiggehender Tee-Kult aussehen kann, habe ich gelegentlich im Fernen Osten erlebt. Die indischen Taj Hotels, doch auch die asiatischen Peninsula und Mandarin Oriental Hotels bieten durchaus teure Tee-Menüs und schmücken sich mit professionellen Tee-Testern. In Hongkong, »wo die chinesischen Premium Tees die neuen Rotweine geworden sind« (Newsweek), gibt es inzwischen Tee-Raritäten, bei denen die Tasse leicht 50 Dollar kosten kann.

Die Teesorte »The East Is Red«, die von einem 700 Jahre alten Baum in der Provinz Guangdong stammt und die angeblich Mao zu trinken pflegte, erreicht den zehnfachen Preis – und wird auch bestellt.

THUNFISCH

Der große Raubfisch wird bis zu 2,5 Meter lang; der Blauflossen-Thunfisch erreicht sogar 4,5 Meter. Die Stromlinienform macht Thunfische bis zu 80 Stundenkilometer schnell.

Ihr Fleisch gibt es in allen Rottönen. Von den annähernd fünf Millionen Tonnen gefangenen Thunfischen im Jahr gehen 78 Prozent der frischen Ware nach Japan, wo die besten Qualitäten sensationelle Preise erzielen. 2011 wurde ein großer Blauflossen-Thunfisch (Bluefin) auf dem Tokioter Fischmarkt für 295.000 Euro versteigert – umgerechnet 860 Euro pro Kilo. Zwei Gastronomen wollten ihn in ihren ↦ Sushi-Restaurants in Japan und Hongkong verkaufen. Ich würde ja zu gern wissen, was dort eine kleine Portion Sashimi kostet … 2010 war ich mal um vier Uhr morgens auf diesem Fischmarkt Zeuge einer Thunfischversteigerung und -zerlegung. Mit welcher Liebe zum Detail und Hingabe dies geschah, hat mich beeindruckt: Das Produkt war wirklich der Star.

Bei diesen Preisen ist es kein Wunder, dass die meisten Thunfischarten weltweit überfischt sind. Die mitgefangenen Delfine sterben in noch größerer Zahl. Junge Thunfische, die eigentlich nicht gefangen werden dürfen, kommen in Mastbetriebe und werden dort aufgepäppelt. Tierschützer (wegen der Fangmethoden) und Mediziner (wegen des im Fleisch enthaltenen toxischen Quecksilbers) sehen den Thunfisch-Konsum problematisch. In Deutschland wird er, außer beim beliebten Thunfisch-Tatar, kaum roh genossen, man zieht das Thunfisch-Steak vor. Das beste Stück, das Bauchfleisch (Toro), lässt sich grillen, braten oder schmoren – wir bieten es auf der Stromburg nicht mehr so häufig an wie früher.

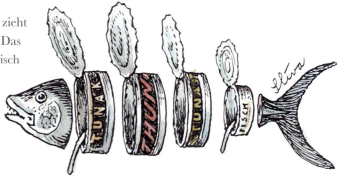

Tiefkühlkost

Zuerst wurde gepökelt, geräuchert und getrocknet, später auch gekühlt – lange nur mit Natureis. Napoleon ließ die ⇀ Konserven-Dose entwickeln. Elektrische Kühl- und Gefrierschränke sind erst seit den 1960er-Jahren Standard im deutschen Haushalt. Die dienen wohl dazu, Fertiggerichte wie ⇀ Pizza oder Gemüse zu lagern, die später meist in der ⇀ Mikrowelle mit Grill aufgetaut und erhitzt werden. Das Einfrieren ist in Privatküchen gängige Praxis nicht nur für Sonderangebote, sondern auch bei größeren Resten von Mahlzeiten. Leider bilden sich beim Einfrieren mit nur minus 18 Grad große Eiskristalle; empfindliches Gut kann beim Auftauen matschig werden. Die Industrie schockgefriert bei minus 45 bis 50 Grad Celsius blitzschnell; so bilden sich nur winzige Kristalle, und die Zellstruktur der Lebensmittel wird geschont. Das geschieht in »Gefriertunnelsystemen« mit Kaltluftgebläsen (Flow-Freezing) oder mit Sprühnebel aus Flüssiggas (Cryogene) wie Kohlendioxid (minus 78 Grad) oder Stickstoff (minus 196). Da das meist sofort stattfindet, ist Tiefkühlkost oft frischer als Ware auf dem Markt. Aber richtige Frischeküche nach meinem Herzen ist damit nicht zu machen.

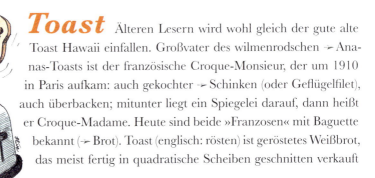

Toast Älteren Lesern wird wohl gleich der gute alte Toast Hawaii einfallen. Großvater des wilmenrodschen ⇀ Ananas-Toasts ist der französische Croque-Monsieur, der um 1910 in Paris aufkam: auch gekochter ⇀ Schinken (oder Geflügelfilet), auch überbacken; mitunter liegt ein Spiegelei darauf, dann heißt er Croque-Madame. Heute sind beide »Franzosen« mit Baguette bekannt (⇀ Brot). Toast (englisch: rösten) ist geröstetes Weißbrot, das meist fertig in quadratische Scheiben geschnitten verkauft wird – in Deutschland seit den 1950ern. Den Toaster dazu gibt es viel länger, den Pop-up-Toaster seit Ende der 1920er-Jahre – damals »Brotröster« genannt. Toaster heißt er seit 1945, als die Amerikaner ihr Weizenbrot in Europa populär machten. Der Toast galt schon immer als etwas Besonderes. Er ist eine knusprige Unterlage für feine Pasteten, exotische Marmeladen und und und. Als »Toast Melba« wurde er in besonders dünner Version zu (dünnen) Suppen gereicht. Das sollen der französische Meisterkoch Auguste Escoffier und der Schweizer Hotelier César Ritz als frühes Diätprogramm kreiert haben. Heute schmiert der Gast am liebsten noch ⇸ Butter drauf, wenn Toast zum Hummercocktail serviert wird.

TOBLERONE

Gewöhnliche ⇸ Schokolade kommt in Tafeln, diese aber in prismatischer Dreiecksform. Die haben 1908 zwei Schweizer erfunden: Theodor Tobler, ein Zuckerwarenfabrikant in Bern, und sein Cousin Emil Baumann hatten mit einem elsässischen Nougatprodukt (Torrone) experimentiert. Aus Tobler und Torrone wurde die Marke Toblerone, eine schmelzende Milchschokolade mit etwas ⇸ Nougat und ein paar Mandelsplittern.

In der aufstrebenden Schokoladennation Schweiz schoss die Dreiecksschokolade in eine Spitzenposition.

Ihre Form verdankt sie entweder dem Matterhorn oder Tänzerinnen der Pariser Folies Bergère, die in ihrer Vorstellung eine Pyramide bildeten (Deutung aus der Tobler-Nachfolge). Die Firma wechselte nach 1931 mehrfach den Besitzer (heute: Kraft Foods, USA), doch das Produkt änderte sich nicht. Erst 1969 wurden Varianten auf den Markt gebracht, etwa Toblerone in neuen Größen, die weiße und die dunkle Toblerone, die mit »Honey & Crisp« und die mit »Fruit & Nut«. Die Herkunft aus Bern aber blieb, ebenso die Form und der Erfolg. Toblerone ist in 122 Ländern präsent und in vielen Duty-free-Shops ein Hit.

Tomate

In Österreich heißt sie »Paradeiser«, in Italien »pomodoro« (Goldapfel). Auch »Liebesapfel« war einst ein Name für die pralle rote Frucht. Die Deutschen, Engländer, Franzosen und Spanier benutzen den aztekischen Namen »tomatl«; denn ursprünglich stammt die Tomate aus den Anden, aus dem heutigen Peru. Als Kolumbus sie nach Europa brachte, war das Interesse eher gering. Lange galt sie als giftig, noch 1860 empfahl »Godey's Lady's Book«, die Bibel der US-Hausfrauen, sie vor dem Genuss mindestens drei Stunden zu kochen. In Deutschland wurde sie erst im Ersten Weltkrieg populär.

»Mit Zucker schmeckt sie wie Obst und mit Salz wie Gemüse«, sagt der Volksmund. Und sie gehört mit 94 Prozent Wassergehalt zu den kalorienärmsten (ca. 20 kcal/100 Gramm) Gemüsesorten. Dass sie so gesund ist, liegt unter anderem an Bioaktivstoffen wie Lycopin. Dieses Antioxidans wird beim Kochen freigesetzt und schützt vor Herz-Kreislauf-Erkrankungen und Krebs.

Irgendwann schmeckte die Tomate nach nichts mehr. Dem holländischen Treibhausmodell, kugelrund und groß wie ein Tennisball, makellos rot und garantiert schnittfest, hatte man den Geschmack weitgehend ausgetrieben. Feinschmecker liefen Sturm gegen ihre chemiehaltige Aufzucht und hatten erstaunlicherweise Erfolg. Heute konkurrieren die Holländer mit regelrechten Markentomaten à la Aranka (alias Red Pearl/Rote Perle), der Strauchtomate Campari (»Tasty Tom«) oder der »Picolini« gegen die kanarischen Rispen- und Kirschtomaten, die zwischenzeitlich bei den ⤚ Gourmets beliebt waren.

Das Angebot in allen möglichen Formen und diversen Farbschattierungen hat sich erheblich vergrößert. Wir auf der Stromburg sind glücklich darüber, in Mannheim eine Frau gefunden zu haben, die viele verschiedene alte Urtomatensorten anbaut. Die schmecken auch schön intensiv nach Tomate – und plötzlich empfinden unsere Gäste sie wieder – mit Büffel-Mozzarella und ⤚ Basilikum-Pesto – als eine absolute Delikatesse.

Karamellisierte Kirschtomatensuppe

Zutaten für 4 Portionen:

500 g Kirschtomaten | 2 Schalotten | 2 Knoblauchzehen
etwas Rapsöl | 1 EL Zucker | 2 EL Tomatenmark | 750 ml Gemüsefond
200 ml Sahne | Salz | Pfeffer aus der Mühle | Chili aus der Gewürzmühle
einige Basilikumblättchen | einige Tropfen Olivenöl

- Die Kirschtomaten waschen. Die Schalotten und Knoblauchzehen schälen und in kleine Würfel schneiden.
- Etwas Rapsöl in einem Topf erhitzen. Schalotten, Knoblauch und Kirschtomaten darin andünsten. Mit dem Zucker bestreuen, das Tomatenmark zugeben und das Ganze unter Rühren anrösten.
- Mit Gemüsefond ablöschen.
- Die Suppe einmal aufkochen, dann zugedeckt 10–15 Minuten bei milder Hitze gar köcheln lassen.
- Mit einem Schneid- oder Mixstab die Suppe fein pürieren, dann durch ein feines Sieb in einen zweiten Topf gießen, dabei mit einer Suppenkelle durch das Sieb streichen.
- Die Tomatensuppe nochmals aufkochen, die Sahne dazugeben, mit Salz, Pfeffer und Chili abschmecken.
- Mit dem Schneid- oder Mixstab nochmals aufschäumen und mit den Basilikumblättchen und Olivenöl anrichten.

Torte

Das älteste überlieferte Rezept für die österreichische Linzer Torte stammt aus dem 17. Jahrhundert und ist damit das älteste Tortenrezept der Welt (Wikipedia): ein mürbteigartiger Boden mit einem Belag aus Gelee von roten Johannisbeeren.

Angeblich hat ebenfalls um die Mitte des 17. Jahrhunderts der französische Küchenmeister François-Pierre de La Varenne eine erste Cremeschnitte kreiert, doch die große Zeit der Torten ging erst im 19. Jahrhundert los. Erfindungen wie Schlagsahne, Canache und Buttercreme wirkten wie ein Turbolader bei der Entwicklung der Torte.

Ein weiterer absoluter Klassiker aus Österreich ist natürlich die Sachertorte, jene hochberühmte Schokoladentorte, die ursprünglich im Jahre 1832 von einem jungen Lehrling

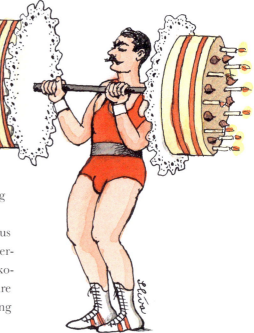

namens Franz Sacher in Metternichs Hofküche gebacken wurde, weil sein Chef erkrankt war. Später wurde sie von seinem Sohn Eduard in der Hofzuckerbäckerei Demel perfektioniert und in dessen Hotel Sacher kultiviert. Nach längerem Prozessieren gibt es heute parallel die »Original Sachertorte« vom Hotel Sacher mit zwei Marmeladenschichten und »Demels Sachertorte« mit nur einer Marmelade – in beiden Versionen eine unentbehrliche Ikone der berühmten Wiener Zuckerbäckerei.

Teubner erkennt in seinem Tortenbuch knapp 30 süßen Kreationen den Status der »internationalen Berühmtheit« zu. Zu den deutschen gehören die Schwarzwälder Kirschtorte (Schokobiskuit mit Kirschen, Kirschwasser und viel Sahne) und die Prinzregententorte, eine Art bayerische Version der Sachertorte. Die üppige Buttercremetorte »Hilde« war eine begehrte Kalorienbombe für die ausgehungerten Deutschen in den fetten Jahren der »Fresswelle«, die auf die Nachkriegszeit folgte.

Bestseller der Konditoreien waren und bleiben Geburtstags- und Hochzeitstorten: Maßanfertigungen mit Namen, Zucker- oder Marzipan-Figuren; häufig auch in diversen Macharten und mehreren Etagen. Weil die feisten Kreationen der alten Zeit an Beliebtheit verloren haben, werden inzwischen frischere, schlankere Torten und Törtchen kreiert. Die modernen ⇀ Cupcakes gehören davon zu den erfolgreichsten.

Trüffel (Pilz)

Sie verströmt betörende Düfte oder stinkt wie die Hölle: Das ⇀ Aroma der Trüffel liegt in der Nase des schnüffelnden Feinschmeckers – wie die Schönheit im Auge des Betrachters. Die einen lieben, die anderen verabscheuen es. Der Geruch wird abwechselnd als »Mischung aus Knoblauch und Käse«, »modrig und morbid«, als »moschusartig« beschrieben.

Die Trüffel (italienisch: tartufo) ist vermutlich die teuerste Delikatesse der Welt und dabei gleichzeitig so ziemlich die hässlichste.

Die »Ausbeute« wird ständig geringer, und dementsprechend steigen auch die Preise. Vor hundert Jahren fanden die sprichwörtlichen Trüffelschweine in Frankreich noch über 2000 Tonnen, heute sind es gerade noch 100.

Dieser Rückgang ist übrigens nicht darauf zurückzuführen, dass inzwischen statt der Schweine dressierte Trüffelhunde auf die Jagd gehen. Die klugen Schweine hatten einfach zu viel guten Geschmack und fraßen die begehrten

Trüffel
truffle
truffe
tartufo
tryfeli
Трюфель
Lanýž

Trüffel zu oft, bevor man sie ihnen abnehmen konnte. Den Hunden kann man sie dagegen leicht im Tausch gegen ein saftiges Stück Schinken abhandeln. Die besten weißen Trüffel kommen aus dem italienischen Alba, wo die Hauptsammelzeit von Oktober bis zum ersten Schneefall dauert. Die schwarzen kommen aus dem Périgord, wo man Januar bis Februar nach ihnen fahndet.

Bei einer Trüffelauktion im Jahr 2007 in der Nähe von Alba bot ein Interessent aus Hongkong für eine 750 Gramm schwere weiße Trüffel über 190 Euro. Nicht etwa für den ganzen Pilz, sondern pro Gramm! Das machte mal eben 143.000 Euro. Freilich gibt es lange nicht so viele Tartufi di Alba, wie dort auf dem Markt verkauft werden; darum sind Trüffel inzwischen beliebte Fälschungsobjekte. Minderwertige Sorten werden von geschickten Künstlern aus China, Marokko oder auch Osteuropa zu hochwertigen aufgebrezelt und zu Höchstpreisen verkauft.

Es gibt sogar deutsche Trüffel, nicht zu vergleichen mit den französischen, auch nicht so teuer, aber ähnlich und immerhin sehr schmackhaft: Die fränkische Schiefertrüffel ist ein Edelpilz, der sich nicht roh verwenden lässt, aber sein köstliches Aroma beim Braten entwickelt. Mein Kollege Alexander Herrmann schwärmt ganz begeistert davon.

Trüffelremoulade

Zutaten für 4 Portionen:

2 Eigelb | 1 EL Balsamico bianco | 1 TL grober Dijon-Senf
200 ml Pflanzenöl | 50 g Naturjoghurt | Salz | Pfeffer aus der Mühle
Zucker | etwas Trüffelöl | etwas fein gewürfelte Trüffel

- Die Eigelbe mit dem Balsamessig und dem Senf in einer Schüssel verquirlen. 100 ml Öl tröpfchenweise dazugeben und darunterschlagen.
- Anschließend das restliche Öl in dünnem Strahl dazugießen und währenddessen laufend weiterschlagen, bis die Mayonnaise eine cremigfeste Konsistenz bekommt.
- Den Joghurt unterrühren und das Ganze mit Salz, Pfeffer und einer Prise Zucker würzen. Nun mit dem Trüffelöl abschmecken und zuletzt die Trüffelwürfel unterheben.

Trüffel (Schokolade)

Diese »kugelförmige Praline« (Duden) hat ihren Namen angeblich von der pilzigen ⇢ Trüffel. Das mag an »einer gewissen äußeren Ähnlichkeit« (Wikipedia) liegen, aber eher wohl daran, dass die anonymen Namensgeber die Seltenheit und Wertigkeit ihres Produkts hervorheben wollten.

Wenn man in sie hineinbeißt, muss die perfekte Trüffel leise knistern und dann zartschmelzend auf der Zunge zergehen. Wenn einen dann das Verlangen überkommt und man ein dringendes Bedürfnis nach einer zweiten verspürt, dann war die Qualität wohl erstklassig. Spürt man dagegen einen Film auf den Zähnen, sollte man die Marke wechseln.

Das Innere der süßen Trüffel besteht im Wesentlichen aus einer als Ganache- oder Canache-Crème bezeichneten Masse, die sich zu zwei Dritteln aus ⇢ Schokolade und einem Drittel ⇢ Sahne zusammensetzt. Sie sind mit brauner Milch- oder dunkler Bitterschokolade überzogen, mitunter auch mit weißer. Beliebte Zusätze wie Kirschwasser, Calvados, ⇢ Champagner oder Mokka geben ihnen extrafeines Aroma.

Nach Einschätzung erfahrener Gourmets kauft man die allerfeinsten Trüffel in Zürich. Und zu den besten gehören dort die »Truffes du jour« von ⇢ Sprüngli. Sie werden mit frischer, unpasteurisierter (in EU-Deutschland natürlich längst verboten) Sahne hergestellt, behalten allerdings nur 24 Stunden lang ihren vollen Geschmack und sind meist am mittleren Nachmittag schon ausverkauft.

Teuscher, ein mittlerweile international vertretener Pralinenhersteller, ist berühmt für seine Champagner-Trüffel. Damit sie so schmecken, wie sie heißen, muss man freilich viel Fantasie mobilisieren oder ein bisschen nachhelfen. So eine Schokoladentrüffel verträgt sich nämlich ganz hervorragend mit einem Glas Champagner.

Truthahn

Er ist der größte der Hühnervögel, die Hähne (Puter) können es auf 15 Kilo bringen. Die Hennen sind kleiner, aber es werden sowieso alle mit einem Gewicht von 3,5 bis 8 Kilo bevorzugt und geschlachtet. Nur für den traditionell gefüllten und mit Cranberry-Sauce servierten Thanksgiving-Turkey der Amerikaner gilt: je größer, desto besser.

Da drüben ist ja auch die Heimat der beliebten Festtagsbraten. Die Azteken in Mexiko sollen sie bereits gezähmt haben, die Indianer verzehrten ihr Fleisch und nutzten ihre Federn für Kleider sowie für ihre Pfeile. Der spanische Eroberer Hernán Cortez brachte bereits Puten mit nach Europa, wo sie in Freiheit aber nie so recht gedeihen wollten. Eine Ansiedlung im deutschen Oberrheingebiet erreichte einmal einen Bestand von 300 Tieren, schrumpfte jedoch bis Ende der 1990er-Jahre auf nur noch 12 Exemplare.

Der bedeutende französische Gastrosoph Brillat-Savarin war ein großer Liebhaber der Truthühner und nannte sie mehrfach das schönste Geschenk der Neuen Welt an die Alte. Und von Benjamin Franklin ist der Ausspruch überliefert: »Ich wünschte, man hätte nicht den Adler als Wappentier unseres Landes auserwählt. Der Truthahn ist ein viel reputierlicherer Vogel und der wahrhaft unverdorbene Repräsentant Amerikas.«

Angeblich hat jeder Truthahn sieben verschiedene Fleischsorten, in diversen Farbtönen, von hell (Brust) bis dunkel (Schenkel). Ich glaube, dass diese Vielfalt in der Literatur überschätzt wird.

MEIN TIPP: *Ich habe von einem Freund ein Rezept bekommen, das ich sehr schätze: Man gibt Orangensaft, Whisky und braunen Zucker in die Fettpfanne des Backofens, setzt die ganze Pute (etwa 2 Kilo) darauf und schiebt alles in den Ofen. Bei 140 Grad Celsius die Pute bei häufigem Übergießen mit dem Sud ungefähr 2 Stunden garen. Das Ergebnis ist wunderbar saftig und aromatisch.*

Underberg

Hubert Underberg war wohl ein Genießer. Als Kaufmannssohn sollte er in Hollands Banken und Handelshäusern das Geschäftliche lernen, kam aber mit Kenntnissen der holländischen Kräuterschnäpse und Magenbitter zurück. Davon inspiriert, mixte er »hochwertigen« Alkohol und »frisches Brunnenwasser« mit ⇸ Kräutern aus angeblich 43 Ländern – natürlich streng geheim. 1846 kam sein Elixier in den Handel und hatte sofort Erfolg. Der ⇸ Digestif versprach wohltuende Wirkung, die seit jeher beworben wird. Ab 1855 wurde er mehrmals auf Weltausstellungen prämiert.

Underberg enthält konstant die gleiche Kräutermischung; daher der lateinische Untertitel »semper idem«, »immer das Gleiche«. Gründer-Enkel Emil erfand nach 1939 die 20-Milliliter-Portionsflasche. Diese Menge immunisiere den Underberg-Trinker nach der Hauptmahlzeit gegen Verdauungsbeschwerden und verbessere die Blutfettwerte. Slogan: »Täglich Underberg und du fühlst dich wohl«. Seither gibt es den Bitter in der berühmten papierumhüllten Miniflasche – wie aus dem Kaufladen eines Kindes. Wer die Verschlusskapseln sammelt, kann diverse Treueprämien ergattern, für 144 Stück etwa gibt's ein mundgeblasenes »Original Underberg Stilglas« mit individueller Namensgravur. Im Juni 2011 feierte das noch heute familiengeführte Unternehmen sein 165-jähriges Jubiläum.

Vakuum

Der luftleere Raum spielt in der Küche durchaus eine Rolle: Es wird gern zur Lebensmittelkonservierung genutzt: Aus einem Folienbeutel saugen Vakuumiergeräte die Luft und verschweißen dann die offene Seite. Die Folie schließt sich fest um das Konserviergut, und da kein Sauerstoff mehr drankommt, wird die Alterungsvorgang hochgradig verlangsamt. Das ist im Prinzip der gleiche Vorgang, der auch beim Einmachen oder Einkochen von Vorräten im privaten Haushalt stattfindet – seit 1900 »Einwecken« genannt, nach dem deutschen Johann Carl Weck (1841 bis 1914), der das Einmachglas propagierte.

»Der große Larousse« kennt sogar das Wort Vakuumgaren. So übersetzt er »sous vide« (unter Vakuum). Larousse befürwortet die Methode, die schon in den 1970er-Jahren in Frankreich entwickelt wurde. Sie kam aus Chemie- und Biologie-Labors und war lange nicht küchentauglich, weil störanfällig und der notwendigen Apparate wegen teuer. Um 1975 machte ein Spezialist das Restaurant Troigros dafür fit, von dem aus es zögernd Karriere in der besseren Gastronomie machte. Larousse schreibt dem Vakuumgaren große Vorteile zu: »Die Säfte, insbesondere von ⇀ Fleisch, laufen nicht aus; der Eigengeschmack bleibt dabei auf beste Weise erhalten, genauso

wenig können die ↦ Vitamine ent-
weichen.« In Frankreich ist der Erfolg
sicher größer als bei uns. Köche wie
Joël Robuchon veröffentlichen Rezepte für die neue Technik. Im Inter-

net sieht es aus, als sei das eine neue
kulinarische Religion. In Deutschland
geht es – außer in der Systemgastro-
nomie – langsamer, und so mancher
(wie auch ich) hat da seine Vorbehalte.

Vanille Die »Königin der Gewürze« nennt man sie. Sie kommt
als Frucht einer Kletterorchidee auf die Welt, an die Schönheit der Mutter erinnert an der runzligen Schote aber nichts. Frisch geerntet ist sie unreif, gelbgrün
und schmeckt kaum nach etwas. Erst eine teure Behandlung mit Heißwasser
und Dampf sowie schließlich eine bis zu vierwöchige Fermentation (vereinfacht:
Schwitzen in luftdichten Behältern) macht daraus das begehrte ↦ Gewürz.
Die Familie der Vanille kennt rund 100 Sorten und 50 Aromen; der Ursprung
liegt in Mexiko und Mittelamerika. Die heute in Europa bevorzugten Arten
heißen Tahiti (von den polynesischen Inseln) und Bourbon, von Madagaskar,
den Komoren und Réunion, der Insel, die in ihrer französischen Zeit Bourbon
hieß. Zwei Drittel der Vanille kommen aus Madagaskar, die Bourbon-Qualität
ist weniger süß, doch »typisch vanillig« (»Der Feinschmecker«); die Tahiti-Vanille
(Anteil etwa 20 Prozent) sei die »gesuchtere und vornehmere« und koste bis zum
Fünffachen (50 Euro pro 100 Gramm).
Beide Sorten haben unter den ↦ Patissiers, den Hauptabnehmern für Vanille,
ihre Liebhaber. Sie aromatisieren damit ↦ Schokoladen, Früchte und natürlich
↦ Eis, doch das einfache Vanille-Eis dürfte seinen Geschmack meist syntheti-
schem Vanillin verdanken. Das ist bei weitem kein gleichwertiger Ersatz, doch

für ein Massenprodukt wie dieses geht es wohl kaum anders. Dass man Vanille auch bei Hauptgerichten effektvoll und kulinarisch interessant einsetzen kann, etwa für Vanille-Zander, -Jakobsmuscheln, -Kartoffeln oder -Gemüse, zeigen kreative Köche immer wieder.

MEIN TIPP: *Ausgekratzte Schoten trocknen lassen und in einer feinen Mühle mit Kristallzucker (geht auch ohne Zucker) mahlen. Damit kann man dann vieles, was nach Vanille schmecken soll, aromatisieren.*

Vanille-Eisparfait

Zutaten für 4 Portionen:

1 Vanilleschote | 3 frische Eier | 75 g Puderzucker | 250 ml Sahne | 1 Prise Salz

- Vanilleschote längs halbieren, das Mark mit einem Messer herauskratzen.
- Eier trennen, Eiweiß kalt stellen. Eigelbe mit Puderzucker, Vanillemark und 1 EL heißem Wasser in einer großen Schlagschüssel über einem heißen Wasserbad dickschaumig aufschlagen.
- Schüssel vom Wasserbad nehmen und in eine mit Eiswasser gefüllte Schüssel stellen. Masse mit dem Schneebesen schlagen, bis sie ganz abgekühlt ist und eine cremige Konsistenz hat.
- Sahne steif schlagen und unter die kalte Eimasse heben. Eiweiß und Salz steif schlagen und den Eischnee unter die Eiersahne heben.
- Eine Terrinenform (500 ml Inhalt) mit Frischhaltefolie auslegen, die Parfaitmasse einfüllen, glatt streichen und mindestens 6–8 Stunden gefrieren.

VEGETARIER

Ihre natürlichen Feinde sind die Fein-schmecker, die nicht nur Eier essen, sondern sogar vor einer ↬ Foie gras nicht zurückschrecken. Die Alles-Esser scheuen sich wiederum nicht, auf das »Vegetarier«-Outing sarkas-tisch zu antworten: »Das war Adolf Hitler auch!« Ebenso Leo Tolstoi,

George Bernard Shaw und Ghandi, selbst Richard Wagner. Heute sind es in Deutschland angeblich sechs bis sieben Millionen, die ↬ Fleisch und Fisch ablehnen – nach außervegetari-schen Quellen freilich nur ein Bruch-teil davon.

In Anthony Bourdains »Geständnisse eines Küchenchefs« sind sie nahezu »Genussbremsen«: »Vegetarier und ihre hisbollahgleiche Splittergruppe, die Veganer, sind ein Quell ständiger Irritation für jeden Chefkoch. Ein Leben ohne Kalbsfond, Schweinefett, Wurst, Innereien, demi-glace oder stin-kenden Käse ist für mich nicht lebens-wert. Vegetarier sind die Feinde alles Guten und Anständigen im menschli-chen Geist, ein Affront allem gegen-über, was mir teuer ist, dem puren Genuss von Essen.«

Wer einmal in Indien gegessen hat, wo 40 Prozent der Gastronomie Vegeta-risches auftischt, weiß, dass auch das ein großer Genuss sein kann. Doch dem gläubigen Vegetarier geht es ums

Prinzip: Der Verzehr von Tieren, die ihretwegen getötet werden müssen, gilt ihm als unmoralisch. Andere halten das vegetarische Leben für gesünder, und die Statistik gibt ihnen recht: Sie haben seltener Übergewicht, Arteriosklerose, Altersdiabetes, Bluthochdruck, und sie leben länger. Allerdings auch nicht länger als jene, die ab und an Fleisch oder Fisch essen. Damit sind wir bei den vielen Variationen: Ovo-Lacto-Vegetarier essen auch Eier und Milchprodukte, nur Ovo- und nur Lacto- gibt's auch; Pescetarier erlauben Fisch, Flexitarier gelegentlich mal Fleisch. Die Hardcore-Vegetarier sind die Veganer, kompromisslose Radikale, die »alle Formen der Ausbeutung und Grausamkeit an Tieren für Essen, Kleidung und andere Zwecke zu vermeiden« suchen. Das bedeutet Verzicht auf alles Tierische, auch ➤ Honig, Daunen, Leder, Wolle …

Die jüngste Fraktion, noch ohne Namen, lehnt in Mastbetrieben gezüchtete Tiere ab und verzehrt nur wild lebende – fast eine feinschmeckerische Einstellung.

Veltliner

Meist als Grüner Veltliner ist er nicht nur »eine Rebsorte mit starker österreichischer Authentizität« (»Köstliches Österreich«), er ist so etwas wie der Nationalwein meines Heimatlandes, der meistexportierte und mit über einem Drittel Anteil auch der meistangebaute. Wie andere »Nationalweine«, ich denke dabei an ➤ Chianti, gibt es auch den Veltliner in nahezu allen erdenklichen Qualitäten. Von den preisgünstigen Sorten, wie sie beim Heurigen getrunken werden, bis zu hochwertigen Prädikatsweinen, von denen so manche Kostbarkeit es erst nach 20 bis 30 Jahren zu ihrer schönsten Entfaltung bringt. Erst 1972 wurde der Grüne Veltliner ja gesetzlich als Qualitätsrebsorte anerkannt, und seitdem hat sich sein Erfolg noch einmal fulminant gesteigert.

Grün bis grüngelb ist übrigens nur der junge Wein, wenn er älter wird, verliert er seinen Grünstich. Sein Geschmack soll in allen Qualitätsstufen unverkennbar sein: »würzig, pfeffrig und erinnert an Äpfel, Birnen, Kiwi, Grapefruit oder Ananas, ... aber auch Noten von Gras, weißem Pfeffer oder Tabak lassen sich erkennen«, so das Österreich-Buch.

Ich glaube, dass seine beste Eigenschaft die vielseitige Einsetzbarkeit ist. Ein Grüner Veltliner passt ja nicht nur zur traditionellen österreichischen und deutschen Küche, sondern harmoniert nach meiner Erfahrung in seiner trockenen Frische auch mit scharfen Kreationen fernöstlicher Spezialitäten.

VEUVE CLICQUOT

Es gibt etliche berühmte Witwen im ⇢ Champagner-Geschäft, doch diese ist die berühmteste und die einzige, die sich als Witwe (Veuve) im Markennamen verewigt hat.

Barbe-Nicole übernahm anno 1805 mit jungen 28 Jahren die 1772 von Philippe Clicquot gegründete Firma, als dessen Sohn starb, mit dem sie verheiratet war. Sie leitete das Champagnerhaus über 35 Jahre lang durch die schwierigsten Jahrzehnte des 19. Jahrhunderts. »La grande dame de la Champagne«, die auf den Gemälden immer ein bisschen aussieht wie Napoleon, nur breiter und grimmiger, war die erste Powerfrau der Neuzeit, die ein Unternehmen international erfolgreich machte.

Ihr größter Coup war, 1814 ein Schiff voller Champagner durch die Seeblockade ins dürstende St. Petersburg zu bringen – nie wieder wurden solche Preise für Champagner gezahlt. Die Witwe hatte Mühe, mit der Produktion nachzukommen.

Laut der Biographie von Tilar J. Mazzeo schlich sie »Tag für Tag heimlich in den Keller«, ließ Löcher in einen Küchentisch bohren und entwickelte mit ihrem Kellermeister schließlich das Rüttelpult, das die Degorgierung (Entfernung der Hefe) der Weine und damit die Champagnerherstellung beschleunigte.

Zehn Jahre soll sie das Verfahren geheim gehalten haben, besonders gegenüber dem Erzkonkurrenten Jean Rémy ⇾ Moët. Die Cuvées (Brut, Brut Jahrgang, Brut Rosé, Demi-sec und Prestige) enthalten

alle drei Rebsorten der Champagne, deutlich bevorzugt wird aber die Sorte Pinot Noir.

Heute, da die Marke mit dem gelben Etikett zum großen ⇾ Moët-Hennessy-Verbund gehört, hat ihr Prestige das der Konkurrenz längst überholt.

In der mondänen Champagner-Bar an Bord des Kreuzfahrtschiffs »Queen Mary 2« gibt es sowieso nur Veuve Clicquot. »Am liebsten trinken die Passagiere den feinperligen Rosé« sagt der Barmann, aber auch die kräftige, doch höchst elegante Prestige Cuvée, die nur aus Weinbergen stammt, die der Witwe damals gehört haben – sie heißt natürlich »La Grande Dame«.

Vitamine

Wenn ich mich als Kind gegen den Ekelgeschmack des Lebertrans wehrte, hieß es stets: »Aber er hat doch so viele Vitamine!« Vitamine waren und sind was Gutes, die braucht man eben.

Gefunden, eigentlich fast entlarvt, wurden die Vitamine erst um die vorletzte Jahrhundertwende. In einem Militärhospital auf Java beobachtete der holländische Arzt Christiaan Eijkman, dass alle Beriberi-Patienten sich nur von geschältem ⇀ Reis ernährt hatten. Zur gleichen Zeit wurden auch Hühner, die seit Kurzem nur mit dem weißen, geschälten Reis gefüttert wurden, von Beriberi befallen. Eijkman schloss daraus, dass ungeschälter Reis einen Stoff enthielt, der die Krankheit verhindere. 1922 war der denn auch dingfest gemacht und wurde Vitamin genannt – aus vita, lateinisch: Leben, und Amin, einer stickstoffhaltigen Verbindung. Inzwischen sind rund 20 Vitamine definiert und benannt worden, die von den kulinarischen Enzyklopädien (Larousse, Dumont, Küchenbibel) in sogenannten Vitamintabellen nach dem Alphabet und neuerdings auch nach Wirksubstanzen geordnet werden.

Wissenschaftlich gesehen sind Vitamine organische Verbindungen in Lebensmitteln, die für unseren Körper lebenswichtig sind: Unter anderem steuern sie bestimmte Stoffwechselvorgänge, stärken das Immunsystem und helfen beim Aufbau von Zellen, Knochen, Zähnen, Haut und Blut. Da Vitamine essenziell (lebensnotwendig) sind, müssen wir sie mit unserer Nahrung zu uns nehmen.

Fast alle Produkte der Natur sind vitaminhaltig, und wer viel Obst, Gemüse, ⇀ Salate, Vollkornbrot, ab und zu Fisch, Milchprodukte und wenig Fleisch isst, der ist damit sehr gut versorgt und bedient.

Laut Udo Pini (»Das Gourmet-Handbuch«) können »pur oder massenhaft verspeiste« Vitamine theoretisch Gift für den Körper sein. Vor allem aber die Unterversorgung mit Vitaminen kann gesundheitliche Probleme schaffen. In der Praxis habe ich von »Vitaminleiden« aber noch nichts gehört.

Vollwert

Wenn Ernährung und Ideologie zusammenkommen, entstehen Heilprogramme, an die man wohl glauben muss, um von ihnen zu profitieren – sei es nun gesundheitlich oder doch wenigstens mental.

Für eine Glaubensgemeinschaft dieser Art halte ich zum Beispiel die Veganer (➤ Vegetarier) oder eben auch die Anhänger der Vollwertkost. Diese wünschen sich ihre Lebensmittel wirkstoffreich und naturbelassen, wertvoll, frisch oder wenigstens gering verarbeitet. Zu einem Nahrungsmittel von besonderem Symbolwert wurde in diesem Zusammenhang das Vollkornbrot hochstilisiert, dessen sich besonders die Nationalsozialisten annahmen: »Der Kampf um das Vollkornbrot ist ein Kampf für die Volksgesundheit!«

Als Gegenteil der Vollwerternährung betrachten ihre Verfechter sicher mit Recht ➤ Convenience-Food, ➤ Fast Food, ➤ Konserven und ➤ Tiefkühlkost. Alles, was zu fett, zu süß, zu salzig, zu lange gebraten oder gekocht ist, ist geflissentlich zu meiden. Zu den aktuell gültigen Regeln der Vollwertler gehören laut der Deutschen Gesellschaft für Ernährung (DGE): bevorzugt pflanzliche Nahrungsmittel, täglich fünf Portionen Obst und Gemüse, wenig Zucker, wenig Salz, täglich Getreideprodukte und Milch, maximal 600 Gramm Fleisch und Fisch pro Woche, wenig Wurst, wenig Eier, wenig Fett. Vollkornbrot, Rohkost, Kartoffeln und Hülsenfrüchte werden empfohlen. Vor Kaffee, schwarzem Tee und Alkoholika wird gewarnt.

Genussfreundlich ist natürlich auch diese Lehre keineswegs. Neben vielen plausiblen Ratschlägen sind offenbar auch viele umstrittene im Spiel. Pollmer (»Lexikon der populären Ernährungsirrtümer«) relativiert auch die Vollwertregeln: »Außer den Kalorien-, Nährwert- und Fettaugentabellen können Sie auch die Vollwerttabellen bedenkenlos dem Altpapier anvertrauen. Ihr Körper wird es Ihnen danken.«

Wachtel

Was ich bislang nicht wusste, überraschte mich ziemlich bei Wikipedia: Wachteln »erfreuen sich zunehmender Beliebtheit« als Haustiere: »Sie können zutraulich werden, wenn … man sich genügend um sie kümmert«, und sie werden »bei guter Pflege bis zu fünf Jahre alt«. Sehr praktisch: Viel Fläche braucht man nicht für sie.

Jene Wachteln aber, für die sich Köche und ⇒ Gourmets interessieren, leben nur etwa sechs Wochen; dann werden sie schon aus den großen Brutfarmen in Frankreich, Italien, England, Japan und auch Deutschland ausgeliefert und meist frisch im Handel angeboten: gerupft, ausgenommen, zwischen 120 und 190 Gramm (die Weibchen) leicht. Nur in Osteuropa werden Wachteln noch bejagt, in Deutschland haben sie ganzjährig Schonzeit.

Die Japaner waren die Pioniere bei der Zucht dieser kleinsten der Hühnervögel. Darum tragen die industriell gemästeten Zuchtwachteln auch die Bezeichnung japanische Wachteln.

Unter der Haut waren sie früher recht fett, wahrscheinlich wurden sie deshalb überwiegend am Spieß gegrillt. In der Küche braucht man für eine Hauptspeise mindestens zwei Tierchen, eines reicht höchstens für eine Vorspeise aus.

Wachtelfleisch ist dunkler und aromatischer als das von → Hühnern, und es schmeckt nussig, mitunter durchaus wildmäßig. Der Hang zur Trockenheit scheint für Geflügelfleisch typisch zu sein. Wohl deshalb gibt es so viele Rezepte für gefüllte Wachteln.

Das zierliche, meist dekorativ in vielen Farbtönen gefleckte Wachtelei gilt als eine von vielen Gourmets geschätzte Delikatesse. Es hat nur annähernd zehn Gramm und passt in jeder Zubereitungsform bequem auf einen kleinen Löffel. Ich halte seinen Genuss für etwas überschätzt und bin mir da mit dem deutschen Ess-Experten Ulrich Klever einig, der gespottet hat: »Ein netter Gag für kalte Platten und, mit → Kaviar gefüllt, ein Geheimnis für sparsame Gastgeber: In den daumengliedgroßen Eierchen sehen sogar zwei Gramm Kaviar viel aus.«

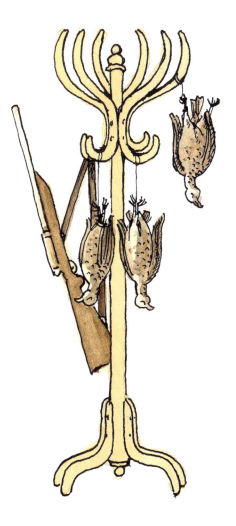

WAGYU

Bei Wagyu fällt dem Kenner sofort das japanische ⤙ Kobe Beef ein, denn das ist ja ein Vertreter der Rasse Wagyu – nur eben aus der Gegend von Kobe. Die Produzenten selbst nennen es gern »Kobe-Style-Beef«, weil es fast die gleiche Fett-Marmorierung wie das berühmte Kobe hat und ähnlich geringe Cholesterinwerte aufweist.

In Europa starteten 1996 in Wales und Belgien die ersten Zuchtversuche mit aus Japan importierten ⤙ Rindern, unter dem Namen »Château Wagyu«. Seit 2003 liefern sie das famose ⤙ Fleisch für einen selektiven Markt, vor allem an die Food Halls des berühmten Harrods in London.

In Amerika und Australien gibt es schon länger Herden von importierten Schwarzrindern aus Japan. Am Anfang, in den frühen 1990ern, waren das angeblich nur zur Vollpension ausgelagerte Tiere, die nach der in Übersee billigeren Mast nach Japan reimportiert wurden.

Der deutsche Luxus-Versender »Otto Gourmet« zum Beispiel bezieht seine Wagyu-Filets von der Morgan Ranch in Nebraska im Mittleren Westen der USA aus »100 Prozent natürlicher Aufzucht mit ⤙ Mais, Alfalfa, Gras, Gerste und Mineralien, frei laufend, ohne künstliche Hormone und Wachstumsstimulanzien.« Die Aufzucht dieser glücklichen Tiere kann mit bis zu 300 Tagen und damit doppelt so lange dauern wie die eines Hereford- oder Angus-Rindes.

Der Geschmack ist natürlich unterschiedlich, die besten Qualitäten sind jedoch unvergleichlich (außer mit dem Kobe) zart, saftig, aromatisch. Der bekannte amerikanische Restaurantkritiker Jeffrey Steingarten (»Der Mann, der alles isst«) rühmt Wagyu als »das beste Rindfleisch, das ich jemals gegessen habe«, und berichtet von einem Vergleichstest amerikanischer und japanischer Qualitäten: »Das texanische Wagyu war ein voller Erfolg – die japanischen Experten gaben ihm die höchstmögliche Bewertung.« Dass dieses Fleisch nun allzu populär wird, ist bei Kilopreisen irgendwo zwischen 150 und 350 Euro nicht zu befürchten.

Weihnachtsgebäck

Plätzchen zum Weihnachtsfest gibt es noch nicht lange. Es begann im Biedermeier, und dann kamen sie noch über hundert Jahre als Luxuserzeugnisse nur aus den Küchen der Reichen. Erst als ⇢ Zucker, ⇢ Mandeln und ⇢ Kakao erschwinglich wurden, mauserten sich die teuren Spezereien

---

Vanillekipferl

Zutaten für ca. 30 Stück:

60 g fein gemahlene Mandeln | 100 g kalte Butterwürfel

90 g Puderzucker | 1 Prise Salz | 1 Eigelb | Vanillemark von einer Schote

135 g Mehl | 2 ausgekratze Vanilleschoten (getrocknet)

- Die Mandeln in einer Pfanne ohne Fett rösten, dann auskühlen lassen.
- Butter, 40 Gramm Puderzucker, Salz, Eigelb, Vanillemark, Mandeln und Mehl mit den Händen rasch zu einem glatten Teig verkneten. Diesen in Folie wickeln und für 2 Stunden kalt stellen.
- Den restlichen Puderzucker und die Vanilleschoten fein mahlen oder in einer Küchenmaschine mit Schlagmesser fein zerkleinern.
- Aus dem Teig nach und nach 30 Kipferl formen und auf ein mit Backpapier belegtes Backblech legen.
- Im vorgeheizten Ofen bei 200 Grad Celsius ca. 10 Minuten backen. Herausnehmen und sofort (noch warm) im Vanille-Puderzucker wenden.

zum populären Weihnachtsgebäck. So wurde um 1900 das Vanillekipferl in Österreich zum Lieblingsplätzchen, weil die teure → Vanille durch das billige synthetische Vanillin ersetzt werden konnte. Seitdem gehört Weihnachtsgebäck zum Heiligen Abend wie der Christbaum.

Das große Weihnachtsbacken beginnt in manchen Familien schon am Ersten Advent. Ein Star ist der Spekulatius, der jedoch meist gekauft wird. Dieses dünne Mürbeteigplätzchen ist mit Bildern aus der Nikolausgeschichte, neuerdings auch mit Tieren, Häusern, Schiffen, geprägt und mit typischen → Gewürzen wie Gewürznelken, Kardamom und Zimt aromatisiert. Zu

dieser Liga zählen auch die Aachener Printen und die Dominosteine. Dagegen backt man Zimtsterne, Leb- und Pfefferkuchen immer noch gern selbst und sorgt so für die ersehnten weihnachtlichen Gerüche. Das gilt auch für den Christstollen, das angeblich älteste Weihnachtsgebäck. Der berühmteste Stollen ist der patentgeschützte Dresdner, doch daneben duften viele Mandel-, Butter-, Marzipan-, Mohn-, Nuss-, Quark-, Rotwein- und Champagnerstollen. Letzterer enthält statt Rum oder Wein Champagner, in dem die Sultaninen über Nacht getränkt werden, und wurde 2003 mit einem »Stollen Champion Award« ausgezeichnet. Happy Christmas!

Weinglas

Wein gibt es ja angeblich fast seit Beginn der Menschheit, Glas seit der Antike, und Weingläser wurden schon früh die Lieblinge der Weinnasen. Anders als bei Pokalen aus Gold, Silber, Zinn, Elfenbein, Holz oder Porzellan, die alle auch als zeremonielle Repräsentationsobjekte genutzt wurden, konnten die Trinker erstmals sehen, was sie tranken. So hatten auch die kostbar geschliffenen und kunstvoll farbig bemalten oder geätzten Prachtgläser des 19. Jahrhunderts nur eine begrenzte Lebensdauer. Spätestens seit den 1920er-Jahren sind Weingläser farblos und haben in der Regel alle den gleichen Aufbau: Oben, in die soge-nannte Kuppa, wird der Wein gefüllt, nie mehr als halbhoch; darunter ist der Stiel, an dem man das Glas hält. Ganz verpönt – aber besonders in Filmen und Fernsehserien gang und gäbe – ist es, ein Weinglas am Kelch zu halten oder gar zu servieren. Der Stiel ist ja dazu da, damit die Hand den Wein nicht erwärmt und dort keine Fingerabdrücke hinterlässt, wo man das Glas an die Lippen setzt. Manche Glashersteller produzieren hohe Gläser mit hohem Stiel, in dem ➤ Sekt oder ➤ Champagner besonders schnell erwärmt werden.

Die feinen Glashersteller liefern für jeden Wein ein spezielles Modell – pauschal kann man sagen: kleinere für Weißwein, größere für die Roten. Die Differen-zierung geht aber im Einzelfall so weit, dass ein Glastyp für den Chardonnay aus dem Chablis angeboten wird und ein etwas anderer für die Montrachets. Der bedeutendste Vater dieser Verfeinerungen war der österreichische »Glasprofessor« Claus Josef Riedel (1925 bis 2004).

Nun gibt es sogar eine Weinserie namens »Riedel-O«. Kenner werden verwundert feststellen, dass daran etwas fehlt, nämlich der Stiel mit der Bodenplatte, dass es sich also um Wassergläser handelt. Das macht mich einigermaßen perplex. Ich hatte bisher immer geglaubt, der Stiel eines Weinglases habe auch mit Stil zu tun, also stiellos sei stillos.

Whisky

Wie fast alle namhaften Alkoholika der Welt verdanken wir auch den Whisky den fidelen Klosterbrüdern früherer Jahrhunderte, als sich die Mönche auch mal gern selbst benebelten und ständig auf der Suche nach Mitteln dazu waren. »Es ist kein Volksstamm der Trinker, doch keiner von ihnen ist so abstinent, einen Schluck am Morgen zu verweigern«, notierte der berühmte Autor Samuel Johnson schon im 18. Jahrhundert.

Whisky war schlicht Ausdruck von Gastfreundschaft, die natürlich von der Begrüßung bis zum Abschied reichen musste. Selbst Beerdigungen waren in den Highlands traditionell auch Anlass für ausgiebige Trinkgelage: »Die Trunkenheit der Lebenden«, so wird ein schottischer Pastor zitiert, »galt als Zeichen des Respekts für die Verstorbenen.«

Seit die Schotten mehr Whisky produzierten, als sie selbst trinken konnten, fand er Freunde auch in den allerhöchsten Kreisen. Königin Viktoria trank ihn pur, in ihrem ⇾ Tee, und gelegentlich soll sie auch mal einen kräftigen Schuss in ihren ⇾ Bordeaux gekippt haben. Zar Peter der Große lernte ihn in London kennen und verkündete daheim: »Von allen Weinen ist Whisky der beste!«

Welcher Whisky wirklich der beste ist, bleibt wohl eine unlösbare Frage. Ich trinke am liebsten einen Single Malt, freilich auch nur ganz gelegentlich. Das ist der kultigste von allen, und auch der individuellste: Er darf nur aus gemälzter Gerste und einer einzigen Destillerie stammen und macht nur etwa zehn Prozent des gesamten Whiskymarkts aus. Man trinkt ihn bei Zimmertemperatur, entweder pur wie einen guten ⇾ Cognac oder mit etwas Quellwasser. Bekannte Single-Malt-Namen sind zum Beispiel Glenmorangie, Glenlivet, Macallan, Glenfiddich oder Glenfarclas.

Der Whisky, der auch »on the Rocks« (mit Eiswürfeln) oder gemischt mit ⇾ Coca-Cola als Longdrink getrunken wird, ist der »Blend« oder »Blended«. Dieser wird aus diversen Whiskys verschiedener Brennereien verschnitten, macht 90 Prozent des Marktvolumens aus und heißt zum Beispiel Johnny Walker, Black & White oder Ballantine's.

Heute wird Whisky weltweit produziert. Deutschlands bekanntester Beitrag heißt »Racke Rauchzart«. Die amerikanischen ⇾ Bourbons und manche irischen schreiben sich mit ey: Whiskey; Indien wuchs zum quantitativ größten Hersteller; Thailand produziert sogar einen Whisky aus Reis. Die Lagerzeiten im Fass sind überall unterschiedlich, 41 Prozent Alkohol sollten jedoch alle haben.

Wirsing

Zur Zeit meiner Kindheit in der Steiermark galt Wirsing stets als etwas Besonderes. Sein feiner, gehaltvoller Geschmack mit der berühmten zarten Bitterkeit machte ihn für mich zum König aller Kohlköpfe.

Die typischen Runzeln der Wirsingblätter, die wie fein genarbtes Ziegenleder aussehen können, geben diesem ↪ Kohl, wie ich finde, ein dekoratives, fast kostbares Aussehen.

Meine Mutter pflegte etwas Natron ins Kochwasser zu geben; dieses sorgte dafür, dass die Blätter ihr kräftiges frisches Grün behielten, das von den äußeren zu den inneren Blättern immer heller wird.

In meiner Lehrzeit lernte ich Wirsing dann näher kennen. Als Personalessen gab es häufiger mal Wirsingfleckerl, also Wirsing mit ↪ Nudeln. Der zarte Kohl macht sich gut in Suppen und als Beilage zu Fisch oder Fleisch.

Eine Hauptrolle spielt Wirsing vor allem bei Kohlrouladen (auch Kraut-roulade oder Krautwickel genannt), weil seine großen Blätter gut geeignet sind, um eine gewürzte Füllung zu ummanteln.

Der Wirsing gehört zu den Kopfkohl-Arten. Er wird das ganze Jahr über als Früh-, Sommer-, Herbst- und Winterwirsing angebaut. Allein in Deutschland beträgt die Jahresernte 50.000 Tonnen. Früher wurden ein bis zwei Kilo große Köpfe als ideales Erntegewicht angestrebt, heute ist das auf 400 bis 600 Gramm geschrumpft. Das hat mit immer mehr frischer Vermarktung und schnellem Verbrauch zu tun und hebt die Qualität.

Die frühen, ab Ende Mai geernteten Sorten gelten als besonders beliebt und als die feinsten im Geschmack. Sie sind angenehm würzig und haben ein mildes Kohlaroma. Wichtig ist, dass der Strunk des Wirsings entfernt wird, weil dieser schwer verdaulich ist. Früher hat man zur besseren Bekömmlichkeit Kümmel an den Kohl getan. Ich finde jedoch, dass Kümmel zu intensiv schmeckt und den zarten Wirsing sozusagen erschlägt.

WODKA

Die Russen sind bekanntlich die Weltmeister unter den Schluckspechten – mit 17 Litern reinem Alkohol pro Kopf und Jahr, und sie trinken Jahr für Jahr immer noch mehr. Angeblich sterben jährlich rund 30.000 Russen am allzu reichlichen Genuss von gepanschtem Wodka. Jede dritte geleerte Flasche Wodka soll illegal, also steuerfrei sein, so »Die Welt«.

Die ursprünglich aus Roggen, später auch aus Gerste, Weizen und → Kartoffeln gebrannte Spirituose startete ihre große Karriere wohl Anfang des 15. Jahrhunderts entweder in Russland oder in Polen. Bis zum Ende des 19. Jahrhunderts war Wodka (russisch: Wässerchen) nur dort, in Schweden und in Finnland verbreitet. In Westeuropa schätzten lediglich ein paar Adelige den östlichen Schnaps.

Erst nach der Oktoberrevolution wanderten viele Wodka-Produzenten in den Westen aus. Der → Cocktail-Boom ab den 1950er-Jahren machte das alkoholische (37,5 bis 45 Prozent)

Wässerchen weltweit erfolgreich, ehemals exilrussische Gründungen wie Smirnoff und Gorbatschow avancierten zu Weltmarken, westliche wie Puschkin auch. Natürlich kannte ich Wodka schon lange dem Namen nach, doch begegnet bin ich ihm erst in Amerika, wo in vielen Cocktails der ⇀ Gin durch Wodka ersetzt wurde. Münchens ⇀ Bar-Guru Charles Schumann verdanke ich den Hinweis, dass es »immer mal wieder Zeiten gibt, in denen sich alle ›Pure-Trinker‹ einig sind, dass Wodka die einzige Spirituose ist, die aufbauend und gesund ist, ja sogar das Leben verlängert«. Wahr daran ist, dass Wodka der Darling aller richtigen Trinker ist, weil er keinen alkoholischen Atemgeruch hinterlässt. Wikipedia merkt zu Recht an, dass sich Alkoholtestgeräte dadurch nicht täuschen lassen – auch der Kater ist der gleiche wie bei einem gut riechbaren Schnaps.

Wurst

Die Franzosen standen niemals in dem Verdacht, die Deutschen wegen ihrer kulinarischen Errungenschaften zu loben. Doch als ein ausgewiesener Feinschmecker in Paris Auguste Escoffier sein Leid klagte, er müsse für einige Zeit nach Deutschland, in die kulinarische Wüste jenseits des Rheins, da wiegte dieser größte Meister der »grande cuisine française« den Kopf und beruhigte ihn: »Die Deutschen haben die Wurst.« Die haben sie in der Tat, und zwar in größerer Vielfalt als jede andere Nation. Experten rechnen für Deutschland mit 1500 bis 1700 Sorten und mit über einem Viertel der gesamten europäischen Produktion.

Die Welt der Würste ist fein säuberlich in drei Gruppen aufgeteilt. Die größte Kategorie sind die sogenannten Brühwürste, deren rohes, fein gecuttertes Brät schon im Darm einmal heiß gebrüht, gekocht und mitunter auch noch geräuchert wird. Das sind all die Wiener (Frankfurter), die Brat- und Weißwürste sowie viele Arten, die in Scheiben geschnitten werden wie Jagd- oder Bierwurst.

Zur Rohwurst (früher Dauerwurst) gehören etliche große Klassiker, wie → Salami oder Cervelatwurst, luftgetrocknet oder geräuchert, mit vielerlei Würzen oder auch → Whisky verfeinert; Tee- und Mettwurst, streichfähig und pikant. Vorfahren des heutigen → Fingerfood sind die Räucherenden und Landjäger, die man aus der Hand

essen kann. Sie alle sollten übrigens nicht direkt aus dem Kühlschrank auf den Tisch kommen, weil die Kälte ihren Geschmack neutralisiert.

Kochwürste wie Zungen- und Blutwurst in vielen regionalen Spezialarten, Leber- und Sülzwürste werden aus vorgekochtem → Fleisch hergestellt. Sie verlangen keine Kochkünste. »Das ist doch das Geheimnis ihres Erfolgs«, sagen mir die Statistiker beim Verband Deutscher Fleischerzeuger, die ich danach frage, »die Wurst ist ideal für alle Leute, die keine Lust zum Kochen haben.«

Zander

Das Verrückteste, was ich je über Zander gehört habe, stammt aus dem englischen Wikipedia. Demnach sind im Juli 2009 in einem Schweizer See Touristen von einem Zander angefallen worden. Zwei mussten verarztet werden; die größte Wunde war zehn Zentimeter lang. Die Polizei fing den Übeltäter, der den Opfern angeblich gekocht serviert wurde, um sie zu versöhnen. Anglerlatein? Immerhin ist der Zander ein Raubfisch...

Er gilt als europäischer Fisch vorzugsweise in Donau, Elbe und Weichsel. Er ist aber auch im Plattensee, den USA und in Estland zu finden. Seit ein paar Jahren wird er auch mit Nachdruck gezüchtet, denn die Restaurants benötigen mehr, als die Fischer von dem scheuen, cleveren Fisch fangen. Angeblich ist er in der Qualität wie der ⇢ Lachs vom wilden nicht zu unterscheiden.

Nach Art und Familie zählt er zu den ⇢ Barsch-artigen, wird bis zu 80 Zentimeter lang und bringt meist sechs bis zehn Kilo auf die Waage. Davon bleiben rund 45 Prozent als pariertes Fischfilet – eine gute Ausbeute, nur von ⇢ Aal und ⇢ Lachs übertroffen. Gastronomisch gesehen ist er wohl der am weitesten verbreitete Fisch: »Krosser Zander« ist ein Hit überall, wo Fisch serviert wird. Er ist grätenarm, gut zu verarbeiten und lässt sich mit seinem festen weißen Fleisch italienisch, französisch und sogar asiatisch präsentieren – ein Tausendsassa.

Zander mit Krautfleckerln und Meerrettich

Zutaten für 4 Portionen:

4 Zanderfilets mit Haut à ca. 80 g | Salz | 2 EL Olivenöl | 1 Knoblauchzehe
2 Thymianzweige | 20 g Butter | Pfeffer aus der Mühle | 50 g geriebener Meerrettich
Für die Krautfleckerl: 400 g Weißkohl | 2 Schalotten | 1 Knoblauchzehe
50 g Speck | 20 g Butterschmalz | 30 ml weißer Balsamessig | 200 ml Gemüsefond
Salz | Pfeffer aus der Mühle

- Zuerst für die Krautfleckerl den Kohl waschen, putzen und würfeln. Schalotten und Knoblauch schälen und würfeln. Speck ebenfalls würfeln.
- Das Butterschmalz in der Pfanne erhitzen und den Speck knusprig braten. Schalotten, Knoblauch und Kohl zugeben und kurz anschwitzen. Den Balsamessig zugeben und den Fond aufgießen. Mit Salz und Pfeffer würzen und die Krautfleckerl noch bissfest garen.
- Die Zanderfilets waschen, trocken tupfen und mit Salz würzen.
- Das Olivenöl in der Pfanne erhitzen und die Filets mit der Hautseite nach unten hineinlegen. Den Fisch bei mittlerer bis starker Hitze braten, bis die Haut am Rand knusprig ist.
- Den Fisch wenden, dann Knoblauch, Thymian und Butter zugeben und die Filets 2–3 Minuten ohne Hitze nachbraten.
- Zum Schluss mit Pfeffer würzen, portionsweise auf den Krautfleckerln anrichten und mit geriebenem Meerrettich verfeinern.

Zigarre

Vor ein paar Jahren habe ich an einigen amüsanten Veranstaltungen teilgenommen, deren Motto »Die drei großen C« hieß, und damit waren gemeint: ⌁ Champagner, ⌁ Cognac, Cigarre – in schön altmodischer Schreibweise. Die drei haben tatsächlich mehr miteinander gemein als nur den Anfangsbuchstaben. Alle sind teure Luxusprodukte, vor allem sind sie Kult in dem Sinn, dass ihre Liebhaber einen großen Kult um sie betreiben und um die Zigarre den größten. Denn sie ist doch wohl die männlichste der drei Passionen, und Männer sind nun mal besonders kultgeneigt. »Eine Frau ist nur eine Frau«, hat Rudyard Kipling unwiderleglich formuliert und dann seinen ziemlich unübersetzbaren, doch immer wieder gern zitierten Klassiker »But a cigar is a smoke« in die Raucherwelt gesetzt. In der feministischen Welt gilt die Zigarre als Phallussymbol, das natürlich in erster Linie Alpha-Tiere wie Fidel Castro, Arnold Schwarzenegger oder Gerhard Schröder schmückt. Sie ist zugleich ein Symbol für Entschleunigung; der Raucher, der ja nicht inhaliert, braucht Zeit und Muße, sie zu genießen. Natürlich benötigt er auch ein paar Kenntnisse über die Rituale und Techniken des Anschneidens und

des Anzündens. Günter Schöneis hat im »Lexikon der Lebensart« die Zigarre mit dem Wein verglichen: »Sie stammt aus unterschiedlichsten Gebieten dieser Welt (Kuba bis Sumatra), weist zahlreiche Formate auf (Panetela bis Gran Corona) und nahezu unendlich viele Tabakmischungen.

Bei dieser Vielfalt kann die Welt der Zigarre für den Laien so verwirrend wie die Welt des Weines sein.«
Ich bin ja ein eher platonischer Liebhaber, sitze gern mit Zigarrenrauchern zusammen – meist höchst angenehmen Zeitgenossen – und genieße den aromatischen Geruch.

Zitrone

Für den ⇥ Patissier ist sie absolut unentbehrlich: Bei Cremes, Mousses, Flans und ⇥ Sorbets, bei vielerlei Gebäck und Keksen wirkt ihre saure Frische delikat und belebend. An der ⇥ Bar ist Zitronensaft (auch Limonensaft) eine der wichtigsten Cocktailzutaten überhaupt. Über 150 übliche Mixgetränke sind gar nicht machbar ohne ihn – von der ⇥ Bloody Mary bis zum ⇥ Wodka Sour, vom Frozen ⇥ Daiquiri, ⇥ Gin Fizz und Tom Collins ganz zu schweigen. Das Gleiche gilt für Limetten, die kleinen grünen, meist kernlosen und sehr saftigen Schwestern der Zitrone, die in der berühmten ⇥ Caipirinha nicht fehlen dürfen.
Wir Köche benutzen Zitronensaft gern, um die frische Farbe von Gemüse und von Früchten zu erhalten, die sich sonst in Verbindung mit Sauerstoff oder beim Kochen unappetitlich verändern würde.
Zitronensaft eignet sich ferner zur Verfeinerung von Saucen, Dressings, Marinaden und auch, um den Geschmack von Krustentieren und ⇥ Austern (aber bitte nur tröpfeln!) zu intensivieren.

Geflämmte Zitronentarte

Zutaten für 4 Tartelettförmchen:

Butter für die Förmchen | 300 g Mürbeteig | 3 Bio-Zitronen | 3 Eier

100 g Butter | 210 g Zucker | 20 g Speisestärke | 50 ml Weißwein | Salz

Die Tartelettformen dünn mit Butter auspinseln und mit einem dünn ausgerollten Mürbeteig auslegen. Mit einer Gabel mehrmals einstechen und im vorgeheizten Ofen auf der mittleren Schiene bei 190 Grad Celsius (Heißluft) 10–15 Minuten blindbacken. Abkühlen lassen.

Die Zitronen heiß abwaschen, trocken reiben und die Schale fein abreiben. Die Zitronen auspressen und 120 ml Saft abmessen.

Die Eier trennen und das Eiweiß kalt stellen.

Die Butter in einem kleinen Topf zerlassen und 150 g Zucker dazugeben. Zitronenschale und Zitronensaft ebenfalls dazugeben und die Mischung aufkochen.

Die Speisestärke mit dem Weißwein verquirlen und in den Zitronensud geben. Unter Rühren nochmals aufkochen.

Den Zitronenguss auf die gebackenen Tarteletts verteilen. Diese zum Abkühlen kalt stellen.

Eine Prise Salz in das Eiweiß geben und dieses steif schlagen. Die restlichen 60 g Zucker nach und nach einrieseln lassen und die Masse steif schlagen. Den Eischnee gleichmäßig mit einem Esslöffel auf der erkalteten Zitronencreme verteilen und mit einem Gasbrenner abflämmen.

Die Tarteletts aus den Formen lösen und auf Tellern anrichten.

Beim Verwenden der Schale muss man unbedingt darauf achten, dass man dafür nur unbehandelte Früchte aus biologischem Anbau verwendet – egal ob Zitrone oder Limette. Auch diese immer heiß abwaschen und trocken reiben.

Zitronen stehen auch für eine Sehnsucht. Seit Goethes »Mignon« und seiner vielleicht berühmtesten Zeile »Kennst du das Land, wo die Zitronen blühn?« gilt sie zusammen mit »Goldorangen«, Myrte und Lorbeer als Symbol für mediterrane Heiterkeit – vermutlich italienische. Dort blühen ja auch heute noch Zitronen, doch die mit Abstand meisten kommen inzwischen aus Mexiko.

Zitronengras

Seit es neben → Basilikum und Thymian auf Balkons grünt, weiß ich: Es ist unser! Was noch vor 20 Jahren nur ein paar Thailand-Urlauber kannten, hat sich mit dem Erfolg der Thai-Küche zu einem populären → Gewürz entwickelt. Wie Curry für Indien steht, so Zitronengras für Thailand, obwohl es aus Kambodscha stammt. Ich habe es das erste Mal in der berühmten Garnelensuppe Tom Yam Kung entdeckt, die in Bangkok höllenscharf sein kann. Der saftige Stiel und die Basis der Blätter werden dort ebenso wie inzwischen auch in Vietnam und Indonesien in vielen Nudel- und Fischgerichten verwendet. In Asien sind auch die frischen grasartigen Blätter in durstlöschenden Teegetränken populär (Wikipedia). Man kann sich den sehr individuellen, für uns Europäer noch immer recht exotischen, Geschmack von Zitronengras – aus zitronig, rosig und unbekannt – nicht nur in → Cocktails, sondern auch in → Desserts aufs Schönste zunutze machen. Ich bereite seit einigen Jahren eine Kokos-Zitronengras-Panna-cotta zu, die sich bei uns auf der Stromburg großer Beliebtheit erfreut.

Zucker

In der Patisserie ist Zucker nicht nur ein wichtiger Bestandteil vieler ⇥ Desserts, sondern in gekochtem oder karamellisiertem Zustand auch ein Material, aus dem man dekorative Muster und Gespinste formen kann. Man wird ständig gefragt, wie viele Kalorien dieses oder jenes hat. Ich sage dann: »Nur so viele, wie man braucht, um den Geschmack richtig zur Geltung zu bringen!«

Den größten Teil der kulinarischen Vergangenheit mussten wir in Europa ohne Zucker auskommen; gesüßt wurde mit ⇥ Honig oder süßen Früchten, in Nordamerika auch mit Ahornsirup. Derweil importierten die Perser bereits um 600 n. Chr. Zuckerrohr aus Ostasien, um Zucker daraus zu gewinnen. Erst etwa 1100 kam er nach Europa, um 1500 wurde Zuckerrohr überall auf Plantagen angebaut, doch Zucker blieb ein Luxusgut, das sich nur die Reichen leisten konnten. Darum nannte man Zucker auch »weißes Gold«.

Erst die Sklavenarbeit in den französischen Kolonien der Karibik brachte die Preise ins Rutschen. Die Revolution kam dann im 18. Jahrhundert aus Deutschland: 1747 entdeckte der deutsche Chemiker Andreas Marggraf den Rübenzucker, sein Schüler Franz Carl Achard verbesserte die Anbaumethoden für Runkelrüben und entwickelte ein Verfahren, aus ihnen Zucker zu gewinnen; die erste Zuckerrübenfabrik ging 1801 im schlesischen Cunern in Betrieb.

Zucker aus Zuckerrohr (heute 60 Prozent) und aus Zuckerrüben (40) sind chemisch identisch. Keiner von beiden ist also besser. Dass Zucker zu Zuckerkrankheit führt, ist eher ein populäres Gerücht und »Ernährungsirrtum« als wissenschaftliche Erkenntnis. Dass zu viel Zucker Fettleibigkeit begünstigt, lässt sich kaum widerlegen. Allerdings nehmen die Deutschen zum Beispiel mit etwa 43 Kilo pro Jahr 86 Prozent ihres Zuckerkonsums nicht als reinen Zucker, sondern in Form von Getränken und Süßwaren zu sich.

Zwiebel

Als Namensgeber und Hauptthema kennen wir sie aus Zwiebelkuchen und Zwiebelsuppe. Sie ist eine der ältesten Kulturpflanzen der Welt und wohl die einzige, die viele Hausfrauen beim Schälen zu Tränen rührt. Gegen die Reizung der Tränendrüsen sind allerlei Tricks im Umlauf: schälen unter laufendem Wasser; Zwiebel vorher zehn Minuten im Gefrierer abkühlen; brennendes Kerzenlicht danebenstellen; Skibrille aufsetzen; Toastbrot kauen; Atem beim Schälen anhalten oder einen Schluck Wasser im Mund behalten. Was nun wirklich funktioniert – keine Ahnung!

Meine ersten Begegnungen mit Zwiebeln hatte ich natürlich in der Steiermark. Die liegt bekanntlich nahe an Ungarn, und dort besteht Gulasch aus ebenso viel Zwiebeln wie Fleisch.

Später habe ich erfahren, dass es sie in vielen Variationen gibt: als Frühlingszwiebel, als Perlzwiebel, als Küchenzwiebel. Die Engländer bevorzugen die milden Gemüsezwiebeln, in Deutschland dominiert mit etwa 6,5 Kilo pro Kopf die Gewürzzwiebel, die in unterschiedlichen Größen und Farben im Angebot ist.

Sie wird in der Pfalz, in Niederbayern und am Niederrhein angebaut, doch das reicht bei Weitem nicht aus. Im Frühjahr kommen Importe aus Neuseeland und Ägypten, im Sommer aus Holland und Spanien.

Die kleineren Schalotten sind die feinen, mild-aromatischen Lieblinge der gehobenen Küche. Sie sind ungefähr doppelt so teuer wie einfache Zwiebeln und werden meist importiert, etwa aus Frankreich, Spanien, Ungarn oder Italien.

Der Zwiebelturm hat seinen Namen übrigens durchaus von der typischen Zwiebelform seines Dachhelms. Das berühmte blaue Zwiebelmuster der Meißener Porzellanmanufaktur stellt jedoch keine Zwiebel dar, sondern – nach chinesischem Vorbild – Pfirsich, Granatäpfel und Zitrone; die »drei gesegneten Früchte«.

Literaturverzeichnis

Den Autoren einiger Bücher und Nachschlagewerke fühle ich mich besonders zu Dank verpflichtet: Die absolute Nummer eins meiner kleinen Handbibliothek war für mich »Das Gourmet-Handbuch« von Udo Pini; da habe ich laufend reingeguckt und kann es von Herzen empfehlen. Außerdem die Bände von Teubner und der Culinaria-Serie. Eine besondere Rolle spielte für mich auch das Appetit-Lexikon von 1894 (Habs, Rudolf; Rosner, Leopold) mit seinen schön altmodischen, mitunter fast poetischen Texten. Ansonsten hatte ich die folgenden Titel um mich herum:

Allgemeine Nachschlagewerke, Enzyklopädien

Der Brockhaus. Ernährung, Mannheim/Leipzig 2. Auflage 2004

Der große Larousse Gastronomique. Das Standardwerk für Küche, Kochkunst, Esskultur, München 2009

Dr. Oetker Lebensmittellexikon, Bielefeld 1977

Dumont, Cédric: **Kulinarisches Lexikon,** Bern 1997

Gorys, Erhard: **dtv-Küchenlexikon** (Heimerans Küchenlexikon), München 1978

Klever, Ulrich: **Gourmet-Brevier.** Die Hohe Schule der Feinschmeckerei, München 1976

Küchenbibel. Enzyklopädie der Kulinarik, Wiesbaden 2007

Lentz, Michaela: **Mary Hahns Großes Koch- und Küchenlexikon,** Berlin 1977

Merck's Warenlexikon für Handel, Industrie und Gewerbe (1920), Recklinghausen 1926

Odenwald, Andreas; Schöneis, Günter: **Lexikon der Lebensart,** München 2006

Root, Waverly: **Das Mundbuch. Eine Enzyklopädie alles Eßbaren,** Frankfurt 1994

Spezielle Lexika und Sammlungen

Bertschi, Hannes; Reckewitz, Marcus: **Champagner, Trüffel und Tatar.** Neue kuriose Geschichten aus der Welt der Speisen und Getränke, Berlin 2004

Bertschi, Hannes; Reckewitz, Marcus: **Von Absinth bis Zabaione.** Wie Speisen und Getränke zu ihrem Namen kamen und andere kuriose Geschichten, Berlin 2. Auflage 2002

Culinaria. Deutsche Spezialitäten, 2 Bände, Köln 1997

Culinaria. Espana. Spanische Spezialitäten, Köln 1998

Culinaria. Europäische Spezialitäten, 2 Bände, Köln 1995

Culinaria. Französische Spezialitäten, Köln 1998

Culinaria. Italia. Italienische Spezialitäten, Köln 2000

Culinaria. Naturkost, 2 Bände, Köln 1996

Culinaria. USA. Eine kulinarische Entdeckungsreise, Köln 1999

Dassler, Ernst: **Warenkunde für den Fruchthandel,** Berlin/Hamburg 3. Auflage 1969

Duve, Karen; Völker, Thies: **Lexikon berühmter Pflanzen.** Vom Adamsapfel zu den Peanuts, Zürich 1999

Hobhause, Henry: **Fünf Pflanzen verändern die Welt.** Chinarinde, Zucker, Tee, Baumwolle, Kartoffel, München 1992

Köstliches Österreich. Die hundert besten Gourmandisen, Wien 2011

Lang, Jennifer Harvey: **Tastings.** The Best from Ketchup to Caviar, New York 1986

Liebster, Günther: **Warenkunde Gemüse,** Band 2, Weil der Stadt 2002

Reckewitz, Marcus; Bertschi, Hannes: **Safran, Sushi und Prosecco,** Frankfurt 2007

Uecker, Wolf: **Brevier der Genüsse.** Eine kulinarische Warenkunde von der Auster bis zur Zwiebel, München 1986

Visser, Margaret: **Mahlzeit!** Frankfurt 1998

Vollmann, Günter; u. a.: **Lebensmittelführer** Obst, Gemüse, Getreide, Brot, Wasser, Getränke, Inhalte, Zusätze, Rückstände, München 1990

Vollmann, Günter: **Lebensmittelführer** Fleisch, Fisch, Eier, Milch, Fett, Gewürze, Süßwaren, Inhalte, Zusätze, Rückstände, München 1990

Kulturgeschichte

Backhaus, Hellmuth M.: **Das Abendland im Kochtopf.** Kulturgeschichte des Essens, München 1978

Bitsch, Irmgard; Ehlert, Trude; Ertzdorff, Xenja von: **Essen und Trinken in Mittelalter und Neuzeit,** Sigmaringen 2. Auflage 1990

Epp, Annette: **Gerichte und ihre Geschichte.** Kulinarische Zeitreisen, München 2005

Etzlstorfer, Hannes (Hrsg.): **Küchenkunst & Tafelkultur.** Culinaria von der Antike bis zur Gegenwart, Wien 2006

Potter, Paulus: **Genießer-Freuden.** Kulinarisches und Kurioses von den Argonauten bis zu den Astronauten, Frankfurt 1977

Rath, Claus-Diether: **Reste der Tafelrunde.** Das Abenteuer der Eßkultur, Reinbek 1984

Reichlmayer, Heidi: **Gerichte, die Geschichte machten,** München 1979

Revel, Jean-Francois: **Erlesene Mahlzeiten.** Mitteilungen aus der Geschichte der Kochkunst, Frankfurt 1979

Sandgruber, Roman: **Bittersüße Genüsse.** Kulturgeschichte der Genußmittel, Wien 1986

Schivelbusch, Wolfgang: **Das Paradies, der Geschmack und die Vernunft.** Eine Geschichte der Genußmittel, München 1980

Tannahill, Reay: **Kulturgeschichte des Essens.** Von der letzten Eiszeit bis heute, München 1979

War das lecker! Die Lieblingsgerichte unserer Kindheit, Köln 2010

Historische Texte

Brillat-Savarin, Jean Anthèlme: **Physiologie des Geschmacks** oder Betrachtungen über das höhere Tafelvergnügen, Frankfurt 1979

Lamb, Charles: **Eine Abhandlung über Schweinebraten und andere Essays** (1822), München 1984

Rumohr, Karl Friedrich von: **Geist der Kochkunst,** Frankfurt 1978

Vaerst, Eugen von: **Gastrosophie oder Lehre von den Freuden der Tafel,** 2 Bände, München 1975

Aphrodisiaka

Allende, Isabell: **Aphrodite.** Eine Feier der Sinne, Frankfurt 1998

Baur, Eva Gesine: **Liebestrank und Liebesspeise,** München 2000

Eckstein, Eva: **Eine Auster im Mieder von Donna Emilie.** Casanovas sinnlichste Rezepte, Berlin 1998

Foxworth, Jo: **Kulinarische Verführung,** München 1999

Izzo, E. C.: **Liebe geht durch den Magen** oder Führer durch die exotische erotische Küche, Wien o. J.

Roche, Max de: **Cuisine d'Amour,** Münster 1991

Uecker, Wolf: **Küche der Liebe,** München 1987

Fisch

Grescoe, Taras: **Der letzte Fisch im Netz,** München 2010

Kurlansky, Mark: **Kabeljau.** Der Fisch, der die Welt veränderte, München 1999

Rodenberg, Hans-Peter: **See in Not.** Die größte Nahrungsquelle des Planeten: eine Bestandsaufnahme, Hamburg 2004

Teubner: **Das große Buch der Meeresfrüchte,** München 2005

Teubner: **Das große Buch vom Fisch,** München 2005

Fleisch

Das große Fleischbuch. Edition Fackelträger, Köln 2010

Foer, Jonathan Safran: **Tiere essen,** Köln 2010

Peter, Adrian: **Die Fleischmafia,** Berlin 2006

Ruhl, Thomas; u. a.: **Gutes Fleisch,** Köln 2009

Wiertz, Stefan: **Fleisch satt!** München 2010

Käse

Androuet, Pierre: **Guide de Fromage,** Nancy o. J.

Eekhof-Stork, Nancy: **Der große Käseatlas,** Bern/Stuttgart 1979

Flammer, Dominik; Scheffold, Fabian: **Schweizer Käse,** Baden/München 2009

Kielwein, Gerhard; Luh, Hans Kurt: **Internationale Käsekunde,** Stuttgart 1979

Nantet, Bernard: **Käse.** Die besten 200 Sorten der Welt, Köln 2004

Ridgwa, Judy: **Käse.** Handbuch für Genießer, Köln 2000

Teubner: **Das große Buch vom Käse,** Teubner Edition, Füssen 1999

Öl

Chibois, Jacques; Baussan, Olivier: **Das Buch vom Olivenöl,** München 2000

Degner, Rotraud: **Olivenöl.** Ein Guide für Feinschmecker, München 1995

Gordon-Smith, Claire: **Olivenöl.** Der besondere Geschmack, München 1997

Olivenöl. Das grüne Gold des Mittelmeers, München 1996

Tardrew, Sylvie: **Das große Buch vom Olivenöl,** München 2004

Teubner: **Das kleine Buch vom Öl,** München 2010

Patisserie

Bailleux, Nathalie; u. a.: **Das Buch der Schokolade,** München 1996

Linxe, Robert: **Chocolat,** Niederhausen 2001

Reinders, Pim: **Licks, Sticks & Bricks.** A World History of Ice Cream, Rotterdam 1999

Schuhmacher, Karl; u. a.: **Das große Buch der Schokolade,** Füssen 1996

Teubner: **Das große Buch der Desserts,** München 2010

Teubner: **Das große Buch der Kuchen und Torten,** Füssen 1983

Getränke

Arius, Claus; Uecker, Wolf: **Champagner,** München 1993

Crestin-Billet, Frédérique: **Veuve Clicquot,** Grenoble 1992

Dohm, Horst: **Flaschenpost aus der Champagne,** München 1990

Edwards, Michael: **Champagner,** München 1995

Foley, Ray (Hrsg.): **Das Bar-Handbuch,** München 2000

Göldenboog, Christian: **Champagner,** Stuttgart 1998

Mazzeo, Tilar J.: **Veuve Clicquot,** Hamburg 2008

Paczenski, Gert von: **Champagner,** Weil der Stadt 1987

Schumann, Charles: **American Bar,** München 1991

Stevenson, Tom: **Champagner,** München 1987

Sutcliffe, Serena: **Große Champagner,** Bern/Stuttgart 1988

Swoboda, Ingo: **Champagner,** Köln o. J. (2009)

Taittinger, Claude: **Champagner von Taittinger,** Paris 1997

Uhr, Dieter: **Alles über den Durst.** Zur Psychologie des Trinkens und der Getränke, Neustadt 1979

Zipprick, Jörg: **Die Welt des Cognacs,** Neustadt an der Weinstraße 2009

Bücher von bekannten Köchen

Bourdain, Anthony: **Ein bisschen blutig.** Neue Geständnisse eines Küchenchefs, München 2010

Bourdain, Anthony: **Geständnisse eines Küchenchefs.** Was Sie über Restaurants nie wissen wollten, München 2000

Klink, Vincent: **Sitting Küchen-Bull,** Reinbek 2009

Lafer, Johann; u. a.: **So schmeckt das Leben.** Gesunde Küche für Genießer, Köln 2006

Lafer, Johann: **Hier spricht der Koch.** Kunststücke für Genießer, Hamburg 2003

Sonstige

Das Buch vom Tee. München 1992

Duhamel, Jerôme: **Sandwich über alles,** Genf 1989

Ellert, Luzia; u. a.: **Kartoffel,** München 2011

Leeb, Thomas: Kaffee. Das magische Elixier, München 2008

Mikanowki, Lyndsay; Mikanarski, Patrick: **Eier,** Paris 2007

Okamoto, Masami; Buck, Christiane: **Sushi,** Niederhausen 1999

Paolini, Davide; Vuga, Michaela: **Risotto,** München 1999

Salz. Salzburger Landesausstellung, Salzburg 1994

Schieren, Bodo A.: **Reis,** München 1992

Schlosser, Eric: **Fast-Food-Gesellschaft,** München 2002

Teubner: **Das große Buch der Kräuter und Gewürze,** München 2008

Teubner: **Das große Buch der Teigwaren,** München 2002

Teubner: **Das große Buch vom Obst,** München 2002

Teubner: **Das große Buch vom Reis,** München 1997

Teubner: **Das kleine Buch vom Salz,** München 2009

Teubner: **Die große Küchenpraxis,** München 2002

Whiteman, Kate; Mayhew, Maggie: **Enzyklopädie der Früchte,** Köln 1999

Yoshii, Ryushi: **Sushi,** München 1999

Der Illustrator

Jiří Slíva, geboren 1947 in Pilsen, gilt als bekanntester tschechischer Karikaturist seiner Generation. Seit 1966 lebt er in Prag; seit 1979 ist er freischaffender Karikaturist, Grafiker, Illustrator und Maler. Den ersten veröffentlichten Zeichnungen 1972 folgten Illustrationen in mehr als 150 Büchern und 11 eigene Cartoonbände in Deutschland, der Schweiz, Frankreich, den USA und der Tschechischen Republik. Jiří Slívas Zeichnungen sind in der ganzen Welt in Zeitungen und Magazinen erschienen, darunter Die Zeit, Stern, Die Welt, The New York Times, The Los Angeles Times, Wall Street Journal und Playboy. Seine Zeichnungen, Radierungen, Lithografien und Gemälde wurden unter anderem in New York, Tokio, Berlin, Paris, Budapest, Brüssel, Moskau, Warschau, Dortmund, Hamburg, Salzburg, Amsterdam, Wien, Sofia, Havanna, Ankara und Montreal gezeigt und sind heute in mehreren Museen vertreten und international ausgezeichnet.

Impressum

© 2012 GRÄFE UND UNZER VERLAG GMBH, München
Alle Rechte vorbehalten

ISBN 978-3-8338-2570-5

Projektleitung: Anja Schmidt
Lektorat: Marietta Tannert
Rezepte: Johann Lafer
Umschlaggestaltung und Innenlayout:
Sabine Krohberger, ki 36 Editorial Design, München
Satz: Knipping Werbung GmbH, Berg am Starnberger See
Druck und Bindung: Firmengruppe Appl, Wemding

1. Auflage 2012
www.graefeundunzer-verlag.de

GRÄFE
UND
UNZER

Ein Unternehmen der
GANSKE VERLAGSGRUPPE